AF534048

TONY ROBBINS MIT CHRISTOPHER ZOOK

THE HOLY GRAIL OF INVESTING

Die ultimativen Strategien für finanzielle Freiheit von den größten Investoren der Welt

TONY ROBBINS
MIT CHRISTOPHER ZOOK

THE HOLY GRAIL OF INVESTING

DIE ULTIMATIVEN STRATEGIEN FÜR FINANZIELLE FREIHEIT VON DEN GRÖSSTEN INVESTOREN DER WELT

Bibliografische Information der Deutschen Nationalbibliothek
Die Deutsche Nationalbibliothek verzeichnet diese Publikation in der Deutschen Nationalbibliografie.
Detaillierte bibliografische Daten sind im Internet über **http://dnb.d-nb.de** abrufbar.

Für Fragen und Anregungen:
info@m-vg.de

1. Auflage 2024
German translation © 2024 by FinanzBuch Verlag,
ein Imprint der Münchner Verlagsgruppe GmbH
Türkenstraße 89
80799 München
Tel.: 089 651285-0

Die englische Originalausgabe erschien 2022 bei Simon & Schuster unter dem Titel *The Holy Grail of Investing*. Copyright © Tony Robbins, 2024. All rights reserved.

Published by arrangement with the original publisher, Simon & Schuster, LLC.

Übersetzung: Silvia Kinkel
Redaktion: Ulrich Wille
Korrektorat: Manuela Kahle
Umschlaggestaltung: Marc-Torben Fischer in Anlehnung an das Original
Satz: Zerosoft, Timisoara
Druck: GGP Media GmbH, Pößneck
Printed in Germany

ISBN Print 978-3-95972-790-7
ISBN E-Book (PDF) 978-3-98609-543-7
ISBN E-Book (EPUB, Mobi) 978-3-98609-544-4

Weitere Informationen zum Verlag finden Sie unter

www.finanzbuchverlag.de

Beachten Sie auch unsere weiteren Verlage unter www.m-vg.de

INHALT

OFFENLEGUNG

Dieses Buch ist so konzipiert, dass es Informationen liefert, die Autoren und Interviewte für richtig halten.

Es wird jedoch mit der Maßgabe verkauft, dass weder die Autoren noch die Interviewten oder der Verlag eine individuelle Beratung für ein bestimmtes Portfolio oder auf die besonderen Bedürfnisse einer Person zugeschnittene Beratung oder professionelle Dienstleistungen wie Rechts- oder Buchhaltungsberatung anbieten. Wenn man fachkundige Unterstützung in Bereichen wie Anlage-, Rechts- und buchhalterische Beratung wünscht, sollten die Dienste eines Fachmanns in Anspruch genommen werden.

Diese Veröffentlichung bezieht sich auf Performancedaten, die über verschiedene Zeiträume erhoben wurden. Die Ergebnisse der Vergangenheit sind keine Garantie für die zukünftige Wertentwicklung. Außerdem ändern sich die Leistungsdaten sowie Gesetze und Verordnungen im Laufe der Zeit, wodurch sich der Status der Informationen in diesem Buch ändern kann. Dieses Buch enthält ausschließlich historische Daten zur Erörterung und Veranschaulichung der zugrunde liegenden Prinzipien. Außerdem soll dieses Buch nicht als Grundlage für finanzielle Entscheidungen dienen, als Empfehlung eines bestimmten Anlageberaters oder als Angebot zum Verkauf oder Kauf eines Wertpapiers. Nur ein Verkaufsprospekt und/oder ein Private Placement Memorandum und/oder ein Limited Partnership Agreement dürfen verwendet werden, um den Verkauf oder Kauf von Wertpapieren anzubieten, und die rechtlichen Dokumente müssen sorgfältig gelesen und berücksichtigt werden, bevor Sie investieren oder Geld ausgeben. Es wird keine Garantie für die Richtigkeit oder Vollständigkeit der hierin enthaltenen Informationen übernommen und sowohl Autoren und Interviewte als auch der Verlag lehnen ausdrücklich jegliche Verantwortung ab für irgendwelche Haftung, Verluste oder

Risiken, persönlich oder anderweitig, die sich direkt oder indirekt aus der Nutzung und Anwendung der Inhalte dieses Buches ergeben.

Rechtliche Offenlegung: Tony Robbins ist ein passiver Minderheitsaktionär von CAZ Investments, einem bei der SEC registrierten Anlageberater (RIA). Herr Robbins hat keine aktive Rolle in dem Unternehmen.

Als Anteilseigner haben Herr Robbins und Herr Zook jedoch einen finanziellen Anreiz, Geschäfte von CAZ Investments zu fördern.

TEIL I

KAPITEL 1

DIE SUCHE NACH DEM HEILIGEN GRAL

In den vergangenen zehn Jahren war es mir vergönnt, zwei *New-York-Times*-Bestseller zum Thema persönliche Finanzen zu verfassen (*Money: Die 7 einfachen Schritte zur finanziellen Freiheit* sowie *Unangreifbar*). Diese Bücher wurden nicht deshalb zu einem Erfolg, weil ich Experte auf diesem Gebiet bin, sondern weil ich über etwas Entscheidendes verfüge: **Zugang!**

Mehr als vier Jahrzehnte als Lebens- und Geschäftsstratege verschafften mir persönlichen Zugang zu vielen der brillantesten Finanzfachleuten der Welt, von denen viele auch Fans meiner Arbeit sind. Von Alan Greenspan über Ray Dalio und den verstorbenen Jack Bogle bis hin zu Paul Tudor Jones und zahllosen anderen hatte ich das Vergnügen, mich mit Titanen der Geldanlage zusammenzusetzen, um die Werkzeuge, Taktiken und Denkweisen herauszuarbeiten, die jeder, egal in welcher Lebensphase, beim Streben nach finanzieller Freiheit anwenden kann – und sollte. Dank des Austauschs mit diesen Finanzgrößen konnte ich ein Trio von Ratgebern erstellen und ich ermutige Sie, die anderen beiden Bücher zu lesen, falls Sie das noch nicht getan haben.

Nach der Finanzkrise 2008, als die Weltwirtschaft aufgrund des rücksichtslosen Verhaltens und der Gier einiger weniger am Rande des Zusammenbruchs stand, begann ich mich eingehend mit dem Thema Finanzen zu beschäftigen. Niemand blieb damals von wirtschaftlichen Schmerzen verschont, auch ich nicht. Mein Telefon klingelte ununterbrochen, als ich versuchte, Freunde und Familienangehörige zu beraten, die ihren Arbeitsplatz oder ihr Haus verloren hatten und deren Altersvorsorge gefährdet war. Vom Friseur bis zum Milliardär wurde das Leben eines jeden in unterschiedlichem Ausmaß erschüttert.

Da ich kein Opfer der Umstände sein wollte, beschloss ich, sofort zu handeln und Teil der Lösung zu werden. Mit einer gesunden Portion Zynismus begab ich mich daran, die wichtigste Frage zu beantworten, mit der eine in Finanzangelegenheiten wenig versierte Gesellschaft konfrontiert wird: **Ist das Spiel noch zu gewinnen?** Hat der Durchschnittsanleger nach dieser Finanzkrise überhaupt eine Chance, beim Investment-Spiel zu gewinnen? Kann der Durchschnittsbürger finanziell frei sein, selbst wenn er oder sie nie ein Unternehmen verkauft, einen Notgroschen erbt oder einen Lottogewinn erzielt?

Nachdem ich über 50 der weltweit brillantesten Finanzfachleute befragt und Hunderte Stunden Interview-Aufnahmen ausgewertet hatte, war die Antwort auf diese Frage ein klares Ja! Zwar verfolgten die von mir befragten Titanen sehr unterschiedliche Ansätze, aber bei bestimmten Gesetzmäßigkeiten und Schritten waren sich alle einig – Schritte, die der Anleger unternehmen (beziehungsweise vermeiden) muss, um das Spiel zu gewinnen.

Die vier häufigsten Grundsätze lauten wie folgt:

1. **Verlieren Sie nicht.** Wie es Warren Buffett auf den Punkt bringt: »Regel Nummer 1: Verliere kein Geld. Regel Nummer 2: Siehe Regel Nummer 1.« Wenn Sie bei einer Fehlinvestition 50 Prozent verlieren, brauchen Sie 100 Prozent Rendite, um wieder auf null zu kommen. Die erfolgreichsten Anleger haben eines gemeinsam: Sie wissen, dass sie auch mal verlieren können (ja, sogar Buffett). Um Verluste abzufedern, überschreiten sie niemals ihre Grenzen und riskieren nie bei einem einzigen Investment zu viel, was zum zweiten Grundsatz führt:
2. **Das Grundprinzip der Asset Allocation (Anlageaufteilung)**, das heißt die Aufteilung des Vermögens auf verschiedene Anlageformen mit unterschiedlichem Risiko-Ertrags-Verhältnis. Als ich mich mit dem inzwischen verstorbenen David Swensen zusammensetzte, dem Mann, der das 100 Jahre alte Stiftungsvermögen von Yale von 1 Milliarde Dollar auf 31 Milliarden Dollar anwachsen ließ, erklärte er mir, dass die Asset Allocation für 90 Prozent der Investitionserträge verantwortlich ist! Wie Sie lesen werden, haben die sehr vermögenden

sowie die größten institutionellen Anleger einen völlig anderen Ansatz bei der Anlageaufteilung als der Durchschnittsanleger.

3. **Suchen Sie nach Gelegenheiten mit »asymmetrischem« Risiko-Ertrags-Verhältnis.** Gemeint sind Investitionen, bei denen der potenzielle Ertrag das Verlustrisiko bei Weitem übersteigt. Mein guter Freund, der legendäre Händler Paul Tudor Jones, tätigt nur Geschäfte, bei denen er davon ausgeht, dass das Risiko-Ertrags-Verhältnis bei 5 zu 1 liegt. Er riskiert 1 Dollar, um 5 Dollar zu verdienen. Auf diese Weise kann er öfter falschliegen als richtigliegen und trotzdem erfolgreich sein.
4. **Der vierte und letzte Punkt ist das Prinzip der Diversifizierung.** Sinnvoll ist eine breite Palette von Anlageformen (Aktien, Anleihen, Immobilien, Private Equity, Private Credit[1] und so weiter) in verschiedenen Anlageklassen und Regionen und unterschiedlich langen Zeiträumen.

Da Sie dieses Buch lesen, vermute ich, dass Sie kein Durchschnittsanleger sind. Sie (oder Ihre Kunden) haben sich vermutlich ein finanzielles Fundament erarbeitet, um über diese Grundprinzipien hinauszugehen und zusätzliches Öl in Ihr Investitionsfeuer zu gießen. **Wie Sie auf den nächsten Seiten sehen werden, haben alternative Anlagen den klügsten Anlegern der Welt überdurchschnittliche Renditen beschert. Zwischen 1986 und 2023 übertraf Private Equity den S&P 500 jedes Jahr um mehr als 5 Prozentpunkte (14,28 Prozent gegenüber 9,2 Prozent). Das entspricht einer um mehr als 50 Prozent höheren Rendite. Private Credit, eine Alternative zu Anleihen, erzielte das Zwei- bis Dreifache an Ertrag/Rendite.**[2]

Es lässt sich nicht leugnen, dass clevere Anleger hochwertige alternative Anlagen als Motor für eine stärkere Diversifizierung und ein schnelleres Wachstum nutzen. Genau das tun die Titanen der Finanzwelt mit ihrem eigenen Kapital. Das weiß ich, weil sie es mir gesagt haben. Über Jahrzehnte habe ich dauerhafte Beziehungen zu diesen »Meistern des Finanzuniversums« gepflegt und für dieses Buch haben wir mit 13 der

---

[1] Anm. d. Ü.: Private Credit umfasst Fremdfinanzierungsmittel, die überwiegend von institutionellen Investoren wie Fondsgesellschaften und Versicherungen – jedoch nicht von Banken – angeboten werden.

[2] Costa, Moriah (2022): »Private or Public: Investing in Private Credit vs Bonds«, MoneyMade, 18 10 2022; https://moneymade.io/learn/article/private-credit-vs-bonds.

erfolgreichsten Manager für alternative Anlagen Interviews geführt, die außergewöhnliche Renditen erwirtschaftet haben, die von der breiten Öffentlichkeit selten gesehen werden. Leute wie …

- **Robert F. Smith** – Gründer von Vista Equity Partners. Smith gilt als der erfolgreichste Investor aller Zeiten in Unternehmenssoftware. Er verwaltet über 100 Milliarden Dollar und erzielte in den vergangenen 20 Jahren im Vergleich zu seinen Konkurrenten herausragende Renditen. Das Portfolio von Vista umfasst mehr als 80 Unternehmen mit 90 000 Mitarbeitern. Stand März 2023 erwirtschaften die von Vista gehaltenen Portfoliounternehmen einen Jahresumsatz von über 25 Milliarden Dollar!
- **Bill Ford** – Pionier in der Private-Equity-Welt. Ford hat das verwaltete Vermögen von General Atlantic von 12 Milliarden Dollar auf über 80 Milliarden Dollar gesteigert und die globale Präsenz des Unternehmens ausgebaut. Im Laufe seiner Geschichte hat General Atlantic über 55 Milliarden Dollar in mehr als 500 Unternehmen in den Bereichen Technologie, Finanzdienstleistungen, Gesundheitswesen und Biowissenschaften investiert.
- **Vinod Khosla** – Gründer von Khosla Ventures. Vinod Khosla ist eine Legende im Bereich Venture Capital (Risikokapital oder auch Wagniskapital). Seine Frühphaseninvestitionen in bahnbrechende Technologieunternehmen machten ihn vom mittellosen Einwanderer zum Selfmade-Multimilliardär. Unvergessen ist, dass er für seine Investoren eine 4-Millionen-Dollar-Investition in Juniper Networks in einen Geldsegen von 7 Milliarden Dollar verwandelte.
- **Michael B. Kim** – »Godfather of Asian Private Equity«. Kim gründete die größte unabhängige Private-Equity-Firma in Asien, mit Schwerpunkt auf China, Japan und Korea. Sein verblüffender Erfolg für die Investoren machte ihn zum reichsten Mann Südkoreas.
- **David Sacks** – Gründer von Craft Ventures, Co-Moderator des Podcasts »All-In«; wird wie Elon Musk und Peter Thiel der PayPal-Mafia zugerechnet. Sacks hat in über 20 Einhörner investiert,[3] dar-

[3] Anm. d. Ü.: Als »Einhorn« (englisch: »unicorn«) wird ein Start-up-Unternehmen mit einer Bewertung von über 1 Milliarde Dollar oder Euro (in Europa) bezeichnet, das nicht an der Börse ist.

unter Affirm, AirBnB, Eventbrite, Facebook, Houzz, Lyft, Palantir, Postmates, Slack, SpaceX, Twitter und Uber.

Diese Personen spielen neben anderen das Geldspiel auf höchstem Niveau. Aber sie haben einen Vorteil – **den Vorteil des Zugangs!** Ihr Status und ihre beruflichen Netzwerke **verschaffen ihnen Zugang zu einzigartigen Investitionen, zu denen 99,9 Prozent der Menschen normalerweise keinen Zugang haben.** Vielleicht noch überzeugender ist, dass sie tendenziell in guten wie in schlechten Zeiten gute Ergebnisse erzielen. **Diese Anleger haben immer wieder bewiesen, dass sie zwar nicht gegen das Auf und Ab der Wirtschaft immun sind, aber dass sie wissen, wie man eine wirtschaftliche Eiszeit nicht nur überlebt, sondern sogar darin gedeiht.** Statt den Sturm auszusitzen, gehen sie einkaufen, wenn die Preise sinken. Für sie ist ein Sturm eine Chance. Bei steigenden Märkten Geld zu verdienen, ist eine Sache; eine steigende Flut hebt alle Boote. Aber Rendite zu erzielen, wenn die Märkte unruhig sind? Das zeichnet die wahrhaft Großen aus.

Einer der »Hall of Fame«-Spieler im Smart-Money-Spiel ist mein Freund **Ray Dalio**. Ray ist der Franz Beckenbauer der Makro-Hedgefonds-Manager. Der G.O.A.T. (Greatest of all Time). Für alle, die ihn nicht kennen: Ray ist der Gründer von Bridgewater, dem größten Hedgefonds der Welt (196 Milliarden Dollar)[4] mit einer erstaunlichen Erfolgsbilanz in guten wie in schlechten Zeiten. Er war einer der Ersten, der die Große Rezession vorhersagte und daraus einen Vorteil zog. **Im Jahr 2008, als der Markt um 37 Prozent einbrach, konnte Bridgewater dem Trend trotzen und den Anlegern einen Gewinn von 9,4 Prozent bescheren.** Der »Pure Alpha«-Fonds von Bridgewater hat seit seiner Auflegung im Jahr 1991 im Durchschnitt über 11 Prozent pro Jahr erzielt (im Vergleich zu etwa 7 Prozent des S&P 500).[5]

Es ist überflüssig zu erwähnen, dass ein Hedgefonds, mit dem man den Markt über mehr als 30 Jahre hinweg konstant mit großem Vorsprung schlägt, zu einem der begehrtesten Hedgefonds der reichsten Menschen

---

4 https://whalewisdom.com/filer/bridgewater-associates-inc.

5 https://www.reuters.com/business/finance/bridgewaters-flagship-fund-posts-gains-32-through-june-2022-07-05/#:~:text=In%20the%20first%20half%20of%202022%2C%20the%20S%26P%20500%20was,an%20average%20of%2011.4%25%20annually.

der Welt wird. Von den Staatsfonds der weltweit reichsten Länder bis hin zu den einflussreichsten Milliardären steht Ray bei vielen der Mächtigsten im Adressbuch.

Bei unseren ersten Gesprächen vor fast einem Jahrzehnt brachte er mir bei, was für ihn das wichtigste Prinzip erfolgreicher Investments ist: das Prinzip der Diversifizierung, um den Ertrag zu maximieren und das Risiko zu minimieren. Ein Prinzip, das meine eigene persönliche Anlagestrategie bestimmt hat und, was noch wichtiger ist, die Inspiration für den Titel und den Inhalt dieses dritten und letzten Buches meiner Finanztrilogie lieferte. Für Ray ist Diversifizieren der **»Heilige Gral« des Investierens.** Eine einfache, aber tiefgreifende Strategie, die nur selten in die Praxis umgesetzt wird. Ich werde Ihnen verraten, wie es funktioniert.

Zunächst müssen Sie verstehen, dass die meisten traditionellen Portfolios darauf abzielen, **das Risiko zu verringern und die Chancen zu maximieren, und zwar durch das Grundprinzip der Diversifizierung: Nicht alle Eier in einen Korb legen.** Doch leider funktioniert das nicht immer wie erwartet, weil heutzutage viele der traditionellen Anlagen korreliert sind, was bedeutet, dass sie sich im Gleichschritt nach oben oder unten bewegen.

Die Korrelation gibt an, inwieweit sich die Anlagen gemeinsam in dieselbe Richtung bewegen (»positive Korrelation« bedeutet, dass sie sich in dieselbe Richtung bewegen, »negative Korrelation« bedeutet das Gegenteil). Darüber hinaus gibt es unterschiedliche Korrelationsgrade, das heißt sie bewegen sich gemeinsam, aber nicht im Gleichschritt. **Aktien und Anleihen sind im Allgemeinen nicht korreliert. Wenn Aktien fallen, ist es hilfreich, wenn Anleihen steigen, um einen gewissen Schutz zu bieten. Die Korrelationen ändern sich jedoch ständig und können unerwartete Wendungen nehmen.**

Im Jahr 2022 fielen Aktien und Anleihen gleichzeitig. Das passiert eher selten, ist aber in Zukunft vielleicht keine Anomalie mehr. AQR, einer der weltweit erfolgreichsten »quantitativen« Fonds, vertritt die Meinung, dass »makroökonomische Veränderungen – wie zum Beispiel eine höhere Inflationsunsicherheit – dazu führen könnten, dass die positive Korrelation zwischen Aktien und Anleihen der 1970er-, 1980er- und 1990er-Jahre wieder auftritt«. Im August 2023 erschien auf meinem Bildschirm eine Bloomberg-Schlagzeile mit dem Titel **»Bonds Are Useless**

Hedge for Stock Losses as Correlation Jumps«[6] (»Anleihen sind keine wirkungsvolle Absicherung für Aktienverluste, da die Korrelation sprunghaft ansteigt«). In dem Artikel wurde darauf hingewiesen, dass die positive Korrelation zwischen Staatsanleihen und Aktien den höchsten Stand seit 1996 erreicht hat!

Aber nicht nur Aktien und Anleihen haben in jüngster Zeit eine positive Korrelation aufgewiesen. Börsennotierte REITs (Unternehmen, die Immobilienportfolios besitzen und verwalten) weisen in der Regel ebenfalls eine starke Korrelation mit Aktien auf, obwohl sie eine andere Anlageklasse darstellen. Zwischen 2010 und 2020 zeigten REITs eine positive Korrelation von 80 Prozent mit dem S&P 500.[7] Die Aufnahme von Immobilien in Ihr Portfolio mag wie ein kluger Schachzug zur Diversifizierung erscheinen, aber tatsächlich ist es wahrscheinlicher, dass Ihre REITs und Aktien im Gleichklang tanzen. Fairerweise muss man sagen, dass REITs von 2010 bis 2020 recht gut abgeschnitten haben.

Der springende Punkt ist jedoch: Als die Aktien im Jahr 2022 abstürzten, stürzten die REITs ebenfalls ab. So viel dazu, einen Teil der Eier zur Sicherheit in einen anderen Korb zu legen.

Auch Kryptowährungen, die von ihren Befürwortern oft als »digitales Gold« und Absicherung gegen die Volatilität der Märkte angepriesen werden, haben sich in den letzten Jahren im Gleichklang mit Aktien entwickelt. Im Jahr 2022 stürzte Bitcoin um 65 Prozent von etwa 47 000 Dollar auf fast 16 000 Dollar ab. Im selben Jahr kam es bei Aktien zu einem Bärenmarkt und zu einer Inflation. Eine Studie der Georgetown University fand heraus, dass »Krypto-Assets in Zeiten hoher Marktvolatilität wie der Covid-Pandemie und dem Einmarsch Russlands in die Ukraine dem Markt noch stärker folgten«.[8] Niemand weiß, wie sich Bitcoin in Zukunft entwickeln wird, aber in jüngster Zeit hat er als Absicherung versagt.

---

6 Xie, Ye (2023): »Bonds Are Useless Hedge for Stock Losses as Correlation Jumps«, *Bloomberg*, 02 08 2023, https://www.bloomberg.com/news/articles/2023-08-02/bonds-are-useless-hedge-for-stock-losses-as-correlation-jumps.

7 Wohlner, Roger (2021): »REITs: Still a Viable Investment?«, Investopedia, 22 09 2021, https:/www.investopedia.com/articles/financial-advisors/030116/reits-still-viable -investment.asp.

8 Zhang, Hannah (2023): »Crypto Is Becoming More Correlated to Stocks – And It's Your Fault«, *Institutional Investor*, 09 02 2023, https://www.institutionalinvestor.com/article/b8xcj9wtd1gjb5/Crypto-Is-Becoming-More-Correlated-to-Stocks-And-It-s-Your-Fault#.

Die meisten traditionellen Diversifizierungsstrategien tendieren heutzutage leider dazu, immer mehr positiv korrelierte Anlagen hinzuzufügen! Einige Anleger scheinen es – bewusst oder unbewusst – aufgegeben zu haben, unkorrelierte Anlagen zu finden, die ihnen helfen würden, große Schwankungen zu überstehen. **Kürzlich tauchte eine erschreckende Schlagzeile in den Nachrichten auf: Ältere Amerikaner, die sich im Ruhestand befinden oder kurz davorstehen, verzichten auf Anleihen, um sich abzusichern, und setzen den größten Teil oder ihre gesamte Zukunft ausschließlich auf Aktien.** Was für ein Glücksspiel! Das *Wall Street Journal* schreibt über Kunden von Vanguard: »Ein Fünftel der Anleger, die 85 Jahre oder älter sind, haben fast ihr gesamtes Geld in Aktien angelegt, wohingegen es im Jahr 2012 nur 16 Prozent waren. Dasselbe gilt für nahezu ein Viertel (25 Prozent) der 75- bis 84-Jährigen.«[9] **Diese Abkehr von der Diversifizierung birgt ein hohes Risiko, aber leider denken offenbar viele Amerikaner, dass sie keine andere Wahl haben, wenn ihre »diversifizierten« Portfolios nicht den gewünschten Erfolg bringen.**

Und was ist nun der »Heilige Gral« des Investierens?

Laut Dalio handelt es sich dabei um ein Portfolio aus acht bis **zwölf unkorrelierten (oder nicht miteinander korrelierenden)** Anlagen, die zusammen das Risiko drastisch reduzieren, ohne die Rendite zu beeinträchtigen. **Dalio zeigt auf, dass ein auf diese Weise zusammengesetztes Portfolio das Risiko um bis zu 80 Prozent reduzieren kann, während das gleiche oder ein ähnliches Aufwärtspotenzial erhalten bleibt.** Dalio drückt es so aus:

> »Aus meinen früheren Misserfolgen wusste ich, dass ich, wie zuversichtlich ich bei einem Investment auch sein mochte, immer noch falschliegen konnte – und dass eine angemessene Diversifizierung der Schlüssel zur Risikominderung war, ohne die Rendite zu schmälern. Wenn ich [ein Portfolio mit hochwertigen Renditeströmen aufbauen konnte, die] richtig diversifiziert waren (mit Aufs und Abs, die sich gegenseitig ausglichen), konnte ich den Kunden eine Gesamtportfoliorendite bieten, die viel konsistenter und zuverlässiger war als das, was sie anderswo bekommen konnten.«

---

9 Tergesen, Anne (2023): »America's Retirees Are Investing More Like 30-Year-Olds«, *The Wall Street Journal*, 04 07 2023, https://www.wsj.com/articles/it-isnt-just-boomers-lots-of-older-americans-are-stock-obsessed-ca069e1a.

Scheinbar simpel, oder? Die große Herausforderung dabei ist jedoch: Wie bekommen wir Zugang zu so vielen hochwertigen unkorrelierten Anlagen? **Genau das ist nämlich der schwierige Teil – und der Grund, weshalb ich dieses Buch geschrieben habe.**

Regieanweisungen für den Milliardär

Seit ich mir die Philosophie des Heiligen Grals zu eigen gemacht habe, entwickelte ich ein Portfolio aus börsennotierten Aktien in Kombination mit einer großen Portion einzigartiger alternativer Anlagen. Ich bin zum Beispiel ein Fan von **Private Real Estate**, das ein regelmäßiges Einkommen und Steuervorteile (das heißt Abschreibungen) bietet. Nicht weniger schätze ich **Private Equity**, denn fast jedes große in Privatbesitz befindliche Unternehmen braucht Kapital, um zu wachsen, und die Renditen von privatem Beteiligungskapital haben Aktien stets deutlich übertroffen. **Private Credit** hat sich, wenn es richtig verwaltet wird, als hervorragende Alternative zu Anleihen erwiesen, vor allem in einer Zeit, in der die Zinsen in die Höhe schnellen. Ich streue auch etwas Risikokapital ein, das zwar ein höheres Risiko birgt, aber stets an den Grenzen des Möglichen bei Innovation und Disruption rüttelt, was wiederum den Unternehmer in mir anspricht.

Ab einem bestimmten Nettovermögen nimmt die US-Börsenaufsichtsbehörde (Security and Exchange Commission oder kurz »SEC«) Sie in einen besonderen Klub auf. **Wenn Sie über ein Jahreseinkommen von 200 000 Dollar oder ein Nettovermögen von 1 Million Dollar (ohne Ihr Haus) verfügen, werden Sie als »Accredited Investor« eingestuft.**[10] Dadurch bekommen Sie Zugang zu einigen – aber nicht vielen – alternativen Anlagen. **Die gute Nachricht für US-Bürger: Während meiner Arbeit an diesem Buch ist eine Gesetzgebung in Vorbereitung, die es jedem in den USA erlaubt, an einem Test teilzunehmen, um unabhängig vom je-**

[10] Anm. d. Red.: In Europa können Geldinstitute ihre Kunden als »elective professional clients« einstufen, dazu muss der Kunde mindestens zwei der drei folgenden Kriterien erfüllen: ein Vermögen von mindestens 500 000 Euro, regelmäßige Handelstätigkeit in den letzten vier Quartalen mit mindestens zehn Transaktionen über 50 000 Euro pro Quartal, mindestens ein Jahr Berufserfahrung in einer relevanten Stelle im Finanzsektor.

weiligen Nettovermögen »akkreditiert« zu werden (mehr dazu später in diesem Kapitel).

Und sobald Sie insgesamt 5 Millionen Dollar investiert haben, stuft die SEC Sie als **»Qualified Purchaser«** ein. Dann steht Ihnen das gesamte Universum der alternativen Anlagen offen. Es gibt jedoch einen Haken: Dass Sie sich qualifiziert haben, heißt nicht, dass Sie die Tür auch öffnen können. **Viele der besten alternativen Anlagen sind für neue Investoren nicht zugänglich oder sie sind wie das Sondermodell einer Luxuskarosse in limitierter Auflage ausverkauft, bevor sie überhaupt auf den Markt kommen.**

In meiner früheren Laufbahn als Investor habe ich diese Frustration mehrfach erlebt. Die Nachfrage ist schlichtweg zu groß – es gibt zu viel Geld, das in alternativen Anlagen untergebracht werden will. Und wer steht offenbar an erster Stelle? Die finanzkräftigsten Institutionen der Welt. Staatsfonds, Universitätsstiftungen und große Family Offices[11] werfen ihr Gewicht in die Waagschale und verdrängen den Privatanleger.

Mein Co-Autor, Christopher Zook, kennt dazu eine lustige Geschichte aus der Anfangszeit seiner Karriere.

> »Ich hatte den ganzen Morgen auf das Fax gewartet. Ja, vor mehr als 25 Jahren arbeiteten wir noch mit den guten alten Faxgeräten. Am Vortag hatte ich einen Anruf erhalten, bei dem ich die gute Nachricht erfuhr, dass meine Kunden und ich in einen bestimmten Vorzeige-Private-Equity-Fonds investieren können. Wir hatten jahrelang – erfolglos – versucht, an diesen bestimmten Manager heranzukommen, da sämtliche Fonds ›überzeichnet‹ waren.
>
> Aber jetzt war die Zeit reif herauszufinden, wie viel uns zugeteilt wurde. Wir wollten endlich in den Klub der coolen Kids aufgenommen werden. Meine Kunden und ich hatten etwa 5 Millionen Dollar unseres eigenen Geldes zusammengelegt, das wir investieren wollten. Das Faxgerät gab dieses unverkennbare Geräusch von sich und spuckte eine Papierschlange aus. Mir schlug das Herz bis zum Hals, als ich las, dass unsere Gesamtzuteilung satte 250 000 Dollar

[11] Anm. d. Ü.: Der im englischen Sprachraum gängige Begriff »Family Office« bezeichnet ein Unternehmen, das das private Großvermögen einer Eigentümerfamilie bankenunabhängig verwaltet.

betrug. Das war in etwa so, als hätte ich eine Reservierung für die beste Pizzeria in New York bekommen, wo es dann nur ein Stück Pizza gab, das ich mit einem Haufen Freunde an meinem vollbesetzten Tisch teilen musste.«

Ein unstillbarer Appetit

Offenbar ist der Appetit auf alternative Anlagen in den Bereichen Private Equity, Private Real Estate und Private Credit unersättlich. Laut dem Marktforschungsunternehmen Preqin verwalteten Private-Equity-Manager im Jahr 2006 rund 1 Billion US-Dollar. **Heute sind mehr als 6 Billionen Dollar in Private Equity investiert und Prognosen zufolge wird der Markt bis 2025 auf über 14 Billionen Dollar anwachsen.** Diese Abwanderung zu alternativen Anlagen scheint unaufhaltsam zu sein, da Smart Money eindeutig umgeschichtet wird. Weniger Public Equity,[12] mehr Private Equity. Weniger öffentliche Kredite (Anleihen), mehr private Kredite. Weniger öffentliche REITs, mehr Private Real Estate.

Mein Verdacht wurde von meinem guten Freund und Berater Ajay Gupta bestätigt. Ajay vertritt meine Familie seit über 15 Jahren. Er ist der ehemalige (mittlerweile im Ruhestand befindliche) Chef-Anlagestratege des größten unabhängigen Anlageberaters in den USA mit einem verwalteten Vermögen von rund 200 Milliarden Dollar. Er verkaufte an eine der größeren Private-Equity-Firmen und leitet jetzt Robbins Gupta Holdings, unser gemeinsames Family Office.

Eines Tages überreichte mir Ajay einen Bericht von KKR, einem der weltweit größten Private-Equity-Unternehmen. Es hatte kürzlich eine Umfrage durchgeführt, bei der die reichsten Family Offices, Stiftungen und Pensionsfonds der Welt einen Blick unter ihre Motorhaube gestatteten. Ich war erstaunt über ihre Bereitschaft, ihre aktuelle Vermögensaufteilung offenzulegen. Schließlich ist unsere Asset Allocation, also wie viel und in welche Anlagen wir investieren, der wichtigste Faktor für unseren

[12] Anm. d. Red.: Public Equity: Börsengehandelte Firmenbeteiligungen. »Private Equity« meint dagegen Eigenkapitalbeteiligungen, die nicht öffentlich gehandelt werden.

Anlageerfolg. Das gilt für jeden Anleger, den ich in den letzten zwei Jahrzehnten befragt habe.

Der KKR-Bericht enthielt für mich die schockierendste Statistik, die ich je gesehen hatte ... **Ultra-High-Net-Worth-Familien (mit mehr als 30 Millionen Dollar) halten fast 46 Prozent ihres Vermögens in alternativen Anlagen und nur 29 Prozent in börsennotierten Aktien (siehe die folgende Abbildung).**[13] Früher waren alternative Anlagen die Beilage in einem Portfolio; heute stellen sie eher das Fleisch und die Kartoffeln. **Und siehe da – von dem Geld, das diese Gruppen in alternativen Anlagen hielten, war mehr als die Hälfte (52 Prozent) in Private Equity investiert und der Rest fast gleichmäßig in Immobilien (25 Prozent) sowie Hedgefonds (23 Prozent).**

Alternative Anlagen in Prozent der gesamten Vermögensverteilung

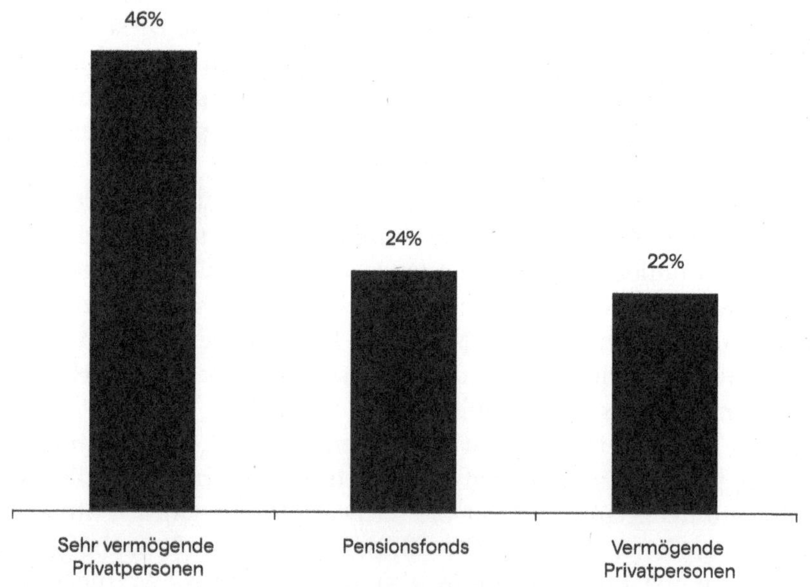

Daten stammen vom März 2017. Quelle: Willis Towers Watson Global Pension Assets Study 2017, öffentlich zugängliche Daten privater Vermögensverwalter. KKR 2017 HNW Survey

[13] https://www.kkr.com/global-perspectives/publications/ultra-high-net-worth-investor-coming-age.

Warum diese gravierende Verlagerung hin zu alternativen Anlagen? Nun, diese Teeblätter sind nicht schwer zu lesen.

Auf globaler Ebene hat Private Equity in den vergangenen 35 Jahren (zwischen 1986 und 2020) jedes Jahr besser abgeschnitten als die öffentlichen Märkte![14]

Die Abbildung auf Seite 24 zeigt, dass Private Equity als gesamte Anlageklasse über den 26-Jahres-Zeitraum bis 2022 eine durchschnittliche jährliche Rendite von 14,28 Prozent erzielte.[15] **Der S&P 500 kam auf 9,24 Prozent. Ein Unterschied von mehr als 5 Prozentpunkten an annualisierten Renditen, was sich in einem rasanten Wachstum niederschlägt.** Um das zu verdeutlichen: Zwischen 1986 und 2022 wäre eine hypothetische Investition von 1000 000 Dollar in den S&P 500 auf **26 310 105 Dollar** angewachsen. Nicht übel. Aber dieselben 1000 000 Dollar wären mit Private Equity auf satte **139 604 229 Dollar** angewachsen! Bedenken Sie, dass diese Renditen den Durchschnitt für die gesamte Private-Equity-Branche darstellen, viele Unternehmen jedoch weitaus höhere Renditen erzielten.

Wie Sie sehen, schneidet Private Equity in guten Zeiten gut ab, hat aber auch schon so manchen Sturm überstanden. In der jüngeren Geschichte gab es drei große Marktabschwünge und anschließende Erholungen. **Das Platzen der Internetblase im Jahr 2001, die große Rezession im Jahr 2008 und die Covid-Pandemie im Jahr 2020. In allen drei Fällen waren die Rückgänge des S&P 500 von der Spitze bis zum Tiefpunkt weitaus steiler als bei Private Equity.**[16] Eine Studie des Wall-Street-Riesen Neuberger Berman bringt das auf den Punkt: **»Private Equity verzeichnete in der Vergangenheit in allen drei [Abschwüngen] einen weniger starken Rückgang und eine schnellere Erholung als Public Equity.« So verzeichnete Private Equity im Jahr 2021, trotz Pandemie und globaler Lieferkettenkrise, eines seiner besten Jahre mit einer zusammengefassten Rendite von 27 Prozent.**[17] **Das liegt nur geringfügig unter der herausragenden Per-**

---

14 *Cambridge Associates*: »Global PE versus MPME MSCI All Country World Index«.

15 Gemessen am Cambridge Private Equity Index, Slotsky, Caryn (2022): »US PE/VC Benchmark Commentary: First Half 2021«, *Cambridge Associates*, Januar 2022, https://www.cambridgeassociates.com/insight/us-pe-vc-benchmark-commentary-first-half-2021/.

16 Wie im »US Private Equity Buyout Index« von Cambridge Associates dargestellt.

17 McKinsey & Company (2023): »McKinsey Global Private Markets Review: Private markets turn down the volume«, 21 05 2023, https://www.mckinsey.com/industries/private-equity-and-principal-investors/our-insights/mckinseys-private-markets-annual-review.

formance von 33 Prozent im Jahr 2020.[18] Das Private-Equity-Schwergewicht Bain Capital schrieb, dass »Private Equity im Jahr 2021 durch die Billionen an pandemiebedingten Stimulierungseffekten einen historischen Aufschwung bei Transaktionen und Exits erlebte«.[19]

Simulierte Performance von Private versus Public Equity

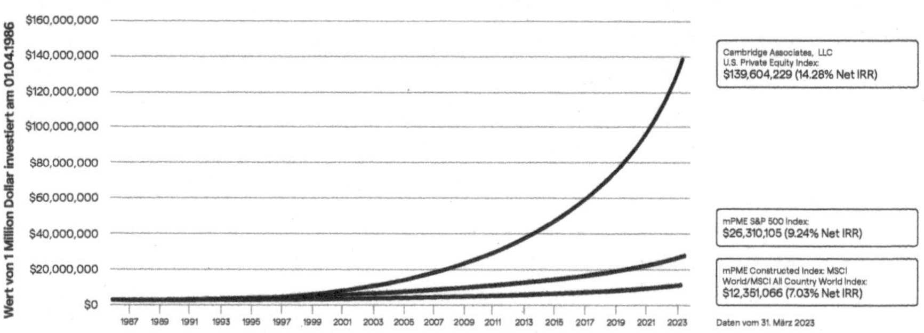

Der Index ist eine Zeithorizont-Berechnung, die auf Daten von 1505 Fonds basiert, einschließlich vollständig liquidierter Partnerschaften, die zwischen 1986 und 2022 gegründet wurden.

Die Indizes für Private Equity sind aggregierte Zeithorizont-Berechnungen des Internen Zinsfußes (IZF) nach Abzug von Gebühren, Kosten und Carried Interest.[20] Das CA Modified Public Market Equivalent (mPME) bildet die Performance privater Anlagen unter Public-Market-Bedingungen nach. Die Anteile des Public Index werden nach dem Cashflow-Plan des privaten Fonds gekauft und verkauft, wobei die Ausschüttungen nach demselben Verfahren wie beim privaten Fonds berechnet werden, und der mPME-NAV ist eine Funktion von mPME-Cashflows und Public-Index-Renditen. Der »Value Add« zeigt (in Basispunkten) die Differenz zwischen der tatsächlichen Private-Investment-Rendite und der mit mPME berechneten Rendite. Konstruierter Index: MSCI World/MSCI All Country World Index: Daten vom 01 01 1986 bis 31 12 1987, dargestellt durch die MSCI-Index-Brutto-Gesamtrendite. Daten vom 01 01 1988 bis heute: MSCI ACWI Bruttogesamtrendite. Der Zeitpunkt und das Ausmaß des Cashflows des Fonds sind wesentliche Bestandteile für die Berechnung der IZF-Performance. Bei den Indizes für Public Equity handelt es sich um Berechnungen der durchschnittlichen jährlichen Gesamtrendite (AACR), die zeitlich über den angegebenen Zeithorizont gewichtet sind und nur zu Referenz- und Richtungszwecken angegeben werden. Aufgrund der grundlegenden Unterschiede zwischen den beiden Berechnungen wird ein direkter Vergleich von IZF und AACR nicht empfohlen.

Quelle: Cambridge Associates LLC, MSCI, Standard & Poor's

[18] McKinsey Private Markets, Jahresbericht 2021.

[19] MacArthur, Hugh; Burack, Rebecca; De Vusser, Christophe & Yang, Kiki (2022): »The Private Equity Market in 2021: The Allure of Growth«, Bain & Company, 07 03 2022, https://www.bain.com/insights/private-equity-market-in-2021-global-private-equity-report-2022/.

[20] Anm. d. Ü.: »Carried Interest«: Gewinnbeteiligung für die Verwalter des Beteiligungskapitals eines Investors.

Die Wertentwicklung in der Vergangenheit ist keine Garantie für aktuelle oder zukünftige Ergebnisse. Die gezeigten historischen Beispiele sind kein Versprechen für vergleichbare Ergebnisse in der Zukunft und sollen das auch nicht sein. Die hierin enthaltenen Informationen und statistischen Daten stammen aus Quellen, von denen wir annehmen, dass sie korrekt sind. Sie wurden von CAZ Investments nicht unabhängig überprüft. Historische Beispiele werden nur zu Informationszwecken zur Verfügung gestellt und sind nicht dazu gedacht, eine bestimmte Anlage zu repräsentieren.

Dies erklärt die massive Verlagerung zu Private Markets.[21] **Sie bieten einfach mehr Möglichkeiten. Man muss dort fischen, wo die Fische sind.** Immer mehr Unternehmen müssen nicht mehr wie früher an die Börse gehen. Sie können Kapital beschaffen, ohne sich mit der Flut von rechtlichen Vorschriften und Verfahren abzumühen, die mit einem Börsengang verbunden sind. Nach Angaben der *Financial Times* **ist die Zahl der börsennotierten US-Unternehmen seit dem Höchststand im Jahr 1996 um fast die Hälfte auf etwa 4400 gesunken.**[22] **Das sind gerade einmal 4400 Unternehmen**, die für **Investoren infrage kommen**, und wir alle wissen, dass viele von ihnen bestenfalls mittelmäßig sind, wenn es um Rentabilität, Wachstum und Zukunftsaussichten geht. **Tatsächlich waren im Jahr 2009 ganze 81 Prozent der börsennotierten Unternehmen profitabel (nach dem Börsengang); 2021 waren es nur noch 28 Prozent (nach dem Börsengang).**[23]

Im Gegensatz dazu gibt es Zehntausende nicht an der Börse gelisteter Unternehmen, die wachsen, innovativ sind und die Welt verändern. **Wenn Sie sich den Gesamtwert aller börsennotierten Unternehmen weltweit ansehen, werden Sie vielleicht schockiert feststellen, dass der Wert aller nicht börsennotierten Unternehmen, die von Private-Equity-Fonds gehalten werden, die Aktien von börsennotierten Unternehmen fast im Verhältnis vier zu eins in den Schatten stellt!**[24]

Das heißt nicht, dass Aktien börsennotierter Unternehmen in unseren Portfolios keine Rolle spielen. Das tun sie auf jeden Fall und sie sind ein wichtiger Bestandteil in vielen Grals-Portfolios (auch in meinem). Durch Aktien werden wir Eigentümer unserer Wirtschaft, statt nur Verbraucher

---

[21] Anm. d. Ü.: Private Markets sind Kapitalanlagen, die nicht über eine Börse öffentlich investierbar und handelbar sind. Private Equity ist ein Bereich davon.

[22] Wigglesworth, Robin (2019): »US has fewer listed public companies than China«, *Financial Times*, 07 10 2019, https://www.ft.com/content/73aa5bce-e433-11e9-9743-db5a370481bc.

[23] *statista* (2023): »Share of companies that were profitable after their IPO in the United States from 2005 to 2022«, Statista Research Department, 22 09 2023, https://www.statista.com/statistics/914724/profitable-companies-after-ipo-usa/.

[24] Prequin: World Federation of Exchanges.

zu sein. Man kann Apple besitzen, nicht nur ein iPhone. Und Aktien ermöglichen uns den Zugang zu Tausenden globaler Unternehmen, die in zahlreichen Ländern tätig sind und deren Aktien wir mit einem Mausklick kaufen und verkaufen können. Es gibt keinen Wettbewerb zwischen Public Equity und Private Equity. **Sie sind komplementär!**

Zahlreiche Studien haben gezeigt, dass die Beimischung von Private Equity zu einem typischen Aktien- und Anleihenportfolio nicht nur die Volatilität verringert, sondern auch die Renditen erhöht.[25] Darum geht es: Verringerung des Risikos (Volatilität) bei gleichzeitiger Erhöhung der Renditen.

Demokratisierung

Zusätzlich zu den vielen Billionen, die bereits in Private Markets fließen, werden in den USA jetzt die Vorschriften gelockert.[26] Hoffentlich kann bald auch der Durchschnittsanleger in den USA über seine 401k-Pläne in Private Markets investieren. Dies könnte einer aufstrebenden Branche weiteren Auftrieb geben. **Und nun die beste Nachricht:**

Wie bereits erwähnt, fand ich es immer sehr ungerecht, dass nur diejenigen mit einem entsprechenden Nettovermögen in hochwertige alternative Anlagen investieren können. Viele wohlhabende Menschen wurden durch den Verkauf eines Unternehmens reich – das bedeutet nicht zwangsläufig, dass sie erfahrene Investoren sind. Auf der anderen Seite gibt es viele Menschen mit weniger Geld auf dem Konto, die den Wunsch und die Cleverness haben, bei den Private Markets mitzuspielen. Wenn jemand klug genug ist, die Risiken zu verstehen, sollte auch er die Möglichkeit haben, sich zu beteiligen. Glücklicherweise stimmte der Kongress dem zu. **Während ich an diesem Buch arbeitete, verabschiedete das Repräsentantenhaus einen parteiübergreifenden Gesetzentwurf, der es jedem ermöglicht, ein zugelassener Anleger zu werden, auch wenn er die Vermögensanforderungen nicht erfüllt. Er muss lediglich einen Test beste-**

---

25 Tutrone, Anthony D. (2019): »Private Equity and Your Portfolio«, Neuberger Berman, Januar 2019, https://www.nb.com/en/global/insights/investment-quarterly-asset-matters-private-equity-and-your-portfolio.

26 Ramsey, Austin R. (2022): »Private Equity Firms Are Winning the Fight for Your 401(k)«, Bloomberg Law, 31 01 2022, https://news.bloomberglaw.com/daily-labor-report/private-equity-firms-are-winning-the-fight-for-your-401k.

hen. Ich hoffe, dass die Gesetzgebung zu dem Zeitpunkt, an dem Sie dieses Buch in Händen halten, bereits in Kraft getreten ist und jeder Mensch Zugang zu großartigen Möglichkeiten hat.

Vor meinem geistigen Auge zeichnete sich eine glänzende Zukunft der alternativen Anlagen ab und ich fragte mich augenblicklich, **wie wir an diesem Trend der Billionen Dollar, die nach alternativen Anlagen suchen, teilhaben können. Wie können wir auf dieser Welle, diesem Tsunami, reiten, statt uns mit einer Handvoll von Möglichkeiten zu begnügen?**

Es stellte sich heraus, dass viele der besten und klügsten Finanzfachleute bereits einen Weg gefunden haben, von dem die meisten Menschen noch nie gehört haben.

Mein großer Durchbruch

Wie viele wissen, berate ich meinen lieben Freund Paul Tudor Jones seit über zwei Jahrzehnten. Paul Tudor Jones wird von vielen als einer der zehn besten Hedgefonds-Manager der Geschichte und als unglaublicher Philanthrop angesehen – seine Robin Hood Foundation hat mehr als 3 Milliarden Dollar zur Bekämpfung der Armut in New York City gespendet.

Vor fast zehn Jahren unterhielt ich mich mit einem von Pauls ehemaligen Partnern (der inzwischen seinen eigenen erfolgreichen Fonds aufgelegt hat) über alternative Anlagen. Ich beklagte mich, dass wir in einige dieser großartigen Anlagemöglichkeiten nicht investieren könnten. **Eine »Zuteilung« eines begehrten Private-Equity-Fonds zu erhalten, ist für wohlhabende Menschen so, als würde man in einem angesagten neuen Nachtklub an der Schlange vorbeigelassen werden.** Meistens werden die Leute in der Kälte draußen stehen gelassen – mit dem Geld in der Hand.

Er beschloss, mir quasi als Freundschaftsdienst zu verraten, was er mit einem guten Teil seines eigenen Geldes macht. Sofort wurde ich hellhörig. Ein hochkarätiger Fondsmanager wollte mir erzählen, was er mit seinem Vermögen macht. Das ist so, als würde Tiger Woods erzählen, wo er seine Golfschläger anpassen lässt. Hören Sie also gut zu! Er erklärte mir, dass er mit einer Firma aus Houston, Texas, zusammenarbeitet, die einen etwas anderen Ansatz verfolgt. Texas? Ich hatte eigentlich angenommen, dass ein Mann aus Greenwich, Connecticut, eine Elitefirma an der Wall Street, in London oder Singapur beauftragen würde. Aber die meisten brillanten Finanzfachleute, die in Sphären unterwegs sind, wo die Luft dünner wird, findet man in der Regel auf weniger befahrenen Wegen.

Er verbrachte die nächste Stunde damit, mir einen Ansatz zu erklären, der offenbar die Antwort auf meine Frage war.

Wie kann man an dieser seismischen Verschiebung hin zu alternativen Anlagen teilhaben?

Während ich mir hektisch Notizen machte, erklärte er mir, dass man sich nicht als LP-Investor (Limited Partner) in einen Fonds einkaufen müsse, sondern dass es manchmal eine Möglichkeit gebe, sich anzuschließen und Eigentümer der als »GP« (»General Partner«) bezeichneten Einheit zu werden. Der General Partner ist die eigentliche Betriebsgesellschaft, die auch als »Vermögensverwalter« bezeichnet wird und die zugrunde liegenden Investmentfonds verwaltet. Der GP ist in der Regel im Besitz der Gründer und der leitenden Angestellten. »Man kann einen Anteil am GP kaufen?«, fragte ich verblüfft. Er nickte mit dem Grinsen eines langjährigen Veteranen. Das war für mich ein bahnbrechender Moment. Schließlich sind viele der von mir befragten Finanztitanen Milliardäre geworden, indem sie ihre eigenen Vermögensverwaltungsfirmen besaßen (und somit persönlich haftende Gesellschafter waren).

Es ist kein Geheimnis, dass die höchste Konzentration von Milliardären auf der Forbes-400-Liste nicht aus den Bereichen Big-Tech oder Öl und Gas stammt. Es sind die Mogule von Private Equity, Private Real Estate und Private Credit. Das sind die finanziellen Vordenker, die oft enormen Reichtum für ihre Kunden (die LPs) und für sich selbst (die GPs) generieren. Das sind die Leute, die das Spiel mit dem Geld beherrschen und Dutzende oder sogar Hunderte Milliarden verwalten. Das sind die Leute, mit denen ich, wenn ich die Möglichkeit habe, als Partner zusammensitzen möchte. Konnte es tatsächlich sein, dass ich mir eine Scheibe von dem Geldverwaltungsgeschäft abschneiden durfte, zumal Billionen in alternative Anlagen flossen? Die Antwort lautet: Ja. Diese als »GP Stakes« (deutsch: »GP-Anteile«) bekannte Welt hat in den vergangenen zehn Jahren bei großen institutionellen Anlegern zunehmend an Beliebtheit gewonnen, findet aber erst allmählich Eingang in die allgemeine Berichterstattung. Ein Artikel im *Wall Street Journal* brachte es mit einer

Schlagzeile auf den Punkt: »**Der Kauf von Beteiligungen an Private-Equity-Firmen, nicht nur an ihren Fonds, zahlt sich aus.**«[27]

Und warum zahlt er sich aus?

Die Kunden dieser Firmen, die Investoren/Limited Partner, zahlen der GP mindestens zwei Arten von Gebühren. Erstens zahlen sie eine Verwaltungsgebühr, die in der Regel etwa 2 Prozent pro Jahr auf den Investitionsbetrag beträgt. Zweitens erhält die Firma bei guter Performance des Investmentfonds in der Regel 20 Prozent des Gewinns. Die Top-Firmen, die Anleger glücklich machen, sind also selbst eine Vermögensbildungsmaschine für ihre Gründer und Eigentümer.

Während mein Gehirn diese Information noch verarbeitete, formulierte ich 20 Fragen. Paul beantwortete alle und brachte für mich auf den Punkt, dass eine Minderheitsbeteiligung beziehungsweise ein passiver Anteilseigner an einer Vermögensverwaltungsfirma (der GP) drei Vorteile hat:

1. **Cashflow.** Vorhersehbare Einnahmen sind eine wunderbare Sache. Wenn Sie ein Unternehmen leiten, wissen Sie, wie selten und wunderbar verlässliche sowie stabile Einnahmen über Jahre sind. Willkommen bei der Vermögensverwaltung. Eine typische Vermögensverwaltungsgesellschaft (GP) verwaltet zahlreiche Fonds im Auftrag von Investoren (LPs). Die Anleger erklären sich oft bereit, ihre Investitionen für einen längeren Zeitraum zu binden, um im Gegenzug das Potenzial für überdurchschnittliche Renditen zu erhalten. Dies verschafft den Managern einen langfristigen Horizont, der ihnen viel Zeit gibt, die bestmöglichen Entscheidungen zu treffen. Während er das Geld der Anleger einsetzt, hat der Manager Anspruch auf eine Verwaltungsgebühr (in der Regel 2 Prozent pro Jahr auf die investierte Summe). **Wenn die Anleger einer »Lock-up-Vereinbarung« zustimmen (in der Regel zwischen fünf und zehn Jahren),**[28] **weiß der Vermögensverwalter, dass er während dieses Zeitraums vorhersehbare und vertraglich gesicherte Einnah-**

[27] Gottfried, Miriam (2018): »Buying Stakes in Private-Equity Firms, Not Just Their Funds, Pays Big«, *WSJ*, 18 11 2018, https://www.wsj.com/articles/buying-stakes-in-private-equity-firms-not-just-their-funds-pays-big-1542542401.

[28] Anm. d. Ü.: Während dieser Periode dürfen die Aktien nicht verkauft werden.

men über die Verwaltungsgebühr erzielen wird. Das bedeutet zuverlässige Cashflows für die Eigentümer des Unternehmens – in diesem Fall also für uns! Und was noch besser ist: Dieser stetige Einkommensstrom wird in dem Maße steigen, in dem das Unternehmen den Betrag der von ihm verwalteten Gelder erhöht!

2. **Gewinnbeteiligung.** Wie bereits erwähnt, erhält der GP als Gegenleistung dafür, dass er seinen Anlegern Gewinne verschafft, **einen stattlichen Prozentsatz, in der Regel 20 Prozent auf den Gewinn.** Dies wird als »Carried Interest« oder »Performance Fee« bezeichnet. Mit dem Geld anderer Leute Geld zu verdienen und ihnen gleichzeitig große Vorteile zu verschaffen, ist eine Win-win-Situation, die für den GP (wieder wir!) überdurchschnittliche Renditen bringen kann.
3. **Diversifizierung.** Mit den weisen Worten des Nobelpreisträgers Harry Markowitz: **»Diversifizierung ist das Einzige, das es an der Börse umsonst gibt.«** Anteile an einer Vermögensverwaltungsgesellschaft bieten Ihnen eine enorme Diversifizierung. **Und warum? Weil die GPs für gewöhnlich zahlreiche Fonds verwalten.** Jeder dieser Fonds hat ein individuelles Startdatum oder einen »Jahrgang«, was bedeutet, dass sie über verschiedene Markt-/Wirtschaftszyklen verteilt sind. Darüber hinaus enthält jeder dieser Fonds ein eigenes Portfolio von Unternehmen/Investitionen, die über verschiedene Branchen, Sektoren, Regionen und Wachstumsstadien verteilt sind. Das ist Diversifizierung auf höchstem Niveau.

Es gibt noch einen vierten Vorteil. Manchmal geht ein Private-Equity-Unternehmen an die Börse oder wird an ein größeres Unternehmen verkauft. In diesem Fall können die Eigentümer, mit denen Sie und ich Seite an Seite sitzen, beim Verkauf ein Vielfaches ihres Kapitals erhalten. Es gibt noch viele weitere Vorteile, die Sie beim Weiterlesen erfahren werden, aber bereits an diesem Punkt meines Gesprächs mit Paul lehnte ich mich in meinem Stuhl nach vorn und sah ihn fragend an. Das klang alles sehr verlockend (und ein bisschen zu schön, um wahr zu sein).

Warum in aller Welt sollte ein Vermögensverwalter eine Beteiligung an seinem Unternehmen verkaufen?

Seine Antwort? »Du musst Christopher Zook kennenlernen.«

Houston, wir haben eine Gelegenheit

Ich war überrascht, als ich Christopher kennenlernte, denn als Erstes erzählte er mir, dass er vor mehr als 20 Jahren zur Gründung von CAZ Investments inspiriert wurde, nachdem er meine Personal-Power-Reihe auf Kassette gehört hatte. (Ja, die guten alten Kassetten!) Es war das Jahr 1991 und er arbeitete damals für eine große Wall-Street-Bank. Er setzte sich eine Frist und sagte seiner Frau, dass er innerhalb von zehn Jahren seine eigene Firma gründen würde. Daran hielt er sich, gründete im Jahr 2001 CAZ Investments – und wurde von der Baisse nach dem 11. September begrüßt. Aber Christopher lässt sich nicht so leicht entmutigen und ist ein unglaublich effektiver Jäger von Gelegenheiten, unabhängig von den Marktbedingungen. Darüber hinaus genießt er in der Welt der alternativen Anlagen ein hohes Ansehen. **Im Jahr 2019 ernannte ihn der texanische Gouverneur zum Mitglied des Texas Pension Review Board, wo er den Vorsitz des Investitionsausschusses innehat.**

CAZ Investments ist keine typische Investmentfirma. Eine erfrischende Offenheit und eine Arbeitsmoral des »mit Anpackens« spiegeln die texanischen Wurzeln des Unternehmens wider. Unter Christophers Führung hat die Firma in den mehr als 20 Jahren ihren eigenen, einzigartigen Weg eingeschlagen. Das musste sie auch, denn Christopher erkannte, dass er das veraltete Modell überdenken musste, um mit den großen Institutionen konkurrieren zu können.

Im Laufe der Zeit bauten er und sein Team ein Netzwerk von vermögenden Familien auf, die sich zu einer »Institution« zusammenschlossen und ihre kollektive Kaufkraft nutzen, um Zugang zu einzigartigen Investitionsmöglichkeiten zu erhalten. Noch einmal: Zugang ist das A und O, wenn es um alternative Anlagen geht. Wie Christopher mir erklärte, »besteht unsere Aufgabe darin, jeden Tag aufzuwachen und exklusive Gelegenheiten für unser Anlegernetzwerk zu betreuen (sie können jederzeit entscheiden, ob sie investieren oder nicht). Im Gegenzug haben unsere Investoren zugestimmt, gemeinsam an einem Strang zu ziehen. Wir bündeln unser Geld für jede neue Gelegenheit und können dadurch genauso viel bewegen wie jede große Institution.«

Heute hat das Unternehmen mehr als 3000 vermögende Kunden auf der ganzen Welt sowie zahlreiche Anlageberatungsfirmen, die sich an den von ihm betreuten Gelegenheiten beteiligen. Das Unternehmen gehört inzwischen zu den 200 größten Private-Equity-Investoren weltweit und liegt damit noch vor großen institutionellen Anlegern wie den Stiftungen von Columbia, Duke und dem MIT.[29]

Während des Abendessens informierte mich Christopher über die zahlreichen Investitionsmöglichkeiten, die in den letzten zwei Jahrzehnten von seinem Netzwerk finanziert wurden. Ich war zutiefst beeindruckt von der Bandbreite der zeitlichen und thematischen Möglichkeiten, die das Unternehmen seinem Netzwerk bietet. Von Leerverkäufen von Subprime-Hypotheken während der Immobilienkrise über Möglichkeiten im Energiesektor während eines Öl-Crashs bis hin zum Kauf von Anteilsrechten an NBA-, NHL- und MLB-Teams. Diese Liste ließe sich fortsetzen. Aber es ist die Welt der »GP Stakes«, **in der CAZ zu einem der größten Akteure geworden ist, mit Beteiligungen an mehr als 60 prominenten Private-Equity-, Private-Credit- und Private-Real-Estate-Firmen rund um den Globus.**

Nach einer umfassenden Due-Diligence-Prüfung wurde ich Kunde, und mein Partner im Family Office, Ajay Gupta, trat in den Vorstand der CAZ ein. Je mehr Zeit wir im Laufe der Jahre mit Christopher und seinem Team verbrachten, desto mehr schätzten wir die Methode seiner Firma, die jedes Jahr mehr als 1500 Gelegenheiten prüft und nur in eine Handvoll der besten Gelegenheiten zum besten Zeitpunkt investiert. Das Team von CAZ hat mir bei der Zusammenstellung meines persönlichen Grals-Portfolios geholfen. Ich beschloss, Christophers Stimme und Erfahrung in meinem Netzwerk mehr Gehör zu verschaffen, und Christopher bot uns die Möglichkeit, noch ein paar Dutzend andere als Minderheitsaktionäre an CAZ zu beteiligen. Ich bin nicht aktiv in das Geschäft involviert, aber ich bin leidenschaftlich an dem Wissen über diese Anlagetrends interessiert, daran, wie und wohin sich das Smart Money bewegt und wie man die sich bietenden Gelegenheiten rechtzeitig nutzen kann.

Lasst uns allen davon erzählen

Mitte des Jahres 2022 befand sich die Welt im Umbruch, als die Ära der Nullzinsen abrupt zu Ende ging. Anhaltende Inflation, eine Krise in der

[29] Quelle: *PitchBook*, Stand: April 2022.

Lieferkette, der Krieg zwischen der Ukraine und Russland und zahlreiche andere Faktoren sorgten für Aufruhr an den Märkten. Ich wandte mich an die Finanztitanen in meinem Adressbuch (von denen wir viele für dieses Buch interviewten) und keiner war ängstlich. Im Gegenteil, sie waren begeistert. Sie witterten eine Chance. **Während beispielsweise Anleihen abstürzten, verhalfen steigende Zinssätze den Private-Credit-Unternehmen (an denen ich über GP Stakes beteiligt bin) zu erheblich höheren Renditen, da die von ihnen erhobenen Zinssätze nach oben angepasst wurden. Vor den Zinserhöhungen waren viele Unternehmen daran gewöhnt, 5 bis 6 Prozent an Private-Credit-Geber zu zahlen; als die Zinsen stiegen, mussten sie mehr als 11 Prozent zahlen, da die Kredite an den aktuellen Marktzins angepasst wurden. Derselbe Kreditnehmer, derselbe Kredit – aber mit einem Rentabilitätsschub für den Kreditgeber.**

Ich erinnere mich daran, wie ich auf meiner Veranda saß, den Blick auf den Ozean gerichtet, und dankbar für die Prinzipien war, die Dalio und zahlreiche andere mir auf meinem Weg beigebracht hatten. Dankbar für die Strategien, die ich in meinem eigenen Grals-Portfolio umsetzte. Dankbar für die Plattform, die ich habe, um all die Erkenntnisse zu teilen, die ich durch meinen Zugang gelernt habe. In diesem Moment wusste ich, dass Christopher und ich dieses Buch schreiben mussten. Es gab einfach zu viel wichtiges Material, das wir anderen zugänglich machen wollten. Zu viele interessante Strategien, die aufgedeckt und erforscht werden sollten. Zu viele Stimmen von erfahrenen und erfolgreichen Veteranen, die gehört werden mussten. Ich nahm den Hörer in die Hand und sagte Christopher, dass wir aus zwei Gründen dieses Buch schreiben müssten:

1. Wir haben Zugang zu vielen der brillantesten und erfolgreichsten Köpfe im Bereich der alternativen Anlagen. **Dazu zählen Leute wie Barry Sternlicht, der Gründer von Starwood Capital. Sternlicht hat ein globales Immobilienimperium aufgebaut, das sich über 30 Länder erstreckt und ein Immobilienvermögen von über 115 Milliarden Dollar verwaltet. Leute wie Wil VanLoh, Gründer von Quantum Energy, einem der größten privaten Energieinvestoren mit einer erstaunlichen Erfolgsbilanz (obwohl er in eine Anlageklasse investiert, die großen Schwankungen unterliegt). Das Gespräch mit ihm war unglaublich interessant, vor allem, wenn man bedenkt, dass sich die Welt auf erneuerbare Energien und die damit verbundenen**

Möglichkeiten konzentriert. Die fesselnden Gespräche mit ihm verkörpern die zeitlose Wahrheit, dass Wissen Macht bedeutet, wenn es nicht nur gelernt, sondern auch angewendet wird.

2. **Selbst in den Kreisen der vermögenden Familien und ihrer Berater herrscht ein Mangel an Bewusstsein für die Vielfalt an Möglichkeiten, die alternative Anlagen bieten.** Das traf einst auch auf mich zu, ebenso wie auf unzählige erfolgreiche Menschen in meinem Umfeld. Oftmals sehen die Menschen nur die begrenzte Anzahl von Möglichkeiten, die von der Muttergesellschaft des Beraters vorausgewählt werden. **Wir wollen jedoch, dass alle, ob Anleger oder Berater, mit den Werkzeugen, dem Bewusstsein und den Möglichkeiten ausgestattet werden, die viele der weltweit erfolgreichsten Anleger für ihren eigenen Weg zum Heiligen Gral nutzen.**

Sieben einzigartige Strategien

Tauchen wir also ein! Dieses Buch ist in zwei Teile gegliedert. **In Teil 1 ist jedes Kapitel einer bestimmten alternativen Anlagestrategie (oder Kategorie) gewidmet.**

Wir haben sieben einzigartige Strategien ausgewählt, die über lange Zeiträume hinweg herausragende Renditen erzielten. **Alle sieben Strategien sind völlig unkorrelierte Anlagemöglichkeiten, weshalb wir sie aus dem Universum der Optionen ausgewählt haben.** Wir starten diese Rakete, indem wir zunächst die GP Stakes (also Anteile an GP-Managementgesellschaften) genauer vorstellen. Anschließend verraten wir Ihnen, wie Anleger jetzt an einem der wenigen legalen Monopole in Nordamerika teilhaben können: dem Investment Profisport. Relativ neue Regeländerungen haben die Tür für Investoren zu einem Portfolio von zahlreichen Teams in der Major League Baseball, der Major League Soccer, der National Basketball Association und der National Hockey League geöffnet. Diese Teams haben unglaublich langlebige Einnahmemodelle, die den Vorteil eines starken Rückenwinds haben. **Sie haben sich von Bier und Sitzplätzen zu facettenreichen globalen Imperien entwickelt, mit Milliardeneinnahmen durch Streaming-Rechte, Sponsorengelder aus dem legalen Glücksspiel, Hotel- und Restauranteinnahmen und vieles mehr. Dies**

ist nur ein Vorgeschmack. Jede einzelne Strategie, die wir vorstellen werden, ist so aufregend!

In Teil 2 setzen wir uns mit einer Riege hochkarätiger Vermögensverwaltungsexperten zusammen, die insgesamt mehr als eine halbe Billion Dollar verwalten! Großzügigerweise haben sie sich die Zeit genommen, uns ihren Werdegang und die Instinkte, Techniken, Prinzipien sowie Strategien zu unvorstellbarem Erfolg zu verraten. Wir haben jeden Einzelnen gefragt, was er für den Heiligen Gral des Investierens hält. Die Antworten sind vielfältig, überraschend und zutiefst weise. Lassen Sie uns mit GP Stakes beginnen und herausfinden, warum zig Milliarden an Smart Money diese Strategie verfolgen.

Eine Anmerkung der Autoren: Wir, Christopher und Tony, haben dieses Buch im Tandem geschrieben, die Interviews gemeinsam geführt und zusammengearbeitet, um Ihnen die absolut besten Informationen zu liefern.

Daher haben wir uns entschlossen, den Staffelstab nicht zwischen den Kapiteln oder Abschnitten des Buches hin- und herzureichen, sondern mit einer klaren und einheitlichen Stimme zu schreiben.

KAPITEL 2

GP STAKES

EIN STÜCK VOM KUCHEN

»Der beste Weg zum Reichtum? Finanzen und Investments. Mehr als ein Viertel der reichsten Menschen in Amerika haben ihr Geld in dieser Branche verdient, dazu gehören Hedgefonds, Private Equity und Vermögensverwaltung.«

Forbes[30]

»Wollen Sie auf ein Pferd wetten oder einen Anteil an der gesamten Rennstrecke besitzen?«

Seit CAZ Investments vor fast zehn Jahren anfing, in GP Stakes zu investieren, haben wir eine Minderheitsbeteiligung an mehr als 60 verschiedenen bekannten Namen in den Bereichen Private Equity, Private Credit und Private Real Estate erworben. Alles in allem steckten wir Milliarden an Investorenkapital in GP Stakes, was unser Unternehmen zu einem der weltweit größten Investoren in diesem Bereich machte. Ich sage Ihnen das nicht, um anzugeben, sondern weil ich die zahlreichen guten Gründe dafür kenne, dass ein Unternehmen bereit ist, eine passive Minderheitsbeteiligung an Investoren zu verkaufen – vor allem, wenn es sich um strategische Investoren handelt. Darauf werden wir noch genauer eingehen, aber zunächst erkunden wir, was diese Vermögensverwaltungsgeschäfte so attraktiv macht.

---

30 Sandler, Rachel (2021): »Nearly Half Of America's Richest Billionaires Have Fortunes In These Two Industries«, *Forbes*, 26 10 2021, https:/www.forbes.com/sites/rachelsandler/2021/10/26/nearly-half-of-americas-richest-billionaires-have-fortunes-in-these-two-industries/?sh=79ec65d7445b.

Der Einnahmengenerator

Wenn wir eine Beteiligung an einem Unternehmen kaufen, müssen wir zunächst seinen Umsatzmotor kennen. Wie verdient das Unternehmen Geld? Werfen wir also zuerst einen Blick auf das Geschäft hinter dem Geschäft.

Die meisten privaten Vermögensverwaltungsfirmen sind ähnlich aufgebaut. Die Fonds, die sie verwalten, sind gebündeltes Kapital von zahlreichen Anlegern. Wenn die Firma einen Investmentfonds einrichtet, wird sie als Rechtsform die Limited Partnership verwenden,[31] sodass die Anleger Limited Partner des Fonds sind. Dann gibt es noch den Vermögensverwalter, der für die Verwaltung des Geldes verantwortlich ist. Dies ist der General Partner (GP). Der GP ist die Vermögensverwaltungsfirma/der Rechtsträger und zuständig für die Schaffung, Vermarktung und Verwaltung mehrerer Fondsvehikel.

Noch einmal: Der GP hat normalerweise mindestens zwei verschiedene Einnahmequellen für seine Verwaltungsdienste:

1. **Managementgebühr**: Eine jährliche Managementgebühr, die zwischen 1 und 3 Prozent des gesamten verwalteten Kapitals liegt (2 Prozent ist zum Zeitpunkt der Entstehung dieses Buches der Standard). Diese Gebühr wird unabhängig von der Wertentwicklung des Fonds gezahlt.
2. **Erfolgsabhängige Gebühr**: Manchmal auch »Carried Interest« oder »Incentive Fee« genannt, wird diese Gebühr als Prozentsatz der Anlagegewinne gezahlt. Die Standardgebühr beträgt 20 Prozent der Gewinne.

Nehmen wir ein einfaches Beispiel dafür, wie attraktiv diese Vermögensverwaltungsgeschäfte aus Sicht der Einnahmen sind. Stellen Sie sich ABC Private Equity vor, eine hypothetische Firma, die einen Fonds im Wert von 1 Milliarde Dollar verwaltet. Die Firma erhält 2 Prozent (oder 20 Millionen Dollar) pro Jahr an Verwaltungsgebühren, in der Regel für mindestens

[31] Die Limited Partnership (abgekürzt »LP« oder »L.P.«; englisch für »Beschränkte Partnerschaft«) ist eine Gesellschaftsform, die mit einer deutschen Kommanditgesellschaft vergleichbar ist.

fünf Jahre. Das sind insgesamt 100 Millionen Dollar an Einnahmen, die so sehr garantiert werden können, wie man das mit einem Vertrag einrichten kann. Diese Einnahmen aus den Verwaltungsgebühren schaffen konstante Cashflow-Zahlungen für die General Partner (zu denen auch Sie gehören, wenn Sie eine Beteiligung an der GP besitzen). Ein GP-Anteil bringt in der Regel jährliche Barausschüttungen in der Größenordnung von 5 bis 10 Prozent, und zwar ab dem ersten Tag der Investition. Wenn Sie also beispielsweise eine Investition von 1 Million Dollar tätigen, würde diese zwischen 50 000 und 100 000 Dollar jährlich an Verwaltungsgebühren abwerfen.

(Für Investment-Nerds wie uns bedeutet dies, dass es die J-Kurve effektiv abschafft.)[32]

Nehmen wir weiter an, der Fonds leistet gute Arbeit und verdoppelt den Wert seines Portfolios in denselben fünf Jahren – aus 1 Milliarde Dollar werden 2 Milliarden Dollar.

Die Anleger (LPs) sind zufrieden und das Unternehmen hat Anspruch auf 20 Prozent des Gewinns von 1 Milliarde Dollar. Das entspricht 200 Millionen Dollar. Nicht gerade wenig.

Fassen wir das Ertragspotenzial für den GP zusammen:

100 Millionen Dollar an Verwaltungsgebühren
+
200 Millionen Dollar an erfolgsabhängigen Gebühren
=
300 Millionen Dollar Bruttoeinnahmen
(pro Milliarde verwaltetes Vermögen).

Das sind beeindruckende Finanzergebnisse, wie sie in kaum einem anderen Geschäft der Welt zu finden sind, und genau deshalb sind wir gern Partner in diesen Vermögensverwaltungsgesellschaften. Und das obige Beispiel ist noch relativ konservativ. Viele erstklassige Manager haben we-

32 Bei typischen Private-Equity-Investitionen bedeutet die J-Kurve, dass die Anleger in einem Fonds zunächst »Verluste« verzeichnen, während ihr Kapital für den Kauf von Vermögenswerten des Fonds eingesetzt wird. Dem folgt eine Umkehrung, sobald die Gewinne zustande kommen, was grafisch einer J-Kurve ähnelt.

sentlich höhere Renditen erzielt, was zu außerordentlichen Einnahmen für den General Partner führt.

Zusätzlich zu den äußerst attraktiven Ertragsmodellen sind diese Unternehmen effizient und äußerst profitabel, wenn es um Größenvorteile geht. **Ein Unternehmen mit 20 Mitarbeitern, das 1 Milliarde Dollar verwaltet, kann die Größe der Fonds verdoppeln, ohne die Zahl der Mitarbeiter auch nur annähernd zu verdoppeln.** Ich kenne eine Firma mit nur 75 Mitarbeitern, die 47 Milliarden Dollar verwaltet. Nehmen wir erneut das Beispiel mit 300 Millionen Dollar an potenziellen Einnahmen pro Milliarde. Sie können das schnell nachrechnen und sehen, warum diese Firmen, die mehrere Milliarden verwalten, für den General Partner wohlstandsgenerierende Maschinen sein können (und für diejenigen von uns, die GP-Anteile besitzen).

Um Größenvorteile zu nutzen, legen die meisten erfolgreichen Firmen alle ein bis drei Jahre einen neuen Fonds auf, der dem Unternehmen eine zusätzliche Einnahmequelle bietet. Firmen, die schon seit Jahrzehnten bestehen und mehrere Geschäftsbereiche haben, können 20 oder mehr Fonds verwalten. **An dieser Stelle wird die Rechnung exponentiell und wir beginnen zu verstehen, warum die Liste der Forbes 400 von den Gründern dieser Firmen dominiert wird.**

Die Reise geschmeidiger gestalten

Im Südwesten Frankreichs, in der Nähe des Flusses Garonne, befindet sich eines der renommiertesten Weingüter der Welt. Château Lafite-Rothschild. Es produziert einige der teuersten Bordeaux-Weine, die je hergestellt wurden. Als Bordeaux-Liebhaber weiß ich, dass bestimmte Jahrgänge viel besser sind als andere. Das Gleiche gilt für private Investmentfonds.

In der Regel legen die Unternehmen alle paar Jahre einen neuen Fonds auf, einen neuen »Jahrgang«. In jeden neuen Fonds kommt eine Reihe unterschiedlicher Anlagen. So könnte beispielsweise jeder Private-Equity-Fonds zwischen 5 und 15 Unternehmen aufnehmen. Wenn wir nicht wissen, wie sich diese Unternehmen/Assets oder die Wirtschaftslage beziehungsweise der Marktzyklus entwickeln werden, kann die Performance eines jeden Jahrgangs drastisch variieren.

Aber anders als bei Wein wissen Sie als Anleger erst dann, welcher Jahrgang gut sein wird, wenn Sie das Geld bereits ausgegeben haben. Sie müssen erst investieren – und dann abwarten –, bevor Sie die Ergebnisse der »Ernte« sehen. Genau aus dem Grund sind die meisten institutionellen Anleger in zahlreiche Jahrgänge investiert, die von zahlreichen Managern verwaltet werden. Diese Strategie bietet eine größere Diversifizierung und gewährleistet ein Engagement in möglichst vielen Jahrgängen. Für einen Privatanleger stellt das natürlich eine große Herausforderung dar.

Selbst sehr wohlhabende Privatanleger haben nicht genug Geld in der Tasche, um sich an zahlreichen Jahrgängen bei unterschiedlichen Managern zu beteiligen, sodass sie letztlich ein konzentrierteres Risiko eingehen müssen, indem sie in eine kleine Anzahl von Fonds investieren.

Im Gegensatz dazu erlangt man als GP-Anteilhaber mit dem Aufstieg in die Position des General Partners eine sogenannte »Jahrgangsdiversifikation«. Warum einen einzigen Jahrgang Lafite-Rothschild kaufen, wenn man einen Teil des gesamten Weinbergs erwerben kann? Da ein typisches Unternehmen über zahlreiche Fonds und Jahrgänge verfügt, entfällt auf den GP-Anteil an dieser Firma der proportionale Gewinn, der aus der gesamten Palette der Fonds (vergangene, gegenwärtige und zukünftige) erzielt wird.

Wenn ein bestimmter Jahrgang oder Fonds nicht so gut abschneidet wie erwartet, ist dies für den GP-Anteil weniger nachteilig, da das Unternehmen in der Regel zahlreiche Fonds mit verschiedenen Jahrgängen hat.

Um noch einen Schritt weiterzugehen: Verschiedene Vermögensverwaltungsfirmen konzentrieren sich auf unterschiedliche Branchen und Gegenden. Von Consumer Tech zu Immobilien, Gesundheitswesen, Luft- und Raumfahrt, Unternehmenssoftware, Gastgewerbe und so weiter. Viele dieser Firmen haben ihren Stammsitz in den USA und Niederlassungen in der ganzen Welt. Sie suchen weit und breit nach Möglichkeiten. Während einige Volkswirtschaften leiden, gedeihen andere, sodass es vorteilhaft ist, sich geografisch nicht einzuschränken.

Stellen Sie sich nun ein Portfolio aus Dutzenden von GP Stakes mit einigen der weltweit erfolgreichsten Vermögensverwalter in verschiedenen Marktsegmenten vor. Genau das ist der Ansatz unseres Unternehmens und er bietet zahlreiche Vorteile, darunter:

- Diversifizierung über die enthaltenen Firmen (Private Equity, Private Credit, Private Real Estate et cetera),
- Diversifizierung in Bezug auf einzigartige Expertise (zum Beispiel Luft- und Raumfahrt, Gesundheitswesen, Software, Einzelhandel, Fintech ...) der Fonds, an denen Sie einen GP-Anteil halten,
- Diversifizierung nach geografischem Schwerpunkt (USA, Europa, Asien und so weiter) der Unternehmen, an denen Sie einen GP-Anteil halten,
- Diversifizierung über die Jahrgänge/Fonds (vergangene, aktuelle und zukünftige), die von den Firmen verwaltet werden, an denen Sie einen GP-Anteil halten,
- Diversifizierung innerhalb des Portfolios von Unternehmen (oder Vermögenswerten) jedes einzelnen Fonds/Jahrgangs, der von den Firmen verwaltet wird, an denen Sie einen GP-Anteil besitzen.

Auf diese Weise kann ein Portfolio aus zahlreichen hochwertigen GP Stakes den Anlegern konsistenten Cashflow sowie ein »asymmetrisches« Risiko-Ertrags-Verhältnis bieten – begrenzte Risiken bei größeren Chancen. Dieses Maß an unkorrelierter Diversifizierung ist das finanzielle Paradies für diejenigen, die sich Dalios Philosophie des Heiligen Grals anschließen wollen. Viele der besten Anlageberater des Landes haben mittlerweile tatsächlich begonnen, GP Stakes in die Portfolios ihrer Kunden aufzunehmen. Creative Planning (verwaltet ein Vermögen von mehr als 200 Milliarden Dollar) – von *Barron's* und CNBC wiederholt auf Platz 1 der landesweit besten Anlageberater eingestuft – glaubt fest an alternative Anlagen und GP Stakes. »GP Stakes bieten unseren Kunden aus einer völlig anderen Ecke Zugang zu erstklassigem Private Equity und die Möglichkeit, die Vorteile von Teilhaberschaft zu erleben«, sagt Peter Mallouk, Präsident von Creative Planning.

Unternehmenswert

Ein weiterer Vorteil des Erwerbs eines GP-Anteils liegt in der Steigerung des Unternehmenswertes. Wenn das verwaltete Vermögen des Unternehmens und die entsprechenden Einnahmen wachsen, kann man davon ausgehen, dass auch der Wert des GP-Anteils steigt. Der Beratungsriese McKinsey berichtete, dass »das gesamte verwaltete Vermögen der Private Markets zum 30. Juni 2021 ein Allzeithoch von 9,8 Billionen Dollar erreicht hat, gegenüber 7,4 Billionen Dollar zwölf Monate zuvor«. Die meisten Branchenexperten sind sich einig, dass dieser Trend wahrscheinlich anhält.

Wenn Private-Equity-, Private-Credit- oder Private-Real-Estate-Firmen neues Kapital aufnehmen, um es zu verwalten, führt dies zu höheren Cashflows aus Verwaltungsgebühren (in der Regel 2 Prozent jährlich) sowie einem erhöhten Potenzial für Gewinnausschüttungen an erfolgsabhängigen Gebühren. Einige der Unternehmen, an denen wir uns im Laufe der Jahre beteiligt haben, sind relativ gut, viele sind sogar exponentiell gewachsen. Eines der Private-Equity-Unternehmen, an denen wir Anteile erwarben, verwaltete bei unserem Einstieg 13 Milliarden Dollar; heute verwaltet das Unternehmen mehr als 100 Milliarden Dollar! Die exponentiellen Einnahmen aus den Verwaltungs- und den erfolgsabhängigen Gebühren haben dieses Geschäft höchst lukrativ werden lassen.

Wie kann ich nun den wachsenden Wert der GP-Anteile realisieren? Das führt unweigerlich zu der Frage: **»Was passiert, wenn ich aussteigen muss? Wie kann ich in Zukunft Liquidität erhalten?«** Abgesehen von den Einkommensströmen, die an die Investoren gezahlt werden, gelten GP Stakes im Allgemeinen als illiquide. Es gibt jedoch eine Reihe von Möglichkeiten, Liquidität zu generieren, wenn Sie Ihre Position verkaufen wollen:

1. Bestimmte Vehikel bieten regelmäßig ein »Übernahmeangebot« für Ihre Eigentumsposition. Dies bedeutet, dass Sie Ihre Position zum aktuellen »Nettoinventarwert« (NAV) verkaufen können.
2. Sie werden wahrscheinlich in der Lage sein, Ihre Positionen in einem Secondary Buyout zu verkaufen, abhängig von der Qualität des Vermögenswertes. Das bedeutet: Sie könnten Ihre Position zu einem gemeinsam vereinbarten Preis an einen anderen Finanzinvestor verkaufen – ein üblicher Vorgang im Bereich alternativer Anlagen (dieses Thema werden wir in Kapitel 9 ausführlicher erörtern).
3. Viele Unternehmen werden schließlich von anderen Akteuren der Branche aufgekauft, was für alle Eigentümer des Unternehmens einen Gewinn schafft. Dies geschieht oft zu einem erheblichen Vielfachen der Unternehmensgewinne.
4. Einige Unternehmen entscheiden sich für einen Börsengang, was den Eigentümern von GP-Anteilen börsennotierte Aktien beschert.

Mit Eigenbeteiligung führen

Das hört sich bisher gut an, oder? Aber wenn es Ihnen wie mir geht, grübeln Sie vielleicht über den »Elefanten im Raum«:

> **Warum um alles in der Welt sollte eine erfolgreiche Private-Equity- oder Private-Credit-Firma oder ein Private-Asset-Verwalter einen Teil seines Geschäfts verkaufen?**

Um diese Frage zu beantworten, müssen wir die Uhr zurückdrehen. Wir schreiben das Jahr 2013. Bain Capital, eine der größten Private-Equity-Firmen der Welt, hatte gerade bekannt gegeben, dass es mehr als 4 Milliarden Dollar für ihren ersten neuen Fonds seit der Finanzkrise 2008 einsammeln würde. Was nur eine weitere typische Ankündigung hätte sein können, löste in der Vermögensverwaltungsbranche Schockwellen aus.

Bain erklärte kühn, dass es 800 Millionen Dollar seines eigenen Kapitals in den Fonds stecken würde. Dabei handelte es sich um Kapital, das den General Partners von Bain gehörte, einer Gruppe, die sich aus Bain-Führungskräften und Partnern zusammensetzt, die jeden Tag mitspielen. **Sie signalisierten der Welt, dass sie bereit waren, ihren Worten Taten folgen zu lassen. Wenn sie gewinnen, dann gewinnen Sie ebenfalls; wenn sie verlieren, dann verlieren Sie auch.** Erinnern Sie sich, dass die Kulisse für diese kühne Ankündigung eine Finanzbranche war, die dank des rücksichtslosen Verhaltens vieler Wall-Street-Firmen, die unsere Wirtschaft an den Rand des Zusammenbruchs brachten, beinahe implodiert wäre. **In einem Zeitalter der Verantwortungslosigkeit hatte Bain verkündet, dass der Einsatz des eigenen Kapitals der Weg der Zukunft für verständlicherweise aktionsscheue Investoren sei.** Es war bereit, mit Eigenbeteiligung voranzugehen.

Für viele begann mit Bain Capital eine neue Ära. Heute ist es, seinem Beispiel folgend, üblich, dass die Unternehmen (die GP) einen erheblichen Teil ihres eigenen Kapitals in jeden von ihnen verwalteten Fonds investieren. Das können Dutzende oder sogar Hunderte Millionen pro Fonds/Jahrgang sein.

In der Praxis ist dieser Ansatz für die Firmen äußerst bargeldintensiv. Nehmen wir an, XYZ Private Equity beteiligt sich mit 5 Prozent des eigenen GP-Kapitals an jedem einzelnen Fonds, den es auflegt. Das bedeutet, dass für jede Milliarde Dollar, die von Investoren aufgebracht wird, XYZ 50 Millionen Dollar vom eigenen Kapital investieren muss. Wenn sie alle zwei bis drei Jahre einen neuen Fonds auflegen und jeder Fonds größer ist als der vorherige, können diese Firmen leicht in einen Liquiditätsengpass geraten – zumal es fünf bis zehn Jahre dauern kann, bis jeder Fonds vollständig aufgelöst ist und die Erträge an die Anleger (einschließlich des GP) fließen. Ironischerweise werden sie dann Opfer ihres eigenen Erfolgs. **Je besser die Firma abschneidet – das heißt, je mehr Mittel sie aufbringt –, desto mehr Kapital muss sie aufbringen. Hier kommen die GP Stakes ins Spiel.**

Wenn ein Unternehmen eine Minderheitsbeteiligung an einem GP verkauft, wird die Verwendung des Erlöses eindeutig festgelegt. Das bedeutet, dass sich das Unternehmen verpflichtet, mit dem Erlös aus dem Verkauf des GP-Anteils etwas Bestimmtes zu tun. In der Regel wird der Erlös dazu verwendet, die üblichen GP-Verpflichtungen gegenüber den Fonds, die sie verwalten, zu erfüllen.

Eine Investition in GP Stakes ist also nie ein »Cash-out-and-sit-on-the-Beach« – am Strand sitzen und Piña Colada schlürfen. Diese Investitionen sind dafür strukturiert, eine Rakete, die sich bereits in der Umlaufbahn befindet, mit Treibstoff zu versorgen. Der GP-Anteilseigner gewinnt, indem er einen Anteil an einem hochwertigen operativen Geschäft besitzt, und das Unternehmen gewinnt, indem es dringend benötigtes Kapital einbringt, das das Wachstum des Unternehmenswertes beschleunigt.

Obwohl es gute Gründe dafür gibt, dass eine Vermögensverwaltungsgesellschaft einen Anteil verkaufen könnte, **ist die Welt der GP Stakes relativ klein.** Schließlich ist das Universum der Spitzen-Vermögensverwalter begrenzt und der Anteil der Firmen, die sie zu verkaufen bereit sind, liegt im Durchschnitt bei 18 Prozent.[33] Ein *Forbes*-Artikel aus dem Jahr 2022 erklärt dies gut:[34]

---

33 Fogelström, Erik & Gustafsson, Jonatan (2020): »GP Stakes in Private Equity: An Empirical Analysis of Minority Stakes in Private Equity Firms«, MSc Thesis in Finance, Stockholm School in Economics, http:/arc.hhs.se/download.aspx?MediumId=4842.

34 Summers, Benjamin D. (2022): »GP Stakes: What You Should Know About Designer Financial Structures«, *Forbes*, 18 11 2022, https:/www.forbes.com/sites/forbesfinancecouncil/2022/11/18/gp-stakes-what-you-should-know-about-designer-financial-structures/?sh=3957bbbd57a2. 2

»Gelegenheiten sind rar – selbst im institutionellen Bereich. Der Zugang für Kleinanleger wird – bestenfalls – schwierig sein, kann aber als Finanzinstrument von unschätzbarem Wert sein: Eine Performance, die nicht nur unkorreliert ist, sondern auch eine unübertroffene risikobereinigte Performance bietet. Nichts anderes kommt dem auch nur nahe.«

Der Autor liegt goldrichtig. GP Stakes sind in der Tat selten und ihre Kapazität ist immer begrenzt. **Darüber hinaus ist der Zugang zu GP Stakes an einem Unternehmen in der Regel auf Investoren beschränkt, die bereits seit Langem mit dem Unternehmen zusammenarbeiten, da die Managementteams verständlicherweise vorsichtig sind, wen sie als Minderheitspartner haben wollen.** Eines ist sicher: Da die Welt der Vermögensverwaltung weiter wachsen wird, wird es zweifellos mehr hochwertige Firmen geben, die eine Minderheitsbeteiligung verkaufen.

Für Privatpersonen, die Zugang zu einem Portfolio von GP Stakes haben möchten, steht nur eine Handvoll von Vehikeln zur Verfügung. Wenn Sie weitere Informationen über GP Stakes suchen, können Sie sich gern an unser Team wenden, auf: **www.WhyGPStakes.com.**

Mehr Wert schaffen als jeder andere

Ich habe mein Leben, sowohl persönlich als auch beruflich, mit einem zentralen Leitprinzip gelebt: Tu für andere stets mehr, als sie erwarten. **Fügen Sie mehr Wert hinzu, als sich irgendjemand vorstellen kann, und Sie werden begeisterte Fans und nicht einfach nur zufriedene Kunden haben.** Wenn Sie an einer meiner Live-Veranstaltungen teilgenommen haben, bei denen wir mehr als zwölf Stunden pro Tag in die Materie eintauchen, wissen Sie, dass dies wahr ist. Wenn ich die erfolgreichsten Investoren der Welt befrage, gibt es eine wichtige Unterscheidung zwischen den Tradern und den Private-Equity-Anlegern. Trader suchen nach Arbitrage. Sie wollen »Alpha« (Ergebnisse, die in Relation zum Risiko besser als der Markt sind) oder zusätzliche Erträge generieren, indem sie zum richtigen Zeitpunkt kaufen und verkaufen.

Private-Equity-Firmen verfolgen einen anderen Ansatz, der besser zu meiner Lebensphilosophie passt. Ihr Ziel ist es, gute Unternehmen zu kaufen und sie besser zu machen. Sobald sie ein Unternehmen gekauft haben, suchen sie nach Möglichkeiten, dem Unternehmen einen Mehrwert zu verschaffen. Ob das nun bedeutet, Größenvorteile zu nutzen, neue Führungskräfte zu gewinnen, die Lieferkette zu verbessern, die Einführung bewährter Verfahren oder anderes. In den Anfängen der Private-Equity-Branche gab es in der Tat rücksichtslose Übernahmen von Unternehmen, die in Schwierigkeiten steckten. Aber die Branche hat sich in den vielen Jahrzehnten seither weiterentwickelt. **Die Besten der Welt sind heute darauf bedacht, gute Unternehmen zu entwickeln.**

Ein Beispiel dafür ist das Interview mit Robert Smith von Vista Equity Partners in Kapitel 10. Sein Unternehmen hat mehr als zwei Jahrzehnte damit verbracht, für alle Unternehmen, die es erwirbt, einen Leitfaden zu erstellen. Dieser Leitfaden umfasst bewährte Systeme und Werkzeuge, die zweifellos einen Mehrwert für jedes Unternehmen schaffen, das das Glück hat, Teil des Vista-Ökosystems zu werden. Deshalb fühle ich mich mit den unglaublichen Menschen, die wir für dieses Buch interviewt haben, verbunden. Sie kümmern sich um die Unternehmen und die Mitarbeiter, mit denen sie zusammenarbeiten. Sie sind brillant darin, Mehrwert zu schaffen, und sie werden dafür gut belohnt – ebenso wie ihre Investoren.

Und jetzt ist es an der Zeit, in die aufregende Welt von Ownership im Profisport einzusteigen. **Dieser Bereich hat in den letzten zehn Jahren den S&P 500 übertroffen und ist in wirtschaftlich schwierigen Zeiten unglaublich widerstandsfähig.** Doch bis zu den jüngsten Regeländerungen war der Zugang auf die reichsten Milliardäre beschränkt. **Dann hat sich das Spiel geändert!** Blättern Sie um zum nächsten Kapitel und entdecken Sie eine weitere unkorrelierte Gelegenheit: Ownership im Profisport.

KAPITEL 3

OWNERSHIP IM PROFISPORT

NACH DEN STERNEN GREIFEN

»Sport hat die Kraft, die Welt zu verändern. Er hat die Kraft, zu inspirieren, die Kraft, Menschen auf eine Weise zu vereinen, wie es kaum etwas anderes vermag.«

Nelson Mandela

Im März 2012 sorgten die Los Angeles Dodgers für Schlagzeilen, als sie für einen atemberaubenden Rekordpreis von 2 Milliarden Dollar verkauft wurden. Der letzte vergleichbare Verkauf war der der legendären Chicago Cubs, die für »nur« 850 Millionen Dollar verkauft wurden. Zur neuen Eigentümergruppe der Dodgers gehörten mein lieber Freund und Partner Peter Guber (Miteigentümer der Golden State Warriors und des LAFC – Los Angeles Football Club), Mark Walter (CEO des Finanzmagnaten Guggenheim Partners) und der NBA-Hall-of-Fame-Star Magic Johnson.

Die meisten Wirtschaftsexperten hatten erwartet, dass der Verkaufspreis der Dodgers eher bei 1 Milliarde Dollar liegen würde. Oberflächlich betrachtet schienen 2 Milliarden Dollar weit außerhalb der Realität zu liegen und die Experten übten sofort Kritik. Andrew Zimbalist, ein anerkannter Sportökonom und College-Professor, spottete sogar und sagte:

»Die neue Eigentümergruppe muss auch noch etwa 300 Millionen Dollar in die Renovierung des Dodger Stadium investieren und in diesem Preis sind die 150 Millionen Dollar für die umliegenden Grundstücke noch nicht enthalten. Letzten Endes muss man diesen Deal infrage stellen.«

Mark Rosentraub, Professor für Sportmanagement an der Universität von Michigan, hielt mit seiner vernichtenden Kritik nicht hinter dem Berg: »Das ist das verrückteste Geschäft aller Zeiten; es ergibt keinen Sinn. [Der Preis] übersteigt eine rentable Investition in ein Baseballteam um 800 Millionen Dollar. Also ein wahrhaft cleverer Schachzug, wenn es einem egal ist, ob man Geld verdient.«

Nachdem ich in den vergangenen 30 Jahren Peters brillante Leistungen im Geschäftsleben aus der ersten Reihe miterlebt hatte, wusste ich, dass mehr dahinterstecken musste. Aber zunächst ein paar Hintergrundinformationen: Peter ist der ehemalige CEO von Sony Pictures und Gründer von Mandalay Entertainment. **Zu seinen legendären Filmen gehören *12 Uhr nachts – Midnight Express, Rain Man, Batman, Die Farbe Lila, Gorillas im Nebel, Terminator 2, Und täglich grüßt das Murmeltier, City Slickers – Die Großstadt-Helden, Eine Frage der Ehre* und viele mehr**! Seine Filme wurden nicht nur Klassiker (die insgesamt 50 Oscar-Nominierungen erhielten), sondern **spielten auch weltweit mehr als 3 Milliarden Dollar ein.**

Ich habe Peter kontaktiert und ihn gefragt, was er vorhat. Warum war er bereit, einen derart astronomischen Preis zu zahlen? Er antwortete: »Tony, ich will dir die Überraschung nicht verderben. Warte einfach, bis du die bevorstehende Ankündigung in den Nachrichten hörst, und ruf mich dann an.« Keine Ahnung, was ich eigentlich erwartet hatte; natürlich ließ mich ein legendärer Filmproduzent mit einem Cliffhanger schmoren!

Die Sportökonomen und TV-Sprecher mussten jedenfalls ordentlich Kreide fressen, als sie die Pressemitteilung lasen:

> *»Dodgers und Time Warner einigen sich auf einen TV-Deal im Wert von mehr als 7 Milliarden Dollar.«*[35]

Das war der größte TV-Deal in der Geschichte des Sports – und er ist noch beeindruckender, wenn man bedenkt, dass es sich ausschließlich um die lokalen Fernsehrechte und die Gründung eines neuen regionalen Senders handelt, der ausschließlich über die Dodgers berichtet. **Eine Übernahme**

---

[35] Perry, Dayn (2013): »Report: Dodgers, Time Warner agree to more than $7 billion TV deal«, CBS, 22 01 2013, https://www.cbssports.com/mlb/news/report-dodgers-time-warner-agree-to-more-than-7-billion-tv-deal/.

von 2 Milliarden Dollar gegenüber 7 Milliarden Dollar an erwarteten Einnahmen weniger als ein Jahr nach dem Kauf. Die Welt des Sports war verblüfft. In dem darauffolgenden Jahrzehnt wurden die Dodgers zu einem Baseball-Kraftpaket und bescherten ihrer Heimatstadt im Jahr 2020 den ersten World-Series-Titel seit mehr als 30 Jahren.

Eitelkeit oder Wert

Über weite Strecken des letzten Jahrhunderts war das Franchise einer Ligamannschaft der ultimative Kauf aus Eitelkeit.

Jeder Milliardär kann ein Flugzeug oder eine Jacht kaufen, aber es gibt nur 30 (oder 32) Sportteams in jeder der großen Ligen (NBA, MLB, NFL, NHL und MLS). Seit Ende 2019 gibt es Regeländerungen, die ganz bestimmten Arten von Investmentfonds die Möglichkeit eröffnet haben, eine Minderheitsbeteiligung nicht nur an einem, sondern an mehreren Teams zu halten. Ob Sie nun Sportfan sind oder nicht, diese umfassenden Unternehmen weisen einzigartige Merkmale auf, die sie als Bestandteil einer Gralsstrategie äußerst attraktiv machen.

Ein Sportteam ist jedoch mehr als nur eine Trophäe. Es hat eine viel tiefergehende Bedeutung. Ein Team zu besitzen bedeutet, einen Platz in unserer Kultur zu haben. Sport geht über Hautfarbe und Glauben hinaus. Er ist grenzüberschreitend. Er geht über den sozioökonomischen Status hinaus. Er vereint Freunde und Familien. Er gibt uns einen Stamm, den wir anfeuern können, wenn er auf dem Spielfeld in die »Schlacht« zieht.

Sport bietet uns eine Auszeit vom Alltagstrott. Eine Chance zu gewinnen, egal wie hart unser Tag war. **Mit Gewinnern und Verlierern, Triumphen und Tragödien ist der Sport unbestreitbar ein Teil des Herzschlags der Menschheit.** Außerdem kann er unglaublich lukrativ sein.

Über weite Strecken des 20. Jahrhunderts war Sport fast ausschließlich ein Geschäft mit Live-Veranstaltungen, denen man physisch beiwohnte. Die Einnahmen aus dem Verkauf von Eintrittskarten und Lizenzen waren die wichtigsten Werttreiber. Aber die Medieneinnahmen wurden sehr schnell immer wichtiger. **Im Jahr 1897 fand der erste »Verkauf« von Übertragungsrechten statt.** Die Baseballteams brachten Western Union dazu, dass die reisenden Spieler kostenlos Telegramme versenden durften, wenn sie im Gegenzug erlaubten, eine Art Live-Ticker der Spiele in die

Saloons zu telegrafieren. Western Union begann schließlich, die Mannschaften für Telegrammrechte zu bezahlen. Die Gäste in den Saloons warteten landesweit mit angehaltenem Atem auf den aktuellen Spielstand, der nach jedem mittleren Inning bekannt gegeben wurde. Viele Teambesitzer befürchteten, dass die Telegramme den Ticketverkauf einschränken würden, aber in Wirklichkeit steigerten die Medien die Popularität des Baseballs. Die ewige Ehe zwischen Sport und Medien wurde geschmiedet.

Nach den Telegrammen wurden Radio- und Zeitungsberichte zum festen Bestandteil des Sports. Menschen aus allen Gesellschaftsschichten drängten sich um die Radios, um der knisternden Übertragung zu lauschen, wenn ihre Lieblingsmannschaft in der Hitze des Gefechts agierte. **Und dann, am 26. August 1939, wurde das erste Baseballspiel im Fernsehen übertragen.** Der Kommentator, Red Barber, berichtete live von einem Spiel zwischen den Cincinnati Reds und den Brooklyn Dodgers. **Zu dieser Zeit gab es nur etwa 400 Fernsehgeräte im gesamten Gebiet von New York! 1946, nur sieben Jahre später, wurden die New York Yankees zum ersten Team in der Geschichte, das seine lokalen Fernsehrechte verkaufte – für 75 000 Dollar, das entspricht etwa 1,14 Millionen in heutigen Dollar[36]. Zu dieser Zeit war die Zahl der Fernsehgeräte in den amerikanischen Haushalten auf 8000 angewachsen. Diese Zahl erhöhte sich bis 1960 rasch auf 45 Millionen Haushalte!**

1979 wurde ein Sender eingeführt, der sich ausschließlich dem Sport widmete. Viele sagten sein Scheitern voraus, aber ESPN gewann sofort an Zugkraft. Sportberichterstattung rund um die Uhr an sieben Tagen die Woche läutete eine neue Ära ein. **Spulen wir vor ins Jahr 2002: Die Medienrechte für Baseball übertrafen zum ersten Mal in der Geschichte die »Einnahmen«.**[37]

In den letzten zwei Jahrzehnten hat sich die Technik explosionsartig entwickelt und das Feuer im Sportgeschäft weiter angefacht. Hochgeschwindigkeits-Internet, soziale Medien, Smartphones und Streaming-Dienste haben den Globus schrumpfen lassen und einen noch nie dagewesenen Zugang zu fast jedem Spiel überall ermöglicht. Der Sport

---

36 Etwa 1,06 Millionen Euro, Stand Februar 2024. (Anm. d. Red.)

37 Haupert, Michael (2007): »The Economic History of Major League Baseball«, *EH.net Encyclopedia*, Economic History Association, 03 12 2007, https:/eh.net/encyclopedia/the-economic-history-of-major-league-baseball/.

hat sich von einem lumpigen Geschäft mit Hotdogs und Ticketverkäufen zu einer globalen Maschinerie der Produktion und Distribution von Inhalten entwickelt.

Moneyball

Sport als »Anlageklasse« ist ein relativ neues Konzept. Erst seit den frühen 2000er-Jahren haben sich die Ligen und ihre Teams zu hoch entwickelten, weltweit agierenden Unternehmen gemausert. Bevor wir einen Blick unter die Haube dieser facettenreichen Imperien werfen, sollten wir ihre Leistung aus Sicht eines Anlegers untersuchen.

Zwischen 2012 und 2022 erzielte der S&P 500 eine jährliche Rendite von etwa 11 Prozent. Der Russell 2000 (ein Index, der sich aus Small-Cap-Aktien zusammensetzt) erzielte eine jährliche Rendite von 8 Prozent. Im gleichen Zeitraum **haben die vier großen Ligen (NBA, MLB, NFL und NHL) zusammen eine erstaunliche Rendite von 18 Prozent eingefahren (siehe die folgende Grafik).** Hinzu kommt, dass nur sehr wenig Hebelwirkung eingesetzt wird (gemäß der Ligapolitik), sodass diese Renditen nicht in irgendeiner Weise aufgepeppt sind.

Noch interessanter ist die Tatsache, dass die Leistung von Liga-Franchises nur sehr wenig mit den öffentlichen Märkten zu korrelieren scheint. (Für die Experten unter den Anlegern: Die Korrelation lag zwischen 2000 und 2022 bei 0,14.) **Geringe Hebelwirkung und geringe Korrelation sind ein sehr attraktives Doppelpack für jedes Grals-Portfolio.**

Tauchen wir etwas tiefer ein.

Zwischen 2002 und 2021 ist der Durchschnittspreis für ein NBA-Team um 1057 Prozent gestiegen! Im Vergleich dazu erzielte der S&P 500 in diesem Zeitraum eine Rendite von insgesamt 458 Prozent. Außerdem war 2023 ein Blockbuster-Jahr für rekordverdächtige NBA-Transaktionen:

- **Die Phoenix Suns wurden für eine Rekordsumme von 4 Milliarden Dollar an meinen Freund, den Hypothekenmogul Mat Ishbia verkauft.**

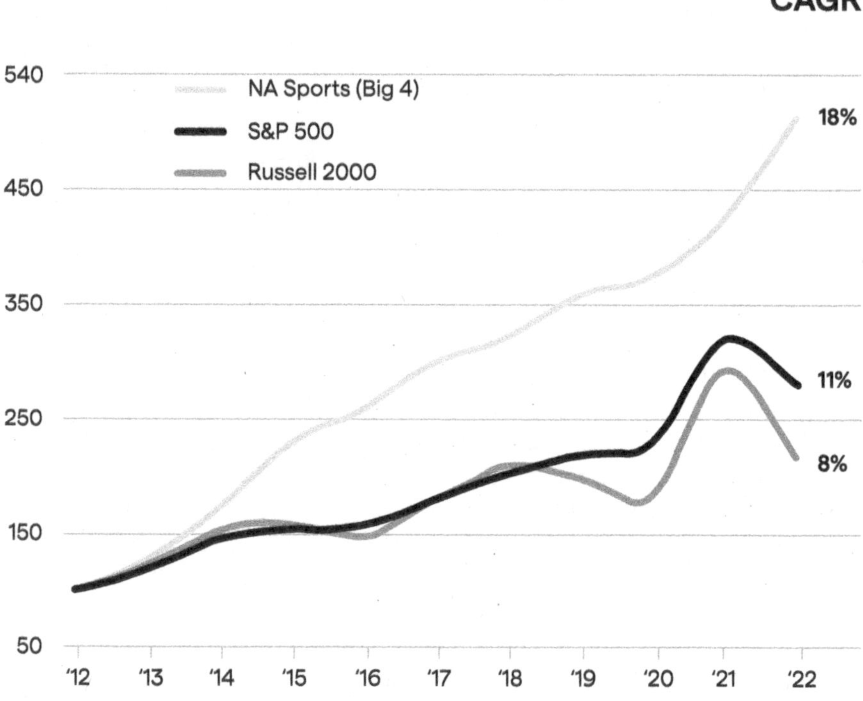

- **Der Eigentümer der Milwaukee Bucks, Marc Lasry, verkaufte eine Minderheitsbeteiligung, die dem Team einen Wert von 3,5 Milliarden Dollar einbrachte.**
- **Michael Jordan verkaufte seine Mehrheitsbeteiligung an den Charlotte Hornets für 3 Milliarden Dollar (wobei er immer noch eine kleine Minderheitsbeteiligung hält). Das war mehr als das Zehnfache seiner ursprünglichen Investition von 275 Millionen Dollar im Jahr 2010.**

Auch andere Ligen haben hohe Renditen generiert (basierend auf früheren und aktuellen Verkaufspreisen). **Die Teams der Major League Baseball erzielten zwischen 2002 und 2021 eine durchschnittliche Gesamtrendite**

von 669 Prozent und die NHL erzielte im gleichen Zeitraum 467 Prozent. Die nordamerikanische Major League Soccer, das neue Kind im Block, wird nun als fünfte große Liga betrachtet und erreichte 2023 einen wichtigen Meilenstein mit der ersten Bewertung von 1 Milliarde Dollar für den LAFC (Los Angeles Football Club).[38] Vollständige Offenlegung: Wir (Peter Guber und Tony) waren Gründungsinvestoren bei der Gründung des LAFC und wir sind so stolz darauf, dass die Mannschaft den MLS Cup 2022 in Hollywood-Manier mit einem Elfmeterschießen gewonnen hat!

Da wir in eine Ära höherer Inflation eintreten, sind Vermögenserhalt und Kaufkraft das Gebot der Stunde. In dieser Hinsicht scheinen Liga-Franchises sehr defensive Investments zu sein. (Ja, wir wollen in diesem Kapitel so viele Sportanalogien wie möglich verwenden.) Ein Blick in die Geschichte zeigt, dass der Sport in anderen inflationären Perioden gedieh, wie den 1970er- und frühen 1980er-Jahren. Von 1968 bis 1982 erzielte der S&P 500 eine jährliche Rendite von 7 Prozent, während der Unternehmenswert der Big-4-Teams bei einer jährlichen Wachstumsrate von 16 Prozent lag.

Ein typisches Beispiel: Im August 2022 wurden die Denver Broncos für einen nordamerikanischen Liga-Franchise-Rekord von 4,65 Milliarden Dollar verkauft – während des schnellsten Zinserhöhungszyklus in der Geschichte der USA.

Unterm Strich haben diese Ligen in den vergangenen 100 Jahren so einiges überstanden: Pandemien, Lockouts, Weltkriege, Spielerstreiks, Depressionen, Rezessionen und alles dazwischen. Sie sind unglaublich langlebige Werte. Die Ligen und ihre Teams entwickeln sich vor unseren Augen weiter und die Möglichkeit, daran teilzuhaben, steht Investoren wie uns endlich offen.

»Ich weiß nicht, welches SAAS-Unternehmen in fünf Jahren noch existieren wird, aber ich weiß, dass es auch in 50 Jahren im Oktober eine World Series geben wird.«

Ian Charles, Arctos Sports Partners

[38] Zucker, Joseph (2023): »LAFC Tops Forbes List of MLS Team Values; 1st Billion Dollar Franchise«, B/R, 02 02 2023, https:/bleacherreport.com/articles/10063920-lafc-tops-forbes-list-of-mls-team-Werte-1ste-Milliarde-Milliarde-Dollar-Franchise.

Mehrere Einkommensströme

Wenn man ein Sportteam als Investition betrachtet, gibt es zwei Haupt-Einnahmekategorien: Ligaeinnahmen und Teameinnahmen. Schlüsseln wir diese auf und erforschen, warum Teams wirtschaftlich so widerstandsfähig sind, was sie zu großartigen Vermögenswerten für ein Grals-Portfolio macht. (Und keine Sorge, ich werde auch erklären, wie Sie daran teilhaben können.)

1. Die Teams erhalten einen Teil der Ligaeinnahmen – die Ligen waren schon immer für das Aushandeln der nationalen (und internationalen) Übertragungsrechte und Sponsorenverträge zuständig (die tiefe Stimme, die Ihnen sagt: »Der Ford F-150 ist der offizielle Truck der NFL«). **Die Einnahmen der Liga werden zu gleichen Teilen unter allen Teams verteilt, sie arbeiten also zusammen, um den höchstmöglichen Preis für die Übertragungsrechte und das Sponsoring zu erzielen.** Und die jüngsten Veränderungen im Verbraucherverhalten haben den Ligen mehr Einfluss verschafft. **Die Sender und ihre Werbekunden verzweifeln zunehmend, da sie ihre Zielkunden immer weniger über das Privatfernsehen erreichen können. Mit anderen Worten: Die Zahl der Privatfernsehzuschauer sinkt. Live-Sportberichterstattungen sind die einzigen Sendungen, die sich diesem Trend widersetzen. Sport ist mit Abstand die Sendung mit den höchsten Einschaltquoten bei allen Sendern. Infolgedessen sind die Sportsendungen als Werbeträger begehrt, denn Live-Fernsehen ist fast der einzige Ort, an dem ein großes Publikum bereit ist, sich Werbung anzusehen. Im Jahr 2019 waren 92 der 100 meistgesehenen Sendungen im Fernsehen Sportereignisse.**[39] Die Ligen wissen das. Und sie haben diese Dynamik in umfassende Medienrechteverträge umgesetzt, die die Einnahmen der Ligen steigern. **Eine zweite treibende Kraft ist die zunehmende Popularität nordamerikanischer Sportarten im Rest der Welt**, von Europa bis China. Die NFL wird in der Saison 2023 fünf reguläre Sai-

39 Karp, Austin & Ourand, John (2021): »Politics aside, sports still dominated the list of the 100 most-viewed programs of 2020«, *SBJ Sports Business Journal*, 01 11 2021, https:/www.sportsbusinessjournal.com/Journal/Issues/2021/01/11/Media/Top-100.aspx.

sonspiele auf europäischem Boden bestreiten. Der Spielplan der NBA umfasst nun Spiele in Mexiko City, Japan und Paris. Nordamerikanische Sportarten gehen auch auf Social Media weltweit viral; **die NBA überschritt kürzlich die 75-Millionen-Follower-Marke auf Instagram und 70 Prozent dieser Follower befinden sich außerhalb der Vereinigten Staaten.** Die dritte treibende Kraft hinter den steigenden Ligaeinnahmen sind die Streaming-Kriege. Apple, Amazon, Netflix und YouTube liefern sich einen Kampf um die Vorherrschaft im Streaming-Geschäft und sie alle begehren die Rechte an Live-Sportübertragungen. **Sport ist nicht nur ein Zuschauermagnet, sondern weist im Vergleich zu den neuesten Fernsehserien auch sehr niedrige Produktionskosten auf. Man braucht keine Schauspieler, man braucht keine teuren Kulissen, man stellt einfach die Kameras auf und los geht's.** Die kumulierten jährlichen Übertragungsrechte für die Big-5-Ligen beliefen sich 2014 auf 7,6 Milliarden Dollar und **Schätzungen zufolge wird dieser Wert im Jahr 2024 bei 16,6 Milliarden Dollar liegen.** Der Sport wird mit Sicherheit der größte Nutznießer der Streaming-Kriege sein.

2. Die Teams generieren ihre eigenen Einnahmen – zusätzlich zu den beträchtlichen jährlichen Einnahmen aus der Liga verfügt jedes Team über zahlreiche andere Einnahmequellen, die es für sich selbst behält. Bier und Sitzplätze sind nur zwei Teile dieses profitablen Kuchens.
3. **Lokale Medien.** Das Regionalfernsehen hat ein Quotenproblem. Es ist Opfer einer Markt-Disruption, die es aus allen Richtungen bedroht (Streaming, YouTube, soziale Medien und so weiter). Sport ist für diese antiquierten Regionalsender das Lebenselixier. **Im Vergleich zum typischen Programm erzielt der Sport zwei- bis viermal so hohe Einschaltquoten. Und da jedes Team die Einnahmen aus dem Verkauf seiner lokalen Medienrechte einbehält, kann dies recht lukrativ sein. (Denken Sie nur an den 7-Milliarden-Dollar-Deal für den lokalen LA-Dodgers-Sender.)** Viele Teams sind dem Beispiel der Dodgers gefolgt und haben ihre eigenen lokalen Sender gegründet oder Partnerschaften mit lokalen Fernsehsendern geschlossen.
4. **Immobilien. Vielen Sportteams gehört ihre Spielstätte und sie kassieren die zusätzlichen Einnahmen aus Konzerten, Veranstaltun-**

gen, E-Sport und mehr. Brillanterweise haben viele Teams auch einen Großteil der umliegenden Immobilien aufgekauft. **Die Nachbarschaft um ein Stadion, in dem jedes Jahr Hunderte von Veranstaltungen stattfinden, ist ein unterhaltsames und dynamisches Umfeld für junge Berufstätige mit hohem Einkommen.** Von Parkhäusern über Hotels, Wohnungen und Einzelhandel werden die Teams schnell zu vertikal integrierten Unternehmen, um einen möglichst großen Teil der Einnahmen aus zusätzlichen Geschäftsfeldern zu erhalten.

5. **Lizenzen/Sponsoring.** Wenn ich (Christopher) durch das Stadion der Astros im Astros-Ballpark in Houston spaziere, staune ich über die Anzahl der lokalen Sponsoren. Überall prangen Schilder örtlicher Unternehmen, darunter auch der Name des Stadions selbst, »Minute Maid Park«. Restaurants, Brauereien und Cafés aus der Region sind an vielen Orten vertreten und erhalten hohe Glaubwürdigkeit, indem sie ihr lokales Team finanziell unterstützen. Diese Verbindung zum Team führt zu einer messbaren Markentreue.
6. **Eintrittskarten/Konzessionen.** Als ich das letzte Mal zu einem Spiel ging, sah ich Leute, die 12 Dollar für einen Hotdog bezahlten. Die Schlange war 20 Personen lang und niemand beschwerte sich über den Preis. **Diese Teams haben die Wissenschaft des Verkaufs an ein Publikum perfektioniert, das sich anscheinend nicht an den astronomischen Preisen stört – oder diese zumindest akzeptiert.** Im Jahr 2008 kündigte Jerry Jones, der Eigentümer der Dallas Cowboys, ein Joint Venture namens »Legends Hospitality« an. Er hatte erkannt, dass die Teams so gut im Vertrieb von Speisen, Getränken und Merchandising waren, dass sie ihre Managementdienste und -strategien auch anderen Spielstätten/Teams rund um den Globus anbieten sollten. Sie nutzen Größenvorteile, ausgeklügelte Logistik-Tools und Datenanalysen zum Kundenverhalten, um Teams und ihre Spielstätten ins 21. Jahrhundert zu führen. **Der Punkt ist, dass diese Teams auf höchstem Niveau im Einzelhandel arbeiten und wissen, wie man den ganzen Saft aus der sprichwörtlichen Orange presst.** Heute hat das Unternehmen Kunden in der NFL, der MLB und der NBA und sich auch auf die UFC (Ultimate Fighting), Wimbledon und zahlreiche Fußballstadien der Premier League ausgeweitet.

7. **Luxuslogen und Suiten**. Seit Jahrzehnten bieten Luxuslogen wichtige Einnahmequellen mit hohen Margen für Sportmannschaften. Meine Freunde Peter Guber und Joe Lacob, Eigentümer der Golden State Warriors, mit denen wir zusammenarbeiten, schlugen mit ihrer kürzlich eröffneten hochmodernen Sport- und Unterhaltungsarena, dem Chase Center, neue Wege ein. Dieses 1,4 Milliarden Dollar teure Kunstwerk liegt direkt an der Mission Bay und umfasst 11 Hektar mit Geschäften, Restaurants und Bars sowie einen 5 Hektar großen Park am Wasser. Der moderne Veranstaltungsort ist so schön wie ein Fünf-Sterne-Hotel und verschafft ein gehobenes, geradezu luxuriöses Erlebnis. Mit über 200 Live-Veranstaltungen und Spielen pro Jahr wurde hier ein Goldesel geboren. Die Luxus-Suiten kosten bis zu 2,5 Millionen Dollar pro Jahr und verlangen eine Mindestvertragsbindung von zehn Jahren. Die Technologieunternehmen des Silicon Valley und die Venture-Capital-Firmen kämpften mit Händen und Füßen, um eine begrenzte Anzahl von Suiten zu ergattern, was diese zu den begehrtesten Tickets der Stadt macht. Vom Parkservice bis hin zu Suiten mit Champagner- und Sushi-Buffets – die Teams setzen auf gehobene VIP-Erlebnisse, die deutlich höhere Ticketpreise rechtfertigen.
8. **Glücksspiel**. 2018 hat der Oberste Gerichtshof ein Verbot der Ausweitung der Sportwetten-Branche aufgehoben. Während **Sportwetten einst auf Las Vegas beschränkt waren, sind sie seit August 2023 in 35 Staaten der USA legal.** Das kommt einem modernen Goldrausch gleich. **Im Jahr 2021 haben sich die Sportwetten verdoppelt, mit über 57 Milliarden Dollar an Wetteinsätzen.**[40] Von TV-Werbung bis hin zu Sponsoren für Trikotaufnäher – die erhöhten Werbeeinnahmen von Sportwettenanbietern haben für erhebliche Mehreinnahmen bei Ligen und Teams gesorgt. Ich mache mir zwar schon so meine Gedanken über die gesellschaftlichen Auswirkungen des legalisierten Wettspiels, aber der Zug ist abgefahren und das Wettspiel wird zunehmend ein untrennbarer Teil des Profisports werden.

40 American Gaming Association (2022): »2021 Commercial Gaming Revenue Shatters Industry Record, Reaches $53B«, Pressemitteilung, 15 02 2022, https:/www.americangaming.org/new/2021-commercial-gaming-revenue-shatters-industry-record-reaches-53b/.

Ein Platz in der Loge des Eigentümers

Eigentümer eines Profisportteams zu werden, ist keine leichte Aufgabe. Zuerst und in erster Linie wird die Liga Sie gründlich überprüfen. Stellen Sie ein ethisches Risiko dar? Ein Schlagzeilenrisiko? Ein finanzielles Risiko? Viele Jahre lang verlangte die Liga, dass die Besitzer Einzelpersonen sind. Zuvor waren Institutionen und Medienunternehmen zugelassen (zum Beispiel Disney als Eigentümer der Mighty Ducks of Anaheim), aber solche Firmen erwiesen sich als unzuverlässig aufgrund von Problemen in ihrem Hauptgeschäft und einer starken Fluktuation im Management. Viele Jahre lang war die Eigentümerschaft auf megareiche Industriekapitäne wie Steve Ballmer (Microsoft), Dan Gilbert (Rocket Mortgage), Joe Lacob (Kleiner Perkins), Charles Johnson (Franklin Templeton) und so weiter beschränkt.

Im Jahr 2019 änderte die Major League Baseball dann ihre Politik. Sie hatte zum Glück erkannt, dass ihre Teams – diese Plattformen – zu differenzierten Unternehmen geworden waren, deren Wert über dem liegt, was selbst die Reichsten der Reichen zu zahlen bereit sein könnten. **Außerdem hatten zwar die meisten Teams einen Haupteigentümer, aber es gab zahlreiche kleinere Eigentümer/Investoren, die mit von der Partie waren, jedoch keine operative Kontrolle besaßen. Diese Personen, von denen viele älter waren, brauchten einen Weg zur Liquidität, entweder aus Gründen der Diversifizierung oder der Planung.**

Daher erließ die MLB eine neue Regelung, die es bestimmten Arten von Investmentfonds erlaubt, eine Minderheitsbeteiligung an einem Team zu erwerben, sofern eine lange Liste von Kriterien erfüllt ist und solange die Firmen Interessenkonflikte vermeiden. Ursprünglich erwarteten viele, dass diese Regeländerung die Schleusen für Private-Equity-Firmen öffnen würde, die sich über diese Investitionsgelegenheit vermutlich freuen würden. **Wegen zahlreicher Hürden kamen etliche Firmen jedoch nicht infrage. So war es beispielsweise untersagt, andere Unternehmen zu besitzen, wenn dies zu einem Konflikt führen würde (zum Beispiel Sportwetten oder Sportvermittlung).** Außerdem hatten viele der größten Mogule im Bereich Private Equity bereits eine persönliche Beteiligung an einem Team, was ihre Unternehmen sofort disqualifizierte. Als sich der Staub gelegt hatte, waren nur noch eine Handvoll Private-Equity-Firmen geeignet. Diese Firmen haben seither Milliarden an Kapital aufgebracht und eingesetzt, um Minderheitsbeteiligungen in allen großen Sportligen (wobei die NFL als Letzte ihre Türen für Fondsinvestoren geöffnet hat) zu erwerben.

Heutzutage gibt es für qualifizierte Einzelanleger einen Weg, Eigentümer im Profisport zu werden. Statt in ein einzelnes Team zu investieren, halten einige dieser Pools einen diversifizierten Korb zahlreicher Teams aus allen infrage kommenden großen Ligen **(MLB, NBA, NHL, MLS und die Premier League). Bloomberg berichtete, dass die Fenway Sports Group (die Eigentümerin der Boston Red Sox, der Pittsburgh Penguins und des FC Liverpool), die Sacramento Kings, die Golden State Warriors und die Tampa Bay Lightning (NHL) nur einige der Organisationen sind, die einen Private-Equity-Investor ins Boot geholt haben.**[41] Und nach Angaben von PitchBook werden mehr als ein Drittel der Big-5-Fußballligen in Europa von Private Equity unterstützt.[42]

Der Besitz zahlreicher Mannschaften in verschiedenen Ligen und Regionen schafft eine erhebliche unkorrelierte Diversifizierung. Und als Bonus kann der Besitz eines Anteils einer Mannschaft steuerliche Vorteile bieten, da die Abschreibungen an die Anleger des Fonds weitergegeben werden. Jetzt verstehen wir besser, warum viele der reichsten Menschen der Welt Sportmannschaften besitzen. Nicht nur als Trophäen-Investition. Nach vielen Jahrzehnten im Bereich alternativer Anlagen würde ich den Besitz von Profisportlern als absoluten All-Star mit einer unglaublichen Bilanz einstufen: eine weltweit vielfältige, nicht korrelierte Anlage, die sich über ein Jahrhundert hinweg als langlebig erwiesen hat.

Wenn Sie mehr über den Zugang zu diesen Möglichkeiten erfahren möchten, besuchen Sie bitte **www.WhyProSports.com.**

Führend im Kreditgeschäft

Wenn wir uns nun der Welt von Private Credit zuwenden, werden Sie sich wahrscheinlich wie von einem weiteren Blitzschlag getroffen fühlen. Die

41 Wittenberg, Alex; Garcia Perez, Irene; Hellier, David & Ren, Henry (2022): »Private Equity Funds Are Pushing Deeper Into Pro Sports«, Bloomberg, 24 03 2022, https:/www.bloomberg.com/news/articles/2022-03-24/private-equity-funds- encroach-on-sports-owners-box.

42 Kemplay, Marie (2023): »US private capital scores big in European soccer«, *PitchBook*, 03 08 2023, https:/pitchbook.com/news/articles/european-soccer-us-private-market-capital.

meisten Anleger verwenden beim festverzinslichen Teil ihres Portfolios nur traditionelle Anleihen. Aber Sie sind nicht die meisten Anleger! Wie Neo in *Matrix* sehen Sie jetzt die alternative Realität. **In dieser nutzt das Smart Money schon seit Jahrzehnten Private Credit als sicherere und weniger volatile Möglichkeit, zweistellige Renditen zu erzielen.**

Lassen Sie uns also tiefer eintauchen und herausfinden, warum Private Credit auf ein massives Wachstum vorbereitet ist, wenn die Zinssätze steigen und die Banken ihre Kreditvergabe einschränken.

KAPITEL 4

PRIVATE CREDIT

FÜHREND IN DER KREDITVERGABE

»Da in den letzten Jahren immer weniger Unternehmen an die Börse gegangen sind, hat die Zahl der Private Companies entsprechend zugenommen,[43] *was für einen größeren Pool an Private Companies sorgt, die Zugang zu Kapital suchen.«*

CNBC, »Demystifying Private Credit«, 21. Juni 2023[44]

Im Jahr 2022 wurden Billionen Dollar an Wert vernichtet, als der Wert von Anleihen einbrach. Wie Millionen von Amerikanern haben auch Sie die Auswirkungen auf Ihr Portfolio zu spüren bekommen. **Doch während das dem traditionellen Anleger mit seinen börsennotierten Anleihen schlaflose Nächte bescherte, lebte das Smart Money wieder einmal in einer alternativen Realität. Mit dem »festverzinslichen Teil« seines Portfolios erzielte es gute Erträge und erlitt lediglich minimale bis gar keine Verluste.** Willkommen in der Welt von Private Credit.

Für diejenigen, die damit nicht vertraut sind: Private Credit ist eine Möglichkeit für etablierte Unternehmen, Geld zu leihen, ohne eine Bank in Anspruch zu nehmen. **Für Investoren wie uns, deren Kapital geliehen wird, kann dies eine zwei- bis dreifache Rendite im Vergleich zu traditionellen Anleihen bedeuten und als eine weitere nicht-korrelierte Strategie**

---

43 Anm. d. Ü.: Eine Private Company ist eine Firma im Privatbesitz. Sie kann Aktien ausgeben, die jedoch nicht an einer öffentlichen Börse gehandelt werden.

44 Francis, Stacy (2023): »Op-ed: Demystifying private credit amid a frozen IPO market«, CNBC, 21 06 2023, https:/www.cnbc.com/2023/06/21/op-ed-demystifying-private-credit-amid-a-frozen-ipo-market.html.

in unserem Grals-Portfolio dienen. Warum ist die Schaffung eines stabilen Einkommensstroms so wichtig?

Die Superreichen sind sich bewusst, dass Vermögen im Wert schwankt. **Aber Vermögenswerte kann man nicht »ausgeben«.** Man gibt Bargeld aus. Wenn die Märkte fallen, werden viele Menschen schnell vermögensschwer und bargeldarm. Wenn der Markt im Keller ist, wollen sie ihre Vermögenswerte nicht verkaufen. Wenn sie aber nicht über genügend Einkommen/Liquidität verfügen, sind sie möglicherweise dazu gezwungen. **Aus diesem Grund lebe ich nach dem Mantra »Je mehr du einnimmst, desto mehr kannst du ausgeben«. Der Aufbau einer kritischen Masse von Vermögenswerten, die Ihnen ein ansehnliches Einkommen bescheren, gibt Ihnen die entscheidende Stabilität, um eine wirtschaftliche Eiszeit zu überleben.**

Auf den nächsten Seiten erfahren Sie, wie die Anlageklasse Private Credit von nur 42 Milliarden Dollar im Jahr 2000 auf über 1,5 Billionen Dollar im Jahr 2023 angewachsen ist![45] Da sich die Banken weiterhin zurückhalten und ihre Kreditvergabe einschränken, wird die Branche bis zum Jahr 2027 voraussichtlich auf über 2,3 Billionen Dollar anwachsen. Im Folgenden werden wir darlegen, wie Anleger die Vorteile von Private Credit nutzen können. Aber zuerst wollen wir einen Blick in die Vergangenheit werfen und herausfinden, warum Private Credit zu einer beliebten Smart-Money-Strategie wurde.

Der Wind dreht sich

> *»Das 60/40-Portfolio liefert die schlechtesten Erträge seit einem Jahrhundert.«*
>
> *Wall Street Journal*, 14. Oktober 2022

Seit vielen Jahrzehnten ist eine bewährte Strategie für die meisten Anleger das 60/40-Portfolio (60 Prozent Aktien, 40 Prozent Anleihen). Abgesehen von dem Einkommen, das Anleihen generieren, dienten sie in der Vergangenheit auch dazu, ein Portfolio in Jahren mit schwächelnden

---

[45] Butler, Kelsey (2019): »How Private Credit Soared to Fuel Private Equity Boom«, Bloomberg, 22 09 2019, https:/www.bloomberg.com/news/articles/2019-09-22/how-private-credit-soared-to-fuel-private-equity-boom-quicktake.

Aktienkursen abzufedern. **Doch im Jahr 2022 wurde den Anlegern dieses Polster unter den Füßen weggezogen und sie landeten auf dem Boden der Tatsachen.** Aktien und Anleihen stürzten gleichermaßen ab, als die Zinsen stiegen und sich die Konjunktur verlangsamte. Dass sich Aktien und Anleihen im Gleichschritt bewegen, auch bekannt als »Korrelation«, ist genau das, was man in Bärenmärkten NICHT will. **Und 2022 war das erste Jahr in der Geschichte, in dem sowohl Aktien als auch Anleihen in etwa um die gleiche Größenordnung zurückgingen (minus 22 Prozent auf Jahresbasis bis zum 31. Oktober 2022).**[46]

Die sieben größten Aktien im S&P 500 fielen im Durchschnitt um 46 Prozent. Alles zusammengenommen erlebte die 60/40-Strategie eine der schlechtesten Wertentwicklungen seit fast 100 Jahren.[47] **Seitdem waren Aktien und Anleihen nicht weniger, sondern sogar noch stärker korreliert. Bloomberg berichtete, dass »Anleihen eine nutzlose Absicherung für Aktienverluste sind, da die Korrelation emporschnellt«.**[48]

Vor Covid waren Anleger auf der Suche nach Rendite gezwungen, größere Risiken einzugehen, während sie in immer tiefere und gefährlichere Gewässer vordrangen. **In Anbetracht der niedrigen Zinssätze und geringen Erträge bei traditionellen Anleihen ließen sich viele Anleger dazu verleiten, risikoreichere, höher verzinste Schrottanleihen zu kaufen, die clevererweise als »hochverzinsliche« Anleihen bezeichnet wurden.** Aber lassen Sie sich von dem Namen nicht täuschen: Diese sogenannten hochverzinslichen Anleihen brachten im Sommer 2021 eine mickrige Rendite von 3,97 Prozent. **Im Vergleich dazu zahlten die Private-Credit-Geber im selben Jahr 9 Prozent.**[49]

---

46 Daten bis zum 31. Oktober 2022. Verwendung von S&P 500 und Barclays »U.S. Aggregate for bonds«. Unter der Annahme einer jährlichen Neugewichtung entspricht die Rendite für 2022 der annualisierten Rendite für das laufende Jahr.

47 Otani, Akane (2022): »The 60/40 Portfolio Is Delivering Its Worst Returns in a Century«, *The Wall Street Journal*, 14 10 2022, https:/www.wsj.com/livecoverage/stock-market-news-today-2022-10-14/card/the-60-40-portfolio-liefert-schlechteste-renditen-in-einem-jahrhundert-yrOrYOfkthrBQhSbf5By.

48 Xie, Ye (2023): »Bonds Are Useless Hedge for Stock Losses as Correlation Jumps«, Bloomberg, 02 08 2023, https:/www.bloomberg.com/news/articles/2023-08-02/bonds-are-useless-hedge-for-stock-losses-as-correlation-jumps.

49 Bartel, Jeffrey (2023): »Private Credit Investing: Current Opportunities And Risks«, *Forbes*, 30 03 2023, https://www.forbes.com/sites/forbesfinancecouncil/2023/03/30/private-credit-investing-current-opportunities-and-risks/?sh=368627993821.

»Sie haben ein ausgewogenes Anlageportfolio.
Mit allem, was Sie besitzen, verlieren Sie gleichermaßen Geld.«

Bei erfahrenen Anlegern herrschte Unbehagen darüber, wie sich niedrig verzinste Schrottanleihen in den Portfolios der normalen Anleger ausbreiteten. Wie ein Hund, der ein Erdbeben Minuten vor den Erschütterungen spürt, merkten alle, die aufmerksam waren, dass etwas nicht stimmte.

Zu diesem Zeitpunkt konnten die Zinssätze nur nach oben gehen, was bedeutete, dass der Preis von Schrottanleihen einbrechen würde. Das Risiko-Ertrags-Verhältnis war derart aus dem Gleichgewicht geraten, dass sich der Wind irgendwann drehen musste. Und das tat er auch.

Am 9. November 2021 schrieb *Bloomberg*:

»U.S.-Schrottanleihen stellen 432-Billionen-Dollar-Rekord auf.«[50]

Nicht einmal ein Jahr später, am 24. Oktober 2022, verkündete dieselbe Quelle:

---

50 Seligson, Paula (2021): »U.S. Junk Bonds Set $432 Billion Record in Rush to Beat Rates«, *Bloomberg*, 09 11 2021, https:/www.bloomberg.com/news/articles/2021-11-09/u-s-junk-bonds-set-432-billion-record-in-rush-to-beat-rates#xj4y7vzkg.

»Schrottanleihen fallen weltweit wie nie zuvor, ohne Anzeichen einer Erholung.«[51]

Während die Werte der Anleihen bei steigenden Zinsen einbrachen, profitierten viele der größten Institutionen von den Vorteilen des Private Credit. Anstatt zu fallen, stiegen diese Renditen zusammen mit den Zinssätzen.

Die alternative Realität schlägt wieder zu

»Eine Bank ist ein Ort, an dem sie dir bei schönem Wetter einen Regenschirm leihen und ihn zurückverlangen, wenn es zu regnen beginnt.«

Robert Frost

»Wie würde es Ihnen gefallen, sich in einigen sehr hochwertigen Schrottanleihen zu versuchen?«

Jahrzehntelang haben die klügsten Köpfe große Summen in »bankfremde« Kreditgeber investiert, die weitaus höhere Renditen erzielen als traditionelle Anleihen. Das ist die Welt von Private Credit. Private Equity

[51] Morpurgo, Giulia; Callanan, Neil & Raimonde, Olivia (2022): »Global Junk-Bond Sales Drop Most Ever With No Signs of Recovery«, *Bloomberg*, 24 10 2022, https:/www.bloomberg.com/news/articles/2022-10-24/global-junk-bond-sales-drop-most-ever-with-no-signs-of-recovery.

ist im Vergleich zu börsennotierten Aktien, was Private Credit gegenüber Anleihen ist.

Während Großunternehmen wie Amazon, Google und Tesla kein Problem damit haben, Darlehen von großen Banken zu erhalten oder öffentlich gehandelte Anleihen zu verkaufen, um Kapital zu beschaffen, gibt es viele mittelständische Unternehmen, die sich anderswo umsehen müssen. Aber wir sprechen hier nicht von Ihrem örtlichen Blumenladen, der sich Geld leiht, um seine Löhne zu bezahlen. Nach Angaben des Corporate Finance Institute **haben mittelständische Unternehmen in den USA einen Umsatz zwischen 100 Millionen Dollar und 3 Milliarden Dollar und beschäftigen zwischen 100 und 2500 Mitarbeitern. Tatsächlich fallen in den Vereinigten Staaten mehr als 200 000 Unternehmen in diese Kategorie!**

Wir alle wissen, dass die Banken bei der Kreditvergabe extrem geizig sind. Wenn Sie jemals ein Haus gekauft haben, sind Sie mit der finanziellen Prostatauntersuchung nur allzu vertraut. Aber Kredite sind eine Notwendigkeit für erfolgreiche Unternehmen, die zur Finanzierung ihres Geschäftsbetriebs stark darauf angewiesen sind. Sie müssen Rechnungen bezahlen – Miete, Gehälter, Inventar – und gleichzeitig mitunter auf das Hereinkommen ihrer Einnahmen warten. Bankkredite sind jedoch nicht immer verfügbar oder ausreichend. **Nach der globalen Finanzkrise von 2008 wurden den Banken von den Regulierungsbehörden Handschellen angelegt und ihre Möglichkeiten, Kredite zu vergeben, eingeschränkt. Vielen Unternehmen blieb nur noch eine Option, um ihre Liquidität zu sichern: Private Credit.**

Der jüngste Boom bei Private Equity hat das Feuer von Private Credit noch weiter angefacht. Wenn eine Private-Equity-Firma ein Unternehmen kauft, setzt sie häufig auf eine Form der Fremdfinanzierung (wie eine Privatperson beim Kauf eines Hauses). Und woher kommt das Fremdkapital? Inzwischen wird es Sie nicht mehr überraschen, dass ein sehr großer Prozentsatz dieser Fusionen und Übernahmen von Private-Credit-Unternehmen finanziert wird.

Die drei Säulen von Private Credit

Vor gerade einmal 23 Jahren erreichte die Welt von Private Credit ein Gesamtvolumen von 42 Milliarden Dollar. Nach dem Überstehen der Internetblase und der großen Finanzkrise führte die Verknappung der Bankkredite zu einem Boom bei Private Credit. **Ende 2022 umfasste der weltweite Markt von Private Credit mehr als 1,5 Billionen Dollar. Das Forschungsunternehmen Preqin schätzt, dass die Branche bis 2027 auf über 2,3 Billionen Dollar anwachsen wird, da sich die traditionellen Banken weiter zurückziehen.**

Dieser Trend wird sich wahrscheinlich noch beschleunigen. Anfang 2023 brach die Silicon Valley Bank fast über Nacht zusammen. Zahlreiche andere regionale Banken erlitten das gleiche Schicksal. Der rasante Anstieg der Zinssätze hatte zu einem Zusammenbruch ihrer Anleiheportfolios geführt. Private-Credit-Unternehmen sind nicht mit den gleichen Risiken konfrontiert. Deshalb sehen viele Unternehmen angesichts der Bankenzusammenbrüche einen »einmaligen Moment« in diesem Bereich.[52] Außerdem entfallen fast 80 Prozent der gewerblichen Immobilienkredite auf regionale Banken, und da sich die leer stehenden Bürogebäude häufen, könnten wir eine große Katastrophe erleben, wenn diese Kredite in den kommenden Jahren fällig werden und sich die Ausfälle zu einem Dominoeffekt ausweiten. **All dies deutet auf einen fortgesetzten Nutzen von Private-Credit-Unternehmen hin, da diese nicht den Zwängen der traditionellen Banken unterliegen.**

Eins steht fest: Private Credit festigt seine Position als dominierende Kraft beim Kreditbedarf mittelständischer Unternehmen. Diese Firmen sind zwar unglaublich vorsichtig, aber bereit, Kredite zu vergeben, wenn das Risiko-Ertrags-Verhältnis Sinn ergibt. Sie sind schnell, flexibel und kreativ, wenn es darum geht, wann, wo und wie sie Kredite vergeben. Das Ergebnis ist oft eine viel bessere Risiko-Ertrags-Situation für Investoren wie Sie und mich, die ihr Kapital zur Verfügung stellen. Lassen Sie uns die drei Säulen von Private Credit ansehen und warum diese aus Anlegersicht zu einer begehrten Anlageklasse geworden sind:

---

52 Hamlin, Jessica (2023): »Blackstone sees a ›golden moment‹ in private credit after bank failures«, PitchBook, 19 04 2023, https:/pitchbook.com/news/articles/blackstone-first-quarter-earnings-private-credit-pe.

1. Höhere Renditen – Private Credit bietet wesentlich bessere (sprich: höhere) Renditen als andere Schuldtitel und **hat bewiesen, dass es dies sowohl im Niedrig- als auch im Hochzinsumfeld bewerkstelligt.** Von 2015 bis 2021, als die Zinssätze historische Tiefststände aufwiesen, generierte Private Credit immer noch zweistellige Renditen! **Wie Sie der Abbildung »Direct Lending« entnehmen können, hat von 2021 bis 2022 Private Credit (auch Direct Lending genannt) mehr als das Doppelte der Renditen von Schrottanleihen erwirtschaftet, und das oft mit besseren Schutzmechanismen.**
2. Private Credit hat in der Regel ein geringeres Zinsrisiko – Darlehen an Private Companies haben in der Regel variable Zinssätze, die sich den Marktzinsen anpassen. Wenn also die Zinssätze steigen, steigen auch die Zahlungen des Kreditnehmers. Bei Private Credit ist es für Kreditnehmer in der Regel schwierig, niedrige Zinssätze über längere Zeiträume festzuschreiben, was für die Kreditgeber/Investoren einen großen Schutz darstellt, selbst wenn sie die Früchte in Form höherer Renditen ernten. **Diese Konstruktion kann in Zeiten hoher Inflation sehr sinnvoll sein und ist auch der Grund, warum trotz starken Gegenwinds Hunderte Milliarden in Private Credit fließen.**
3. Private Credit kann in schwierigen Märkten für Stabilität sorgen und hat niedrige Ausfallraten – Private-Credit-Portfolios haben bewiesen, dass sie Stürme recht gut überstehen können. **In einem Zeitraum von 18 Jahren, von Juni 2004 bis Juni 2022, in den sowohl die globale Finanzkrise als auch die Covid-Pandemie fielen, lagen die Verlustraten für Private Credit im Durchschnitt bei rund minus 1 Prozent der Kredite pro Jahr, eine Zahl, um die uns die meisten Banken beneiden würden.** Darüber hinaus hat eine Studie über den Zeitraum zwischen 1998 und 2018 gezeigt, **dass selbst der schlimmste Fünf-Jahres-Zeitraum für Private Credit immer noch positive Renditen für die Anleger brachte. Und warum?** Dafür gibt es zwei Hauptgründe:

Erstens: Weil Private-Credit-Geber oft ihre eigenen Kredite halten (statt sie an Dritte zu verkaufen), riskieren sie ihr eigenes Geld. Dies ist für sie ein Anreiz, sich an strenge Kreditwürdigkeitsprüfungen und Standards für die Risikoübernahme zu halten – und das tun sie auch. Diese Kreditgeber können sehr wählerisch sein, wenn es darum geht, an wen sie Kredite vergeben, und sie wählen oft nur die besten Kreditnehmer aus. **Auch bei der Auswahl der Unternehmen, denen sie Kredite gewähren, können sie wählerisch sein. Sie gewähren Kredite nur an Unternehmen in rezessionssicheren Branchen (zum Beispiel Basiskonsumgüter, Gesundheitswesen, Infrastruktur und so weiter).**

Direct Lending: Historisch höhere Renditen

Renditen der Anlageklassen

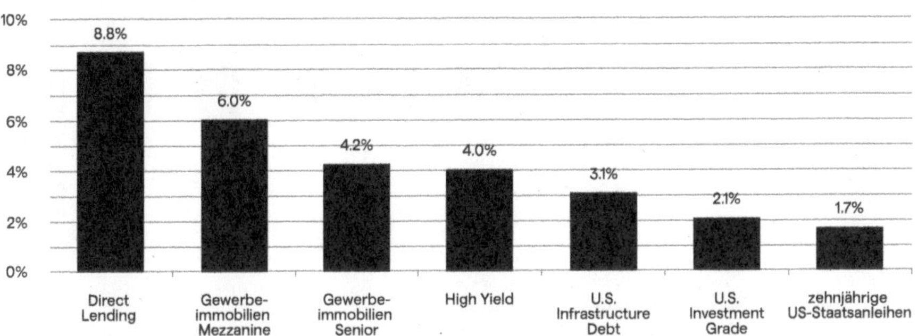

Quelle: BofA Securities, Bloomberg Finance L.P., Clarksons, Cliffwater, Drewry Maritime Consultants, Federal Reserve, FTSE, MSCI, NCREIF, FactSet, Wells Fargo, J.P. Morgan Asset Management. Gewerbeimmobilien Erträge Stand 30. September 2021. Gewerbeimmobilien Mezzanine stammt von einer Erhebung von JPMorgan und U.S. Treasuries mit einer vergleichbaren Dauer. Gewerbeimmobilien Senior stammt vom Giliberto-Levy Performance Aggregate Index (unlevered); U.S. High Yield: Bloomberg US Aggregate Credit – Corporate – High Yield; US-Infrastructure Debt: iBoxx USD Infrastructure Index, der die Emission von Infrastrukturanleihen in US-Dollar in Höhe von über 500 Millionen US-Dollar erfasst; zehnjährige US-Staatsanleihen; US-Investment-Grade: Bloomberg U.S. Corporate Investment Grade. Daten basieren auf der Verfügbarkeit am 31. Mai 2022.

Zweitens: Das zweite attraktive Merkmal dieser Darlehen sind die Schutzmechanismen, die der Kreditgeber einbauen kann. Wenn Private-Credit-Unternehmen Darlehen an Unternehmen vergeben, werden die Transaktionen in der Regel als »vorrangig besicherte Darlehen« strukturiert. **Dies bedeutet einfach, dass der Kreditgeber in der ersten Reihe steht, um die Rückzahlung zu erhalten, wenn das Unternehmen in Schwierigkeiten gerät.** Private-Credit-Geber sind auch sehr kreativ und nehmen oft spezifische Verpflichtungen, Schutzmaßnahmen und Besicherungsanforderungen mit auf, die ihnen ein hohes Maß an Sicherheit geben, um möglichst kein Geld zu verlieren.

Erinnern Sie sich an Buffetts Regel Nummer eins beim Investieren? VERLIEREN SIE KEIN GELD! **Der folgenden Abbildung können Sie entnehmen, dass selbst in den absolut schlechtesten fünf Jahren Private Credit immer noch Geld verdient hat! Ziemlich beeindruckend im Vergleich zu den anderen Anlageklassen.**

Historisch konstante Leistung

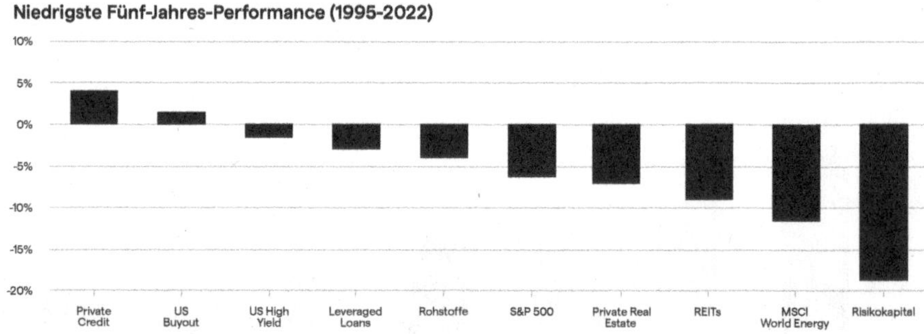

Quelle: Burgiss. Private Credit: Burgiss. US Private Debt Funds Index. US Buyout: Burgiss US Buyout Funds Index. US-High Yield: ICE BofA US High Yield Index. Leveraged Loans: Credit Suisse Leveraged Loan Index. Rohstoffe: Burgiss US Natural Resources FundsIndex. S&P 500: S&P 500 Total Return Index. Private Real Estate: Burgiss US Real Estate Funds Index. REITs: S&P United States REITs. MSCI World Energy Total Return. Risikokapital: Burgiss US Venture Capital Funds Index. Sämtliche Daten stammen aus Quellen, die als zuverlässig gelten, aber nicht garantiert werden können. Die Wertentwicklung in der Vergangenheit ist nicht zwangsläufig ein Indikator für zukünftige Ergebnisse.

Vom Konzept zur Umsetzung

> *»Niemand hat je eine Fähigkeit gemeistert, außer durch intensives, beharrliches und intelligentes Üben.«*
>
> Norman Vincent Peale

Inzwischen sollte klar sein, warum die größten institutionellen Anleger Trost in ihren Private-Credit-Investments finden. **Sie wissen, dass sie ausgeben können, was sie einnehmen! Aus diesen drei Hauptgründen haben die cleveren Investoren Geld in Private Credit diversifiziert, um beständige Erträge zu erzielen:**

1. Geringe Korrelation zu Börsenhandelsplätzen (denken Sie an den Heiligen Gral).
2. Attraktive risikobereinigte Renditen mit variablem Zinsschutz bei steigenden Zinssätzen.
3. Starker Schutz des Kreditgebers vor Ausfällen (zum Beispiel eine vorrangige Position, die zuerst zurückgezahlt wird).

Nun haben wir das Konzept von Private Credit verstanden, aber was ist die beste Strategie für einen Anleger, der einen Teil seines Portfolios in Private Credit investieren möchte? Es gibt kein Patentrezept, aber wir können unsere eigenen Erfahrungen einbringen, da wir seit Jahrzehnten in Private Credit investieren.

In erster Linie ist die Auswahl eines hervorragenden Private-Credit-Managers entscheidend. Und warum? Weil jeder Manager über umfassende Erfahrung bei der Beschaffung, der Risikoeinschätzung und dem Abwickeln von Hunderten von Krediten verfügen muss, um für die Investoren einen diversifizierten Korb zusammenzustellen. Der Erfolg dieser Darlehen hängt in hohem Maße von den Fähigkeiten dieser Risikoeinschätzung ab, die die besten Firmen über Jahrzehnte hinweg entwickelt haben. **In Teil 2 dieses Buches interviewen wir David Golub von Golub Capital. David ist einer der erfolgreichsten Private-Credit-Manager der Welt mit einem verwalteten Vermögen von mehr als 60 Milliarden Dollar und einer durchweg herausragenden Erfolgsbilanz.**

Es gibt zahlreiche Kategorien und Unterkategorien von Private Credit, auf die wir hier nicht näher eingehen; die Tabelle unten zeigt jedoch die branchenweiten Durchschnittsrenditen **(CAGR = Compound Annual Growth Rate, Wachstumsrate)** verschiedener Private-Credit-Strategien in verschiedenen Regionen.

Gemäß unserer Unternehmensphilosophie setzen wir nie nur auf ein Pferd in einem Rennen. Wir ziehen es vor, Partnerschaften mit Managern einzugehen, die unterschiedliche Private-Credit-Strategien einsetzen, wodurch eine immense Diversifizierung über zahlreiche Arten von Krediten mit unterschiedlichen Risikoprofilen und über verschiedene Branchen und Regionen gewährleistet ist. Wir wollen nämlich nicht in Turbulenzen geraten, wenn eine Strategie eine höhere Ausfallquote als normal aufweist. Mehrere Partner und verschiedene Kreditvergabestrategien tragen dazu bei, die Turbulenzen zu glätten und berechenbarere Renditen zu generieren.

Historische und prognostizierte Entwicklung von Private Debt

Performance	CAGR (2015–2021)	CAGR (2018–2021)
Private Debt	9,37%	11,44%
Private Debt — Direct Lending	6,83%	7,98%
Private Debt — Distressed Debt[53]	9,18%	12,64%
Private Debt — andere	11,74%	14,28%
Nordamerika — Private Debt	8,92%	12,09%
Europa — Private Debt	9,88%	9,62%
APAC — Private Debt	10,09%	11,42%
Übrige Welt — Private Debt	13,44%	16,26%
Diversified Multi - regionale Private Debt	14,29%	21,30%

Gibt es auch einen Nachteil bei Private Credit? Ja, die Liquidität. Sie erhalten zwar weiterhin Ihre monatlichen oder vierteljährlichen Zahlungen, aber es dauert in der Regel drei bis fünf Jahre, bis Sie Ihre Investition vollständig zurückbekommen – eine relativ lange Zeit im Vergleich zu Anleihen, die mit einem Mausklick verkauft werden können.

Das liegt daran, dass Private-Credit-Geber die von ihnen gewährten Darlehen normalerweise bis zur Fälligkeit halten. Aber genau das macht auch die Vorhersehbarkeit aus, die Anleger an dieser Anlageklasse zu schätzen gelernt haben.

Wenn Sie mehr über die Besonderheiten von Private Credit erfahren möchten, besuchen Sie unsere Informationsseite: **www.WhyPrivateCredit.com.**

Im nächsten Kapitel beschäftigen wir uns mit einem der wichtigsten Aspekte, um in dieser Welt zu überleben und zu gedeihen: der Energie! Wir befinden uns mitten in einer Energierevolution hin zu einer Kombination aus Erneuerbaren Energien (Wind, Sonne et cetera) und neuen innovativen Technologien, die das Kohlendioxid aus der herkömmlichen Verbrennung fossiler Brennstoffe reduzieren oder eliminieren können. **Da sich die größten Institutionen und Regierungen der Welt hinter diese Neuerungen stellen, bieten sich für Investoren enorme Chancen.**

53 Anm. d. Red.: Distressed-Debt-Investitionen sind Investitionen in Unternehmen, die sich im Zahlungsverzug befinden.

KAPITEL 5

ENERGIE

DIE KRAFT UNSERES LEBENS (ERSTER TEIL)

»Energie ist der Schlüssel zum menschlichen Fortschritt.«

John F. Kennedy

Eine kurze Anmerkung: Das Thema Energie ist gelinde gesagt sehr umfangreich! Aus diesem Grund haben wir ihm zwei Kapitel gewidmet. In Kapitel 5 werden wir die Voraussetzungen für das Verständnis unserer aktuellen globalen Energiesituation schaffen. In Kapitel 6 befassen wir uns dann mit Investitionsmöglichkeiten, die sich im Zuge der weltweiten Billionen-Dollar-Energierevolution ergeben.

Gemeinsamer Wohlstand

Die Geschichte des menschlichen Fortschritts ist eine Geschichte der Energie. Bevor wir in der Lage waren, Energie effizient zu nutzen, fristeten wir einen kurzen und brutalen Überlebenskampf. Wir verbrachten unsere Zeit damit zu jagen, zu sammeln und Feuer zu machen, um uns warm zu halten und unser Essen zu kochen. Jahrtausendelang gestaltete sich so unser Leben. Abgesehen von den Eliten war die Mehrheit der Menschen arm, ungebildet, krank und mangelernährt. Sowohl damals wie heute sind dies die Heimsuchungen einer Bevölkerung ohne Energie.

Als wir herausfanden, wie man Energie nutzbar machen kann, begann auf diesem Planeten ein steter Marsch in Richtung Fortschritt. Nicht Perfektion, aber Fortschritt. Das Leben wurde viel einfacher, als wir neue Methoden zum Heizen, Beleuchten und Transportieren erfanden. Der Übergang von Holz zu Kohle leitete im Alleingang die Industrielle Revolution ein. Die Dampfmaschine veränderte auf einen Schlag das Reisen und den Handel. In den 1890er-Jahren entwickelte Nikola Tesla das heute als »Zweiphasenwechselstrom« bezeichnete System zur elektrischen Energieübertragung und verblüffte die Welt, als er damit 100 000 Lichter auf der Weltausstellung in Chicago mit Strom versorgte. **Weniger als 40 Jahre später gab es in den amerikanischen Haushalten jede Menge elektrischer Geräte, von denen unsere Vorfahren nur träumen konnten.**

Im Jahr 1990 lebten fast 1,9 Milliarden Menschen (35 Prozent der Weltbevölkerung) in extremer Armut, das heißt von weniger als 2 Dollar pro Tag. Nur ein paar Jahrzehnte später ist diese Zahl auf derzeit 782 Millionen Menschen gesunken (oder 10 Prozent der Weltbevölkerung). Der ehemalige Präsident der Weltbankgruppe, Jim Yong Kim, sagte: »*In den vergangenen 25 Jahren haben sich mehr als 1 Milliarde Menschen aus der extremen Armut befreit und die weltweite Armutsquote ist heute niedriger als jemals zuvor in der Geschichte. Dies ist eine der größten menschlichen Errungenschaften unserer Zeit.*« Diese großartige Leistung wäre ohne Zugang zu Energie nie möglich gewesen. **Energie ist das Seil, an dem sich die Armen hochziehen können; sie ist auch das Seil, das wir in der entwickelten Welt für sie herunterlassen müssen. Energie ist die Grundlage für Beschäftigung, Bildung, Ernährungssicherheit, sauberes Wasser, medizinische Versorgung, Internetzugang, Unternehmertum, Welthandel und allgemeinen Wohlstand. Energie ist der Grundstoff für die Industrie und so wie unser Körper Sauerstoff braucht, braucht die Industrie Energie.**

Heutzutage müssen wir uns mit zwei wichtigen Realitäten auseinandersetzen:

Erstens erleben wir eine Energierevolution, bei der saubere Energie aus erneuerbaren Quellen Marktanteile von weniger sauberen Energiequellen übernimmt. Dieser Trend wird sich fortsetzen, aber nach Meinung zahlreicher Experten werden die traditionellen fossilen Brennstoffe wahrscheinlich nie vollständig ersetzt werden. Das mag Sie schockieren, wenn Sie glauben, die Gesellschaft könnte einen Schalter umlegen und sich von fossilen Brennstoffen befreien. So hört es sich nämlich an, wenn Erneuerbare Energien in den Medien diskutiert werden. Wie wir jedoch später in diesem Kapitel sehen werden, ist es wahrscheinlicher, dass technische Innovationen die vorhandenen fossilen Brennstoffe sauberer und umweltfreundlicher machen. Tatsächlich gibt es bereits Technologien, die genau das leisten können, aber es wird dauern, bis sie sich durchsetzen.

Zweitens: Die wachsende Weltbevölkerung und die Milliarden von Menschen in Schwellenländern wie China und Indien werden alle Formen von Energie benötigen, um den ständig steigenden Bedarf zu decken. Ein Beispiel: China erzeugt derzeit 63 Prozent seines Stroms aus Kohle. Das ist ein Rückgang gegenüber 77 Prozent im Jahr 2000,[54] aber die Kohle wird in China nicht in absehbarer Zeit verschwinden. Der *Climate Action Tracker* berichtet, dass die Kohleproduktion [in China] 2022 im zweiten Jahr in Folge ein Rekordniveau erreichte. Und während die ganze Welt 187 Gigawatt an Kohlekraftwerken zwischen 2017 und 2022 stillgelegt hat, haben die Chinesen allein in den letzten zwei Jahren 113 Gigawatt an neuen Kohlekraftwerken hinzugefügt.[55] Ungeachtet des Pariser Klimaabkommens hat China kürzlich den Bau von 180 neuen Kohleminen genehmigt und zum Zeitpunkt der Entstehung dieses Buches werden pro Woche zwei neue Kraftwerke genehmigt.[56] Im Februar 2023 berichtete das Centre for Research on Energy and Clean Air, dass **»die Kohlekraftwerkskapazität, die in China in Bau geht, sechsmal so groß ist wie im Rest der Welt zusammen«.**

Tatsache ist, dass Indien und China mit zusammen fast 3 Milliarden Menschen ihre eigene industrielle Revolution durchlaufen und nicht vorhaben, diese zu verlangsamen. Sie sind sich überaus bewusst, dass Energie der Motor der Industrie ist und dass die Industrie Hunderte von Millionen Menschen aus der Armut in die Mittelschicht führen wird. Präsident Xi Jinping sagt, dass die Klimaziele *»nicht von der Realität abgekoppelt werden können«* und nicht auf Kosten der chinesischen Energie- und Ernährungssicherheit gehen dürfen.

---

54 U.S. Energy Information Administration (2022): »China increased electricity generation annually from 2000 to 2020«, 22 09 2022, https:/www.eia.gov/todayinenergy/detail.php?id=53959.

55 WSJ (2023): »John Kerry Tilts at Chinese Coal Plants«, WSJ, 17 07 2023, https:/www.wsj.com/articles/john-kerry-china-climate-economy-xi-jinping-beijing-e50b9ef4?mod=hp_trending_now_opn_pos1.

56 Myllyvirta, Lauri; Yu, Aiqun; Champenois, Flora & Zhang, Xing (2023): »China permits two new coal power plants per week in 2022«, Centre for Research on Energy and Clean Air, 27 02 2023, https:/energyandcleanair.org/publication/china-permits-two-new-coal-power-plants-per-week-in-2022/.

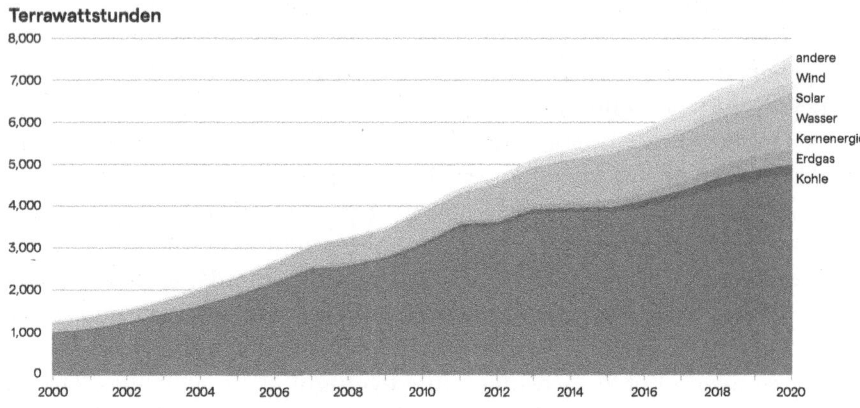

Fakten von Gefühlen trennen

Wenn man das Wort »Energiewende« hört, könnte man auf die Idee kommen, dass wir von fossilen Brennstoffen auf Erneuerbare Energien umsteigen. Nichts könnte der Wahrheit ferner sein. Der moderne Mensch hat sich schon immer anderen Energieformen »zugewandt«. Deshalb ist das Wort »Wende« eine unglückliche Fehlbezeichnung. Der Energieexperte Wil VanLoh, von dem Sie in Teil 2 dieses Buches mehr hören werden, vertritt die Ansicht, dass der Begriff »Energie-Zuwachs« treffender wäre. Und warum?

VanLoh erklärt, dass ein Blick in die Geschichte zeigt, dass es sehr lange dauert, bis sich neue Energiequellen durchsetzen, und dass sie die bis dahin dominierenden Energieformen nie vollständig ersetzt haben. Er führt Daten an, die zeigen, dass wir derzeit den fünften Energiezuwachs/wandel in der modernen Geschichte erleben. Werfen wir einen Blick darauf:

1. Mitte des 18. Jahrhunderts begann der Umstieg von Holz auf Kohle. Es dauerte 50 Jahre, bis Kohle 35 Prozent des globalen Energiemarktanteils ausmachte. Obwohl Kohle prozentual im Vergleich

zu anderen Energiequellen Marktanteil verloren hat, **wurde 2022 mehr Kohle verbraucht als JEMALS zuvor in der Geschichte.** Kohle bleibt die größte Energiequelle für Elektrizität, bei der Herstellung von Beton, Stahl, Papier und vielem mehr.

2. In den frühen 1900er-Jahren begann als Folge der Produktion von Henry Fords Modell T der Umstieg von Kohle auf Öl. Es dauerte 50 Jahre, bis Öl einen Anteil von 25 Prozent am globalen Energiemarkt ausmachte. **Im gesamten Jahr 2023 werden wir voraussichtlich mehr Öl verbrauchen als in jedem anderen Jahr der Geschichte, und für 2024 wird ein noch höherer Verbrauch prognostiziert.**[57]
3. 1938 verabschiedeten die USA den »Natural Gas Act« zur Regelung des Übergangs von Öl zu Erdgas. Es dauerte 50 Jahre, bis Erdgas 25 Prozent des globalen Energiemarkts ausmachte, und wie bei Erdöl **wird 2023 ein weiteres Jahr mit einer Rekordnachfrage sein und 2024 wird ebenfalls ein Nachfragewachstum erwartet.**[58]

In den 1960er-Jahren begann die Verbreitung der Kernenergie. Diese erreichte 1977 mit einem Anteil von etwa 5 Prozent am weltweiten Energiemarkt ihren Höhepunkt, aber es sieht so aus, als wäre sie im Begriff, ein fulminantes Comeback zu erleben. (Dazu später mehr!)

Um das Jahr 2010 herum begann die Gesellschaft, auf Windkraft, Solarenergie und andere Erneuerbare Energien umzusteigen. Heute, 13 Jahre und fast 1 Billion Dollar an Investitionen später, **decken diese erneuerbaren Quellen gerade einmal 3 Prozent des weltweiten Energiebedarfs.**

Vor die Wahl gestellt, will sicherlich jeder saubere Energieformen und wir können diese durch Innovation auch erreichen. Aber wir müssen auch akzeptieren, wie lange es dauert, bis neue Energiequellen einen nennenswerten Marktanteil ausmachen. Und das stellt eine enorme Investitionsmöglichkeit dar.

---

57 Lawler, Alex (2023): »OPEC sees 2 2% oil demand growth in 2024 despite headwinds«, Reuters, 13 07 2023, https:/www.reuters.com/business/energy/opec-upbeat-over-2024-oil-demand-outlook-despite-headwinds-2023-07-13/.

58 iea: »2021–2025: Rebound and beyond«, https:/www.iea.org/reports/gas-2020/2021-2025-rebound-and-beyond.

Exponentielle Nachfrage

Wenn wir in die Zukunft blicken, sehen Experten zwei unausweichliche Variablen, die sich auf die Energienachfrage auswirken werden:

1. Bevölkerungswachstum – Die Weltbevölkerung ist von 2,5 Milliarden im Jahr 1950 auf heute mehr als 8 Milliarden angewachsen. Der Internationale Währungsfonds (IWF) geht davon aus, dass die Weltbevölkerung bis zum Jahr 2050 auf 9,7 Milliarden anwachsen wird.[59]
2. Wachstum der Mittelschicht – Während die Welt voranschreitet, **wird eine Kombination aus Technologie, Fortschritten im Gesundheitswesen und Zugang zu Energie Milliarden von Menschen aus relativer Armut in die Mittelschicht befördern.** Menschen, die mehr verdienen, geben auch mehr aus. Und sie verbrauchen zweifellos mehr Energie.

Der Punkt ist, dass wir es nicht mit einer statischen Menge an Energieverbrauch zu tun haben, sondern mit einer ständig steigenden. Die Weltbevölkerung verbraucht derzeit etwa **100 Millionen Barrel Öl pro Tag** und es wird erwartet, dass diese Zahl voraussichtlich weiter steigt. Die meisten Experten gehen davon aus, **dass bis 2050 der gesamte globale Energiebedarf um etwa 50 Prozent steigen wird.** Dies ist eine realistische Schätzung, wenn man bedenkt, dass die Nachfrage zwischen 1990 und 2020 um 50 Prozent gestiegen ist. Die staatliche Ölgesellschaft Saudi Aramco ist einer der größten Nutznießer dieser steigenden Nachfrage. **Das Unternehmen steht auf Platz 2 der Rangliste Fortune Global 500 der größten Unternehmen der Welt, mit einem Umsatz von 604 Milliarden Dollar im Jahr 2022.**[60] Diese Umsatzzahlen stellen Amazon (Platz 4 auf der Liste) und Apple (Platz 8) in den Schatten und könnten das Unterneh-

---

59 Ruiz, Neil; Noe-Bustamante, Luis & Saber, Nadya (2020): »Coming of Age«, International Monetary Fund, März 2020, https:/www.imf.org/en/Publications/fandd/issues/2020/03/infographic-global-population-trends-picture.

60 Walt, Vivienne (2023): »Saudi Arabia has the most profitable company in the history of the world, with $3 2 trillion to invest by 2030. Who will say no to that tidal wave of cash?«, *Fortune*, 01 08 2023, https:/fortune.com/2023/08/01/saudi-aramco-profitable-oil-company-trillions/.

men schon im Jahr 2024 an die Spitze bringen (vor Walmart), wenn das Wachstum im derzeitigen Tempo anhält.

Wie Mark Twain sagte: »Geschichte wiederholt sich nicht, aber sie reimt sich.« Wenn wir in die Zukunft blicken, sagen die meisten Experten, dass der Anteil der Erneuerbaren Energien an unserer weltweiten Energieversorgung wachsen wird. Erneuerbare Energien werden Marktanteile gewinnen – wie es neue Energiequellen in Zeiten des Energiezuwachses immer getan haben –, aber sie werden wahrscheinlich niemals die bestehenden fossilen Energieträger ersetzen. So ziemlich das Gegenteil ist nämlich der Fall. Nach Angaben der U.S. Energy and Information Administration (EIA) wird sich die Nutzung von Erdgas, Kohle, Öl, Kernkraft und Erneuerbaren Energien bis zum Jahr 2050 ausweiten, um den Bedarf zu decken. (Siehe das Diagramm unten.)

Jedes Jahr organisiere ich (Tony) eine kleine Finanzveranstaltung für die größten Spender meiner Stiftung. Wir versammeln uns, um von einem »Who is Who« an Finanzexperten, ehemaligen Präsidenten, politischen Entscheidungsträgern und mehr zu hören. Ähnlich wie bei diesem Buch sitzen wir buchstäblich an einem Tisch der Titanen, um uns schlau zu machen über die Zukunft und darüber, wie wir daraus Kapital schlagen können.

Weltweiter Primärenergieverbrauch nach Energiequellen (2010-2050)

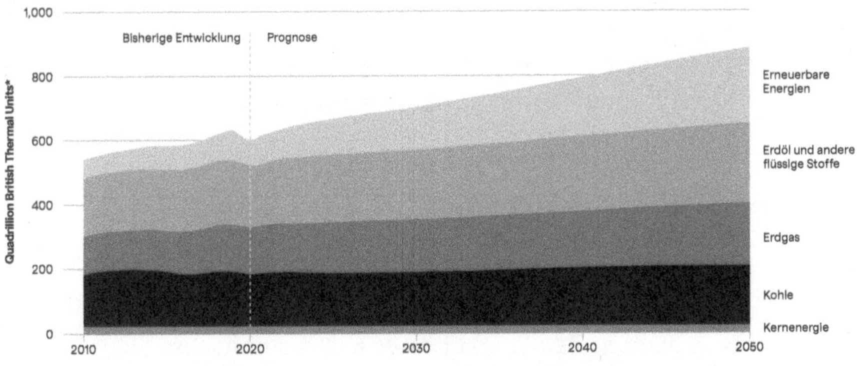

Anmerkung: Erdöl und andere Flüssigkeiten einschließlich Biokraftstoffe.
* 1 MBTU entspricht 0,293kWh

Jamie Dimon ist der Vorstandsvorsitzende von JPMorgan, der weltgrößten Bank, und eines Unternehmens, das sich verpflichtet hat, bis 2050 keine Emissionen mehr zu verursachen. Er hat freundlicherweise meine Einladung zu der Veranstaltung angenommen und ein Großteil unseres Gesprächs drehte sich um die Zukunft der Energie. Zu behaupten, er sei ein Befürworter der grünen Energiebewegung, ist eine Untertreibung. Er erzählte mir, dass **JPMorgan eine Mittelbereitstellung für saubere Energie eingerichtet hat, die voraussichtlich bis 2030 Investitionen von 1,1 Billionen Dollar in saubere Energieprojekte erreichen wird! Außerdem drängt er den Kongress, die Genehmigung von grünen Energietechnologien zu beschleunigen. Dimon erklärte den Zuhörern, dass er mit seinem Wunsch, auf andere Energiequellen umzusteigen, vielleicht zu früh dran war:** *»Die aus der Ukraine gezogene Lehre ist, dass wir preiswerte, zuverlässige und sichere Energie brauchen, die zu 80 Prozent aus Öl und Gas besteht. Und diese Zahl wird noch 10 oder 20 Jahre lang sehr hoch sein.«* Die Erhöhung der Öl- und Erdgaspreise ist eine Strafmaßnahme, die die Situation verschlimmert, indem sie die Länder zwingt, ihre Kohlekraftwerke wieder anzuschalten. In einem Brief an die Aktionäre von JPMorgan schrieb Dimon: *»Die Verwendung von (Erd-)Gas zur Verringerung des Kohleverbrauchs ist ein gangbarer Weg, um die CO_2-Emissionen schnell zu verringern.«*

Für diejenigen, die bei dem Gedanken an mehr fossile Brennstoffe erschaudern – keine Sorge. **Es fließen Milliarden in Technologien zur Kohlendioxidabscheidung (und -lagerung), die zwar noch nicht vollständig skalierbar sind, die Nutzung fossiler Brennstoffe aber weitaus umweltfreundlicher machen.** Auf ein paar spannende Durchbrüche werden wir in Kapitel 6 eingehen.

Lassen Sie uns erst tiefer in die Materie einsteigen.

Sonne und Wind in der Prognose

Wind und Sonne sind die Kerntechnologien für die Erzeugung Erneuerbarer Energie, aber sie haben mit erheblichem Gegenwind zu kämpfen … Wortspiel beabsichtigt. Zuallererst gibt es aus geografischer Sicht Gewinner und Verlierer. Der Wind muss stark wehen, wenn man Windkraft nutzen will. Die Sonne muss kräftig scheinen, wenn Sie Solarenergie wollen. Ein teilweise bewölkter Himmel mit einer leichten Brise wird nicht ausreichen. Und ich spreche nicht von Solarzellen für den Hausgebrauch, ich spreche von Solarfeldern von industrieller Stärke, die ein Stromnetz versorgen können.

In den USA gibt es riesige Landstriche, wo der Wind häufig und kraftvoll heult (die Mitte des Landes), und solche, wo die Sonne brennt (der Südwesten). Aber auf den größten Teil der Welt trifft das nicht zu. Tatsächlich ist dieser ungeeignet für Windkraft, Solarenergie oder beides. Die meisten Städte mit mehr als 1 Million Einwohnern sind nicht ideal für Erneuerbare Energieerzeugung in industrieller Stärke. Daher müssen alle Solar- oder Windfarmen, die sie mit Strom versorgen, weit entfernt sein und es müssen Leitungen gelegt werden, um den Strom zu transportieren. Das ist alles andere als ideal und vergleichsweise teuer, wenn man es mit anderen verfügbaren Quellen vergleicht. Ich möchte niemandem den Wind aus den Segeln nehmen, aber letztlich sind sich die Experten einig, dass Solar- und Windenergie in großem Maßstab an Grenzen stoßen.

Das ist unter anderem der Grund dafür, dass China und Indien verstärkt auf Kernenergie setzen.

Kernkraft

In den vergangenen drei Jahrzehnten wurden in den Vereinigten Staaten nur drei Kernreaktoren in Betrieb genommen, teilweise weil die Schrecken von Three Mile Island, Tschernobyl und Fukushima bei einer ganzen Generation einen unauslöschlichen Eindruck hinterließen. Atomkatastrophen müssen unbedingt vermieden werden, aber es ist auch wichtig, die Lehren aus diesen Katastrophen zu ziehen und gegen neue, sicherere Nukleartechnologien und die Umweltauswirkungen aller anderen Energieträger abzuwägen. Von der Verbrennung von Kohle bis hin zum Abbau kritischer Mineralien für Elektroautos – fast alle Energieformen haben ihre schmutzigen Schattenseiten. Wie der weise Thomas Sowell einmal sagte: »*Es gibt keine Lösungen, nur Kompromisse.*« Das trifft hierauf sicherlich zu, denn die Kernenergie ist immer noch die sauberste, dichteste Energieform, die der Menschheit bekannt ist. Aus technischer Sicht verwenden viele der heute in Betrieb befindlichen Reaktoren jahrzehntealte Technologie und die Unfälle hängen unter anderem damit zusammen. Um fair zu sein, müssen wir bei der Beurteilung der Kernenergie den heutigen Stand der Technik und der Sicherheitsstandards betrachten. Das ist der Punkt, an dem kleine modulare Reaktoren (Small Modular Reactors, SMR) ins Spiel kommen.

Nach jahrzehntelanger Innovation sind Experten der Meinung, dass die SMR großes Potenzial haben. Diese Reaktoren, die etwa die Größe eines kleinen Verkehrsflugzeugs haben, sind winzig im Vergleich zu den riesigen traditionellen Reaktoren, an die Sie wahrscheinlich denken, wenn Sie das Wort »Kernkraft« hören. **Sie sind viel sicherer und verfügen über zahlreiche Ausfallsicherungen, um eine Katastrophe zu vermeiden.** Anders als herkömmliche Reaktoren, deren Bau ein Jahrzehnt dauern kann, können SMR schnell in einer Fabrik zusammengesetzt und per Lkw an ihren Bestimmungsort geliefert werden. Dies ermöglicht, sie in abgelegenen Gebieten und an Standorten mit begrenztem Zugang zu Wasser aufzustellen. **Wenn Einheiten wie diese allgegenwärtig werden, sprechen wir über billige, grüne Energie für große Teile der Weltbevölkerung.**

Im Jahr 2022 wurde der erste modulare Kleinreaktor in den USA von den Aufsichtsbehörden für den Bau in Idaho genehmigt. Inzwischen gibt es mehrere Unternehmen, die unglaublich effiziente SMR-Reaktoren herstellen, die genauso viel Strom produzieren werden wie ältere, sehr viel größere Reaktoren – **und das mit nur 1 Prozent der Fläche, die andere Erneuerbare Energien (Wind, Sonne, Wasser) benötigen würden, um die gleiche Menge Strom zu erzeugen!**

Es gibt zahlreiche Unternehmen, die am Wettlauf um die Entwicklung von Kernkrafttechnologien der nächsten Generation (einschließlich SMR) beteiligt sind – zum Glück, denn als globale Gemeinschaft hinken wir der Entwicklung weit hinterher. Wenn es uns ernst ist mit »Netto-Null«,[61] dann muss nach Meinung der meisten Experten die Kernenergie ein wichtiger Teil der Lösung sein. Dennoch ist die Kernenergie umstritten: Einerseits birgt sie potenzielle Gefahren und ist andererseits die grünste Energieform. Ein typisches Beispiel: Jahrelang drängten Umweltgruppen auf die Abschaltung des Kernreaktors Indian Point, der fast 25 Prozent des Stroms von New York City liefert. Sie argumentierten, der Wegfall könne durch Erneuerbare Energien wie Wind und Sonne ersetzt werden. Im Jahr 2021 wurde das Kraftwerk stillgelegt und die unbeabsichtigten

[61] Anm. d. Ü.: »Netto-Null« bedeutet, dass zwischen der Menge der produzierten und der Menge der der Atmosphäre entzogenen Emissionen ein Gleichgewicht erreicht ist.

Folgen häuften sich. Der Bundesstaat berichtete, dass seit der Schließung 89 Prozent des Stroms aus Erdgas und Öl stammen, gegenüber 77 Prozent im Jahr zuvor, als beide Reaktoren von Indian Point in Betrieb waren.[62]

Sicherlich nicht das Ergebnis, das sich die Umweltschützer vorgestellt hatten.

Diese Anti-Atomkraft-Position ging auch in Deutschland nach hinten los. Bis 2022 wurden alle Kernkraftwerke abgeschaltet. Verschärft durch den Krieg mit der Ukraine und den Wegfall des russischen Erdgases mussten jedoch die Kohlekraftwerke wieder in Betrieb genommen und die grüne Kernenergie durch schmutzige Energie ersetzt werden.

In einer weiteren Verzweiflungstat wurde dann ein großer Windpark demontiert, um den Kohlebergbau zu erweitern![63]

Viele Befürworter der Kernenergie sind der Meinung, Deutschland hätte sich an den französischen Nachbarn orientieren sollen, die 70 Prozent ihrer Energie aus Kernkraftwerken beziehen.

Wer baut Kernkraftwerke?

Die führenden zehn Länder mit im Bau befindlicher Kernkraftkapazität

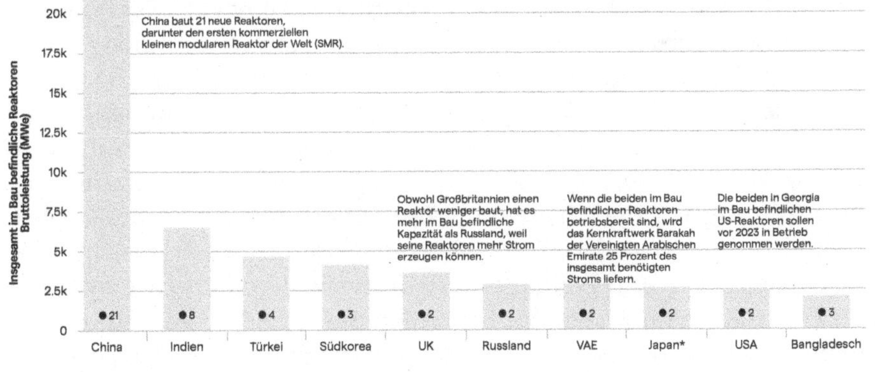

[62] Zambito, Thomas C. (2022): »NY's fossil fuel use soared after Indian Point plant closure. Officials sound the alarm«, *lohud*, 22 07 2022, https:/www.lohud.com/story/news/2022/07/22/new-york-fossil-fuels-increase-after-indian-point-nuclear-plant-shutdown/65379172007/.

[63] Oltermann, Philip (2022): »Stop dismantling German windfarm to expand coalmine, say authorities«, *The Guardian*, 26 10 2022, https:/www.theguardian.com/world/2022/oct/26/german-windfarm-coalmine-keyenberg-turbines-climate.

Statt Anlagen zu schließen, wird Frankreich bis zum Jahr 2050 sechs neue Reaktoren in Betrieb nehmen. Außerdem sind die Franzosen Vorreiter beim Recycling von Atommüll und der Maximierung der Nutzungsdauer.

Im April 2023 wurde in Finnland ein neuer Atomreaktor in Betrieb genommen. **Das Kraftwerk war derartig effektiv beim Erzeugen erschwinglicher, grüner Energie, dass die Preise für kurze Zeit unter null fielen!** Jetzt kann das Land so viel Energie verbrauchen, wie es will, und die ist zu fast 100 Prozent grün. China und Indien haben ebenfalls erkannt, dass die Kernenergie ein wichtiger Bestandteil ihrer grünen Zukunft ist. Abgesehen vom wachsenden Energiebedarf sind sich beide Länder bewusst, dass sie mit großen Problemen der Luftqualität und der Umweltverschmutzung zu kämpfen haben. Während die Welt ihre ESG-Verpflichtungen vorantreibt, haben China und Indien deutlich gemacht, dass sie ihre Umweltbelange mit ihrer wachsenden Wirtschaft in Einklang bringen müssen. Sie haben zu verstehen gegeben, dass sie dies durch Kernenergie erreichen wollen, und China liegt bei dem Rennen eindeutig vorn. Gut aufgestellt durch volle Staatskassen und das Fehlen von Quertreibern bauen die Chinesen derzeit 21 Kernkraftwerke. Darüber hinaus investiert das Land eine halbe Billion Dollar, um in den nächsten 15 Jahren 150 Reaktoren zu bauen.[64] Ein bislang weltweit nie dagewesenes Expansionstempo.

Auch Indien arbeitet mit Hochgeschwindigkeit und baut derzeit acht Kernkraftwerke. Selbst das ölreiche Saudi-Arabien plant in den nächsten zwei Jahrzehnten den Bau von 16 Reaktoren. Im Gegensatz dazu sind in den USA gerade einmal zwei im Bau. Die US-Regulierungsbehörden müssen schnell handeln, wenn wir die Revolution in der Kerntechnik anführen wollen. Die meisten Experten sind der Ansicht, dass Umweltschützer und Politiker diese Technologie durch eine moderne Linse betrachten müssen. Wir beurteilen die Sicherheit von Autos auch nicht anhand von Modellen aus den 1950er-Jahren. Dasselbe sollte für Kernkraft gelten!

---

64 https:/www.bloomberg.com/news/features/2021-11-02/china-climate-goals-hinge-auf-440-Milliarden-Atomkraft-Plan-zu-konkurrieren-u-s

»Grüne Maschinen« und der Wettlauf um Mineralien

Elektrofahrzeuge stehen derzeit im Rampenlicht. Mit Tesla an der Spitze ist jeder Autohersteller in die Elektro-Revolution eingestiegen. Nun sind Elektroautos auf der Straße zwar umweltfreundlicher, aber ihre Produktion stellt eine enorme Belastung für die Umwelt dar. Das Gleiche gilt für Windkraftanlagen und Solarzellen. »Grüne Maschinen« müssen nämlich mit herkömmlichen Energiequellen hergestellt werden. Erdöl, Erdgas und Kohle sind nötig, um Beton, Stahl und Kunststoff herzustellen. **Ein Beispiel: Zur Herstellung einer einzigen Elektroauto-Batterie, die das Äquivalent von einem Fass Öl speichern kann, wird das Energieäquivalent von 100 Barrel Öl benötigt.** Hinzu kommen riesige Mengen an wichtigen Mineralien, die für Batterien, Solarmodule, Transformatoren, Generatoren und andere Teile des Innenlebens dieser »grünen Maschinen« benötigt werden. Die Suche, der Abbau, die Raffination und der Transport dieser Mineralien sind ganz und gar nicht grün. Bedenken Sie:

- Fast 250 000 Kilo Erde werden abgetragen und verarbeitet, um eine 500-Kilo-Elektroauto-Batterie herzustellen. Der Abbau erfolgt oft mit schweren, Diesel verbrennenden Maschinen.

»Bei dem extrem geringen Kraftstoffverbrauch muss man natürlich Kompromisse eingehen.«

- Eine Standardbatterie für Elektroautos enthält etwa 12,5 Kilo Lithium, 15 Kilo Kobalt, 30 Kilo Nickel, 55 Kilo Grafit und 45 Kilo Kupfer.
- Eine Elektroauto-Batterie enthält 1000-mal mehr Kobalt als ein Smartphone.
- Bis 2030 werden jährlich mehr als 10 Millionen Tonnen Batterien zu Müll.

Um es klar zu sagen: Elektrofahrzeuge, Windparks und Solarzellen sind ein wichtiger Teil der Erneuerbaren Energien. Aber die gesamte Lieferkette braucht Dekarbonisierung, sonst belügen wir uns selbst. China hat die meisten Elektroautos der Welt, aber die meisten davon werden mit Strom aus Kohle geladen. Können wir diese Autos wirklich als »grün« bezeichnen?

Der Punkt ist, dass wir Fakten von Fiktion trennen müssen, Marketing von Realität. Wir alle wollen saubere Energie und unseren Planeten schützen. Aber zuerst müssen wir uns mit einigen unangenehmen Realitäten auseinandersetzen. Eine davon ist die Kontrolle kritischer Mineralien durch oft verfeindete Länder.

Total(itär)e Kontrolle

In den frühen 2000er-Jahren erkannte China die Zeichen der Zeit. Die Welt setzte auf umweltfreundlichere Technologien, und jede dieser grünen Maschinen würde kritische Mineralien benötigen. Da es im eigenen Land keine bedeutenden Vorkommen gab, investierte die chinesische Regierung Hunderte Milliarden, um sich die Kontrolle über zahlreiche Bergbaubetriebe in aller Welt zu sichern. Sie entfaltete ihre Macht (und ihre Brieftaschen) bei den mitunter korrupten Regierungen Afrikas, eines Kontinents, der reich an natürlichen Ressourcen ist. Der Kongo war Chinas wichtigste Eroberung.

Kobalt wird in fast allen Smartphones, Tablets, Laptops und Elektrofahrzeugen verwendet, um den Batterien Stabilität zu verleihen und sie vor Überhitzung zu schützen. Die Demokratische Republik Kongo verfügt über mehr Kobaltvorkommen als der Rest der Welt zusammen. Fast 70 Prozent der weltweit bekannten Vorkommen befinden sich in der flachen roten Erde des Kongos und sind leicht zugänglich. (Die Ironie daran:

Nach Angaben der Weltbank haben nur 19 Prozent der Bevölkerung im Kongo Zugang zu Elektrizität.[65])

Es wird geschätzt, dass 15 der 19 großen Minen im Kongo entweder direkt oder indirekt von China kontrolliert werden. Einige von ihnen haben die Größe einer europäischen Stadt! Höchst beunruhigend sind die dortigen Menschenrechtsverletzungen. Der Kongo weist eine traurige Geschichte der Ausbeutung und Sklaverei auf, die bis in die späten 1800er-Jahre zurückreicht. Um 1890 gab es einen »Fahrradwahn«, als Millionen von Menschen auf der ganzen Welt begannen, Fahrrad zu fahren. Die ersten Fahrräder hatten Stahl- und/oder Holzräder – und es war bahnbrechend, als der Erfinder John Dunlop im Jahr 1888 eine neue Form von Gummiluftreifen patentieren ließ. Und seine Erfindung kam so richtig in Schwung, als das Automobil auf den Plan trat. Die Nachfrage nach Gummi explodierte und im Kongo gab es riesige Mengen an Gummibäumen. Unter der kolonialen Unterdrückung des belgischen Königs Leopold II. wurden zahllose kongolesische Dorfbewohner in die Sklaverei gezwungen, als die Abholzung ihr Land verwüstete. Der Kongo wurde zum weltweit größten Kautschukexporteur, aber die Bevölkerung blieb verarmt.

1899 erschien Joseph Conrads berühmter Roman *Herz der Finsternis,* in dem er die schreckliche Tragödie einer der Freiheit beraubten Bevölkerung und eines Landes beschreibt, das für kommerzielle Zwecke ausgebeutet wird.

Heute wird der Kongo erneut ausgeplündert – dieses Mal geht es nicht um Kautschuk, sondern um Kobalt. Weltweit wird den Technologieunternehmen, die Kobalt kaufen, von den Großhändlern oft gesagt, dass die Lieferkette sauber sei. Auf die meisten Bergbaubetriebe trifft das jedoch nicht zu. Dank der mutigen Arbeit von Enthüllungsjournalisten wie Sidharth Kara (Autor von *Cobalt Red: How the Blood of the Congo is Powering Our Lives)* wissen wir jetzt, wie die Basis unserer Lieferkette wirklich aussieht. Viele der Minen werden auf dem Rücken heutiger Sklaven betrieben. Unter den Augen der bewaffneten Miliz graben Männer, Frauen und Kinder nach Kobalt – mit Stöcken, Spitzhacken, Schaufeln und Ar-

65 International Trade Administration (2022): »Democratic Republic of the Congo – Energy«, 14 12 2022, https:/www.trade.gov/country-commercial-guides/democratic-republic-congo-energy#.

mierungseisen – und sind dabei giftigen Karzinogenen ausgesetzt. Zwölf Stunden lang schuften Hunderttausende Kongolesen täglich in der Hitze, um 1 oder 2 Dollar zu verdienen. Gerade genug, um zu überleben.

Befürworter der Elektrifizierung von allem müssen sich also auch mit der wahren Bedeutung von »ESG« auseinandersetzen: »Environmental, Social and Governance«. Hat jeder Buchstabe den gleichen Wert? Wenn die Umwelt im Kongo (und anderswo) zerstört wird, während Hunderttausende von Einheimischen versklavt werden, kann man dann noch argumentieren, dass der Zweck die Mittel heiligt? Die Tech-Giganten müssen aufwachen und diese Probleme gemeinsam angehen. **Ihre Kaufkraft kann Reformen fordern, damit die Arbeitnehmer fair bezahlt und behandelt werden.** Außerdem müssen wir weiter an neuen Technologien arbeiten, die nicht diese kritischen Mineralien benötigen. Es gibt zum Beispiel Festkörperbatterien und andere kobaltfreie Batterien. Tesla verwendet jetzt kobaltfreie Batterien und hat angekündigt, dass es Kobalt vollständig aus seinen Produkten entfernen will. Hut ab vor Elon, aber es gibt noch andere Probleme, die gelöst werden müssen.

Der Russland-China-Block

Russland, ein Land, das reich an natürlichen Ressourcen ist, einschließlich beträchtlicher Reserven an wichtigen Mineralien, ist mit China eine für beide Seiten vorteilhafte Beziehung eingegangen. Während China zum Beispiel Hunderte Milliarden in Afrika steckte, hat Russland mit bezahlten Söldnern die Muskeln spielen lassen. Als von den Regierungen angeheuerte Vollstrecker halten sie die Bevölkerung in Schach.

Es ist offensichtlich, dass dieser russisch-chinesische Block den führenden Politikern der Welt zu denken gibt, denen nicht entgeht, dass die beiden Länder unsere Mineralienversorgung eisern kontrollieren. Mittlerweile haben auch andere, wenig freundlich gesonnene Regime eine gewisse Kontrolle über kritische Mineralien. Die totalitären Regime in China, Russland, dem Iran, Kasachstan, Nordkorea und Venezuela kontrollieren Mineralien (siehe die folgende Grafik), die wir für Handys, Tablets, Elektroauto-Batterien, Solarzellen, Windräder und anderes benötigen. Das wirft eine Menge Fragen auf. Wie können wir eine sichere und zuverlässige Lieferkette gewährleisten? Wie können wir sicherstellen, dass Menschenrechte Priorität haben? Wie befriedigen wir die steigende Nachfrage nach kritischen Mineralien, wenn die Umweltpolitik uns daran hindert, diese in unserem eigenen Land abzubauen? Auf diese Fragen gibt es bislang keine überzeugenden Antworten.

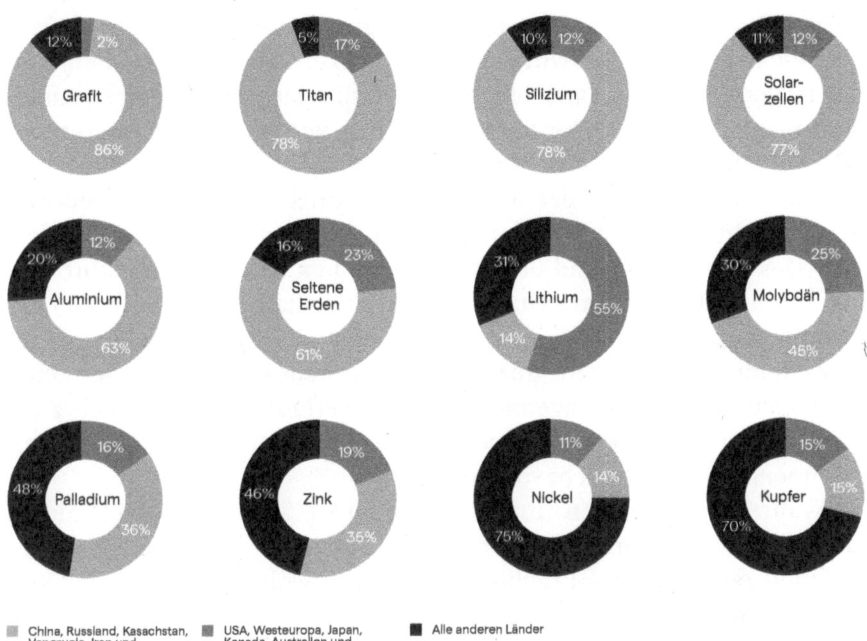

Eine elektrifizierte Welt

Im Jahr 2022 verfügte der Bundesstaat Kalifornien, dass bis 2035 alle dort verkauften Neufahrzeuge emissionsfrei (elektrisch oder mit Wasserstoff betrieben und Ähnliches) sein müssen.[66] Ironischerweise litt Kalifornien nur kurze Zeit später unter einer Hitzewelle und rief die Menschen dazu auf, ihre Elektrofahrzeuge nicht aufzuladen, um

---

66 California Air Resources Board (2022): »California moves to accelerate to 100% new zero-emission vehicle sales by 2035«, 25 08 2022, https:/ww2.arb.ca.gov/news/california-moves-accelerate-100-new-zero-emission-vehicle-sales-2035.

das veraltete Stromnetz nicht zu überlasten. Kann das kalifornische Stromnetz überhaupt eine 15- bis 30-fache Zunahme an Elektroautos verkraften? **Schätzungen nach müsste der Staat dafür seine Stromerzeugung in den nächsten zehn Jahren verdreifachen.** Um das in die richtige Perspektive zu rücken: Kalifornien erzeugt in etwa die gleiche Menge Strom wie vor 13 Jahren.[67] Selbst ein kleiner Anstieg der Anzahl von Elektrofahrzeugen würde eine Herausforderung darstellen, und das ist wahrscheinlich auch der Grund dafür, dass die Energiekommission noch keine Pläne herausgegeben hat, wie man diese monumentale Aufgabe angehen soll.

Elon Musk, der Gründer von Tesla (dem größten Elektroauto-Hersteller der Welt), hat seine Besorgnis darüber geäußert, dass es für die Ziele der USA »nicht genügend Energie« gibt und es schon in zwei Jahren zu einem Engpass kommen könnte. Seiner Einschätzung nach wird sich der Strombedarf der USA bis 2045 verdreifachen. Vor Kurzem äußerte er auf einer Konferenz mit den größten Energieversorgern des Landes seine Bedenken. In der Vergangenheit stieg der Verbrauch um lediglich 2 bis 3 Prozent pro Jahr, kein Wunder also, dass die Energieversorger auf den kommenden Anstieg nicht vorbereitet sind.

Während Kalifornien und zwölf andere US-Bundesstaaten dieses Gesetz zur Elektromobilitätsvorgabe erlassen, scheint der Rest der Welt auf ein ähnliches Ergebnis drängen zu wollen. Das Ziel der Vereinten Nationen von null Netto-Emissionen, bekannt als das 2050-Netto-Null-Ziel, besagt: »Das Netto-Null-Emissions-Szenario sieht eine Elektroautoflotte von über 300 Millionen Fahrzeugen im Jahr 2030 und einen Anteil von 60 Prozent an den Neuwagenverkäufen vor.« Jeder Hersteller entwickelt schnell neue elektrifizierte Versionen vorhandener Modelle, vom Ford F-150 Lightning Truck bis hin zur elektrischen Corvette.

Derzeit sind von den insgesamt 290 Millionen Autos auf den Straßen in den Vereinigten Staaten etwa 2,5 Millionen Elektro- und Hybridfahrzeuge (weniger als 1 Prozent). Die Gesamtzahl der Elektroautos in der ganzen Welt beträgt 16,8 Millionen von etwa 1,44 Milliarden Autos (eben-

---

67 California Energy Commission: »2021 Total System Electric Generation«, https:/www.energy.ca.gov/data-reports/energy-almanac/california-electricity-data/2021-total-system-electric-generation.

falls etwa 1 Prozent). Mit einem Ziel von 300 Millionen emissionsfreien Autos bis 2030 sprechen wir also von einem Bedarf an kritischen Mineralien in einem noch nie dagewesenen Ausmaß. Ist das überhaupt machbar? Die Herausforderungen für solch hochgesteckte Ziele sind jedenfalls äußerst real.

Werfen wir zunächst einen Blick in die Geschichte. Keine mineralgewinnende Industrie (Öl, Gas, Gold, Eisenerz und so weiter) war jemals in der Lage, die weltweite Fördermenge in nur einem Jahrzehnt um 100 Prozent zu steigern. Bergbau ist teuer, mühsam, zeitaufwendig und ein regulatorischer Albtraum, vor allem in den Industrieländern, in denen Menschenrechte und Umweltverträglichkeit eine wichtige Rolle spielen. Es kann viele Jahre dauern, bis der Abbau eines neu entdeckten Vorkommens benötigter Rohstoffe tatsächlich beginnt.

Abgesehen von den erforderlichen Investitionen in Billionenhöhe sind Umweltexperten der Meinung, dass der Abbau in einer Größenordnung, die für die Produktion von 300 Millionen Null-Emissions-Fahrzeugen nötig wäre, eine außerordentliche Belastung für den Planeten Erde darstellen könnte. Rechnet man die Mega-Windparks, die industriellen Speicherbatterien und Tausende Hektar Solarzellen hinzu, ist die Menge an Mineralien, die für das Erreichen von »Netto-Null bis 2030« nötig ist, atemberaubend. Die folgende Abbildung zeigt die exponentielle Nachfrage nach verschiedenen Mineralien.

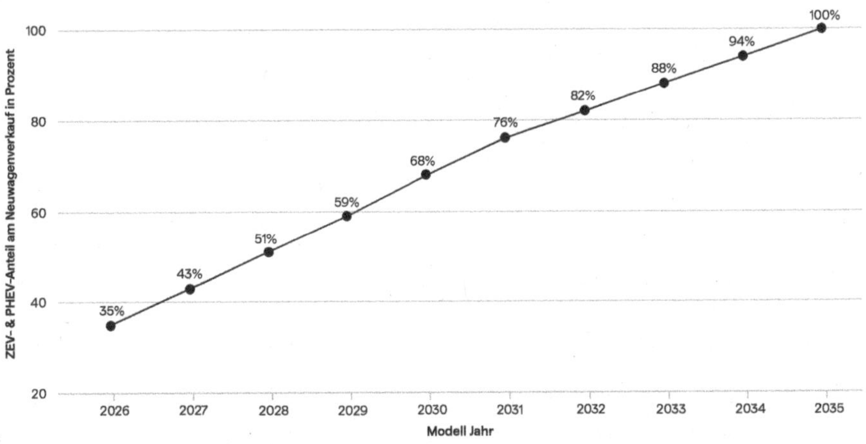

Nehmen wir zum Beispiel Lithium. Es wird geschätzt, dass wir 18-mal mehr Lithium brauchen werden als die heute geförderte Menge. Aber Lithium ist nicht das einzige Mineral, das wir für den Bau unserer grünen Technologie benötigen. Wir brauchen noch mal die doppelte Menge Kupfer, 17-mal mehr Grafit und elf Mal mehr Nickel, als wir heute abbauen.[68]

Auch hier gilt, dass es uns in der Vergangenheit noch nie gelungen ist, die Menge innerhalb von zehn Jahren zu verdoppeln. »Schneller graben« scheint kein tragfähiger Plan zu sein.

Wenn ich mit Energieexperten über dieses »noch nie da gewesene« Szenario spreche, sind sich fast alle einig, dass es sich um ein unmögliches Unterfangen handelt. Ein hehres Ziel? Ja. Ein gutes Gesprächsthema für Politiker? Sicher. **Aber wir müssen berücksichtigen, was die Erde für uns hergeben wird und welche weiteren Kosten sowohl für den Menschen als auch für die Umwelt anfallen werden.**

Möglicherweise haben Sie an den Fakten, die ich bisher dargelegt habe, schwer zu knabbern. Wir würden vermutlich alle gern einen grünen Schalter umlegen und unseren Planeten durch Dekarbonisierung schützen. So wie zahlreiche Experten bin auch ich der Meinung, dass dies mit neuen Innovationen auf lange Sicht möglich ist. Aber in der Zwischenzeit wird es viele Anlagemöglichkeiten in einer Anlageklasse geben, deren steigende Nachfrage unausweichlich scheint.

Derzeitiger und künftiger Bedarf an sauberer Energie (in Tonnen)

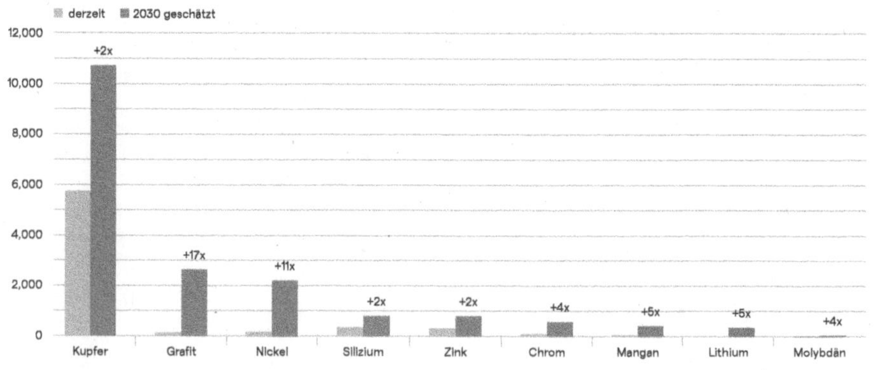

68 IEA Critical Mineral Outlook.

Wer hat die ganze Milch getrunken?

Als mein Sohn noch zu Hause wohnte, öffnete ich oft die Kühlschranktür und fand eine fast leere Milchtüte im Kühlschrank. Egal wie viel Milch wir auch kauften, der Behälter war immer schneller leer, als wir liefern konnten. Das Leben mit einem Teenager im Haus ist vergleichbar mit unserer derzeitigen Energiesituation.

Energie ist, wie die Milch in einer Packung, begrenzt und muss beschafft werden. Denken Sie an ein Erdöl- oder Erdgasreservoir. Sobald wir den Deckel öffnen, enthält es eine bestimmte Menge, die wir entnehmen können, bevor das Reservoir versiegt. **Die Energieunternehmen und ihre Investoren müssen im Voraus Hunderte Milliarden allein dafür ausgeben, neue Projekte ans Netz zu bringen, um den derzeitigen Durst der Welt zu stillen.**

Aber was passiert, wenn wir unsere Ausgaben für die Nutzung neuer Quellen drastisch reduzieren? Wenn wir es nicht schaffen, mit unseren Quellen die aktuelle und wachsende Nachfrage zu decken? Das werden wir eher früher als später erfahren.

Im Juni 2014 stiegen die Ölpreise auf 107 Dollar pro Barrel. Nur sechs Monate später stürzten die Preise aufgrund dramatischer Ereignisse auf 44 Dollar. Diese schnellen Verluste waren verheerend und die größten Energieunternehmen zogen bei den Ausgaben die Handbremse und leckten ihre Wunden. Etwa zur gleichen Zeit nahm die ESG-Bewegung an Fahrt auf. Sie verfolgte zwar hehre Ziele, setzte aber leider einige unglaublich unrealistische Zeitvorgaben. Statt nach innovativen Technologien zu suchen, um Öl/Gas/Kohle sauberer zu machen, konzentrierte sich die Bewegung auf das Abschaffen fossiler Brennstoffe, ein Ziel, das sogar vom damaligen Präsidentschaftskandidaten Biden mitgetragen wurde, der versprach: »Ich garantiere, dass wir den fossilen Brennstoffen ein Ende setzen.«

Die Energieunternehmen steckten in einer Zwickmühle. Institutionelle Investoren, die in der Vergangenheit die Erforschung neuer Energiequellen finanziert hatten, wurden unter Druck gesetzt, Investitionen in fossile Brennstoffe zu meiden wie die Pest. Die CEOs der großen Energieunternehmen standen ebenfalls unter enormem Druck. Ihnen wurde von Vorstandsmitgliedern und Großaktionären explizit und implizit geraten, nicht so viel für neue Ersatzenergieprojekte auszugeben. Stattdessen wurden sie ermutigt, ihre überschüssigen Barmittel an die Investoren zurückzugeben, entweder durch Dividenden oder Aktienrückkäufe. **Folglich gingen die Investitionen in die Entdeckung und Gewinnung neuer Energiequellen in den Folgejahren um fast 50 Prozent zurück. In Zahlen:** Vor 2014 investierten die großen Ölgesellschaften etwa 700 Milliarden Dollar pro Jahr in den Ersatz bisheriger Energien. Seit 2014 haben sie weltweit nur noch etwa 300 bis 350 Milliarden Dollar ausgegeben.

Kritiker argumentieren, dass es gut sei, weniger für neue »Upstream«-Projekte auszugeben. Dass es »grün« sei. Aber in Wirklichkeit glauben Experten, dass dies eine Kettenreaktion von höheren Energiepreisen, höheren Lebensmittelpreisen und weniger nationaler Sicherheit nach sich zieht. Das meinte Jamie Dimon mit seinem Hinweis auf die unbeabsichtigten Folgen kurzfristiger Maßnahmen, die langfristige Netto-Null-Ziele eines jeden verhindern könnten.

Saudi-Arabien mal sieben

Wie bereits erwähnt, beläuft sich der Weltenergieverbrauch auf **etwa 100 Millionen Barrel (oder Barrel-Äquivalente) pro Tag.** Um das in die richtige Perspektive zu rücken: In ein Fußballstadion passen etwa 2 Millionen Fässer. Der Gesamtverbrauch entspricht einem Ölverbrauch von 50 Fußballstadien – JEDEN TAG. **Das sind insgesamt 36,5 Milliarden Barrel pro Jahr, allein um den Wirtschaftsmotor unserer Welt am Laufen zu halten. Bevölkerungswachstum und wirtschaftliche Expansion bedeuten, dass die Nachfrage voraussichtlich um 1 bis 2 Prozent beziehungsweise 365 bis 700 Millionen Barrel pro Jahr steigen wird.**

Doch in welcher Größenordnung wird der vorhandene Vorrat jedes Jahr aufgebraucht? Wie stark geht die sprichwörtliche Milchtüte zur Neige? Das ist die Billionen-Dollar-Frage.

Die globale »Angebotsrückgangsrate« beträgt 7 bis 8 Prozent pro Jahr. Das bedeutet, dass die vorhandenen Lagerstätten und Vorkommen fossiler Brennstoffe jährlich 7 bis 8 Prozent ihrer endlichen Gesamtkapazität verlieren. **Das sind 7 bis 8 Millionen Barrel des täglichen Angebots, die wir JEDES Jahr ersetzen müssen, allein um mit der aktuellen Nachfrage Schritt zu halten, ganz zu schweigen von dem Versuch, das zukünftige Nachfragewachstum zu decken. Wil VanLoh ist der Gründer von Quan-**

tum Energy Partners, einem der größten privaten Energieinvestoren der Welt. Er hat die aktuelle Situation am besten beschrieben: »Das ist so, als müsste man sieben neue Saudi-Arabien für die Energieproduktion in den nächsten 20 Jahren finden.« Kurz gesagt: Durch die Verlangsamung unserer Ausgaben für andere Energieformen in den letzten zehn Jahren liegen wir hinter den Erwartungen zurück. VanLoh glaubt auch, dass sich die fehlenden Investitionen in andere Energieformen der letzten Jahre erst jetzt in den Preisen bemerkbar machen.

Fazit: Die Erschöpfung endlicher Vorräte bei unzureichenden Ausgaben für Ersatz ist ein Rezept für ein begrenztes Angebot, höhere Energiepreise, höhere Lebensmittelpreise und höhere Verbraucherpreise.

Zeit, unsere Wetten zu platzieren

Nachdem wir nun die Fakten von der Fiktion getrennt haben, wird deutlich, dass es in den kommenden Jahren enorme Anlagegelegenheiten geben wird. Tatsächlich glauben viele Experten, mit denen ich spreche, dass wir in ein goldenes Zeitalter für Energieinvestitionen eintreten könnten. Für fossile Brennstoffe wird das Angebot schrumpfen und die Nachfrage steigen, was wahrscheinlich die Preise nach oben treibt. Bei Wind-, Solar- und Kernenergie wird es zu einer beschleunigten Einführung kommen und Billionen in innovative Unternehmen investiert werden. Und schließlich gibt es für grüne Technologie zahlreiche Innovationen zur Dekarbonisierung, die es uns wahrscheinlich ermöglichen werden, fossile Brennstoffe auf viel umweltfreundlichere Weise weiter zu nutzen!

Lassen Sie uns diese Möglichkeiten im folgenden Kapitel erkunden!

KAPITEL 6

ENERGIE

DIE KRAFT UNSERES LEBENS (ZWEITER TEIL)

»Energie kann weder geschaffen noch zerstört werden, sie kann nur von einer Form in eine andere umgewandelt werden.«

Albert Einstein

Energie für alle

Dass weniger Umweltverschmutzung besser ist für diesen schönen Planeten, bleibt wohl unbestritten. Wir alle sollten uns um umweltfreundlichere Lösungen bemühen – durch umfangreiche Investitionen in Erneuerbare Energien ebenso wie durch Innovationen bei traditionellen fossilen Brennstoffen (zum Beispiel Kohlendioxidabscheidung).

Doch wie im vorherigen Kapitel dargelegt, sind sich die Experten einig, dass wir in dem Spannungsfeld zweier unbestreitbarer Realitäten leben.

1. Die Nachfrage nach allen Formen von Energie wird weiter steigen, auch die nach fossilen Brennstoffen.
2. Die Verbrennung von Kohle, Erdgas und Erdöl erzeugt eine erhebliche Menge CO_2 in der Erdatmosphäre und wir sollten diese mit **den bestmöglichen Mitteln reduzieren.**

Bei den »bestmöglichen Mitteln« sind die Experten jedoch uneins. Im März 2023 rief der Generalsekretär der Vereinten Nationen dazu auf, »sämtliche Genehmigungen oder Finanzierungen neuer Öl- und Gasvorkommen auszusetzen« sowie »jegliche Expansion bestehender Öl- und Gasreserven zu beenden«.

Auch wenn wir alle so schnell wie möglich 100 Prozent grüne Energie wollen – die Welt ist wie eine riesige Gemeinde. Alle Nationen müssen kooperieren und zusammenarbeiten. Aber nicht alle singen vom selben Notenblatt; das heißt, jeder hat einen anderen Zeitrahmen für das Erreichen der Kohlendioxidneutralität. Es ist ein heikler Balanceakt, die Umwelt nicht zu schädigen und gleichzeitig den Menschen und ihrer Fähigkeit, ihren Lebensunterhalt zu verdienen, Essen zu kochen, Transportmittel zu sichern und so weiter nicht zu schaden.

China, Indien und viele andere Entwicklungsländer wissen, dass es schlichtweg unmöglich ist, bei den fossilen Brennstoffen einfach den Schalter umzulegen. Experten warnen, dass derart drastische Maßnahmen die Welt in eine katastrophale globale Depression stürzen würden, in der Hunderte Millionen Menschen verhungern könnten. Jamie Dimon von JPMorgan bekräftigte in einer Anhörung vor dem Kongress, dass »die Einstellung der Öl- und Gasförderung für Amerika ein Weg in die Hölle wäre«. Denken Sie daran, dass etwa 36 Milliarden Barrel Öl pro Jahr benötigt werden, um unsere globale Wirtschaftsmaschine am Laufen zu halten. Wir können nicht einfach den Stecker ziehen.

Hat die Menschheit tatsächlich nur diese Alternativen? Zerstört zu werden durch die UN-Prophezeiung einer »Zeitbombe des Klimawandels« oder die Nutzung aller fossilen Brennstoffe sofort einzustellen und zu einem Leben in grüner Armut verurteilt zu sein? Die meisten Experten glauben, dass eine ausgewogene Sichtweise erforderlich ist. Wir müssen uns um innovative Lösungen bemühen, die die Welt auf ihrem derzeitigen Weg des Bevölkerungswachstums halten und die extreme Armut auf der ganzen Welt beseitigen. **Wir müssen die sauberste Energie für so viele Menschen wie möglich bereitstellen, um das globale Wirtschaftswachstum und die Ernährungssicherheit zu fördern. Und wir müssen es auf kosteneffiziente Weise tun.** Innovation war schon immer die Antwort auf diese Probleme und wird es auch in Zukunft sein. **Wie das Sprichwort sagt, endete die Steinzeit nicht, weil uns die Steine ausgingen.**

Die erste nahezu emissionsfreie Erdgasanlage der Welt

Rodney Allam ist ein 82 Jahre junger Chemieingenieur, der seine Berechnungen lieber auf Millimeterpapier mit Bleistift und Taschenrechner durchführt. Als Chef-Erfinder von 8 Rivers versucht Allam, Energieprobleme auf andere Weise zu betrachten. Sein einzigartiger Ansatz hat ihm zahlreiche Patente sowie den renommierten Global Energy Prize (2012) beschert.

Während die meisten versuchen herauszufinden, wie man Kohlendioxid auffangen und binden kann, fragte sich Allam, ob wir es stattdessen zu unserem Vorteil nutzen könnten. Im Jahr 2013 patentierte er eine revolutionäre Methode zur Abscheidung von fast 97 Prozent des Kohlendioxids, das bei der Verbrennung von Erdgas entsteht. Und das funktioniert so:

Bei der heute üblichen Methode wird Erdgas verbrannt, um Wärme zu erzeugen. Die Wärme erzeugt Dampf, der eine Turbine antreibt. Eine sich drehende Turbine ist gleichbedeutend mit Strom. Dieser Prozess macht etwa 40 Prozent der in den USA erzeugten Elektrizität aus. Das Problem ist nur, dass bei der Verbrennung des Gases als Nebenprodukt Kohlendioxid entsteht und in die Atmosphäre abgegeben wird. Das Gleiche trifft auf Kohle zu, obwohl Kohle wesentlich »schmutziger« ist.

Allam fragte sich, ob er statt der Verwendung von Dampf zum Antrieb der Turbine das CO_2 auffangen, komprimieren und zum Antrieb der Turbine verwenden könnte. Was wäre, wenn er einen geschlossenen Kreislauf entwickeln könnte, in dem der größte Teil des CO_2 nie in die Atmosphäre abgegeben würde? Wenn es funktionierte, wäre das nahezu emissionsfreies Erdgas! Mit der Zeit verfeinerte er seine Berechnungen und ließ seine unglaubliche Innovation schließlich patentieren. Dann war es an der Zeit, vom Papier zur Anlage überzugehen. In Zusammenarbeit mit einem Unternehmen namens NetPower begab sich Allam daran, den Nachweis zu erbringen, dass sich sein theoretisch erarbeitetes Vorhaben in der Praxis umsetzen ließ, und das erste Erdgaskraftwerk mit nahezu null Emissionen zu bauen. Die Testanlage wurde 2018 in Betrieb genommen und nach einigen Jahren der Erprobung und Verfeinerung wurde das Kraftwerk erfolgreich an das texanische Stromnetz angeschlossen! Jetzt arbeitet NetPower am Bau seiner ersten großtechnischen Anlage in Westtexas. (*Um das klarzustellen, wir sind zum Zeitpunkt der Arbeit an diesem Buch KEINE Investoren in NetPower.*)

Auch wenn NetPower derzeit an der Spitze des Feldes steht, wird auf der ganzen Welt an Innovationen dieser Art gearbeitet. Es gibt buchstäblich Hunderte innovativer Unternehmen mit potenziellen oder bewährten Lösungen zur Kohlendioxidabscheidung (und -speicherung). Von riesigen CO_2-Ventilatoren, die das Kohlendioxid direkt aus der Luft saugen, bis hin zu Unternehmen, die überschüssiges Kohlendioxid in unterirdische Gesteinsformationen pumpen, um ihn dort zu speichern, finden sich verschiedene Stadien der Entwicklung (und Machbarkeit), aber eines steht fest: Experten zufolge werden es wahrscheinlich die Innovationen sein, die uns zu einer Netto-Null-Bilanz führen, und nicht die vollständige Abschaffung fossiler Brennstoffe. In der Zwischenzeit wird es zahlreiche Investitionsmöglichkeiten geben, da die Welt damit ringt, was nun Realität ist und was Rhetorik. Gehen wir der Sache auf den Grund.

»Öl, das heißt, schwarzes Gold. Texas Tea!«

Wenn Sie 100 Leute fragen, wer der größte Energieproduzent der Welt ist, werden viele auf Saudi-Arabien tippen. **Aber damit liegen sie falsch. Die Vereinigten Staaten sind der größte Öl- und Gasproduzent der Welt. Die USA produzieren etwa 22 Prozent des weltweiten Angebots, während Russland (15 Prozent) und Saudi-Arabien (9 Prozent) an zweiter und dritter Stelle liegen.**[69] **Die USA sind nicht nur der größte, sondern auch der sauberste Produzent (relativ gesehen). Ein Beispiel: US-Erdgas ist etwa 30 Prozent sauberer als russisches Erdgas.**[70] Das Gleiche gilt für Öl. Haben Sie jemals eine Flamme an der Spitze einer Ölplattform gesehen, die ständig brennt? Für uns Texaner war das einst ein alltäglicher Anblick. Diese Flamme ist das Ergebnis einer Praxis, die man als »Abfackeln« bezeichnet und bei der überschüssiges Methangas verbrannt wird, das bei der Ölförderung entsteht. **Methan ist ein weitaus stärkeres Treibhausgas**

---

69 Osaka, Shannon (2022): »The U.S. is the world largest oil producer. You'll still pay more for gas«, *The Washington Post*, 08 10 2022, https://www.washingtonpost.com/climate-environment/2022/10/08/us-is-worlds-largest-oil-producer-why-youre-going-pay-more-gas-anyway/.

70 Mailloux, Matthew (2022): »Where American Gas Goes, Other Clean Energy Can Follow«, *Clearpath*, 16 06 2022, https:/clearpath.org/our-take/where-american-gas-goes-other-clean-energy-can-follow/.

als CO_2, was das Abfackeln ziemlich schmutzig macht. Aus diesem Grund haben sich die USA für die Abschaffung dieser Praxis eingesetzt und die Intensität des Abfackelns um 46 Prozent gesenkt, während die Produktion weiter anstieg.[71] Leider hat in Ländern mit weniger Umweltvorschriften das Abfackeln in den letzten zehn Jahren zugenommen. **Venezuela hat zum Beispiel das 18-Fache an Abfackelungsemissionen im Vergleich zu den USA. Der Punkt ist, dass Energie nicht überall auf die gleiche Weise erzeugt wird.** Die USA haben die strengsten Vorschriften und Gesetze zur Umweltverträglichkeit.

Wir arbeiten nicht nur daran, die saubersten Versionen unserer fossilen Brennstoffe zu erzeugen, **unsere Energieunabhängigkeit und unsere Stellung als weltgrößter Produzent birgt auch einen enormen Vorteil in Bezug auf wirtschaftliche Sicherheit, Ernährungssicherheit und nationale Sicherheit.** In den letzten Jahrzehnten sind die Teile unserer Welt zunehmend voneinander abhängig geworden. Oftmals hat der Westen um des Profits willen Arbeitsplätze im Tausch gegen billigere Produkte exportiert und **wir haben auch Emissionen exportiert, indem wir Entwicklungsländer mit billigen Arbeitskräften ihre Luft und ihr Wasser verschmutzen lassen, während sie die Produkte für uns herstellen.** Wir vergessen gern, dass der Klimawandel ein globales Problem ist und nicht dadurch gelöst wird, dass wir die Verschmutzung in andere Länder verlagern. Wir alle leben in einer globalen »Sackgasse« und Verschmutzung kennt keine Landesgrenzen.

Dann kam Covid. Zumindest hat die Covid-Pandemie den Vorhang geöffnet und den Blick auf die Zerbrechlichkeit unserer globalen Wirtschaftsmaschine freigegeben. Wir stellten plötzlich fest, dass unsere Lieferketten fast vollständig außerhalb unseres Landes liegen und damit auch außerhalb unserer Kontrolle. Von Arzneimitteln bis hin zu Möbeln konnten wir nicht das Benötigte bekommen. Wer in den letzten Jahren versucht hat, ein Auto zu kaufen, weiß, wovon ich rede. Die leeren Ladenregale verursachten bei uns allen ein mulmiges Gefühl. Wir hielten es für selbstverständlich, dass Nachschub nie ein Problem sein würde – bis es dann passierte.

---

71 The World Bank (2022): »2022 Global Gas Flaring Tracker Report«, https:/thedocs.worldbank.org/en/doc/1692f2ba2bd6408db82db9eb3894a789-0400072022/original/2022-Global-Gas-Flaring-Tracker-Report.pdf.

Nach diesem Weckruf haben die Länder damit begonnen, wichtige Elemente ihrer Lieferkette ins Inland zu verlagern und die Industrie nach Hause zu holen. Von Lebensmitteln über Mikrochips bis hin zur Geräteherstellung – diese De-Globalisierung wird heimische Energie erfordern. Länder mit Energieunabhängigkeit werden florieren. Und diejenigen, die über einen Energieüberschuss verfügen, der ihren eigenen Bedarf übersteigt, werden zu dominanten Mächten, die in der Lage sind, Energie an Verbündete zu exportieren.

Obschon die amerikanische Energieindustrie in letzter Zeit zur Persona non grata erklärt wurde (aus all den Gründen, die im vorhergehenden Kapitel dargelegt wurden), wird die amerikanische Energie in den kommenden Jahrzehnten für den Wohlstand unseres Landes von entscheidender Bedeutung sein. Wir werden einen unglaublichen Vorteil haben, wenn wir bei der Einführung von Erneuerbaren Energien und innovativen Lösungen für grünere fossile Brennstoffe den Weg weisen.

Lassen Sie uns ein paar Themen betrachten, bei denen sich nach Meinung von Experten Chancen auftun werden. Und denken Sie daran, dass viele dieser Themen sowohl auf den Börsenhandelsplätzen als auch in Form von Private Markets (für diejenigen, die sich dafür qualifizieren) zugänglich sein werden. **Energie ist notorisch volatil, also gehen Sie mit Bedacht vor. Ein Beispiel: CAZ Investments investiert niemals direkt in Energie ohne einen strategischen Partner, der vor Ort ist, über jahrzehntelange Erfahrung verfügt und eine nachweisliche Erfolgsbilanz vorweisen kann.**

Möglichkeiten für Investitionen im Energiebereich

1. Private Equity – **Vor etwa zehn Jahren wurden nur 15 Prozent der in den USA betriebenen Ölplattformen über Private Equity finanziert, der Rest gehörte den großen börsennotierten Unternehmen. Heute sind mehr als 50 Prozent der Bohrinseln mit privatem Beteiligungskapital finanziert. Sie erzeugen relativ vorhersehbare Cashflows und konservativere Firmen zahlen oft auch für eine Absicherung gegen fallende Preise, wodurch die Gewinne gesichert werden.** Allerdings stoßen Private-Equity-Energieunternehmen bei institutionellen Anlegern immer noch auf Zurückhaltung, was be-

deutet, dass gut positionierte Anleger einen besseren Zugang zu hochwertigen Anlagen haben als je zuvor. **Im weiteren Verlauf dieses Buches werden wir einige Weisheiten von zwei der erfolgreichsten Energieinvestoren der Welt präsentieren: Bob Zorich, Mitbegründer von EnCap Investments, und Wil VanLoh von Quantum Energy Partners. Beide Firmen haben eine hervorragende jahrzehntelange Erfolgsbilanz.**

2. Unterbewertete börsennotierte Öl- und Gasunternehmen – Im Jahr 2016 wurden die S&P-1500-Öl- und Gasexplorationsunternehmen zum 13-Fachen ihres EBITDA (EBITDA: Gewinn vor Zinsen, Steuern, Abschreibung und Amortisation) gehandelt. **Zu dieser Zeit war der Multiplikator höher als in den Finanz-, Industrie- und Gesundheitsbranchen.** Trotz der Erholung der Öl- und Gasbranche sind sie aus den oben genannten Gründen in Ungnade gefallen und werden jetzt mit dem 4,7-Fachen des EBITDA gehandelt. Ausgehend von den in diesem Buch dargelegten Realitäten sind viele Energieexperten der Ansicht, dass es sich um eine der unterbewertetsten Anlageklassen der Welt handelt.
3. Raffinerien – Im Juni 2022 tauchte ein Artikel in meinem Posteingang auf. **Mike Wirth, der CEO von Chevron, wurde von Bloomberg interviewt und ließ eine Bombe platzen.**[72] **Er stellte fest, dass in den USA seit den 1970er-Jahren keine neuen Raffinerien mehr gebaut wurden, und gab eine düstere Prognose ab: »Meiner Meinung nach wird in den Vereinigten Staaten niemals wieder eine neue Raffinerie gebaut.«**
4. **Vor dem Hintergrund der steigenden Nachfrage und der wachsenden Bevölkerung könnte dies eine Katastrophe für die Verbraucherpreise bedeuten, aber auch eine gute Gelegenheit für Investoren sein. Raffinerien spielen eine entscheidende Rolle, indem sie Rohöl in Produkte wie Benzin, Diesel und Kerosin umwandeln. Mehr als 4 Millionen dieselbetriebene Lastwagen sorgen dafür, dass unsere Läden gefüllt sind und die Pakete von Amazon jeden Tag ankommen.**

---

72 Surran, Carl (2022): »No new refineries likely ever built again in the U.S., Chevron CEO warns«, Seeking Alpha, 03 06 2022, https:/seekingalpha.com/news/3845705-no-new-refineries-likely-ever-built-again-in-the-us-chevron-ceo-warns.

5. **Jedes Jahr gibt es mehr als 22 Millionen Flüge, für die wir immense Mengen an Kerosin benötigen. Wenn Fluggesellschaften mehr für Treibstoff zahlen, zahlen Sie mehr fürs Fliegen. Wenn Lkw-Fahrer mehr für das Tanken bezahlen, zahlen Sie mehr an der Kasse.**
6. Im April 2022, als einige kalifornische Raffinerien wegen saisonaler Wartungsarbeiten geschlossen wurden, stiegen die Benzinpreise auf ein rekordverdächtiges Niveau.
7. Was passiert, wenn solche Abschaltungen von Dauer sind? Laura Sanicola von Reuters sagt: *»Seit dem Ausbruch der globalen Pandemie haben die USA fast 1 Million Barrel pro Tag an Ölraffineriekapazitäten verloren und in den nächsten Jahren sollen noch mehr stillgelegt werden.«* Im Jahr 2022 berichtete die *Washington Post*, dass *»fünf Raffinerien in den letzten zwei Jahren geschlossen wurden, was die Raffineriekapazität des Landes um 5 Prozent reduzierte«*. **5 Prozent mögen gering erscheinen, aber sie waren genug, um eine Schockwelle durch das System zu schicken. Als die Gaspreise in die Höhe schnellten, forderte die verzweifelte US-Regierung die Raffinerien auf, die Produktion zu erhöhen, aber sie arbeiteten bereits an der Kapazitätsgrenze.**
8. **Nun stellt sich die offensichtliche Frage: Warum in aller Welt sollten wir Raffinerien angesichts der steigenden Nachfrage stilllegen?**
9. Historisch gesehen sind Raffinerien ein Boom-and-Bust-Geschäft. Sie machen jede Menge Gewinne, wenn die Preise in die Höhe schießen, und erhebliche Verluste, wenn die Preise einbrechen. Jetzt, mit jahrzehntealter Ausrüstung, starren sie in die Mündung zweier Gewehre. **Erstens erfordert es Milliarden, um diese alternden Raffinerien zu modernisieren, und es kann ein Jahrzehnt dauern, bis die Renovierung abgeschlossen ist. Zweitens haben die Raffinerien im derzeitigen Umfeld Mühe, für diese Renovierungen Kapital zu beschaffen, sodass einige überlegen, ihre Anlagen zu verschrotten und die wertvollen Immobilien an Bauträger zu verkaufen. Da wir weiterhin Raffineriekapazitäten abbauen und die Nachfrage weiter zunimmt, könnte es zu erheblichen Preissteigerungen kommen.**
10. Verflüssigung – **Preiswertes, zuverlässiges und relativ sauberes Erdgas kann ein effizientes Mittel zur Dekarbonisierung sein. Zwischen 2009 und 2015 haben die USA ihre Emissionen stärker re-**

duziert als die nachfolgenden acht Länder zusammen – alles dank Erdgas. Beim Transport von Erdgas wird es knifflig. Standard-Erdgas kann durch Pipelines geleitet werden, aber der Bau dieser Leitungen dauert ewig und sie sind geografisch an den Ort gebunden, zu dem die Rohre führen. Hier kommt verflüssigtes Erdgas, kurz »LNG« (Liquefied Natural Gas) ins Spiel. Erdgas kann verflüssigt werden, indem man es auf minus 162 Grad Celsius abkühlt. Sobald es verflüssigt ist, kann es in Frachtschiffen und Lastwagen transportiert werden, die mit hochentwickelten Kältespeichern ausgestattet sind. Am Zielort wird es erwärmt und wieder in Gasform umgewandelt. Was für eine unglaubliche Innovation. Aber es gibt ein Problem: Es fehlen neue Verflüssigungskapazitäten, die in naher Zukunft ans Netz gehen. Wir haben schlichtweg nicht genug Anlagen, um diese komplexe Aufgabe bewältigen zu können und mit der Nachfrage Schritt zu halten. Anfang 2023 berichtete die Federal Energy Regulatory Commission, dass *»das knappe LNG-Angebot zu den steigenden internationalen Preisen beigetragen hat, die ein Rekordniveau erreicht haben«.*

11. **Erkennen Sie langsam den roten Faden?** Wenn die Realität mit dem Wunschdenken einer schlechten Politik kollidiert, steigen die Preise.
12. **Bedenken Sie, dass Europa zum Zeitpunkt der Erstellung dieses Buches sechs- bis zehnmal höhere Gaspreise als noch vor einem Jahr hatte, weil 40 Prozent des Erdgases früher aus Russland kamen.** Aufgrund der Sanktionen und der Beschädigung der Nord-Stream-Pipeline ist dieses Ventil nun buchstäblich geschlossen. **Nach Angaben von Reuters werden die USA im Jahr 2023 der weltgrößte LNG-Produzent sein, knapp vor Australien.**[73] **Wir werden einen deutlichen Vorteil haben, aber die Frage nach den Verflüssigungskapazitäten bleibt bestehen.**
13. Private Credit für die Energiewirtschaft – Wie bereits angesprochen, ist Private Credit eingesprungen, um den Unternehmen Geld zu leihen, wenn Banken nicht können oder wollen. **Einige dieser**

---

73 Disavino, Scott (2023): »U.S. poised to regain crown as world's top LNG exporter«, Reuters, 04 01 2023, https:/www.reuters.com/business/energy/us-poised-regain-crown-worlds-top-lng-exporter-2023-01-04/.

Unternehmen sind Öl- und Gasunternehmen. Viele Banken haben »Netto-Null-Verpflichtungen« unterzeichnet, was eine selbst auferlegte Beschränkung der Kreditvergabe an Unternehmen im Bereich fossile Brennstoffe darstellt. Einige Banken vergeben zwar immer noch Kredite, aber auf sehr nachteilige Weise, denn diese sind nicht annähernd hoch genug, um mit den Milliarden des erforderlichen Kapitals Schritt zu halten. Dies schafft wiederum Chancen für versierte Investoren in einer sehr kapitalintensiven Branche.

Schaffung einer Netto-Null-Welt mit sauberen Kohlendioxid-Technologien

Stellen Sie sich die beste aller Welten vor: **Wenn wir die bereits im Überfluss vorhandenen Ressourcen an Öl, Kohle und Erdgas in 100 Prozent kohlendioxidfreie grüne Energie umwandeln könnten, hätten wir einen saubereren Planeten und könnten gleichzeitig Milliarden von Menschen weltweit mit der benötigten Energie versorgen – nicht nur die Bürger in den Industrieländern, sondern auch die in den Schwellenländern, die preiswerte Energie in großen Mengen benötigen, um ihre Wirtschaft anzutreiben und sich aus der Armut zu befreien.**

Ein Unternehmen, an dem ich (Tony) persönlich beteiligt bin, ist Omnigen Global. **Dessen atemberaubende Technologie, die sich um Wasserstoff dreht, wird das Spiel verändern. Obwohl das Unternehmen derzeit nicht börsennotiert ist, kann es Ihnen einen Eindruck von der Art der bahnbrechenden Innovation vermitteln, nach der viele Unternehmen auf der ganzen Welt streben, um die Menschheit zu sauberer und preiswerter Energie zu führen.**

Wenn es um grüne Energie geht, wird Wasserstoff von vielen Experten als der »Heilige Gral« bezeichnet. **Wenn Wasserstoff verbrennt, ist das einzige Nebenprodukt Wasserdampf! Allerdings ist die Erzeugung, Speicherung und der Transport von Wasserstoff teuer, denn die derzeitigen Marktkosten liegen im Bereich von 10 000 Dollar pro Tonne. Im Vergleich dazu liegen die derzeitigen Kosten für Kohle bei etwa 100 Dollar pro Tonne. Dennoch wird Wasserstoff bereits seit 1783 kommerziell erzeugt und ist heute für die Herstellung von Stahl und Halbleitern bis hin zu Düngemitteln entscheidend.**

Es gibt drei Hauptmethoden zur Herstellung von Wasserstoff und wie Sie noch sehen werden, ist Wasserstoff nicht gleich Wasserstoff.

- Dampfreformierung: Erdgas wird mit Wasserdampf zusammengeführt und der Wasserstoff gewonnen. Dies ist die billigste Methode, aber sie erzeugt erhebliche Mengen an Treibhausgas.
- Wasserhydrolyse: Wasser wird mithilfe von Strom in Wasserstoff und Sauerstoff aufgespalten. Allerdings kann die Stromquelle sowohl schmutzig als auch teuer sein – manchmal bis zu 2,5-mal teurer als der Wert des erzeugten Wasserstoffs.
- Pyrolyse: Fossiler Brennstoff (oder Biomasse) wird auf hohe Temperaturen erhitzt (815 bis 982 Grad Celsius), um Wasserstoff zu erzeugen. Die bisherigen Formen dieser Technologie sind viel zu teuer, um kommerziell rentabel zu sein, und sie erzeugen immer noch eine erhebliche Menge an Kohlendioxidabfallprodukt und Treibhausgasemissionen.

Für die unterschiedlichen Stufen der Umweltfreundlichkeit gibt es universelle Farbzuordnungen, die sich nach der Art der Wasserstoffherstellung richten. Zum Beispiel werden »blauer« und »grauer« Wasserstoff mit Erdgas hergestellt, setzen aber bei der Herstellung erhebliche Emissionen frei. »Grüner« Wasserstoff, der als der umweltfreundlichste gilt, wird aus erneuerbaren Energiequellen hergestellt, aber er ist nicht wirklich »grün«. Wenn zum Beispiel Solarenergie zur Stromerzeugung verwendet wird, hat die Herstellung der Solarzellen einen erheblichen Kohlendioxid-Fußabdruck. **Der Herstellungsprozess von Solarzellen erfordert den Abbau und Transport kritischer Mineralien (vor allem in China) und die Verwendung und Entsorgung gefährlicher ätzender Chemikalien und schmutziger Industrieöfen. Die Solarzellen werden im Laufe der Zeit versagen und könnten schließlich auf einer Mülldeponie landen.** Die *Harvard Business Review* schätzt, dass bis zum Jahr 2050 insgesamt 78 Millionen Tonnen Abfall anfallen könnten, weil ihr Recycling noch nicht kosteneffizient ist.[74]

[74] Atasu, Atalay; Duran, Serasu & Van Wassenhove, Luk N. (2021): »The Dark Side of Solar Power«, *Harvard Business Review*, 18 06 2021, https:/hbr.org/2021/06/the-dark-side-of-solar-power.

Wie bereits erwähnt, ist der Transport von Wasserstoff ein gewaltiges und kostspieliges Kunststück. **Während man Kohle auf einen Zug oder ein Schiff schaufeln kann, muss Wasserstoff auf minus 253 Grad Celsius gekühlt werden – nur 20 Grad wärmer als der absolute Nullpunkt, bei dem alle Materie im Wesentlichen bewegungslos ist! Dann muss der Druck auf fast 700 Bar erhöht werden. Selbst danach gehen in der Regel mehr als 10 Prozent durch Leckagen während des Transports verloren.** Das und die Kosten dieses Prozesses, von Anfang bis Ende, stellten sehr reale Herausforderungen für die breite Nutzung von Wasserstoff zur Deckung des weltweiten Energiebedarfs dar. Bis ein paar brillante Materialwissenschaftler begannen, bessere Fragen zu stellen.

Wer bessere Fragen stellt, erhält auch bessere Antworten.

Was wäre, wenn wir unsere bestehenden Kraftwerke nutzen könnten, um reichlich sauberen Wasserstoff zu erzeugen? Da diese Kraftwerke bereits an das Stromnetz angeschlossen sind, entfallen die enormen Kosten für Kühlung, Druckbeaufschlagung und Transport.

Was wäre außerdem, wenn wir die vorhandenen fossilen Brennstoffe (Kohle, Erdöl und Erdgas) nutzen, um Wasserstoff auf umweltfreundliche Weise zu erzeugen – das heißt ohne jegliche Freisetzung von CO_2 –, und damit reichlich saubere Energie, die die Welt dringend braucht und fordert?

Was wäre, wenn wir wirklich »grünen« Wasserstoff liefern könnten, den die Erfinder »Quantenwasserstoff« nennen, zum gleichen Preis wie die heutigen traditionellen Energiequellen?

Wie alle großen Pioniere vor ihnen betrachteten auch diese Wissenschaftler das »Unmögliche« aus einem anderen Blickwinkel. Sie gingen von der Überzeugung aus, dass es eine Lösung geben muss, während die »Experten« mit verschränkten Armen und in ihrer Skepsis verwurzelt dastanden.

Ehrlich gesagt war ich auch skeptisch, bis ich eines der größten Kohledistributionscenter in Pennsylvania besuchte, das seit vielen Jahren das scheinbar Unmögliche schafft. Dort traf ich Simon Hodson, den Gründer von Omnigen Global, der mich eingeladen hatte, diese Technologie mit eigenen Augen zu sehen. Als Materialwissenschaftler hält Simon Hodson sage und schreibe 140 erteilte Patente.[75]

---

[75] *JUSTIA Patents*: »Patents by Inventor Simon K. Hodson«, https:/patents.justia.com/inventor/simon-k-hodson.

So hat er zum Beispiel den stärksten Beton der Welt entwickelt und lizenzierte seine Technologie für den Bau des New Yorker Freedom Towers. Simon war auch maßgeblich an den bahnbrechenden Fortschritten bei horizontalen Bohrungen beteiligt. Horizontalbohrungen sind der Hauptgrund dafür, dass die USA zu einer dominierenden Kraft in der globalen Energiewirtschaft wurden (durch die sogenannte Schieferrevolution).

Simon stellte mir auch seinen Partner, Dr. Nansen Saleri, vor, einen weiteren brillanten Wissenschaftler im Bereich Energie. Fast ein Jahrzehnt lang war Dr. Saleri Leiter des Reservoir-Managements bei Saudi Aramco, dem profitabelsten Unternehmen der Geschichte. Während seiner Zeit dort war Dr. Saleri der Hauptarchitekt für die Optimierung der Fördermenge in Ghawar, dem größten Ölfeld der Welt, und leistete in diesem Bereich Pionierarbeit mit KI-gesteuerter Technologie. Gemeinsam haben Simon und Dr. Saleri daran gearbeitet, diese Technologie bekannter zu machen.

Ich hatte mit Simon und Dr. Saleri mehrmals per Zoom gesprochen, aber zu sehen bedeutet, zu glauben. Ich betrat das unscheinbare Metallgebäude, in dem Omnigen vier Jahre lang seine neuartigen Technologien getestet und verfeinert hatte (in Partnerschaft mit Consol Energy, einem Unternehmen, das Kohle und Erdgas für fast ein Drittel des in den USA verbrauchten Stroms erzeugt).[76]

Bevor ich das Gebäude betrat, setzte ich mir einen Gehörschutz auf, denn der Lärm war ohrenbetäubend. Die Tür schwang auf und da standen die, wie Simon sie nennt, »Quantum Reformer«. Diese drei Stockwerke hohen Anlagen können Kohle, Erdöl oder Erdgas bei 3038 Grad Celsius (und unter Ausschluss von Sauerstoff) spalten.

Das ist etwa die Hälfte der Temperatur der Sonnenoberfläche! Der Durchbruch bestand darin, einen Weg zu finden, das System selbst vor dem Zerfall bei solchen Temperaturen zu bewahren – wie jeder Ingenieur bestätigen kann, ist das kein leichtes Unterfangen. Dies ist Teil ihres patentrechtlich geschützten Verfahrens namens »Pulse Pyrolyse«. Es gibt zwar andere Pulspyrolysesysteme, aber keines kann bei diesen Temperaturen arbeiten, ohne Kohlenstoff-Abfallprodukte zu erzeugen oder es auf nicht kosteneffiziente Weise zu tun.

---

76 Consol Energy: https:/www.consolenergy.com/about/

Beim Einsetzen in den Quantum Reformer wird der fossile Brennstoff durch die extreme Temperatur sofort verdampft. Dadurch wird der fossile Brennstoff in seine elementaren Bestandteile (Kohlenstoff und Wasserstoff) gespalten. Der »Quantenwasserstoff« wird dann in nahezu reiner Form aufgefangen und zur Erzeugung von grünem Strom direkt in das Kraftwerk geleitet. Kein Transport erforderlich! **Das Erstaunlichste daran ist, dass Omnigen glaubt, dies ohne zusätzliche Kosten für den Strom nach der Umstellung der Anlage zu erreichen! Anders ausgedrückt: Sie glauben, dass sie Wasserstoff etwa 90 Prozent preiswerter produzieren als mit anderen Methoden.**

Aber was passiert mit dem Kohlenstoff? **Der Kohlenstoff wird abgeschieden (oder sequestriert) und in hochwertigen Grafit umgewandelt!** Tausende Pfund Grafitflocken kommen am anderen Ende der Anlage heraus, wenn diese abkühlt. Mit anderen Worten: Das »Abfallprodukt« des Prozesses ist ein wertvolles kritisches Mineral.

Grafit wird in allen Bereichen eingesetzt, von der Festkörpertechnik über Batterien bis hin zu Kernreaktoren. Mit der wachsenden Beliebtheit von Elektrofahrzeugen sind die Kosten für Grafit seit 2020 um mehr als 50 Prozent gestiegen. Wie wir im letzten Kapitel erfahren haben, kontrolliert China 86 Prozent des weltweiten Grafitvorkommens. **Die Möglichkeit für alle anderen zu schaffen, große Mengen an kostengünstigem Grafit zu erzeugen, wird für die Lieferkette und die weltweiten Ziele der Elektrifizierung von entscheidender Bedeutung sein.** Ein Beispiel: Tesla und andere Elektroautohersteller versuchen verzweifelt, Grafit aus anderen Quellen als China zu beziehen, zwecks Diversifizierung der Lieferkette und um sicherzustellen, dass die Käufer die US-Steuergutschriften erhalten (für die sie nicht mehr infrage kommen, wenn die Hersteller Mineralien von »bedenklichen ausländischen Organisationen«, einschließlich China, beziehen).[77]

Der durch dieses Verfahren erzeugte hochwertige Grafit enthält einen hohen Anteil an Graphen. **Graphen ist ein unglaubliches Material, das nur ein Atom dick, aber 200-mal stärker als Stahl und so leicht wie Papier ist und Strom besser als Kupfer leitet!** Wissenschaftler am MIT haben

[77] Dempsey, Harry (2022): »Tesla supplier warns of graphite supply risk in ›opaque‹ market«, *Financial Times*, 21.11.2022, https:/www.ft.com/content/46e5c98e-f9cd-4e88-8cd5-23427522c093.

kürzlich mit Schichten aus Graphen experimentiert und herausgefunden, dass Graphen, wenn es in einem »magischen Winkel« geschichtet wird, sich in einen Supraleiter verwandelt – eine seltene Klasse von Materialien, die in der Lage sind, Elektrizität ohne Energieverlust und ohne Wärme zu leiten![78]

Bislang war Graphen unerschwinglich teuer, mit Preisen bis zu 200 000 Dollar pro Tonne! Wenn es billiger wäre, würde es wegen seiner überlegenen Eigenschaften allgegenwärtig sein. Die Tatsache, dass hochwertiger Grafit praktisch ein Nebenprodukt des Omnigen-Prozesses ist, könnte die Kosten drastisch senken. Sobald dies geschieht, glaubt Omnigen, dass die Versorgung mit Graphen im Überfluss deutlich rentabler wird und vielleicht sogar eine eigene Welle von aufregenden neuen Innovationen auslöst.

Zum Zeitpunkt der Erstellung dieses Buches hat Omnigen Global ein großes kohlebetriebenes Kraftwerk in West Virginia erworben, das es umrüsten wird. Das Unternehmen hat bereits Verträge mit zahlreichen anderen Kohlekraftwerken. Zur Verdeutlichung: In den USA gibt es etwa 225 kohlebefeuerte Kraftwerke und mehr als 1100 in China (wo jede Woche zwei neue Kraftwerke genehmigt werden). Viele der Kohlekraftwerke in den USA kämpfen um ihr Überleben und es drohen mögliche Abschaltungen (trotz der schwer zu verkraftenden Tatsache, dass wir diesen Strom brauchen, um unsere Häuser und Unternehmen mit Strom zu versorgen). Tausende von Arbeitsplätzen in der erworbenen Anlage können nun gerettet werden. Ein wahres Geschenk des Himmels für diese Arbeiter und ihre Familien.

Das regulatorische Umfeld in den USA und der Mangel an Kapitalinvestitionen beschleunigen die Schließung von Kohlekraftwerken in den USA, die derzeit 25 Prozent des Stroms der Nation erzeugen. Tausende von Arbeitsplätzen sind in Gefahr. Aber warum diese wichtigen Energiequellen schließen (die bereits an das Stromnetz angeschlossen sind), wenn wir sie in grüne Netto-Null-Stromerzeugungsanlagen umwandeln können? Und wie mit den Tausenden von Kohlekraftwerken weltweit verfahren, insbesondere in Entwicklungsländern, die nicht die Absicht ha-

[78] Chu, Jennifer (2022): »Physicists discover a ›family‹ of robust, superconducting graphene structures«, *MIT News*, 08 07 2022, https:/news.mit.edu/2022/superconducting-graphene-family-0708.

ben, ihre Tore zu schließen? Ich bin nicht nur begeistert, weil ich Teil dieses speziellen Unternehmens bin, sondern diese Technologie wird wahrscheinlich eine der vielen bahnbrechenden Innovationen sein, die wir brauchen, um die Energieversorgung unseres Planeten auf Netto-Null zu bringen. Natürlich sind wir zuversichtlich, dass Omnigen in der Lage sein wird, alles zu erreichen, was es anstrebt, denn es wäre bahnbrechend.

Die Zeit wird zeigen, ob die Wissenschaft und die Technologie für eine breite Anwendung bereit sind, aber seien Sie versichert, dass wir sie anfeuern werden!

Technologie treibt den Überfluss an

Im Jahr 1973 war ich ein 13-jähriger Achtklässler. In nur wenigen Jahren würde ich meinen Führerschein machen und zum ersten Mal die Freiheit genießen können.

Dann kam das arabische Ölembargo. Treibstoffknappheit bedeutete ein Rationierungsprogramm, bei dem man nur an den Tagen tanken konnte, die der letzten Zahl auf dem Nummernschild entsprachen. Die Schlangen an den Tankstellen reichten oft kilometerweit und die Knappheit erzeugte eine spürbare Spannung. Meine Freunde und ich fragten uns, ob wir jemals ein Auto fahren würden, da Experten eine Welt prophezeiten, die bald dunkel werden würde. Ich kann mich noch gut an diese Angst erinnern.

Mein Werklehrer in der achten Klasse war ein Mann Mitte 60, den man als Griesgram beschreiben könnte. Eines Tages las er uns eine düstere Rede des berühmten Wissenschaftlers Thomas Huxley über das Ende unserer Welt vor, wie wir sie kennen. Huxley sprach davon, dass der »*Ölvorrat schwindet und es nicht unwahrscheinlich ist, dass in nicht allzu ferner Zukunft der Tag kommt, an dem er völlig erschöpft ist*«. Mir wurde ganz flau. Ich würde nie ein Auto fahren. Ich dachte mir, dass ich genauso gut für ein Pferd sparen könnte.

Dann bat der Lehrer einen Mitschüler, nach vorn zu kommen und das Datum auf der Rede laut vorzulesen. Der Schüler schlurfte nach vorn, schielte auf das Kleingedruckte und las mit verwirrtem Blick: »1868?« **Die Rede handelte vom schwindenden Angebot an Walöl** im 19. Jahrhundert.

In dramatischer Weise erinnerte der Lehrer die Klasse daran, **dass die Not die Mutter der Erfindung ist. Wenn die Menschheit auf eine Straßensperre stößt, findet sie einen Weg, diese zu überwinden. Das haben wir immer getan und werden es immer tun. Es wird immer Lösungen geben, wenn die Menschen sich genug einsetzen. Wenn die Menschheit ihre kollektive Intelligenz auf Innovation konzentriert, ist nichts unmöglich. Wie wir wissen, entdeckten die Menschen Erdöl und Pflanzenöl, um das Walöl zu ersetzen. Dann kamen Kohle, Erdgas, Kernkraft, Windkraft, Sonnenenergie und vieles mehr.**

Ich habe diesen eindrucksvollen Moment nie vergessen, als die Weisheit meines besonnenen Lehrers die Oberhand gewann. Wir dürfen nie vergessen, dass Knappheit mit Technik beseitigt wird. Es ist die Technik, die den Überfluss antreibt.

Das hat sich im Laufe der Geschichte immer wieder gezeigt. Und doch scheinen die Verfechter von Weltuntergangstheorien, die sich nicht an die Geschichte erinnern, die lautesten Stimmen zu sein. Leider lässt sich Angst gut verkaufen.

So warnte beispielsweise der Autor Paul Ehrlich in seinem 1968 erschienenen Buch *Die Bevölkerungsbombe* vor einem bevorstehenden weltweiten Massenverhungern, das in den 1970er-Jahren eintreten sollte. Er hätte sich nicht stärker irren können. Dann, 1981, veröffentlichte die *New York Times* einen Artikel mit der Überschrift »The Coming Famine« (»Die kommende Hungersnot«). Der Autor verkündete: »Die Welt steht am Rande einer Nahrungsmittelkrise« und: »Die Bevölkerungsexplosion übersteigt die Nahrungsmittelproduktion und das Ergebnis wird eine weitverbreitete Hungersnot sein.«

Spulen wir vor bis heute, und nach Angaben der Vereinten Nationen ist die Zahl der unterernährten Menschen auf der Welt von 1,9 Milliarden im Jahr 1990 auf 821 Millionen im Jahr 2019 gesunken. Das ist ein Rückgang um 50 Prozent! Dieser wurde ausschließlich durch Innovation und neue Technologien erreicht. Sicher, wir müssen die Verschwendung in der Vertriebs- und Lieferkette besser in den Griff bekommen, aber mit der Zeit wird die Technik auch diese Probleme entschärfen.

Zeit, das Ruder in die Hand zu nehmen

In schwierigen Zeiten haben Führungskräfte die Fähigkeit, sich eine bessere Zukunft vorzustellen. Wenn Sie dieses Buch lesen, wette ich, dass Sie eine Führungskraft sind. Als Führungskraft eines Unternehmens, Ihrer Gemeinde, Ihrer Kirche, Ihrer Familie oder auch nur Ihrer selbst. **Meiner Erfahrung nach hat eine echte Führungskraft drei Aufgaben.**

Erstens **sehen Führungskräfte die Dinge realistisch und nicht schlechter, als sie sind.** Viele Menschen tun nämlich Letzteres. Einige von ihnen nennen sich selbst Skeptiker, aber in Wirklichkeit haben sie Angst. Es braucht keinen Mut, sich zurückzulehnen, die Welt durch eine zynische Linse zu betrachten und das Schlimmste zu erwarten.

Zweitens **sehen Führungspersönlichkeiten die Dinge positiver als sie sind**, quasi als Potenzial, wie die Dinge sein könnten. Führungspersönlichkeiten belügen sich nicht, was die aktuelle Situation angeht, aber sie haben eine Vision. **Wie es in den Sprüchen Salomos (29,18) heißt: »Ein Volk ohne Visionen geht zugrunde.«**

Und schließlich **handeln Führungskräfte entsprechend.** Sie setzen ihre Vision mit Mut und harter Arbeit in die Tat um. Zum Glück gibt es überall auf der Welt Menschen wie Simon und Dr. Saleri, die sich auf Lösungen konzentrieren, um unseren Energiebedarf zu decken und gleichzeitig den Planeten zu schützen, der uns freundlicherweise anvertraut wurde. Die Lösungen sind da, und es werden noch mehr kommen! Denken Sie daran, wenn Sie die nächste »Walöl«-Schlagzeile lesen.

Inzwischen bergen die Realitäten unseres Energiebedarfs enorme Chancen für Investoren. Energie kann sicherlich Teil Ihres persönlichen Gral-Portfolios sein.

Wie bereits erwähnt, werden wir in Teil 2 dieses Buches von Wil Van-Loh von Quantum Energy und Bob Zorich von EnCap Investments hören, zwei der größten privaten Energieinvestoren der Welt. Sie werden uns ihre Visionen und Ideen darlegen, wie man von unserem derzeitigen Klima profitieren kann (kein Wortspiel beabsichtigt).

Weitere Informationen zum Thema Energie und zu den Themen, die wir hier behandelt haben, finden Sie auf **www.WhyEnergyNow.com.**

Wetten auf die Ausreißer

Werfen wir nun einen Blick auf Venture Capital (Risikokapital), eine Untergruppe von Private Equity, die bereit und in der Lage ist, gigantische Risiken für Unternehmen in der Frühphase einzugehen, um einen massiven Wandel herbeizuführen und den Status quo zu verändern. In der Tat investieren viele Venture-Capital-Unternehmen in die bahnbrechenden grünen Technologien, die wir in diesem Kapitel besprochen haben.

Venture-Capital-Unternehmen haben einen langen Atem, denn sie wissen, dass die große Mehrheit der Unternehmen, in die sie investieren, wahrscheinlich scheitern wird. Aber diejenigen, die überleben, könnten sehr wohl das nächste Google oder Tesla sein. Blättern wir um und tauchen wir ein in dieses spannende Segment, das die Speerspitze der globalen Innovation darstellt.

KAPITEL 7

VENTURE CAPITAL

INNOVATION UND BAHNBRECHENDE TECHNOLOGIE

»Technologie ist eine Kraft, die Knappheit in Überfluss verwandelt, immer und immer wieder.«

Peter Diamandis

Im Jahr 1996 sah Vinod Khosla eine höchst unwahrscheinliche Gelegenheit. Das Internet fing gerade an, Fuß zu fassen, und Juniper Networks war ein Start-up-Unternehmen mit einer kühnen Prognose. Die Gründer glaubten: Wenn Hochgeschwindigkeitsinternet die Zukunft ist, muss jeder die notwendige Ausrüstung (IP-Router) kaufen.

Das war zu einer Zeit, als alle eine Einwahlverbindung nutzten, Google noch nicht existierte und es weltweit weniger als 100 000 Websites gab. (Heute gibt es über 2 Milliarden Websites, Tendenz steigend.)

Die Gründer von Juniper Networks hatten sich wegen einer beträchtlichen Venture-Capital-Investition an Khosla gewandt. Er begann mit seiner Due-Diligence-Prüfung und alle größeren Telekommunikationsunternehmen antworteten auf seine Anfrage, dass sie keinen wirklichen Bedarf für einen flächendeckenden Hochgeschwindigkeits-Internetzugang sehen würden. **Unbeirrt und wie alle großen VCs wusste Khosla jedoch, dass es nicht immer klug ist, auf den Kunden zu hören.** Wie Henry Ford bekanntlich sagte: »Wenn ich sie gefragt hätte, was sie wollen, hätten sie gesagt: schnellere Pferde.« **Khosla vertraute seinem Instinkt und setzte darauf, dass das Hochgeschwindigkeitsinternet der Weg in die Zukunft sei und dass die Telekommunikationsunternehmen letztlich eine ganze Menge Ausrüstung von Juniper kaufen müssten.**

Khosla und seine Partner bei der Venture-Capital-Gesellschaft Kleiner Perkins steckten 4 Millionen Dollar in das Start-up. **Diese Einzelinvestition brachte 7 Milliarden Dollar an Gewinn für ihre Investoren.** Bis zum heutigen Tag ist es eine der erfolgreichsten Investitionen in der Geschichte des Risikokapitals. **Renditen wie diese sind selten, aber die Jagd nach lukrativen Möglichkeiten ist kurz gesagt das Geschäft des Risikokapitals.**

Zur Auffrischung: Venture Capital (deutsch »Risikokapital«) ist eine Untergruppe von Private Equity. Aber während sich traditionelles Private Equity eher auf etablierte Unternehmen mit beträchtlichen Umsätzen und Gewinnen konzentriert – das heißt, gute Unternehmen, die noch verbessert werden können –, konzentriert sich Risikokapital in der Regel auf Private Companies in der Frühphase, die vielleicht wenig oder gar keine Einnahmen haben, aber dafür großes Potenzial. **Allerdings stellen Investitionen in Start-up-Unternehmen ein hohes Risiko dar, da diese Unternehmen zum Scheitern neigen. Man sagt, dass etwa eins von zehn dieser Start-ups überlebt.** Aber das eine gleicht alle Verluste mehr als aus. **Ein solches Risiko auszuhalten, ist aber nicht jedermanns Sache. Die meisten Vermögenden haben durchschnittlich 1 bis 5 Prozent ihres Portfolios in Venture Capital angelegt.** Einige etwas mehr, dafür meiden andere es gänzlich, da man mitunter Nerven wie Drahtseile braucht.

Khosla versucht stets, mindestens das 10- bis 50-Fache seiner ursprünglichen Investition zu erzielen. Er ist auf der Suche nach Moonshot-Unternehmen,[79] die im Erfolgsfall die Zukunft neu gestalten (und eine beträchtliche Rendite auf seine Investition erzielen). Seine außergewöhnliche Erfolgsbilanz, sowohl als Unternehmer als auch als Risikokapitalgeber, hat ihm einen Platz unter den 400 reichsten Personen der *Forbes*-Liste eingebracht, was weit entfernt ist von seinen bescheidenen Wurzeln im ländlichen Indien.

Vermietung von Zeitschriften

Als Sohn eines Armeeoffiziers wuchs Khosla in einer Zeit auf, in der Technologie nur den Eliten zugänglich war. Als er die Universität verließ, gab es bei ihm zu Hause weder Fernseher noch Telefon. Stattdessen lieh er sich Zeitschriften aus und ließ sich von innovativen Unternehmern auf

79 Anm. d. Ü.: Als »Moonshot« werden Pläne oder Ziele bezeichnet, die fast unmöglich scheinen.

der anderen Seite des Globus inspirieren. Er war tief bewegt von der Geschichte Andy Groves, eines ungarischen Einwanderers, der nach Silicon Valley zog, um dem Gründungsteam von Intel beizutreten. Das Unternehmen wurde später zu einem der größten Chiphersteller der Welt.

Im Alter von 30 Jahren, nur zwei Jahre nach Abschluss der Stanford Business School, gründete Khosla mit Investitionen von Kleiner Perkins und Sequoia, beides wegweisende Venture-Capital-Unternehmen aus dem Silicon Valley, Sun Microsystems. Das Unternehmen ging ab wie eine Rakete und hatte innerhalb von fünf Jahren einen Jahresumsatz von über 1 Milliarde Dollar! Khosla kam zu dem Entschluss, dass die Leitung eines Unternehmens nicht so aufregend war wie das Finden, Finanzieren und Fördern der nächsten bahnbrechenden Technologie. Er wurde Partner bei Kleiner Perkins, wo er einige außergewöhnliche Investitionen in kleine Start-ups wie Amazon, Google und Twitter tätigte.

Im Jahr 2004 beschloss Khosla, nur noch sein eigenes Vermögen zu investieren, und gründete zu diesem Zweck Khosla Ventures. Sein Ziel bestand darin, Unternehmen mit kühnen Ideen in den Bereichen Gesundheitswesen, Infrastruktur, Robotik, Transport, Augmented Reality und Künstliche Intelligenz zu unterstützen. Im Jahr 2009 entschied er, weitere Investoren an seine Seite zu lassen, obwohl er nach wie vor der größte Investor bleibt. So viel zum Thema Ausrichtung!

Zu sagen, dass Khosla Ventures gut abgeschnitten hat, wäre maßlos untertrieben. Das Unternehmen gilt als eines der besten im Bereich Venture Capital und hat den Aufbau von über 40 Einhörnern unterstützt. (Ein Einhorn ist ein Start-up, das von null auf 1 Milliarde oder mehr an Wert zulegt.) Seine Firma gehörte zu den frühen Investoren in Unternehmen, die viele von uns tagtäglich nutzen: Affirm, Instacart, DoorDash, Stripe, Opendoor, Impossible (Lebensmittel) und OpenAI (das Unternehmen hinter ChatGPT). Eine weitere bemerkenswerte Investition von Khosla Ventures war Square. Jack Dorsey (Gründer von Twitter) trat mit einer neuen Idee an Khosla heran, die antiquierte Kreditkartenindustrie zu verändern. Er hatte damals nur vier Mitarbeiter. Heute ist das Unternehmen mit über 40 Milliarden Dollar bewertet.

Wir hatten das Privileg, Vinod Khosla für dieses Buch zu interviewen. Und wir wollen ganz offen sein: Wir sind große Fans von ihm und CAZ Investments unterhält eine strategische Investitionsbeziehung mit seinem Unternehmen.

Es gibt nicht nur Einhörner und Regenbögen

Vinod Khosla ist zweifellos eine Erfolgsgeschichte, die Gesamtperformance von Risikokapital ist jedoch unbeständig und weniger vorhersehbar. Laut Preqin gibt es weltweit 5048 Risikokapitalfonds auf dem Markt. Der Markt ist gesättigt und auf jedes Khosla-Venture entfallen Dutzende Firmen, die ziemlich schlecht abschneiden. Die Welt neigt dazu, die vielen Erfolge von Risikokapitalinvestitionen zu verherrlichen, aber wir dürfen nicht über die vielen Misserfolge in epischem Ausmaß hinwegsehen. Aufgrund ihres eher spekulativen Charakters macht sich die Venture-Capital-Branche oft schuldig, auf die neuesten Trends aufzuspringen und den Hype dadurch zu unterstützen.

FOMO (Fear Of Missing Out oder: Angst, etwas zu verpassen) ist beim Wettlauf um die Spitze weitverbreitet. WeWork ist vielleicht eines der besten Beispiele für ein Unternehmen, das aus dem Herdentrieb Kapital geschlagen hat. Das Unternehmen mietete Büroräume, richtete sie schick ein und vermietete Schreibtische an jüngere Leute, die eine Coworking-Umgebung lieben. Aber anstatt es als Immobiliengeschäft einzustufen, vermarktete der charismatische Gründer WeWork als »das erste physische soziale Netzwerk der Welt«. Venture-Capital-Unternehmen drängten sich bei jeder Finanzierungsrunde, um ein Stück des Unternehmens zu bekommen. Es herrschte ein regelrechter Rausch und WeWork wurde zu einem der größten Vermieter von Gewerbeflächen im ganzen Land, mit über 1 Million Quadratmetern.

Da das Unternehmen zu nahe an der Sonne flog, stiegen seine Bewertungen auf die absurde Summe von 47 Milliarden Dollar, bevor das Unternehmen den Börsengang beantragte. Als die Wall Street schließlich einen Blick unter die Motorhaube warf, zeigten die Finanzdaten ein Unternehmen mit einem völlig unhaltbaren Geschäftsmodell, das bares Geld verschlang. Letztlich implodierten die finanziellen Aussichten von WeWork. Im November 2023 meldete das Unternehmen Konkurs an und schickte damit Schockwellen durch die Branche. Das Unternehmen hat eine Gesamtbewertung von weniger als 100 Millionen Dollar und hinterlässt eine Spur der Kapitalvernichtung.

Wenn es um Risikokapital geht, ist die Diskrepanz zwischen den All-Stars und »dem Rest« gewaltig. **Zwischen 2004 und 2016 erzielten die besten 10 Prozent der Venture-Capital-Unternehmen eine jährliche Ren-**

dite von 34 Prozent. Das war das goldene Zeitalter, die Ära, die uns die Erfindung des iPhones bescherte, YouTube, Uber und Hunderte anderer bahnbrechender Technologieunternehmen. **Die schlechtesten 10 Prozent der Venture-Capital-Unternehmen verloren in dieser Zeit Geld, mit einer durchschnittlichen Rendite von minus 6,5 Prozent. Das Mittelfeld schnitt nicht viel besser ab als traditionelle Aktien. Der NASDAQ-100, der sich aus den 100 größten Tech-Aktien zusammensetzt, erzielte eine Rendite von knapp über 10 Prozent auf Jahresbasis; der Median der Rendite für Venture-Capital-Unternehmen lag bei knapp über 12 Prozent (siehe die folgende Abbildung). Beschönigen wir es nicht: Mittelmäßige Renditen wie diese sind es nicht wert, dass man sein Geld für ein Jahrzehnt lang in einem Fonds hält.**

Es ist kein Zufall, dass jedes Jahr dieselben VC-Firmen an der Spitze der Performance-Listen stehen, sowohl in Bezug auf die Anzahl der erfolgreichen Unternehmen, in die sie investiert haben, als auch in Bezug auf die von den Unternehmen generierten Renditen, aus denen sie ausgestiegen sind. Ich führe dies auf eine einzigartige Dynamik zurück, die ich das »Schwungrad des Erfolgs« nenne.

Renditen für Venture-Capital-Unternehmen (2004-2016) Annualisierte Renditen

Oberstes Dezil	34.60%
Oberstes Quartil	22.40%
Median IRR	12.15%
Unterstes Quartil	3.36%
Unterstes Dezil	-6.50%

Das Schwungrad des Erfolgs

Wenn Sie in eine Strategie investieren, bei der Sie damit rechnen müssen, in neun von zehn Fällen zu verlieren, brauchen Sie ein paar Dinge, um erfolgreich zu sein:

1. Tiefe Taschen – Die Streuung über viele verschiedene Unternehmen erfordert sehr tiefe Taschen. Einzelne Investoren, die auf das Tech-Start-up ihres Schwagers setzen, haben ganz schlechte Karten im Vergleich zu den Profis, die ihr Portfolio auf zahlreiche Unternehmen aufteilen.
2. Langlebigkeit – Die erfolgreichsten Venture-Capital-Unternehmen haben zahlreiche Vehikel und legen alle zwei bis vier Jahre neue Fonds auf (als neue Jahrgänge). Dies ermöglicht ihnen eine Diversifizierung über Marktzyklen hinweg. Die Streuung ihrer Investitionen über die Zeit verbessert auch die Chancen, dass sich in einem ihrer Fonds das nächste Facebook, SpaceX oder Salesforce befindet.
3. Dealflow – Start-up-Unternehmer streben unweigerlich danach, sich Investitionen von den besten Venture-Capital-Unternehmen zu beschaffen, die ihnen neben der Finanzierung auch unschätzbare Beratung bieten können. Wenn ein Unternehmen eine Investition tätigt, sendet es eine Botschaft des Vertrauens an den Markt, was Unternehmern hilft, Kapital zu beschaffen, Talente einzustellen und Kunden zu gewinnen. Deshalb werden die besten Venture-Capital-Unternehmen eingeladen, in heiße Start-ups zu investieren; die weniger erfolgreichen Firmen müssen auf die Suche gehen und sich im Vergleich zu ihren Mitbewerbern mit weniger Auswahl und Performance begnügen.

Die klugen Köpfe kennen diese »Schwungrad«-Dynamik gut, weshalb die wohlhabendsten Investoren (und Institutionen) fast ausschließlich in Top-Firmen investieren. Im Jahr 2022 gingen etwa 73 Prozent des gesamten neu eingesammelten Kapitals an erfahrene Venture-Capital-Unternehmen, die erfolgreich mindestens vier Fondsvehikel (alias Vintages)[80]

80 Anm. d. Ü.: »Vintage year« bezieht sich auf das Jahr, in dem ein Fonds mit Investitionen begann, oder genauer gesagt auf das Datum, an dem Kapital für ein bestimmtes Unternehmen oder Projekt bereitgestellt wurde.

aufgelegt und verwaltet haben. Natürlich stellt sich die brennende Frage: **Wie in aller Welt bekommt ein einzelner Investor Zugang zu erstklassigen Venture-Capital-Unternehmen?** Top-Tier-Venture-Capital-Unternehmen geben oft ein Minimum von 10 bis 25 Millionen für potenzielle Investoren vor. Aber das ist ein wenig irreführend, denn Top-Firmen sind in der Regel überzeichnet, das heißt, es werden keine neuen Investoren zugelassen – auch keine mit dicken Konten. Daher besteht der einzige Weg für die meisten Investoren darin, mit Firmen wie der unseren zusammenzuarbeiten, die bereits über Beziehungen verfügen. Einzelpersonen und ihre Berater können unsere Kaufkraft und unsere langjährigen Beziehungen nutzen. Und indem wir uns mit unseren Kunden zusammenschließen, können wir als einziger Investor die besten Gebühren und andere Vorteile aushandeln, wie beispielsweise die bevorzugte Position, um direkt in einige der VC-Gewinner zu investieren (auch »Investitionsmöglichkeiten« genannt). Um fair zu sein: Wir sind nicht die einzige Firma, die diesen Ansatz verfolgt, daher würde ich als Investor zwei wichtige Kriterien prüfen, bevor ich bei einem Unternehmen einsteige:

1. Sind die gesamten »All-in«-Gebühren angemessen, wenn Sie die Kosten für den Venture-Capital-Manager und die Partnerschaft, die den Zugang ermöglicht, addieren? Erstklassige Venture-Capital-Manager werden gut bezahlt, aber die Organisation, die Ihnen den Zugang verschafft, sollte aufgrund ihrer Kaufkraft eine Vorzugsbehandlung erhalten.
2. Stimmen die Interessen überein? Setzen der Zugangsanbieter und seine Anteilseigner ihr eigenes Kapital ein? Oder handelt es sich um eine Zugangs-»Plattform«, bei der sich niemand darum schert, wie die Investition abschneidet?

Die nächste logische Frage: **Ist jetzt für Sie der richtige Zeitpunkt, in Venture Capital zu investieren?**

Dry Powder[81]

Während ich dies schreibe, erlebt Venture Capital einen strengen Winter. Der Technologiebereich wurde sowohl bei den börsennotierten Unternehmen als auch bei den Private Companies hart getroffen. Einige Venture-Capital-Fonds werden in raue Gewässer geraten, da ihre Portfoliounternehmen ums Überleben kämpfen. Und doch folgt auf den Winter immer der Frühling. Ein Bullenmarkt folgt auf einen Bärenmarkt. Diese Saison der Sparsamkeit führt zu einer Rückkehr zu gesunden Investitionspraktiken. In einem Umfeld, in dem die Bewertungen angemessener sind, werden die Unternehmen vorausblickender mit ihren Geldbörsen umgehen.

Viele der größten und besten Venture-Capital-Unternehmen von heute blicken optimistisch in die Zukunft. **Zunächst einmal verfügt die globale Venture-Capital-Community über Hunderte Milliarden an Bargeld (auch bekannt als »Dry Powder«), die darauf warten, investiert zu werden, wenn die richtigen Gelegenheiten kommen.** Zweitens warten die Unternehmen heutzutage länger auf den Börsengang, was bedeutet, dass mehr Zeit für die Wertschöpfung zur Verfügung steht. Dies bedeutet auch bessere Renditen für die Anleger. Hören Sie sich das an: **Seit 2008 hat sich die durchschnittliche Zeit, die ein Unternehmen von der Gründung bis zum Börsengang benötigt, auf fast zehn Jahre verdoppelt.**

Beschleunigung der Innovation

Ein Blick in die Zukunft zeigt, **dass wir uns auf die größte Innovationsbeschleunigung in der Geschichte der Menschheit zubewegen**, und Risikokapitalgeber sind die Speerspitze. Sie gehen massive Risiken ein und manchmal verlieren sie gewaltig. Aber wenn sie gewinnen, gewinnen sie viel und finanzieren gleichzeitig die nächste Generation von lebensverändernden Innovationen. Stellen Sie sich eine Welt ohne Smartphones, Personal Computer oder das Internet vor. **Unternehmen wie Apple, Amazon, Zoom, Tesla, Spotify, Airbnb, Facebook, Twitter und SpaceX wurden alle**

[81] Anm. d. Ü.: So wird in der Private-Equity-Branche Geld bezeichnet, das bei professionellen Anlegern eingesammelt, aber noch nicht investiert wurde.

durch Risikokapital finanziert. Es gibt Hunderte von Unternehmen, die unser tägliches Leben verändert haben, alle dank der kühnen Risikoträger von Venture Capital.

Heute stehen wir an der Schwelle zu weiteren bahnbrechenden, lebensverändernden Innovationen. Von der Künstlichen Intelligenz (KI) über die Robotik und den 3D-Druck bis hin zu erstaunlichen Fortschritten in der Präzisionsmedizin – die Zukunft der Menschheit ist rosig. Nehmen wir uns einen Moment Zeit, um nur einige der unglaublichen Innovationen hervorzuheben, die Tausende neuer Unternehmen hervorbringen und die die Lebensqualität weltweit massiv verbessern werden.

- Künstliche Intelligenz (KI) – Die am schnellsten wachsende Internetanwendung der Geschichte ist NICHT Facebook, Instagram oder Twitter. Es ist vielmehr ChatGPT, eine KI-Plattform, in die wir investiert haben. Innerhalb von wenigen Monaten nach dem Start hatte ChatGPT 100 Millionen Nutzer. *Forbes* beschreibt ChatGPT als ein *»cleveres Frag-mich-alles-Tool, [das] die erste Anlaufstelle für Ratschläge zu so ziemlich jedem Thema ist, für das es geschult wurde, und komplexe Aufgaben wie das Debuggen von Code, Recherchen und das Schreiben von Artikeln in einem menschenähnlichen Stil ausführen kann.«* Sie benutzen es oder einen seiner Konkurrenten (zum Beispiel Google Bard) wahrscheinlich schon.
- Diejenigen von uns, die in der Wissens- und Dienstleistungsökonomie tätig sind, sehen bereits, dass KI die Menschen produktiver denn je machen wird. Allerdings besteht die berechtigte Befürchtung, dass dadurch Arbeitsplätze wegfallen könnten. Die Debatte wird höchst kontrovers geführt, aber am stärksten gefährdet sind sicherlich die, die sich nicht auf das Verwenden von KI einlassen, um damit ihre Arbeit zu verbessern und effizienter zu werden. Die Traditionalisten, die an alten Methoden festhalten, werden am ehesten obsolet.
- Experten glauben, dass Ärzte, Anwälte, medizinische Forscher, Drehbuchautoren und Computerprogrammierer nur einige der Fachleute sind, die schneller denn je vorankommen werden. KI wird auch in der Lage sein, Lehrer zu unterstützen. **Khan Academy, die beliebte kostenlose Online-Bildungsplattform, hat kürzlich Khanmigo eingeführt, das als »erstklassiger KI-Tutor für jedermann und**

überall« bezeichnet wird. Diese Technologie ermöglicht eine unendlich skalierbare Lösung für KI-Tutoring und fungiert gleichzeitig als Assistent des Lehrers für traditionelle Bildungsumgebungen. Da hochwertige Bildung der große Gleichmacher ist, könnte dies für die Gesellschaft als Ganzes von großem Nutzen sein. Wir befinden uns noch in den Anfängen der KI, aber ihre Kraft als disruptive und gleichzeitig unglaublich hilfreiche Technologie ist bereits deutlich. Sie wird wahrscheinlich aus unserem Leben ebenso wenig wegzudenken sein wie das Smartphone.

- KI hat die Welt von Venture Capital bereits im Sturm erobert. **Die *New York Times* schreibt, dass der »Goldrausch bei Start-ups, die an ›generativer‹ künstlicher Intelligenz arbeiten, zu einem hemmungslosen Deal-Making-Wahn eskaliert ist«.** Wie wir jetzt wissen, wird die große Mehrheit dieser Start-ups kläglich scheitern, aber das nächste Google, Apple oder Facebook wird wahrscheinlich in diesem Moment von zwei Personen in einer Garage gegründet. Hier können Risikokapitalgeber die nächste Innovationswelle einleiten, indem sie bereit sind, risikoreiche Wetten auf Start-ups mit der Möglichkeit eines gigantischen asymmetrischen Vorteils einzugehen.
- Fortschritte im Gesundheitswesen und bei Präzisionstherapien – Neuralink, ein bahnbrechendes Unternehmen, das von Elon Musk mitbegründet wurde, wartet mit einer münzgroßen Gehirn-Computer-Schnittstelle auf, die chirurgisch implantiert wird und »Tausende kleiner Elektroden im Gehirn verwendet, um Signale, die von den Neuronen ausgesendet werden, zu lesen und an einen Computer zu übertragen«. Diese technische Innovation hat weitreichende Auswirkungen. **Ein Ziel des Unternehmens ist, das Sehvermögen von Menschen herzustellen, selbst wenn sie blind geboren wurden! Als Nächstes wird es sich um die Wiederherstellung motorischer Funktionen bei gelähmten Patienten kümmern. Musk glaubt, dass das Implantat bei neurologischen Störungen wie Parkinson, Alzheimer und Tinnitus helfen könnte.** Das klingt wie Science-Fiction, hat aber das Potenzial, die Lebensqualität von Millionen Menschen auf der ganzen Welt dramatisch zu verbessern.
- Dr. David Sinclair, ein führender Harvard-Genetiker, hat eine heftig diskutierte Frage beantwortet: *Was treibt die Alterung an?* **Im Jahr**

2023 haben er und sein Team gezeigt, wie man die Alterung von Zellen beschleunigen oder aber umkehren und Anzeichen von Jugend bei Mäusen wiederherstellen kann. Das *Time Magazine* erklärte, dass *»die Umkehrbarkeit (der Zellenalterung) ein starkes Argument dafür ist, dass die Hauptursache für das Altern nicht Mutationen in der DNA sind, sondern Fehler in den epigenetischen Anweisungen, die irgendwie schiefgehen.«*[82] Sinclair und sein Team haben einen Weg gefunden, Zellen neu zu starten, ihre beschädigten Befehlsdateien zu löschen und ihre ordnungsgemäße Funktion wiederherzustellen. Was bedeutet das für Sie und mich? Durch die Umkehrung des Alterungsprozesses in den Zellen werden wir eines Tages in der Lage sein, den Körper zu verjüngen und altersbedingte Krankheiten (Alzheimer, Herzkrankheiten und so weiter) aufzuhalten. In einem Beispiel hat Sinclair erfolgreich die Sehkraft blinder Mäuse wiederhergestellt, indem die Nerven in ihren Augen durch Gentherapie verjüngt wurden.

- Das nächste Ziel? Tests am Menschen.
- Auf der dritten jährlichen Human-Genome-Editing-Konferenz erzählten Ärzte unglaubliche Geschichten von Menschen, die sich experimentellen Behandlungen mit CRISPR, einem Werkzeug zur Bearbeitung oder Veränderung von Genen, unterzogen haben. Diese Patienten hatten alles versucht, und CRISPR war ihr letzter Ausweg. Alyssa, ein Teenager aus dem Vereinigten Königreich, litt an einer aggressiven Form von Leukämie, die weder auf Chemotherapie noch auf eine Knochenmarktransplantation ansprach, und hatte nur noch wenige Monate zu leben, als sie beschloss, es mit CRISPR zu versuchen. Den Ärzten gelang es, gesunde T-Zellen eines Spenders so zu verändern, dass sie von Alyssas Körper nicht abgestoßen wurden und ihren Krebs ungehindert angreifen konnten. Zehn Monate nach der Behandlung war ihr Krebs nicht mehr nachweisbar. Sie kann wieder ein normales Teenagerleben führen.
- Wir könnten noch unzählige andere Technologien erwähnen, aber Tony hat kürzlich den *New-York-Times*-Bestseller **Life Force: How**

---

82 Park, Alice (2023): »Scientists Have Reached a Key Milestone in Learning How to Reverse Aging«, *TIME*, 12 01 2023, https:/time.com/6246864/reverse-aging-scientists-discover-milestone/.

New Breakthroughs in Precision Medicine Can Transform the Quality of Your Life & Those You Love veröffentlicht. Er befragte mehr als 150 weltweit führende Mediziner über die neueste Forschung und die erstaunlichen Fortschritte in der Präzisionsmedizin. Wir empfehlen dringend die Lektüre dieses Buches, denn es wird sich stark auf Ihre Gesundheit und die Ihrer Lieben auswirken!

- Überschallreisen – Obwohl man die Zweckmäßigkeit moderner Flugreisen zu schätzen weiß, kann das stundenlange Sitzen nerven. Wir sind beide ständig unterwegs, wenn uns also jemand erklärt, dass die Strecke New York-London in 90 Minuten zu schaffen sei, sind wir begeistert!
- **Das ist das Ziel von Hermeus, einem Start-up, das mit Unterstützung der US-Regierung und elitären Venture-Capital-Unternehmen, darunter Khosla und Founders Fund, nicht weit vom verkehrsreichsten Flughafen der Welt in Atlanta, Georgia, eine Flotte von Überschallflugzeugen baut.** Das Unternehmen will Flugzeuge bauen, die Mach 5 (circa 6000 Stundenkilometer) erreichen, **eine Geschwindigkeit, die fünfmal so hoch ist wie bei herkömmlichen Flugzeugen und mehr als doppelt so hoch wie die der inzwischen stillgelegten Concorde.** Als zusätzlichen Bonus gibt es eine unglaubliche Aussicht, denn diese Flugzeuge sollen in einer Höhe von 90 000 Fuß (circa 27 000 Metern) fliegen, der maximal erreichbaren Höhe, bevor sie die Schwelle zum Weltraum überschreiten. Stellen Sie sich vor, Sie schauen hinaus und sehen die Krümmung der Erde, wobei kaum genug Zeit bleibt, um eine Tüte Erdnüsse zu essen, bevor der Sinkflug beginnt. **Hermeus wird im Jahr 2023 ein autonomes Flugzeug testen[83] und hofft, bis 2029 ein passagierfähiges Flugzeug zu haben!**
- 3D-Druck und Robotik – Ein Eigenheim ist ein wunderbares Privileg. Leider ist dieses Ziel für 1,6 Milliarden Menschen derzeit unerreichbar. Die Lösung? Erschwingliche und langlebige Häuser aus dem 3D-Drucker. Ähnlich wie Zahnpasta aus der Tube werden diese Häuser von einem riesigen Drucker hergestellt, der Schicht für Schicht dünnen Spezialbeton in makellose, stabile Wände verwandelt. Die Häuser sehen nicht nur cool aus, sondern sind auch

83 Der Text fand 2023 am Boden statt, 2024 soll der Test in der Luft erfolgen. Anm. d. Red.

wind-, wasser-, schimmel- und termitenresistent. **Dies ist ein entscheidender Vorteil für Länder, in denen Hurrikane, Taifune und Überschwemmungen schlecht gebaute Hütten zerstören und die darin lebenden Familien in große Gefahr bringen.** Diese einschneidende Technologie wird von ICON entwickelt, einem Unternehmen, mit dem sich Tony für den Bau von fast 100 Häusern in einer mexikanischen Gemeinde zusammengetan hat. ICON baut jetzt in großem Maßstab, angefangen mit einer geplanten Wohnanlage in Texas, die ein 3D-gedrucktes Spa, einen Pool, ein Gemeindezentrum und vieles mehr vorsieht. (Der Transparenz halber: CAZ Investments war ein Gründungsinvestor von ICON.)

- Im Bauwesen und darüber hinaus wird der 3D-Druck viele Aspekte der Fertigung, wie wir sie kennen, verändern. Man kann mittlerweile komplexe Objekte aus Hunderten verschiedener Materialien in 3D drucken – von Titan bis hin zu Kohlefaser. Forscher haben sogar damit begonnen, menschliche Organe aus menschlichen Zellen – mit Blutgefäßen und allem Drum und Dran – in 3D zu drucken!
- Wie der 3D-Druck, so hat auch die Robotik in letzter Zeit die Welt im Sturm erobert. Amazon ist das perfekte Beispiel. Amazons Hightech-Lagerhäuser sind mit einer Mischung aus Menschen und Robotern besetzt, die symbiotisch zusammenarbeiten. Die Roboter navigieren selbstständig durch die Lagerhäuser, um die Bestellung zu holen, die dann verpackt und zu Ihnen nach Hause geliefert werden kann. Diese Roboter können über 1000 Artikel pro Stunde verarbeiten. **Es ist kein Wunder, dass Amazon jetzt seine eigenen Roboter herstellt und derzeit über 520 000 davon rund um die Uhr im Einsatz hat.** Schätzungen zufolge könnte die Robotik-Branche in den nächsten zehn Jahren jährlich um mehr als 80 Prozent wachsen.

Furchtloser Treibstoff

Eine Stärke des Kapitalismus ist, dass Risikokapitalgeber bereit sind, Risiken für Visionäre einzugehen, die die Lebensqualität für alle verbessern, nicht nur in Amerika, sondern auf der ganzen Welt. Karl Marx hat nie in einem selbstfahrenden Auto gesessen! Wir haben das Glück, in einer Zeit zu leben, in der sich Wandel schneller als je zuvor in der Geschichte der Menschheit vollzieht.

Venture Capital steht bei fast allen technischen Fortschritten an vorderster Front. Mit Milliarden an Geld, die darauf warten, von Venture-Capital-Unternehmen investiert zu werden, können wir nur ahnen, was in den kommenden Jahren an Fortschritten finanziert und auf den Markt gebracht werden wird.

Zweifelsohne wird es große Gewinner, aber auch große Verlierer geben. **Wenn Sie sich entscheiden, in Venture Capital zu investieren**, ist der springende Punkt, mit wem Sie investieren. Außerdem sollte der Betrag nicht zu hoch sein. Wie bereits erwähnt, sind selbst sehr vermögende Privatpersonen nur bereit, durchschnittlich 1 bis 5 Prozent ihres Portfolios in dieser Kategorie zu riskieren. Aber ob Sie sich nun für eine Investition in Venture Capital entscheiden oder nicht, von den Erfolgen werden wir alle profitieren! Weitere Informationen über Venture-Capital-Investment finden Sie unter www.WhyVentureNow.com.

Realistisch bleiben

Wow, wir haben jetzt schon einen langen Weg hinter uns! Wir haben uns zahlreiche alternative Anlagestrategien angesehen, von denen viele ein Teil unseres personalisierten Gral-Portfolios sein könnten. Wir dürfen jedoch die größte Anlageklasse mit einem Gesamtwert von mehr als 300 Billionen Dollar nicht auslassen! Lassen Sie uns deshalb im nächsten Kapitel die Welt der Immobilien erkunden!

KAPITEL 8

IMMOBILIEN

DIE GRÖSSTE ANLAGEKLASSE DER WELT

»Kauft Land! Gott erschafft keines mehr!«

Mark Twain

Immobilien sind der unbestrittene Gigant unter den alternativen Anlagen und die älteste und größte Anlageklasse. Vermutlich sind sie in den meisten Gral-Portfolios enthalten, ob es sich nun um ein Wohnhaus, um Anlageobjekte oder beides handelt.

Mit 7,9 Milliarden Menschen auf der Erde sind Wohnimmobilien natürlich die größte Kategorie mit einem weltweiten Wert von 258 Billionen Dollar![84] Jeder braucht einen Platz zum Leben, unabhängig von der Wirtschaft, den Zinssätzen und so weiter. Und Nordamerika repräsentiert fast 20 Prozent des weltweiten Immobilienwertes, obwohl dort nur 7 Prozent der Weltbevölkerung leben.

Landwirtschaftliche Flächen sind die zweitgrößte Kategorie mit einem Gesamtwert von über 35 Billionen Dollar. An dritter Stelle stehen Gewerbeimmobilien mit einem geschätzten Gesamtwert von 32,6 Billionen Dollar.

Es gibt zahlreiche Unterkategorien von Immobilien, von Einlagerungsmöglichkeiten über Hotels bis hin zu Life-Science-Immobilien und Nutzwäldern. Im Großen und Ganzen und über viele Jahrzehnte hat diese Anlageklasse konservative Renditen im mittleren einstelligen bis niedri-

84 Tostevin, Paul (2021): »The total value of global real estate«, savills Impacts, September 2021, https:/www.savills.com/impacts/market-trends/the-total-value-of-global-real-estate.html.

gen zweistelligen Bereich generiert. Der Einsatz von Fremdkapital ermöglicht jedoch wesentlich höhere Renditen – verbunden mit einem wesentlich höheren Risiko! Natürlich hängen die Renditen stark vom Standort, der lokalen Wirtschaft, der Höhe des Leverage (Loan to Value)[85] und zahlreichen anderen Faktoren ab.

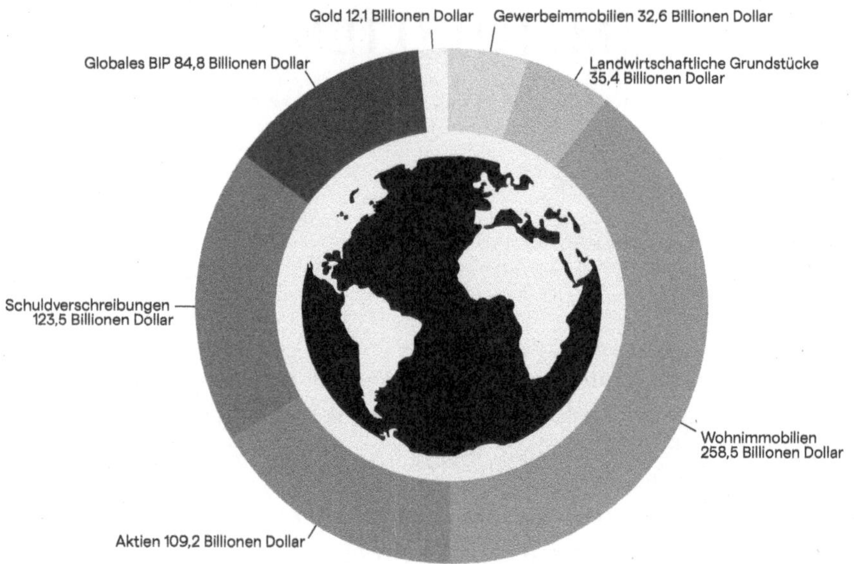

Für US-Investoren sind Immobilien zudem eine Anlageklasse, die erlaubte Steuervermeidung bietet. Es gibt den Vorteil der »Abschreibung«, was bedeutet, dass die Cashflows aus Immobilieneinkünften oft ganz oder teilweise von der Besteuerung ausgenommen werden können. Außerdem können Investoren die Steuern auf Wertsteigerungen vermeiden, wenn ihre Immobilie verkauft wird, indem sie von der Option Gebrauch machen, weitere Immobilien zu kaufen und die Gewinne als Eigenkapital in die neue Investition zu übertragen. Dies wird als »1031 Exchange« bezeichnet und kann zu einem immerwährenden Aufschub der Besteuerung führen.

85 Anm. d. Ü.: »Loan to Value« steht für das Verhältnis des Kreditbetrags zum Verkehrs- oder Marktwert.

Letztlich können einige Investoren die Steuern auf ALLE angesammelten Gewinne mit einer cleveren und völlig legalen Nachlassplanung (insbesondere in den Vereinigten Staaten) vermeiden. Viele der herausragenden Immobilien-Familien kennen diese Taktik gut. Bevor Sie diese Strategie anwenden, sollten Sie jedoch mit Ihrem Steuerberater sprechen, aber im Allgemeinen funktioniert es folgendermaßen:

Wenn Sie im Laufe Ihres Lebens Anlageobjekte kaufen und verkaufen, übertragen Sie Ihre Wertzuwächse kontinuierlich auf Ihre nächste Immobilie. Nach derzeitigem Steuerrecht erhalten Ihre Erben nach Ihrem Tod durch einen 1031 Exchange Ihre Immobilie und eine »Aufstockung« ihrer Kostenbasis.[86] Dies bedeutet, dass der Wert der Immobilie zum Zeitpunkt des Todes die neue »Untergrenze« wird, nach der künftige Gewinne berechnet werden. Anders ausgedrückt: Alle früheren Gewinne, die sich im Laufe Ihres Lebens angesammelt haben, werden nicht berücksichtigt und Ihre Erben können sich entscheiden, die Immobilie steuerfrei zu verkaufen. **Steuereffizientes Einkommen, potenziell unbegrenzter Steueraufschub und die Vermeidung von Steuern auf alle Kapitalgewinne (bei Tod) sind genau der Grund, warum viele der reichsten Familien der Nation Immobilien-Dynastien sind.**

Die Flut geht zurück

In den vergangenen 40 Jahren hatten Immobilieninvestoren enormen Rückenwind. Im Jahr 1981 gab es auf US-Schatzpapiere mit zehnjähriger Laufzeit knapp 16 Prozent Zinsen. Als die Zinssätze vier Jahrzehnte in Folge fielen, stiegen die Preise fast aller Vermögenswerte. Immobilien bildeten dabei keine Ausnahme (abgesehen von der globalen Finanzkrise, die eine besondere Dynamik aufwies, die wir später noch genauer erläutern werden).

Im Jahr 2021 erreichten die Immobilien den Siedepunkt, als die Zinsen mit dem Nulltarif flirteten. Inmitten der Covid-Pandemie erreichten Immobilien unerwartet die stärksten Renditen seit der Zeit vor der Finanzkrise 2008 (siehe die folgende Tabelle). Wohnimmobilien führten

---

86 Dies gilt nur für US-Steuerzahler und Sie sollten außerdem einen Steuerberater konsultieren.

den Markt an, da potenzielle Hauskäufer aufgrund der begrenzten Bestände buchstäblich vor dem Haus Schlange standen. Nur Barzahlung, kurze Fristen bis zum Abschluss, keine Bedingungen ... das waren die Merkmale des Kaufrauschs.

Auch die Wohnungsinvestoren freuten sich, denn die Mieten stiegen so schnell wie nie zuvor in der jüngeren Geschichte. Industrieimmobilien kamen an zweiter Stelle, da das Geld bei den Verbrauchern locker saß. **Einlagerungsräumlichkeiten waren aufgrund der vielen Umzüge im ganzen Land ausverkauft. Immobilienpreise schossen in irrsinnige Höhen und disziplinierte Investoren kratzten sich verständnislos den Kopf.**

Doch dann wendete sich das Blatt.

Die von der Regierung gedruckten Billionen an überschüssigem Geld begannen im System herumzuschwappen. Es zeigte sich, dass die Inflation nicht »vorübergehend« war – im Gegenteil, sie war gekommen, um die Party zu crashen. Die Fed erhöhte die Zinsen und der Immobilienmarkt spürte die Auswirkungen zunehmend. **Die Lektion: Sachwerte können zwar unglaublich wertvoll sein, aber das Blatt kann sich schnell wenden, da ihr Preis extrem auf die Zinssätze reagiert.**

Anstieg der Immobilienwerte (2021)

Selbsteinlagerungsmöglichkeiten	57,6%
Wohnimmobilien	45,8%
Industrieimmobilien	45,4%
Einzelhandel	41,9%
Diverse	20,5%
Infrastruktur	18,6%
Nutzwälder	16,4%
Büro	13,4%
Einzelhandel	41,9%
Gesundheitswesen	7,7%
Beherbergung	6,3%

Quelle: PREQIN

Während der Arbeit an diesem Buch stecken wir in einem äußerst stürmischen Immobilienmarkt und es ist ziemlich schwierig, auf hoher See den Kurs zu bestimmen. Wir wissen, dass sich der lang anhaltende Trend sinkender Zinssätze umgekehrt hat, und sehen die ersten Risse in bestimmten Immobilienkategorien. Einige Immobiliensegmente überstehen den Sturm viel besser.

In diesem Kapitel werden wir die Bereiche *Gewerbeimmobilien* und *Wohnimmobilien* getrennt betrachten, da sie sich stark voneinander unterscheiden.

Gewerbeimmobilien

Jahrzehntelang sahen viele San Francisco als das Kronjuwel Kaliforniens, eine einst prächtige Stadt mit einigen der teuersten Immobilien und besten Restaurants weltweit. Begünstigt durch das explosionsartige Wachstum von Technologieunternehmen, rangierte San Francisco ständig unter den zehn teuersten Städten der Welt, was die Lebenshaltung betrifft.

Für Unternehmen, die sich in San Francisco niederließen, war eine Büroadresse in der California Street ein begehrtes Aushängeschild des Erfolgs. So berichtete das *Wall Street Journal*: »Der Korridor verläuft durch das Herz des Finanzdistrikts der Stadt und ist gesäumt von Büros für Banken und andere Unternehmen, die dazu beitragen, die globale Tech-Wirtschaft zu befeuern.« In der California Street 350 steht ein prächtiger, 22-stöckiger Glas- und Steinturm, der einst Hunderte Mitarbeiter der Union Bank beherbergte. Im Jahr 2019 wurde das Gebäude auf 300 Millionen Dollar geschätzt. Weniger als vier Jahre später steht das Gebäude zu 70 Prozent leer und draußen tummeln sich Scharen von Drogenabhängigen und Obdachlosen. **Anfang 2023 wurde das Gebäude für rund 60 Millionen Dollar verkauft, ein beispielloser Wertverlust von 80 Prozent (und weit weniger, als der Bau dieses Objekts heute kosten würde).**

Nach Angaben des *San Francisco Chronicle* hat die Stadt »frappierende 1,7 Millionen Quadratmeter leer stehende [Büro-] Flächen – genug, um 92 000 Angestellte unterzubringen oder das Äquivalent von 13 Salesforce Towers«. Aber nicht nur San Francisco erlebt eine Krise bei den Gewerbeimmobilien. Das Immobilienunternehmen Cushman & Wakefield berichtet, dass »aufgrund von Remote- und Hybrid-Arbeit bis zum

Jahr 2030 bis zu 31 Millionen Quadratmeter Bürofläche in den USA frei und ungenutzt werden könnten. Zusammen mit weiteren 68,7 Millionen Quadratmetern, die durch ›natürliche‹ Ursachen frei werden, kommt es in den nächsten sieben Jahren zu insgesamt fast 100 Millionen Quadratmeter ungenutzter Bürofläche.«[87]

Das wird einiges an Schmerzen und Kapitalvernichtung bedeuten, aber wie bei allen Marktzyklen ebnet es auch den Weg für außergewöhnliche Investitionsmöglichkeiten. **Gleichwohl können wir den aktuellen Abschwung nicht wie die Abschwünge der Vergangenheit behandeln.** Die Pandemie hat neue Risiken und Dynamiken mit sich gebracht, die wir bei Immobilieninvestitionen berücksichtigen müssen.

Riskantes Geschäft

In den vergangenen Jahrzehnten betrachteten wir Gewerbeimmobilien auf eine standardmäßige wirtschaftliche Weise. Immobilienzyklen fielen in der Regel mit der Gesamtwirtschaft zusammen:

Eine Rezession bedeutete weniger Arbeitsplätze, weniger Arbeitsplätze bedeuteten weniger belegte Büroflächen; weniger Arbeitsplätze bedeuteten auch weniger Ausgaben für Einkäufe (Einzelhandel) und weniger Reisen (Gastgewerbe). Historisch gesehen machen diese Abschwünge vorhersehbar einer Erholung Platz und ein neuer Zyklus beginnt. Diese traditionellen Zyklen werden sich vermutlich im weitesten Sinne fortsetzen, aber es gibt einige neue »post-pandemische« Risiken, die wir in unser typisches Verständnis von Immobilienzyklen integrieren müssen.

- Das Obsoleszenz-Risiko – Während der Pandemie haben wir alle festgestellt, wie verdammt effektiv Zoom ist, um zahlreiche Unternehmen remote am Laufen zu halten. Viele dieser Unternehmen begannen zu rechnen und erkannten, dass durch Remote-Mitarbeiter enorme Kosten eingespart werden können, da sich der Bedarf an teuren Büroräumen verringert. **Daraus folgt das jüngste Phänomen leer stehender Wolkenkratzer in den Städten, die sogenannten**

[87] Cushman & Wakefield: »Obsolescence Equals Opportunity«, https:/www.cushmanwakefield.com/en/united-states/insights/obsolescence-equals-opportunity.

»Zombie-Türme«. Diese neue Dynamik der Tele- oder Hybridarbeit hat auch zu dem geführt, was einige Experten als **»Obsoleszenz-Risiko«** bezeichnen. Käufer von Gewerbeimmobilien müssen sich fragen, ob die Immobilie, die sie kaufen wollen, noch lebensfähig ist. Und ob sie in 10, 15 oder 20 Jahren auch noch lebensfähig sein wird. Sind traditionelle Bürogebäude obsolet? Wenn ja, werden dann der umliegende Einzelhandel und Restaurants zu Kollateralschäden? Wie werden die Menschen in fünf bis zehn Jahren leben, arbeiten und einkaufen? Das kann niemand vorhersagen. Aber einige Eigentümer von Geschäftsgebäuden weigern sich, die Hände in den Schoß zu legen und einfach abzuwarten, bis sie es herausgefunden haben. So berichtete das Magazin *Fortune*, dass zum Beispiel in Boston der »Wohnungsmangel so akut und die Büroschwemme so groß ist, dass [die Stadt] 75 Prozent Steuererleichterungen für die Umwandlung von Büro- in Wohngebäude anbietet«.[88] Einige Gebäude werden in Wohnungen umgewandelt; andere werden zu Rechenzentren. Alles in der Hoffnung, eine Zwangsversteigerung abzuwenden.

- *Künstliche Intelligenz* ist ein weiteres neues Risiko, das sich auf den Wert von Gewerbeimmobilien auswirken könnte, da sie manche Arbeitsplätze überflüssig macht oder zumindest die Anzahl der Mitarbeiter (und damit der Büroflächen) verringert, die für die Erledigung der Arbeit erforderlich sind. Im Mai 2023 gab der CEO von Chegg, einem Unternehmen für Online-Nachhilfe und Prüfungsvorbereitung, bekannt, dass Chat-GPT Einfluss auf seine Kundengewinnung habe.
- **Warum für einen Nachhilfelehrer bezahlen, wenn KI Ihnen kostenlos bei Ihren Algebra-Hausaufgaben helfen kann? Nach seinen Äußerungen stürzten die Chegg-Aktien an einem einzigen Tag um 49 Prozent ein, da befürchtet wurde, dass das Unternehmen ein Kanarienvogel in der Kohlemine der Wissenswirtschaft sein könnte.**

---

[88] Botros, Alena (2023): »Housing market shortage is so acute and the office glut is so big that Boston will offer 75% tax breaks on office-to-residential conversions«, *Fortune*, 13 07 2023, https:/fortune.com/2023/07/13/boston-housing-market-shortage-commerical-real-office-glut-pilot-program/.

- Fairerweise muss man sagen, dass die KI eine neue Art von Unternehmen hervorbringen wird und dass ein wachsendes Feld KI-basierter Unternehmen entsteht, die leere Büros füllen. In gewissem Maße ist das bereits im Gange, aber diese Unternehmen haben in der Regel nur wenige Mitarbeiter und keinen Bedarf an großen Büroflächen. Midjourney, das populärste KI-Bilderzeugungstool, hat über 15 Millionen Nutzer, einen neunstelligen Umsatz und ein Team von weniger als 20 Mitarbeitern![89] Unser Freund Peter Diamandis, ein Futurist, twitterte die Vorhersage, dass wir dank KI »im nächsten Jahr das erste Drei-Mann-Milliarden-Dollar-Unternehmen sehen werden!«

Büroleerstände nehmen weiter zu

Prozentualer Anteil der gesamten Bürofläche, die leer steht

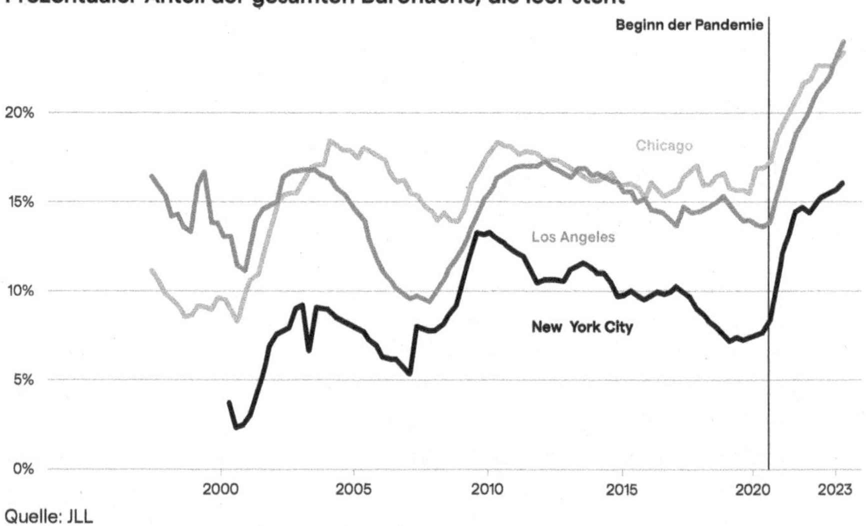

Quelle: JLL

Also, welche weiteren Obsoleszenz-Risiken erwarten uns? Wie werden sich diese disruptiven Trends im Bereich der Gewerbeimmobilien auswirken? Wir wissen es schlichtweg nicht und müssen daher Vorsicht walten lassen.

89 *Forbes*: »Midjourney«, https:/www.forbes.com/companies/midjourney/?sh=6d4292edf049.

1. Geografisches/politisches Risiko – Als Fern- oder Hybridarbeit für viele eine gangbare Option wurde, erlebten die USA eine riesige Welle der Binnenmigration. Viele Menschen flohen aus den teuren Städten. **Es überrascht nicht, dass sie sich für Staaten mit niedrigeren Steuersätzen, niedrigeren Lebenshaltungskosten und höherer Lebensqualität entschieden. Kalifornien war der größte Verlierer bei dieser Umverteilung. Zwischen April 2020 und Juli 2022 verließen mehr als eine halbe Million Menschen Kalifornien und nahmen Gesamteinkommen in Höhe von mehr als 50 Milliarden Dollar mit. New York City verlor 468 200 Einwohner, fast 5,7 Prozent seiner Bevölkerung,[90] ein Verlust, der sich in hohen Leerstandsquoten niederschlägt.** Die Milliarden verlorener Einkommensteuereinnahmen des Staates haben zu den bereits hohen Defiziten beigetragen, was die Diskussion über noch höhere Steuersätze für die Zurückgebliebenen anheizt. Dieser Teufelskreis könnte noch mehr Menschen dazu bringen, den Stecker zu ziehen und umzuziehen. Kalifornien ist so besorgt über eine weitere Abwanderung, dass über eine »Ausstiegssteuer« diskutiert wird, bei der ein bestimmter Prozentsatz des Gesamtvermögens der Menschen, die den Staat verlassen, eingezogen würde.[91] Das erinnert mich an den klassischen Eagles-Song »Hotel California«, aus dem man zwar auschecken kann, aus dem man aber nie wieder rauskommt.
Wie Einzelpersonen haben auch zahlreiche Unternehmen ihren Standort verlegt, in geschäftsfreundlichere Staaten mit niedrigeren Arbeitskosten. Die Stanford University berichtete, dass mehr als 352 große Unternehmen Kalifornien verlassen haben, darunter elf der Fortune-1000-Unternehmen. Charles Schwab, CBRE und Oracle sind nur einige der vielen Giganten, die ihren Hauptsitz

90 Pritchett, Elizabeth (2023): »New York City has lost nearly half a million residents since start of COVID pandemic«, 19 05 2023, https:/www.foxbusiness.com/lifestyle/new-york-city-lost-nearly-half-million-residents-since-start-covid-pandemic.

91 Laffer, Arthur & Moore, Stephen (2023): »The ›Hotel California‹ Wealth Tax«, WSJ, 05 05 2023, https:/www.wsj.com/articles/the-hotel-california-wealth-tax-high-taxes-resident-flight-new-jersey-massachusetts-new-york-texas-florida-utah-tennessee-cost-of-living-education-crime-silicon-valley-south-c39602ac?cx_testId=3&cx_testVariant=cx_171&cx_artPos=3&mod=WTRN#cxrecs_s.

von Kalifornien nach Texas verlegt haben.[92] Das stärkt die Arbeitsmärkte dieser wirtschaftsfreundlicheren Bundesstaaten. **Im Jahr 2023 bezeichnete das Wall Street Journal Nashville, Tennessee, als den Arbeitsmarkt Nummer eins. Die einkommensteuerfreie »Music City« hat sich schnell zu einem wirtschaftlichen Kraftzentrum entwickelt.** Florida und Texas erleben ebenfalls ein explosionsartiges Wachstum. Werden diese Trends anhalten? Das muss sich noch zeigen, aber fest steht, dass Immobilienwerte, sowohl von Gewerbe- als auch von Wohnimmobilien, stark vom Standort sowie von der Politik der Städte und Staaten abhängen.

2. Zinssätze und unbeabsichtigte Folgen – Wie bereits erwähnt, haben wir gerade die schnellste Zinserhöhung der Geschichte erlebt. Das zieht schwerwiegende Folgen mit Auswirkungen auf verschiedene Immobilienkategorien nach sich, aber keine wird es so hart treffen wie die Gewerbeimmobilien. Leerstand ist zwar problematisch, aber die Billionen an Krediten, die auf diesen Gebäuden lasten, können zu einer Bankenkatastrophe führen. Die Schuldenmauer rückt rasend schnell näher. Ungefähr 2,5 Billionen Dollar an gewerblichen Immobilienkrediten werden bis 2028 fällig, davon 1,5 Billionen Dollar bis 2025. Wenn die Regierung nicht eingreift, werden sehr wahrscheinlich viele Eigentümer nicht in der Lage sein, ihre Kredite zu refinanzieren, oder sie werden derartig in Schulden ertrinken, dass es am besten ist, die Bank zwangsvollstrecken zu lassen. Dies geschieht bereits. *Bloomberg* meldet: »In New York und London verabschieden sich Eigentümer von ihren glänzenden Bürotürmen, statt schlechtem Geld gutes hinterherzuwerfen. Die Vermieter von San Franciscos größtem Einkaufszentrum haben es aufgegeben.«[93] Die Banken müssen es ausbaden und sind gezwungen, diese Immobilien weit unter Preis zu verkaufen und die Kredite abzuschreiben. Fairerweise muss man sagen, dass es ein paar Lichtblicke gibt. Als wir Barry

---

92 Concordia University Texas (2021): »19 Corporations & Businesses Fleeing California for Texas«, 16 06 2021, https:/www.concordia.edu/blog/19-corporations-and-businesses-fleeing-california-for-texas.html.

93 Wong, Natalie; Gittelsohn, John; Sidders, Jack & Kwan, Shawna (2023): »The World's Empty Office Buildings Have Become a Debt Time Bomb«, Bloomberg, 23 06 2023, https:/www.bloomberg.com/news/articles/2023-06-23/commercial-real-estate-reset-is-causing-distress-from-san-francisco-to-hong-kong?srnd=premium.

Sternlicht (Kapitel 22), Gründer des Immobilienriesen Starwood Capital, befragten, erklärte er, dass kleinere Boutique-Gebäude mit Weltklasseausstattung immer noch gefragt sind. Sie beherbergen oft Firmen mit hohen Margen und geringer Mitarbeiterzahl, wie Hedgefonds, lokale Anwaltskanzleien, KI-Unternehmen und so weiter.

- **Infolge der bevorstehenden Kreditklemme für Banken und Mieter (siehe die folgende Abbildung) prognostiziert Morgan Stanley einen Wertverlust von 40 Prozent bei Einzelhandels- und Büroflächen, wie wir es in der neueren Geschichte noch nicht erlebt haben.**[94] Wenn Kreditnehmer ausfallen, müssen die Banken diese Kredite abschreiben, was schwere Verluste bedeutet. Das könnte sogar zu einer Bankenkrise führen. **Noch besorgniserregender ist, dass 70 Prozent der Geschäftskredite von Regionalbanken vergeben wurden, die in jüngster Zeit reihenweise pleitegingen, von der Silicon Valley Bank über die First Republic bis zur Signature Bank.**

Eine große Menge an fällig werdenden Immobilienschulden, die refinanziert werden müssen

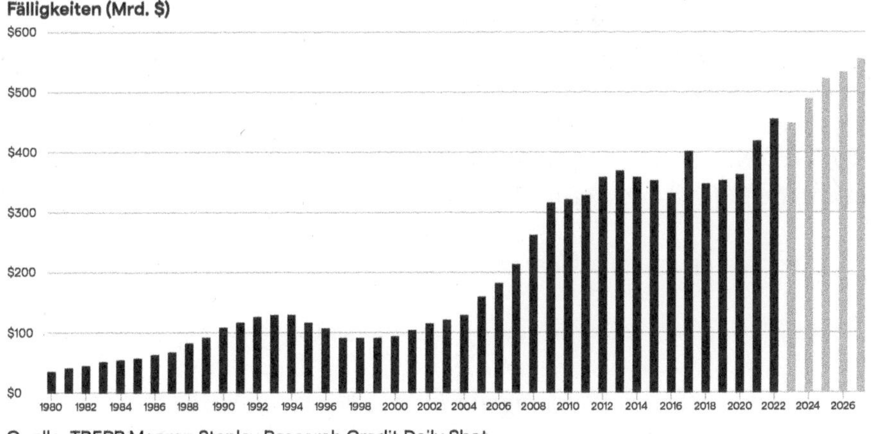

Quelle: TREPP Morgan Stanley Research Credit Daily Shot

[94] Callanan, Neil (2023): »A $1 5 Trillion Wall of Debt Is Looming for US Commercial Properties«, Bloomberg, 08 04 2023, https:/www.bloomberg.com/news/articles/2023-04-08/a-1-5-trillion-wall-of-debt-is-looming-for-us-commercial-properties.

- Während die Werte sinken, gibt es jede Menge Smart Money, das auf der Suche nach Geschäften ist. Mehrere Fonds, die sich auf notleidende Immobilien spezialisiert haben, wurden in letzter Zeit gegründet und sind auf Beutezug. Ihr Denken entspricht einem Prinzip, das durch den verstorbenen Sir John Templeton (Gründer der Templeton Funds und genialer Contrarian-Investor) propagiert wurde: »Kaufe, wenn Blut in den Straßen fließt.« Für die Anleger tut sich im Zuge dieser Entwicklung eine große Kaufchance auf.

Alles in allem scheint ein erheblicher Teil der Gewerbeimmobilien auf eine Klippe zuzusteuern, aber der Wohnimmobilienmarkt sendet andere Signale. Lassen Sie uns das genauer betrachten.

Wohnimmobilien

Zu Beginn des zweiten Jahres der Pandemie waren immer mehr Gebiete des Wohnungsmarktes auf den Stadtplänen rot markiert – sprich bonitätsschwach. Es war Anfang 2022, die Preise schossen in die Höhe und die Käufer wollten verzweifelt etwas kaufen ... irgendetwas!

Auf den ersten Blick könnte man meinen, dass wir es mit einer Immobilienblase wie im Jahr 2008 zu tun haben. Die Panikmache in den Medien stieß schon seit geraumer Zeit in dieses Rohr. Im Folgenden einige Schlagzeilen aus Artikeln des leitenden Immobilienkorrespondenten von MSNBC. Sie zeigen, wie sehr man danebenliegen kann, wenn man versucht, den Markt vorherzusagen.

»Wohnen heute: Eine Blase größer als 2006.« – Oktober 2015.

»Wir befinden uns in einer neuen Immobilienblase«. – August 2016.

»Auf dem heutigen Wohnungsmarkt ist es besser, zu mieten als zu kaufen.« – September 2018.

»Für Hauskäufer verändert sich der Wohnungsmarkt zum Nachteil.« – Juli 2019.

»Das nächste Jahr wird hart für den Wohnungsmarkt, besonders in Großstädten.« – Dezember 2019.
»Der Boom auf dem Wohnungsmarkt ist vorbei, die Zahl der Hausverkäufe geht zurück.« – Juli 2021.

In den Jahren zwischen der ersten und der letzten Schlagzeile stieg der durchschnittliche Hauspreis von 300 000 Dollar auf 523 000 Dollar und Käufer kamen in den Genuss der niedrigsten Hypothekenzinsen der Geschichte. Heute haben wir noch mehr Stimmen in den Medien, die den »kommenden Crash« heraufbeschwören. Und obwohl die Preise mit Sicherheit nachgeben, scheinen die Daten eine andere Geschichte zu erzählen.

Entwicklung des Immobilienmarktes in Rezessionen

S&P Case-Shiller U.S. National House Price Index

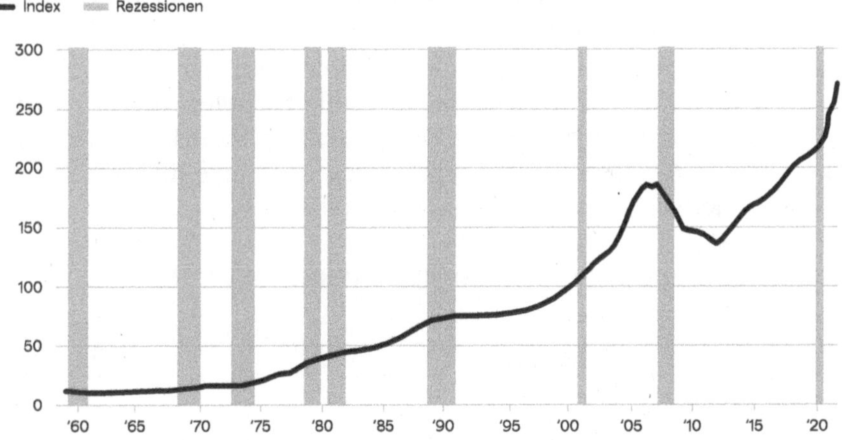

Beim Blick in die Geschichte sollte man erwarten, dass eine Rezession einen Rückgang der Immobilienpreise nach sich zieht. **Seit 1960 haben wir jedoch neun Rezessionen erlebt und die Preise für Wohnimmobilien fielen nur während einer – der Großen Rezession.** Während ich dies schreibe, flirten wir mit einer weiteren Rezession (die letzte gab es im Jahr 2020) und die Preise für Wohnimmobilien sind tatsächlich gesunken. Der Zinssatz für 30-jährige Hypotheken liegt jetzt bei über 8 Prozent, der höchsten Rate seit über 20 Jahren. Dies hat zweifellos einen Preisrückgang bewirkt. Aber werden die Preise weiter sinken? Ist die Nachfrage gänzlich zum Erliegen gekommen? Haben wir zu viele Bestände? Sehen wir uns die Fakten an.

Angebot versus Nachfrage spielt eine Rolle

In einer perfekten Welt würde die Nachfrage nach neuen Häusern genau mit der Zahl der neu gebauten Häuser übereinstimmen (auch bekannt als die Zahl der »Fertigstellungen«). Es würde ein perfektes Gleichgewicht zwischen Angebot und Nachfrage herrschen. Leider denken die Bauunternehmer nicht so. Sie schmieden das Eisen, solange es heiß ist.

Das Einmaleins der Wirtschaft lehrt uns, dass die Preise bei einem Überangebot und einer geringen Nachfrage einbrechen. Zwischen 2004 und 2005 errichteten die Bauunternehmer mehr Häuser, als je zuvor in der Geschichte gebaut wurden. In nur zwei Jahren wurden 4 Millionen neue Wohnungen gebaut (siehe folgende Abbildung). Doch nach mehreren Jahren unglaublicher Nachfrage begann die Zahl der Käufer zu schrumpfen.

Trotz der vielen Spekulanten, die Häuser für schnelles Geld kaufen und verkaufen wollten, gab es nicht genug Nachfrage für die Millionen überzähliger Häuser, die zum Verkauf standen.

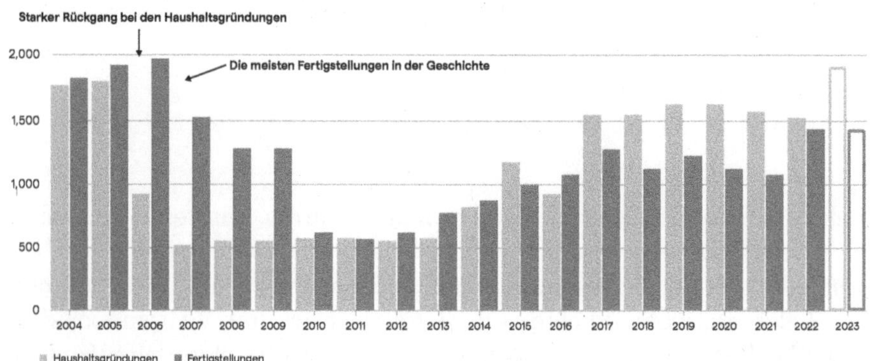

Quelle: MBS Highway

Erschwerend kam hinzu, dass die Banken in der Zeit vor der Großen Rezession unverantwortliche Kreditvergabepraktiken an den Tag legten. Keine Einkommensprüfung, keine Anzahlung – kein Problem. Wer atmen konnte, bekam einen Kredit. In dem berühmten Film *The Big Short* besucht ein Hedgefonds-Manager Florida, um hinter den Wahnsinn des Immobilienmarktes zu kommen. **Er wird einer »Tänzerin« vorgestellt, die fünf Häuser und eine Eigentumswohnung besitzt (mit mehreren Krediten für jedes Haus). Und ja, es ist eine wahre Geschichte!**

Und was ist heute anders? Woher wissen wir, dass wir nicht vor einem weiteren Zusammenbruch stehen? Es geht immer zurück zum Grundkurs Wirtschaft: Angebot und Nachfrage.

Geringe Bestände

Bauherren (und Banken) wurden Anfang der 2000er-Jahre einige sehr schmerzhafte Lektionen erteilt. Wenn Sie sich die folgende Abbildung ansehen, die den heutigen Bestand an Neubauimmobilien zeigt, werden Sie sehen, dass wir weit unter dem historischen Durchschnitt liegen:

Der Spitzenbestand im Jahr 2007 betrug sage und schreibe 4 Millionen zum Verkauf stehender Häuser.

Bestand vorhandener Immobilien

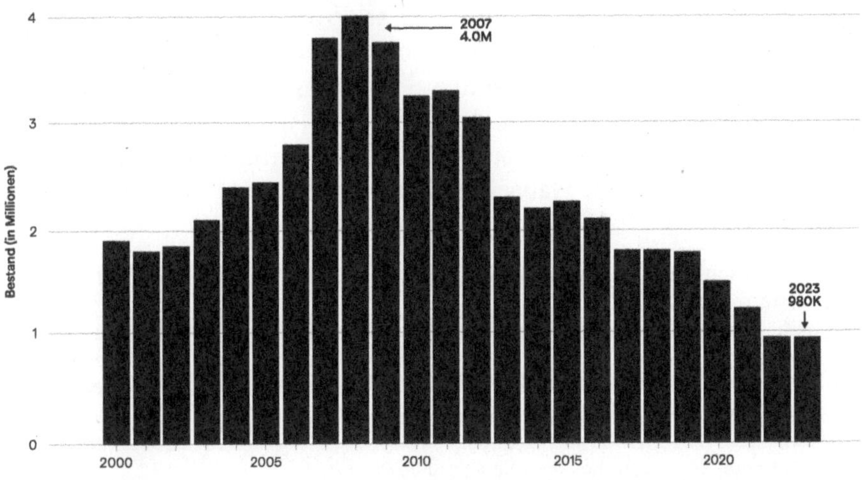

Quelle: MBS Highway

Heute stehen 980 000 Häuser zum Verkauf, der tiefste Stand seit 40 Jahren.[95] **Und fast 40 Prozent davon sind bereits unter Vertrag, was bedeutet, dass die korrekte Zahl der aktiven Angebote, Stand April 2023, bei nur 563 000 liegt.**

Das sind kaum mehr als eine halbe Million zum Verkauf stehende Häuser in den gesamten Vereinigten Staaten – die niedrigste Zahl seit wir diese Statistik Anfang der 1980er-Jahre aufzeichnen.[96] Laut *Realtor.com* wird im September 2022 die Lücke zwischen dem Bedarf an Häusern und den Fertigstellungen (auf den Markt kommende Häuser) 5,8 Millionen Häuser betragen.[97] Hinzu kommt, dass Bauherren den Bau neuer Häuser bremsen, da die Material- und Arbeitskosten mit der Inflation stark angestiegen sind und die Zinsen drastisch erhöht wurden.

Amerikanische Hausbesitzer sind reich an Eigenkapital

Eine weitere einzigartige Dynamik auf dem heutigen Markt ist die große Menge an Eigenkapital des typischen Hausbesitzers. Im Jahr 2008 brachte der durchschnittliche Hauseigentümer nur 19 Prozent Eigenkapital beim Immobilienerwerb auf, was ihn stark fremdfinanziert und anfällig für Preisschwankungen machte. Nur allzu schnell stand ihm das Wasser bis zum Hals und es kam zur Zwangsvollstreckung. Man hat daraus gelernt und die Richtlinien für die Anzahlung geändert: Heute bringt der durchschnittliche Hauskäufer über 58 Prozent Eigenkapital in seine Immobilien ein! Außerdem haben viele dieser Käufer einen historisch niedrigen Zinssatz abgeschlossen, was es unwahrscheinlich macht, dass sie in nächster Zeit umziehen, da ein neues Haus eine höhere Zahlung erfordern würde. Um es klar zu sagen: Bei Wohnimmobilien ist nicht alles eitel Sonnenschein. Hauseigentümer geben heute 40 Prozent ihres

---

95 *FRED*: »Housing Inventory: Active Listing Count in the United States«, https:/fred.stlouisfed.org/series/ACTLISCOUUS.

96 Trading Economics: »United States Total Housing Inventory«, https:/tradingeconomics.com/united-states/total-housing-inventory#:~:text=Total%20Housing%20Inventory%20in%20the%20United%20States%20averaged%202287 13%20Thousands,United%20States%20Total%20Housing%20Inventory.

97 Realtor.com (2022): »US Housing Supply Gap Continues to Grow«, 21 11 2022, https://www.realtor.com/research/us-housing-supply-gap-nov-2022/.

Bruttoeinkommens für ihre Hypothek aus. Die durchschnittliche Hypothekenzahlung für ein Haus liegt derzeit bei einem Rekordhoch von 2322 Dollar pro Monat, ohne Steuern, Versicherungen und so weiter. Dieses Schulden-Einkommens-Verhältnis ist alarmierend hoch und sogar höher als 2008. In Verbindung mit der Tatsache, dass die Kreditkartenschulden ebenfalls ein Allzeithoch erreicht haben, stehen uns schwere Zeiten bevor. Wird dieses Zusammentreffen von Faktoren zu einem erheblichen Preisverfall bei Wohnimmobilien führen? Die Zeit wird es zeigen. Bei einem derart geringen Bestand könnte uns der Markt mit einigermaßen stabilen Immobilienpreisen oder sogar moderatem Wachstum in Gebieten mit höherer Nachfrage überraschen, insbesondere wenn die Hypothekenraten sinken. Fazit: Investoren sollten Vorsicht walten lassen.

»Ich denke, Sie können sich schon so richtig ausmalen, wie sie hier sitzen und damit kämpfen, den Zahlungen nachzukommen.«

Was ist mit Wohnungen?

Obwohl Wohnungen (beziehungsweise Mehrfamilienhäuser) wie Einfamilienhäuser zur Kategorie Wohnen gehören, sind das zwei verschiedene

Paar Schuhe. Investitionen in Mehrfamilienhäuser erlebten in den vergangenen zehn Jahren einen starken Aufschwung. Die Mieten sind seit vielen Jahren stetig gestiegen, was die Anleger freute. Dennoch zeigen Wohnungen in bestimmten Regionen Anzeichen von Schwäche, insbesondere dort, wo Entwickler überbaut haben. **In der Zwischenzeit hat sich ein Sturm aus steigenden Zinssätzen, sinkenden Mieten, vermehrten Zwangsräumungen und steigenden Versicherungsprämien und Grundsteuern zusammengebraut.** Die Schwere des Sturms hängt stark vom lokalen Markt ab.

Viele Wohnungseigentümer (bei denen es sich häufig um Eigentümergemeinschaften handelt) wurden gierig und entschieden, ihren Zinssatz nicht für einen langen Zeitraum festzulegen, sondern setzten auf »variabel verzinste« Schulden, um die Rendite zu maximieren, als die Zinsen niedrig waren. Es überrascht nicht, dass höhere Renditen auch höhere Performance-Gebühren für die Manager bedeuten. **Jetzt steigen die Zinssätze stark und die Eigentümer/Betreiber bereuen ihre Entscheidung zweifelsohne. Die Darlehen mit anpassbaren Zinssätzen sind ihnen zum Verhängnis geworden, da ihre Finanzierungskosten in die Höhe geschnellt sind.**

Im August 2023 berichtete das *Wall Street Journal*, dass »der plötzliche Anstieg der Schuldenkosten im letzten Jahr nun viele Besitzer von Mehrfamilienhäusern im ganzen Land zu vernichten droht. Die Werte von Mehrfamilienhäusern sind in dem im Juni abgelaufenen Jahr um 14 Prozent gefallen, nachdem sie im Vorjahr um 25 Prozent gestiegen waren.«

Nehmen wir zum Beispiel Jay Gajavelli, einen indischen Einwanderer und ehemaligen IT-Mitarbeiter. Gajavelli machte Schlagzeilen im *Wall Street Journal*, weil er Investoren außergewöhnliche Renditen verkaufte.[98] **In den vergangenen zehn Jahren häufte Gajavelli über 7000 Wohneinheiten im gesamten Sonnengürtel an. Er lockte potenzielle Anleger in seinen YouTube-Videos mit »doppelten Renditen« und akquirierte auf diese Weise Millionen Privatpersonen.** Es funktionierte – bis es nicht mehr funktionierte.

Gajavelli nutzte Kredite mit variablem Zinssatz, um seinen Bestand zu kaufen, und als die Zinsen rapide zu steigen begannen, war es für ihn

---

98 Parker, Will; Putzier, Konrad & Shifflett, Shane (2023): »A Housing Bust Comes for Thousands of Small-Time Investors«, *The Wall Street Journal*, 23 05 2023, https:/www.wsj.com/articles/a-housing-bust-comes-for-thousands-of-small-time-investors-3934beb3.

zu spät für eine Refinanzierung. Die Kreditvergabe der Banken war so gut wie versiegt. **Schließlich war er nicht mehr in der Lage, die steigenden Zahlungen zu leisten, und er hat bisher bereits 3000 Einheiten zur Zwangsversteigerung an die Bank zurückgegeben. Seine Investoren verloren unterdessen 100 Prozent ihrer Investition – nicht weil die Wohnungen schlecht waren, sondern weil der Eigentümer/Betreiber unnötige Risiken einging, von denen die unbedarften Anleger nichts wussten.**

Mehrfamilienhäuser in den USA verlieren an Wert

Nach einem rasanten Anstieg in den letzten Jahren sind die Preise rückläufig, wie ein Index von MSCI zeigt.

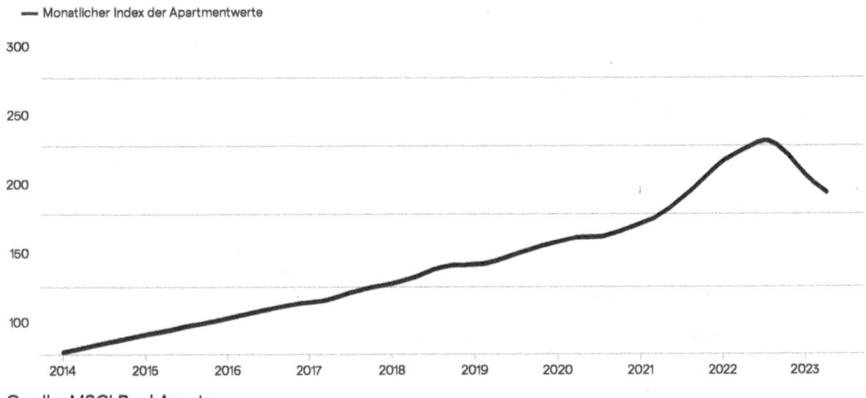

Quelle: MSCI Real Assets

Nicht nur die unbedarften Anleger leiden darunter. Blackstone, eine der weltgrößten Investorengesellschaften, entschied sich für die Insolvenz von elf Wohnhäusern in Manhattan. Das *Wall Street Journal* berichtete, dass »Veritas Investment, einer der größten Vermieter San Franciscos, und seine Partner im vergangenen Jahr mit der Rückzahlung von Schulden für 95 Mietshäuser in Verzug gerieten und ihnen ein Verlust von mehr als einem Drittel ihres Portfolios in San Francisco droht«.[99]

---

99 Putzier, Konrad & Parker, Will (2023): »A Real-Estate Haven Turns Perilous With Roughly $1 Trillion Coming Due«, *The Wall Street Journal*, 07 08 2023, https:/www.wsj.com/articles/a-real-estate-haven-turns-perilous-with-roughly-1-trillion-coming-due-74d20528?mod=hp_lead_pos2.

Ergibt sich eine Gelegenheit?

Für diejenigen, die gern Sonderangebote kaufen, werden bestimmte Immobilienkategorien in den nächsten Jahren äußerst attraktiv werden. **Wir rechnen mit großen Preisnachlässen bei Gewerbe- und Mehrfamilienimmobilien, da die Verkäufer (und Banken) gezwungen sind, ihre Immobilien abzustoßen. Die Käufer müssen dann klug wählen und in der Lage sein, die schwierigen Fragen zur Rentabilität zu beantworten. Dennoch glauben die von uns befragten Experten, dass es zu Verwerfungen auf dem Markt kommen wird, die enorme Kaufgelegenheiten schaffen, wie wir sie seit fast zwei Jahrzehnten nicht mehr gesehen haben.**

Private Credit ist eine andere Methode, mit der sich Einzelanleger an Immobilien beteiligen können. Die Kreditvergabe der Banken hat sich fast vollständig in Luft aufgelöst, aber Eigentümer von Gewerbe- und Wohnimmobilien werden weiterhin Zugang zu Kapital benötigen und in Ermangelung von Banken werden sich viele an eine Untergruppe von Private Credit wenden (in einigen Fällen als »Hartgeld-Kreditgeber« bekannt). Diese Nicht-Bank-Kreditgeber bieten kurzfristige Darlehen und nutzen zum Beispiel Immobilien als Sicherheit, wenn ein Kreditnehmer schnell Bargeld benötigt. **Dies kann für den Kreditgeber sehr ansehnliche Renditen bringen. Zudem ist der Geldgeber gut abgesichert, falls der Kreditnehmer seinen Verpflichtungen nicht nachkommt.** Als Investor können Immobilienkredite eine großartige Ergänzung für ein Gral-Portfolio sein, um Einnahmen zu generieren.

Zum Schluss noch ein paar gute Ratschläge für Immobilieninvestoren in der heutigen Landschaft:

1. Wenden Sie sich an Experten – Investitionen in Immobilien werden am besten von professionellen Investoren durchgeführt, die sich mit den geografischen Feinheiten und mit Leverage auskennen und eine langfristige Bilanz des erfolgreichen Navigierens durch Marktabschwünge vorweisen können. Die Geschichte ist voll von unbedarften Immobilieninvestoren, die sich finanziell übernommen haben und in den Konkurs stürzten.
2. Diversifizierung – Die Investition in einen erstklassigen Verwalter kann Ihnen ein diversifiziertes Portfolio mit zahlreichen Immobilien bringen, anstatt auf ein oder zwei zu setzen. Dasselbe gilt für Private

Credit, sodass Sie in ein Portfolio von Krediten investieren können, anstatt nur an einen oder zwei Kreditnehmer Gelder zu vergeben.

3. Seien Sie geduldig – wir werden in den kommenden Jahren einen enormen Handelsfluss und viele vergünstigte Gelegenheiten sehen. Wählen Sie Ihre Chancen sorgfältig aus und stürzen Sie sich nicht auf das erste Angebot, das Sie sehen.

Jeder macht gern Geschäfte!

Jeder liebt ein Geschäft! Was passiert also, wenn ein Investor, der in einen Private-Equity-Fonds investiert hat, beschließt, dass er sein Geld vorzeitig zurückhaben möchte? Nun, da Private Equity (und auch Risikokapital) in der Regel illiquide ist, bleibt dem Anleger nur eine Möglichkeit: Er kann seine Position im Fonds an einen anderen Anleger verkaufen. **Dies wird als »Sekundärtransaktion« bezeichnet und kann für einen klugen Investor eine Gelegenheit sein, einen großen Vermögenswert mit einem Abschlag zu erhalten und mit einer verkürzten Zeitspanne, bis das Geld ausgezahlt wird. Lassen Sie uns das genauer beleuchten!**

KAPITEL 9

SEKUNDÄRMÄRKTE

JEDER LIEBT EINEN VERKAUF!

»Wer auch immer gesagt hat, Geld könne Glück nicht kaufen, kannte wohl nicht die richtigen Geschäfte.«

Bo Derek

Wir haben einen weiten Weg zurückgelegt und jetzt ist nur noch eine Strategie übrig, mit der wir uns beschäftigen müssen! Bisher haben wir bereits sechs alternative Anlagestrategien kennengelernt, die man als Teil eines Portfoliokonzepts zum Heiligen Gral in Betracht ziehen kann.

Wie wir jetzt wissen, besteht Dalios Ansatz darin, acht bis zwölf unkorrelierte Anlagestrategien zu verwenden. In Verbindung mit traditionellen Aktien, Anleihen und anderen liquideren Anlagen gibt es eine Vielzahl von Optionen. Zum Glück, denn nicht alle Strategien sind für jeden geeignet, und es ist immer eine gute Idee, einen professionellen Berater zu konsultieren.

Es gibt ein ganzes Universum an alternativen Anlagen, die unser Research-Team kontinuierlich überwacht und verfolgt.

Im letzten Kapitel von Teil 1 werden wir uns eine Ecke der Welt alternativer Anlagen anschauen, in der es Möglichkeiten gibt, große Rabatte auf hochwertige Anlagewerte zu erhalten. Denn wer liebt es nicht, ein gutes Geschäft zu machen?

Der große Rabatt

Der neue, heiß begehrte Ferrari F8 kostet 350 000 Dollar.

Die Autos sind rar und fast unmöglich zu finden, es sei denn, Sie sind bereit, mehr als das zu zahlen, was auf dem Preisschild steht! Nun stellen Sie sich vor, Sie gehen in einen Ausstellungsraum, in dem ein funkelndes, rotes, nagelneues Exemplar mit einem Preisnachlass von 25 bis 50 Prozent angeboten wird. Würden Sie zuschlagen? Das hoffe ich doch sehr! Jeder macht gern ein gutes Geschäft. Seltsamerweise scheint dieses Phänomen auf alles zuzutreffen – außer auf Investitionen. **Wenn Aktien 10 Prozent, 20 Prozent oder sogar 50 Prozent unter ihrem Höchststand liegen, meidet der typische Anleger sie wie die Pest, und wenn er sie besitzt, ist er wahrscheinlich bereit, sie zu verkaufen, um weitere Schmerzen zu vermeiden.**

Aber nicht jeder, der verkauft, wenn der Markt am Boden liegt, erleidet einen emotionalen Zusammenbruch. Tatsächlich sind einige der diszipliniertesten Anleger der Welt, die cleveren institutionellen Anleger, zu bestimmten Zeiten geradezu verpflichtet, einen Teil ihrer Anlagen zu verkaufen. Aber warum in aller Welt sollten sie verpflichtet sein, Qualitätsanlagen zu verkaufen?

Lassen Sie uns genauer erforschen, wie diese einzigartigen Situationen uns Investoren (den Käufern) einen bedeutenden Vorteil verschaffen können.

Aus dem Gleichgewicht

Die diszipliniertesten Anleger haben in der Regel einen klaren Plan für die Vermögensaufteilung: einen festen Prozentsatz, den sie in jeder Anlageart halten wollen (zum Beispiel 30 Prozent in Aktien, 20 Prozent in Anleihen, 40 Prozent in Private Equity und so weiter). Da die Märkte schwanken, ist der Wert ihrer Bestände nicht statisch und die Zielvorgabe für die Vermögensallokation beweglich.

Im Jahr 2022 stürzten die Aktienmärkte ab und fast jeder spürte den Schmerz. Aktien, Anleihen und Immobilien fielen im Gleichschritt und es gab kein Entrinnen. Die größten institutionellen Anleger der Welt (Stiftungen, Staatsfonds, Pensionsfonds und so weiter) waren geschockt, da ihre Portfolios die schlechteste Performance seit der Großen Rezession verzeichneten. Hinzu kamen die Invasion in die Ukraine, die rasante Inflation und anhaltende Probleme in der Lieferkette. Die Welt des institutionellen Portfoliomanagements war angeschlagen, verletzt und verwirrt. **Und wie haben die großen institutionellen Anleger darauf reagiert? Sie ergriffen wichtige Maßnahmen, um wieder ins Gleichgewicht zu kommen. Lassen Sie mich das genauer erklären.**

Aber zunächst möchte ich kurz über das Einmaleins des Portfoliomanagements sprechen. Angenommen, Sie haben 1 Million Dollar in Aktien und Anleihen investiert, mit einer Zielverteilung von 60 Prozent Aktien und 40 Prozent Anleihen. Sie würden sich bemühen, diese branchenübliche Standardaufteilung von 60 zu 40 beizubehalten. Wenn Ihre Aktien im Wert steigen und Ihre Anleihen fallen oder konstant bleiben, sind Ihre Prozentsätze von dem angestrebten Ziel abgedriftet.

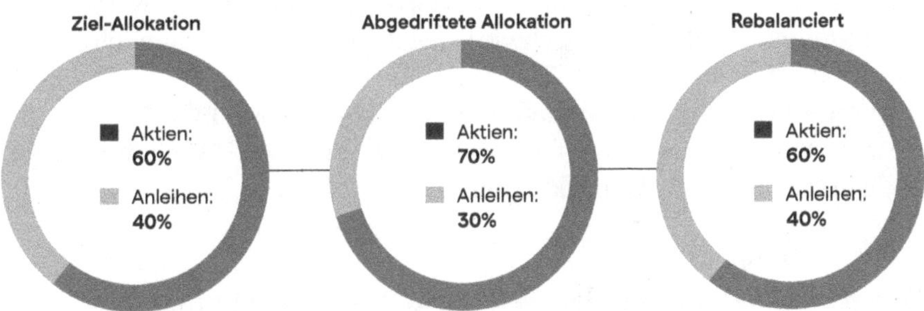

Es kann sein, dass Sie am Ende 70 Prozent in Aktien und nur 30 Prozent in Anleihen investiert haben, wie in der folgenden Abbildung dargestellt. Dann ist es an der Zeit, eine neue Gewichtung vorzunehmen. Quasi einen abgenutzten Reifen ersetzen, damit Ihr Wagen wieder »rundläuft«. Für einen disziplinierten Anleger würde dies in der oben beschriebenen Situation bedeuten, **einige Aktien zu verkaufen und Anleihen zu kaufen, um sein 60-zu-40-Ziel wieder herzustellen.**

Im Jahr 2022 erlebte weltweit fast jedes institutionelle Portfolio das Äquivalent von drei unausgewuchteten Reifen, die den ganzen Wagen ruckeln ließen. Während sowohl Aktien als auch Anleihen deutlich fielen, schnitten viele alternative Anlagen (Private Equity, Private Credit und so weiter) wesentlich besser ab. **Dadurch erreichten die alternativen Anlagen einen VIEL höheren Prozentsatz innerhalb der angestrebten – und**

oft erforderlichen – Vermögensaufteilung der Portfolios. Für die Portfoliomanager ist dies alles andere als ideal und sie müssen Maßnahmen ergreifen.

Des einen Leid ist des anderen Freud

In der heutigen Zeit sind Hunderte Milliarden Dollar in hochwertiges Private Equity, Private Credit und Private Real Estate investiert, von denen viele in den letzten Jahren erheblich an Wert gestiegen sind. Jetzt müssen sie verkauft werden, um diesen Institutionen zu ermöglichen, ihre Portfolios wieder ins Gleichgewicht zu bringen. Der Grund dafür ist, dass die meisten großen Institutionen ein Selbstverwaltungsmandat haben, das sie bei Bedarf zur Kurskorrektur und Neuausrichtung verpflichtet. **Und wenn die Verwalter dieser Portfolios keine Maßnahmen zur Kurskorrektur ergreifen, werden sie … gefeuert!** Folglich müssen sie handeln; es ist ein Akt der Selbsterhaltung.

Aber was passiert, wenn man in etwas Illiquides wie Private Equity investiert? Wie kann man eine illiquide Anlage verkaufen? **Wir betreten nun die Welt der Sekundärtransaktionen.**

Der frühe Vogel fängt den Wurm, aber die zweite Maus bekommt den Käse

Bei einem traditionellen Private-Equity-Fonds warten die Anleger fünf bis zehn Jahre, bis der Fonds liquidiert wird und sie ihr Kapital zurückerhalten. Wenn also ein Anleger seine Position vorzeitig auflösen will oder muss, kann er dies nur durch den Verkauf seiner Position an einen anderen Anleger, der seinen Platz einnehmen würde. Dies bezeichnet man als »LP-led Secondary«, da es von Fondsinvestoren (Limited Partners, LP) initiiert wird.

Heutzutage ist es recht einfach, einen interessierten Investor zu finden, an den man seine Position verkaufen kann. Es gibt zahlreiche Investmentfonds, deren einziger Zweck darin besteht, Secondarys [also die Anteile eines bestehenden Fonds] von bestehenden Investoren (Limited Partners) zu kaufen. **Im Jahr 2021 betrug das Transaktionsvolumen**

auf dem Sekundärmarkt unglaubliche 134 Milliarden Dollar (gegenüber 60 Milliarden Dollar im Jahr 2020). Viele Experten gehen davon aus, dass diese Kategorie schon bald auf 500 Milliarden Dollar anwachsen wird.

»Und warum ist flüssig sein für Sie so wichtig?«

Aber warum sind Secondarys als »Anlageklasse innerhalb einer Anlageklasse« immer beliebter geworden? Es gibt drei Hauptvorteile:

1. Ein Abschlag – Bei einer Private-Equity-Anlage gibt es eine vierteljährliche Bewertung Ihrer Investition (manchmal als »Net Asset Value« oder kurz »Mark« bezeichnet). Möchte ein Anleger seine Position verkaufen, muss er dies häufig mit einem Abschlag in Relation zum aktuellen Wert tun. Das heißt, der Käufer ist bereits *in the money*[100] und besitzt einen Puffer, um den das Portfolio fallen müsste, um Geld zu verlieren. Beträgt der aktuelle Wert zum Beispiel 100 Dollar, könnten sich Käufer und Verkäufer auf einen Preis zwischen 70 und 90 Cent für den Dollar einigen. **Der Verkäufer erhält die benötigte Liquidität und der Käufer macht ein gutes Geschäft. Eine Win-win-Situation.**

100 Anm. d. Red.: »im Geld«, das heißt, die Option hat einen inneren Wert.

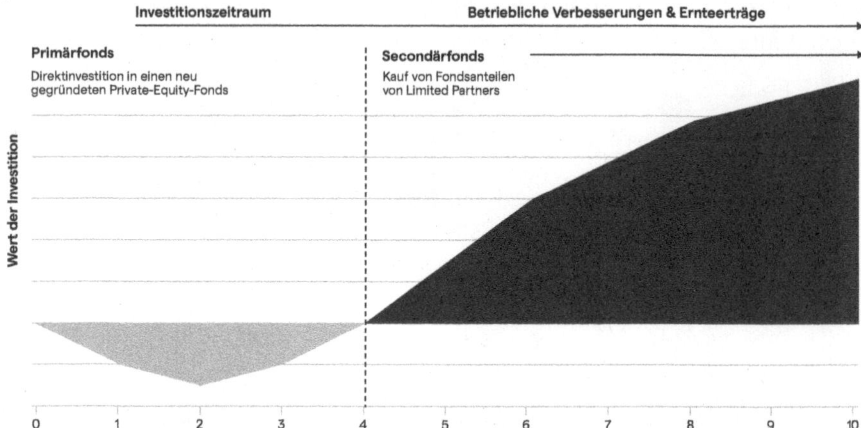

Quelle: CAZ Investments. Dieser Chart dient nur zur Veranschaulichung und stellt weder die vergangene noch die prognostizierte Wertentwicklung einer tatsächlichen Investition dar. Es gibt keine Garantie, dass die zukünftige Wertentwicklung dieser Illustration entspricht.

2. Kürzere Fristen – Da es normalerweise fünf bis zehn Jahre dauert, bis Investoren eines Private-Equity-Fonds ihr gesamtes Geld zurückerhalten, einschließlich der Gewinne, kann der Kauf einer Sekundärposition die Zeit bis zum Erhalt des Kapitals drastisch verkürzen. Ein Beispiel: Wenn der Verkäufer bereits fünf Jahre in einen **Zehnjahresfonds investiert hat, kann der Käufer seine Wartezeit um die Hälfte verkürzen. Dies hilft bei der Beseitigung der J-Kurve, über die wir bereits gesprochen haben.** Die J-Kurve (siehe die folgende Abbildung) zeigt, dass die Investoren eines Private-Equity-Fonds ihr Kapital in den ersten Jahren in Investitionsgüter investieren. Das Wachstum beginnt erst, nachdem diese Gelder vollständig eingesetzt sind. Ähnlich wie bei der Aussaat von Samen für eine künftige Ernte braucht es Zeit für das Wachstum.
3. Sichtbarkeit – Wenn ein Private-Equity-Manager einen Fonds auflegt und Sie sofort investieren, setzen Sie auf seine Erfahrung und Erfolgsbilanz. **Dies wird oft als »Blankoscheck-Risiko« bezeichnet.** Am ersten Tag wissen Sie noch nicht, welche Unternehmen der Manager für den Fonds kaufen wird, wie sie sich entwickeln werden et cetera. Bei einem Secondary ist das entsprechende Kapital in der Regel bereits investiert, sodass Sie sehen, welche Anlagen

der Fonds enthält, wie er sich entwickelt und so weiter. **Dieser »Informationsvorsprung« ist der Schlüssel für erfahrene Sekundärinvestoren, die sich aussuchen können, welche Sekundäranlagen sie kaufen wollen, von welchen Managern sie verwaltet werden und so weiter.**

Das ist das große Los

Nach der globalen Finanzkrise befanden sich die Private-Equity-Manager in einer interessanten Lage. Wie bereits erwähnt, sind die meisten Private-Equity-Fonds als geschlossene Fonds mit einer Laufzeit von zehn Jahren aufgelegt, erst dann werden die Unternehmen verkauft und die Investoren erhalten ihr Geld zurück. Nun betreuten die Manager zu dieser Zeit jedoch Portfolios mit einigen großartigen Unternehmen die, als sich die Wirtschaft erholte, richtig in Schwung kamen. Es wäre dumm gewesen, diese großartigen Unternehmen zu verkaufen, auch wenn der Fonds sie faktisch dazu aufforderte. Höchste Zeit für eine innovative Lösung.

Dies führte zu einer großen Welle von sogenannten GP-led Secondarys. **Statt also alle Unternehmen am Ende des zehnjährigen Fondszyklus zu verkaufen, schufen die Manager stattdessen eine Art »Laufzeitverlängerung«. Sie behielten ein paar der Unternehmen und steckten sie in einen neuen Fonds, genannt »Fortsetzungsvehikel«.** Dann konnten sich die Investoren (die LPs) zwischen zwei Optionen entscheiden:

1. Der LP kann sich zum aktuellen Wert auszahlen lassen und NICHT an der Fortsetzungsperiode teilnehmen. Das schafft Raum für den Einstieg eines neuen Investors.
2. Der LP kann an Bord bleiben und seine bestehende Investition in das neue Fortsetzungsvehikel übertragen, wodurch er am Aufwärtspotenzial partizipiert. **Das ist eine Option, aber keine Verpflichtung.** Der Fondsmanager (GP) wird in der Regel eine Zinsangleichung durchführen, indem er seine persönlichen Investment- und Performancegebühren auf die fortgeführten Vermögenswerte überträgt. **Damit signalisiert man den Anlegern, dass man von den zugrunde liegenden Unternehmen so stark überzeugt ist, dass man mehr Zeit benötigt, um den Wert für alle Parteien zu maximieren.**

Es ist keine Überraschung, dass GP-led Secondarys inzwischen fast die Hälfte des gesamten Sekundärmarktes ausmachen. Die typische Zehnjahreslaufzeit von geschlossenen Fonds ist etwas willkürlich und entspricht nur selten den optimalen Lebenszyklen der zugrunde liegenden Unternehmen. Der GP-led Secondary hat sich zu einem Portfoliomanagement-Tool entwickelt mit dem Ziel, die Renditen aller Beteiligten zu maximieren. **Schließlich möchte niemand großartige Unternehmen zu früh verkaufen.**

Wo liegen nun die Chancen für Investoren wie uns? Die gute Nachricht ist, dass wir uns in absehbarer Zeit in einem Käufermarkt befinden werden. **Es gibt einfach nicht genug Kapital, um die Anzahl der verfügbaren Nebenwerte zu kaufen. Daher werden die Verkäufer wahrscheinlich höhere Abschläge in Kauf nehmen und wir können die hochwertigsten Beteiligungen auswählen.**

Der Kauf von Nebenwerten wird einiges an Erfahrung voraussetzen. Der Käufer muss in der Lage sein, den Vermögenswert, den er kauft, vollständig zu verstehen, was eine umfangreiche Due-Diligence-Prüfung erfordert. Daher empfehlen wir:

1. Wählen Sie einen Manager/Fonds aus, der erfolgreiche Käufe und Verkäufe von Sekundärpositionen nachweisen kann. Sie sollten über gute Beziehungen zu den Fondsmanagern verfügen, sodass sie auf einer Liste der Käufer stehen, mit denen die Fondsmanager zusammenarbeiten wollen.
2. Investieren Sie in einen Fonds, der zahlreiche Secondarys hat, damit Sie Diversifizierung über eine Vielzahl von Managern und deren zugrunde liegende Portfolios erhalten. Idealerweise ist der Fonds auch in Secondarys aus verschiedenen Anlageklassen investiert (zum Beispiel Private Equity Secondarys, Energy Secondarys, Immobilien-Secondarys und so weiter).
3. Investieren Sie bei einem Manager, der sein eigenes Kapital im Spiel hat und sich folglich damit identifiziert!

Weitere Informationen über Investitionen in Secondarys und Interviews mit Experten in diesem Bereich finden Sie unter **www.WhySecondaries.com.**

Zeit für die Titanen

Wow, wir haben bereits viel geschafft! Wir hoffen, dass Sie sich nun bereit und befähigt fühlen, darüber nachzudenken, wie die von uns besprochenen Strategien Teil Ihrer persönlichen Gral-Strategie werden können. **Als Nächstes haben wir die unglaubliche Gelegenheit, den »Meistern des Finanzuniversums« zuzuhören.** Wir begegnen einigen der brillantesten Köpfe in der Welt von Private Equity, Private Credit, Immobilien, Risikokapital und darüber hinaus. Obwohl vergangene Leistungen keine Garantie für die Zukunft sind, erzielen viele von ihnen im Allgemeinen Renditen von mehr als 20 Prozent pro Jahr. Diese Titanen, von denen viele Selfmade-Milliardäre sind, haben enormen Einblick und es war ein Privileg, so viel wie möglich von ihrer Weisheit in dieses Buch aufzunehmen. Teil 2 enthält die gekürzten Interviews, von denen viele zwei bis drei Stunden dauerten!

Weitere Informationen und Quellen finden Sie auf unserer Website: www.TheHolyGrailofInvesting.com.

TEIL 2

AM TISCH DER TITANEN

KAPITEL 10

ROBERT F. SMITH

GRÜNDER UND CEO VON VISTA EQUITY PARTNERS

Auszeichnungen: Von *Forbes* in die Liste der *100 Greatest Living Business Minds* aufgenommen. Mitglied des philanthropischen The Giving Pledge. Der reichste Afroamerikaner in den USA.
Gesamtes verwaltetes Vermögen (Stand August 2023): 100 Milliarden Dollar+
Schwerpunktbereich: Unternehmenssoftware

Höhepunkte

- Seit der Gründung Abschluss von über 600 Private-Equity-Transaktionen mit einem Transaktionswert von fast 300 Milliarden Dollar.
- Das Ökosystem von Vista umfasst mehr als 80 Unternehmen mit mehr als 90 000 Mitarbeitern, die in über 180 Ländern tätig sind.
- Vier Jahre in Folge von der Zeitschrift *Inc.* als *Top Founder-Friendly Investor* ausgezeichnet.

- Im Jahr 2017 wurde Robert von *Forbes* als einer der *100 Greatest Living Business Minds* gekürt.
- Das *Time Magazine* zählte ihn zu den *100 Most Influential People* 2020.

ROBERT:
Schön, Sie kennenzulernen, Tony! Ich habe gerade zu Christopher gesagt, mit was für interessanten Menschen ich spreche. Und ich habe meiner Frau von diesem Interview erzählt und sie war total begeistert! Sie sagte: »Du kannst mit niemand Besserem reden.« Sie ist offenbar ein Fan von Ihnen.

TONY:
Freut mich zu hören! Wenn sich eine Gelegenheit ergibt, würde ich Sie gern persönlich kennenlernen. Und ich weiß, dass Ihre Zeit knapp bemessen ist, also danke, dass Sie dieses Gespräch einrichten konnten. Wir wissen das zu schätzen.

ROBERT:
Ich danke Ihnen. Ich freue mich, an dieser Reise teilzunehmen.

TONY:
Robert, Sie sind eine Legende in diesem Geschäft, aber ich weiß nicht, ob viele Leute die Anfänge kennen. Würden Sie uns ein wenig darüber erzählen? Wie haben Sie es an die Spitze geschafft?

ROBERT:
Ich bin das Kind eines Lehrerehepaars aus Denver, Colorado. Wir lebten zwar in einer segregierten Gemeinde, aber ich fühlte mich von den Mitgliedern dieser Gemeinschaft immer geliebt und umsorgt, nicht nur von meinen Eltern. Und ich glaube, das gibt einem ein Gefühl der Sicherheit, aus dem heraus man Fragen stellen kann – eine intellektuelle Neugier entwickelt. Ein wichtiger Teil meiner Herkunftsgeschichte ist also, dass ich regelmäßig die Möglichkeit hatte, zu forschen und zu lernen. Mein Vater brachte mir vieles über klassische Musik und Opern bei. Meine Mutter ging jeden Samstagmorgen mit uns in die Bibliothek. Wir haben

uns acht bis zehn Bücher ausgeliehen und sie lieh sich 15 aus und wir lasen sie in der Woche. Und nach einer Woche holten wir uns die nächsten. Die Musik und die Bücher weckten in mir ein Staunen über die Welt außerhalb der kleinen Gemeinschaft, in der ich aufgewachsen bin. Und eine Neugierde auf das Lösen von Problemen.

In der High School wurden wir dann mit Computern vertraut gemacht. Meine Generation waren Digital Immigrants, keine Digital Natives. Aber ich hatte diese erlernte Neugierde. Ich fragte meinen Lehrer: »Wie funktioniert dieses Ding?«

Und mein Lehrer antwortete: »Nun, es läuft mit diesem Teil, den man ›Mikroprozessor‹ nennt.«

Ich fragte: »Und wie funktioniert ein Mikroprozessor?«

Mein Lehrer sagte: »Er wird von Teilen betrieben, die man ›Transistoren‹ nennt.«

Und ich fragte: »Wer hat das erfunden?«

Und mein Lehrer antwortete: »Es gibt da diesen Ort namens Bell Laboratories.«

Also ging ich zu dem kleinen Career Center in unserem Ort und fragte, ob wir in Colorado ein Bell Laboratories haben. Die nette Frau sagte mir, es gebe eines in Brighton. Ich nahm den Hörer in die Hand, rief dort an und sagte: »Ich interessiere mich für ein Praktikum in der Computerbranche.« Ich konnte hören, wie die Frau am anderen Ende kicherte. Sie sagte mir, dass sie Praktika für Studenten anbieten und dass ich anrufen solle, wenn ich auf dem College sei. Also rief ich sie am nächsten und übernächsten Tag wieder an, bis sie meine Anrufe nicht mehr entgegennahm. Zwei Wochen lang habe ich weiterhin jeden Tag angerufen und ihr eine Nachricht hinterlassen. Und dann jeden Montag. Das habe ich etwa von Februar bis Juni gemacht. Im Juni rief sie mich zurück und sagte: »Ein Student vom MIT ist nicht aufgetaucht. Wir haben noch einen Platz im Programm.« Dann sagte sie mir, ich solle zu einem Vorstellungsgespräch kommen.

Am nächsten Tag zog ich meinen Sonntagsanzug an und tankte für 2 Dollar Benzin in meinen 69er Plymouth Satellite. Ich fuhr hin und bekam einen Job bei Bell Laboratories. Dort habe ich praktisch während des gesamten Studiums gearbeitet und das Schöne daran war, dass ich die Freude am Lösen von Problemen entdeckte. Meine heutige Aufgabe beschreibe ich gern als das Finden eleganter Lösungen für komplexe Probleme.

Genau das macht Vista. Mein Werdegang hat viel mit Menschen zu tun, die meine Vorstellungskraft angeregt haben. Menschen, die meine Neugierde weckten, mir den Freiraum gaben zu forschen, mich weiterzuentwickeln, Fehler zu machen und Fragen zu stellen. Die sich aber auch die Zeit nahmen, mir Lösungsansätze zu zeigen, und mir halfen, mich in bestimmte Technologien, Wissenschaften und die Mathematik einzuarbeiten. Das alles beeinflusst die Art, wie ich heutzutage investiere und wie ich Vista aufgebaut habe.

Mein Werdegang hat viel mit Menschen zu tun, die meine Vorstellungskraft angeregt haben. Menschen, die meine Neugierde weckten, mir den Freiraum gaben zu forschen, mich weiterzuentwickeln, Fehler zu machen und Fragen zu stellen.

TONY:
Wenn Sie zurückdenken, wer gehört zu den wichtigsten Menschen, von denen Sie geprägt wurden? Und wie sind Sie von Bell zu Vista Equity Partners gekommen?

ROBERT:
Ich habe gesehen, wie mein Vater in Denver eine Bürgervereinigung gegründet hat. Bei uns gab es früher jedes Jahr sehr viel Schnee. Als Kind fand man es natürlich toll, wenn man schneefrei hatte. Irgendwann wurde mir klar, dass das dieselben Tage waren, an denen meine Eltern nicht zur Arbeit gelangten, weil in der Wohngegend der Schwarzen die Straßen nicht geräumt wurden. Es dauerte drei, vier Tage, und dann räumte die Stadt einen Streifen in der Mitte der Straße. Mein Vater ließ meinen Bruder und mich einen Weg von unserem Auto zu diesem Streifen freischaufeln, damit er zur Arbeit fahren konnte. Und dann kam irgendwann der Bus und wir stiegen in den Bus und konnten zur Schule. Wir fuhren in das weiße Viertel, und wissen Sie was? Die Straßen waren nicht nur geräumt, sie waren auch trocken, was bedeutet, dass sie schon vor Tagen geräumt worden waren. Ich erlebte, wie mein Vater die Initiative ergriff und sagte: »Wir müssen den Leuten klarmachen, dass wir unsere Familien nicht ernähren können, wenn wir nicht zur Arbeit können. Und das senkt den Standard der ganzen Stadt.« Schließlich brachte er die Stadt dazu, die Straßen in unserem Stadtteil zu räumen.

Meine Eltern haben sich reingekniet, um positive Veränderungen in der Gesellschaft zu bewirken. Sie halfen bei der Einführung des Head-Start-Programms in Colorado. Und meine Mutter stellte mehr als 50 Jahre lang jeden Monat einen 25-Dollar-Scheck für den United Negro College Fund aus.

Neben meinen Eltern hat mich ein Mann namens Vic Hauser sehr geprägt. Er war mein erster Mentor bei Bell Labs. Als Teenager betrat ich aufgeregt zum ersten Mal die Bell Labs. Er holte so einen Halbleiter für einen Operationsverstärker heraus und sagte: »Dieses Ding versagt in unseren Merlin-Systemen. Es ist deine Aufgabe herauszufinden, warum es versagt. Das ist dein Projekt für diesen Sommer. Dir stehen sämtliche Ressourcen von Bell Labs zur Verfügung. Die Bibliothek ist am Ende des Flurs. Ich bin da. Du kannst mich jederzeit alles fragen. Viel Erfolg.«

Und dann drehte er seinen Stuhl um. *Mann, das ist ziemlich unhöflich*, dachte ich mir, aber ich ging in die Bibliothek, um nachzuschlagen, was ein Operationsverstärker ist. Ich studierte die Beschreibung, ging zurück in Vics Büro und sagte: »Okay, Folgendes habe ich über Operationsverstärker herausgefunden.« Er drehte seinen Stuhl zu mir um und in den nächsten zwei Stunden erzählte er mir alles darüber, wie das Ganze funktioniert, was es ist, was es tun soll und was es derzeit nicht tut. Das haben wir jeden Tag so gemacht.

TONY:
Das ist wunderbar.

ROBERT:
Er half mir, die Freude am Herausfinden von Dingen zu entdecken. Er gab mir nicht die Antwort. Er zwang mich, Fragen zu stellen und zu recherchieren. Damit verstärkte er das, was mich meine Eltern über die Jahre gelehrt hatten.

Er half mir, die Freude am Herausfinden von Dingen zu entdecken. Er gab mir nicht die Antwort. Er zwang mich, Fragen zu stellen und zu recherchieren. Damit verstärkte er das, was mich meine Eltern über die Jahre gelehrt hatten.

TONY:
Robert, Sie haben eine unglaubliche Familie. Ich habe den größten Respekt vor ihr und so viele Menschen auf der Welt haben von dem Fundament profitiert, das sie Ihnen gegeben hat und das Sie weiter ausgebaut haben. Verraten Sie uns noch, was Sie letztlich dazu bewogen hat, sich selbstständig zu machen? Und warum haben Sie sich für Unternehmenssoftware entschieden?

ROBERT:
Dazu erzähle ich Ihnen eine lustige Geschichte. Also, ich habe sechs Jahre lang als Chemieingenieur gearbeitet. Und ich habe es geliebt, Tony. Ich dachte, es gäbe kein edleres Ziel, als eine Idee zu haben, auf die noch niemand in der Geschichte der Menschheit gekommen ist. Ich arbeitete bei Goodyear Tire & Rubber und mochte meine Arbeit und dann gab es einen Übernahmeversuch durch diesen Typen, Sir James Goldsmith. Und ich fragte mich, was das sollte. Das hat mich dazu inspiriert, ein Aufbaustudium zu machen.

Nach dem ersten Jahr war ich der beste Student. Und dann wurde ich gebeten, zur Abschlussfeier im Sommer zurückzukommen, um eine Auszeichnung für das erste Jahr zu erhalten. Es gab einen Hauptredner, einen Mann namens John Utendahl. 1,80 Meter groß, kräftig, gut aussehend, Investmentbanker. Sie überreichten mir also meinen Preis und er hielt seine Rede. Danach rief er mich zu sich und fragte, ob ich schon mal über eine Karriere im Investmentbanking nachgedacht hätte. Ich antwortete, dass ich nicht so richtig wisse, was Investmentbanker eigentlich tun. Also lud er mich zu einem 30-minütigen Mittagessen in sein Büro ein, das dann zwei Stunden dauerte. Anschließend griff er zum Telefon und rief alle schwarzen Typen an der Wall Street an und sagte ihnen, dass sie mich unbedingt kennenlernen müssten. Da ich im Grunde meines Herzens Wissenschaftler bin, sprach ich am Ende nicht nur mit diesen Typen, sondern mit über 100 Leuten. Ich wollte sie verstehen. Am Ende fand ich heraus, dass mir in diesem Business nur Fusionen und Übernahmen gefallen. Der Aufbau einer nachhaltigen Infrastruktur durch einen Prozess, der langlebig ist und den man abstimmen kann. Zu dieser Zeit gab es sechs Firmen, die so etwas machten. Goldman Sachs war die einzige mit einer Teamwork-Struktur.

Schließlich wurde ich gebeten, der sogenannte Business Unit Manager zu werden. Ich arbeitete für einen Mann namens Mac Hill. Ein brillanter M&A-Typ[101]. Aber dann rief mich Gene [Sykes] an und fragte, ob ich mit ihm zusammenarbeiten wolle, und er war der einzige Partner, mit dem ich noch nicht zusammengearbeitet hatte. Ich erzählte es Mac und er antwortete: »Robert, lass mich dir eines sagen. Ich bin wirklich gut. Aber Gene ist überirdisch gut. Wenn du die Chance hast, dann geh und arbeite mit Gene.«

Gene erzählte mir, dass er darüber nachdenke, eine Tech-Gruppe zu gründen. Ich sagte: »Nur wenn du dich bereit erklärst, dir Zeit zu nehmen, mich auch in San Francisco zu betreuen.« Er antwortete: »Abgemacht.« Und im Frühjahr 1997 wurde ich der erste M&A-Banker von Goldman vor Ort, mit Schwerpunkt Technologie.

TONY:
Wow!

ROBERT:
Ich war dort im Hinterland, weit weg von New York City, und hatte niemanden, der mir wirklich helfen konnte. Also musste ich ein Team aufbauen und einen Plan entwickeln. Und die gute Nachricht ist, dass man nicht von einem Haufen Leuten überwacht wird. Wenn man in New York ein Geschäft abschließt, hat man vier bis fünf Partner, die man nie kennengelernt hat und die ihren Namen unter den Vertrag setzen. Aber draußen in San Francisco gab es das nicht. Jetzt war ich plötzlich einer der wichtigsten Mitarbeiter bei diesen Geschäften. Ich hatte Apple. Ich hatte eine kleine Firma namens Microsoft. Eine kleine Firma namens Texas Instruments. Ein kleines Unternehmen namens eBay. Ein kleines Unternehmen namens Hewlett Packard. Ein kleines Unternehmen namens Yahoo. Das war 1997, 1998, 1999.

Und jetzt wird es interessant. Ich fing an, mir diese Unternehmen und die Technologielandschaft anzuschauen und sagte: »Wisst ihr was? Es gibt niemanden, der Private Equity für Unternehmenssoftware bereitstellt. Warum ist das so? Dabei ist es das produktivste Werkzeug, das in der Wirtschaft in den letzten 50 Jahren eingeführt wurde.« Als Ingenieur

101 »Mergers & Acquisitions«, also »Fusionen und Übernahmen« Anm. d. Red.

erkannte ich, welche Auswirkungen die Einführung von Rechenleistung in ein Geschäftsumfeld hat – eine exponentielle Rendite. Als Ingenieur implementierte ich eine speicherprogrammierbare Steuerung, Honeywell TDC 3000, in einem Werk für Goodyear Tire & Rubber, was zu einer erheblichen Produktivitätssteigerung führte.

Und das bei einer Anlage, die aus den 1940er-Jahren stammte. Also, mit der Rechenleistung verringerte sich der Ausschuss, die Produktivität stieg. Und das nur durch den Einbau digitaler Kontrollsysteme. Genau das leistet Unternehmenssoftware.

Setzen Sie nun diese Dynamik in einer Versicherungsgesellschaft ein und bearbeiten Sie einen Versicherungsanspruch. Setzen Sie sie in einer Bank ein und bearbeiten Sie eine Transaktion. Setzen Sie sie in einem Autohaus oder einer Hypothekenbank ein und bearbeiten Sie einen Kredit. Das ist das Produktivitätsniveau, das Unternehmenssoftware in die ganze Welt gebracht hat.

Dieses Produktivitätsniveau macht Unternehmenssoftware für den Kunden des Unternehmens extrem attraktiv. Jetzt haben Sie also eine langfristige und nachhaltige Beziehung zu Tausenden von Kunden. Beziehungen, die nicht in Quartalen oder Jahren gemessen werden; sie werden in Jahrzehnten gemessen. Mit einem Produkt mit 95 Prozent Bruttomarge, das Sie einmal herstellen und so oft verkaufen können, wie Sie wollen. Negatives Working Capital, kein Lagerbestand. Das ist die elegante Lösung für ein komplexes Problem.

Mit einem Produkt mit 95 Prozent Bruttomarge, das Sie einmal herstellen und so oft verkaufen können, wie Sie wollen. Negatives Working Capital, kein Lagerbestand. Das ist die elegante Lösung für ein komplexes Problem.

TONY:

Marc Benioff ist einer meiner besten Freunde, und er hat Oracle verlassen, nachdem er fünf meiner Veranstaltungen hintereinander besucht hatte. Er saß jeden Tag in der ersten Reihe. Ich bewundere den Mann sehr. Ich werde nie vergessen, wie er nach einer Veranstaltung zu mir kam und sagte: »Sie haben mich überzeugt.«

Ich antwortete: »Dabei habe ich noch nicht einmal mit Ihnen gesprochen.«

Er sagte: »Nein, aber ich war bei fünf Veranstaltungen hintereinander. Sie haben mich überzeugt, dass ich Oracle verlassen muss. Ich werde dieses Ding namens Salesforce gründen. Tony, wir werden das Geschäft verändern. Wir werden 100 Millionen Umsatz machen.«

Salesforce macht jetzt was ... 33 Milliarden Dollar Umsatz? Ich war also Teil seiner Findungsreise und habe beobachtet, wie das Geschäft abhebt, und es war einfach unglaublich, das mitzuerleben. Ich finde die Übereinstimmung zwischen seinem Weg und Ihrem so interessant. Die Ihnen beiden gemeinsame intellektuelle Neugierde und der Drang, Lösungen für Probleme zu finden.

Ich spüre bei Ihnen heute noch denselben Hunger, den Sie vermutlich als kleiner Junge hatten. Verraten Sie mir: Wie war der Tag, an dem Sie sagten: »Okay, ich mache mich selbstständig«?

ROBERT:
Zu diesem Zeitpunkt hatte ich schon jahrelang mit Technologie- und Unternehmenssoftwarefirmen gearbeitet. Ich hatte Hunderte dieser Softwarefirmen gesehen, und wissen Sie was? Sie alle haben sich die Preise ausgedacht. Ich meine es ernst. Wie beziffern Sie Software? Damals hat man sich das noch ausgedacht. Jemand saß da und sagte: »Nun gut, ich habe etwa zwei Jahre Forschung und Entwicklung in dieses Projekt gesteckt und ich habe einen Haufen Computerprogrammierer und Computerhardware, also sollte ich das wahrscheinlich an diesen Kunden für, keine Ahnung, 80 000 Dollar verkaufen. Klar, warum nicht?« Schien mir eine Menge Geld für etwas, dessen Wert man nicht wirklich verstanden hatte.

Aber als ich über diese Software nachdachte, erkannte ich, dass der Kunde damit vielleicht 3 Millionen Dollar pro Jahr einspart, und ein anderer Kunde sogar 30 Millionen Dollar.

Der Wert war also wesentlich höher und nur wenige Leute sahen ihn.

Als ich meine Kunden beriet und ihnen Empfehlungen gab, erkannte ich die Gemeinsamkeiten und sagte mir: Wenn du es nicht tust, wird ein anderer darauf kommen.

Tony, Sie inspirieren Menschen dazu, mithilfe von Best Practices zu ihrem besten Selbst zu werden. Marc Benioff hat das auf seine Weise verinnerlicht und ist losgezogen und tat das. In ähnlicher Weise haben wir eine ganze Reihe von Best Practices entwickelt und ständig verfeinert. Diese tragen dazu bei, die Reife der Unternehmen, die wir kaufen, zu beschleunigen. Seit der Gründung von Vista haben wir über 600 Transaktionen abgeschlossen.

Der andere Punkt ist, dass die meisten Softwareunternehmen immer noch von Gründern geführt werden. Und die meisten dieser Gründer führen das größte Unternehmen, das sie je geführt haben. Die meisten von ihnen versuchen also, daraus schlau zu werden, weil sie so etwas noch nie gemacht haben, richtig? Was muss ich morgen tun, um dieses Business zu leiten, das 100 bis 200 Millionen Dollar oder 200 bis 400 Millionen wert ist? Also, ein Teil unserer Magie bei Vista ist, dass wir ein Ökosystem geschaffen haben, in dem diese Führungskräfte und ihre direkten Mitarbeiter zusammenkommen und voneinander lernen können. Es ist wie die Young Presidents' Organization auf Steroiden.[102] **Also, wenn Sie Technischer Direktor (CTO) eines 30-Millionen-Dollar-Softwareunternehmens sind, sitzen Sie neben dem CTO eines 300-Millionen-Dollar-Softwareunternehmens und werden von einem CTO eines 3-Milliarden-Dollar-Softwareunternehmens unterrichtet. Wir schaffen ein gemeinsames Lernökosystem, in dem diese Führungskräfte in einer sanktionsfreien Umgebung arbeiten können.**

CHRISTOPHER:
Robert, Sie erwähnen da etwas, worüber Tony ausgiebig spricht, nämlich, dass Nähe Macht bedeutet. Sie vermitteln Best Practices und helfen dabei, sie in Unternehmen zu implementieren, aber Sie sorgen auch für die Nähe zu anderen Unternehmern, die dieselben Best Practices anwenden.

ROBERT:
Richtig, und der große Vorteil ist, dass man ihnen in vielen Fällen helfen kann, Fehler zu vermeiden, die sie ohne diese Unterstützung machen würden.

TONY:
Man kann spüren, wie lebendig das in Ihnen ist, Robert. Sie strahlen all das aus. Wo sehen Sie heute die größten Chancen für Investoren in dieser Branche? Und wo spielt die Künstliche Intelligenz eine Rolle?

---

102 Anm. d. Ü.: Die Young Presidents' Organization (YPO) ist eine exklusive Gruppe von Topmanagern und Geschäftsführern.

ROBERT:

Das ist eine sehr gute Frage. Meiner Meinung nach investieren Sie am besten mit Vista zusammen. Unbedingt. Das ist mein Ernst.

Und warum? Weil wir wissen, wie man den Betrieb dieser Unternehmenssoftwarefirmen institutionalisiert. Ich bin besser damit, wenn ich so viel wie möglich ins Rollen bringe, und Ihnen und Ihrem Team dann die Werkzeuge an die Hand gebe, mit denen Sie die Änderungen vornehmen. Wie ich bereits erwähnt habe, beschleunigen wir die Unternehmensreife von Softwareunternehmen durch eine nachhaltige Infrastruktur, damit diese Unternehmen in großem Umfang profitabel wachsen können. Wenn Sie die Infrastruktur in diesen Unternehmen aufbauen, haben Ihre CEOs mehr Zeit für andere Dinge. Sie müssen sich nicht mit der Vertragsverwaltung befassen. Sie müssen sich nicht mit dem Dienstleistungsprozess befassen, denn Sie haben Systeme gebaut, die sich selbst korrigieren und abstimmen und die Störungen verringern. Stattdessen können Ihre CEOs darüber nachdenken, wie sie das Unternehmen voranbringen.

TONY:

Sie können am Geschäft arbeiten anstatt im Geschäft, was sie ja in erster Linie zum CEO macht. Worin sehen Sie die Chance, jetzt in diese Kategorie zu investieren? Wir haben die Entwicklung von SaaS gesehen; jetzt kommt die KI ins Spiel. Wo bieten sich aus Ihrer Sicht heutzutage die größten Chancen?

ROBERT:

Von 2010 bis, sagen wir, 2013 oder 2014 waren nur etwa 15 Prozent der Unternehmen, wie ich es nenne: Cloud-native.[103] SaaS war das Geschäftsmodell. Heute sind wir wahrscheinlich näher an 40 bis 50 Prozent.

TONY:

Wirklich? Der Markt wächst immer noch so stark?

---

[103] Anm. d. Ü.: »*Cloud-native*« beschreibt Software, die für den exklusiven Einsatz in der Cloud konzipiert ist.

ROBERT:
Ja. Es gibt noch eine ganze Menge umzuwandeln und zu verbessern. Es gibt 100 000 Softwarefirmen und Sie kennen wahrscheinlich 250 davon. Aber die neueren Unternehmen sind jetzt Cloud-native, also kommen sie von ganz unten. Aber es gibt auch ein Mittelfeld mit einer Reihe von Kunden, die entweder vor Ort oder hybrid sind und versuchen, in die Cloud zu gehen.

Die USA waren schon immer der Indikator für die Chancen im Computerbereich. Aber in den 2000er-Jahren haben wir die Rechenleistung verteilt. Jetzt ist diese Rechenleistung überall verfügbar. Und so ist jede Wirtschaft, jede Branche in der einen oder anderen Form digitalisiert. In vielen Fällen kaufen sie Source Software aus den USA oder Großbritannien, aber in einigen Fällen versuchen sie, es selbst herauszufinden. Tatsächlich haben fünf der größten Volkswirtschaften keine Unternehmenssoftware-Ebene.

TONY:
Echt? Wer hat keine?

ROBERT:
In China gibt es keine Unternehmenssoftware-Schicht. Sämtliche Software befindet sich in den staatseigenen oder privaten Unternehmen. In Japan ist die gesamte Software größtenteils in den *Keiretsus*[104] angesiedelt. In Korea befindet sich die gesamte Software in den *Jaebeols*[105] oder in den familiengeführten Unternehmen. In Indien ist es genauso. Es gibt im Grunde einen großen Bedarf an Unternehmenssoftware.

Die besten Chancen für Unternehmenssoftware liegen jedoch in den USA. Und wir können aufgrund unseres Ökosystems alle Arten von katalytischen Technologien auf unserer Plattform implementieren – Dinge wie Maschinelles Lernen, Robotic Process Automation und eine Kleinigkeit namens Künstliche Intelligenz. Ich glaube also immer noch, dass Unternehmenssoftware auf einer risikobereinigten Basis der beste Ort ist,

---

104 Keiretsus sind in Japan Zusammenschlüsse aus mehreren Unternehmen, die rechtlich selbstständig bleiben, aber wirtschaftlich voneinander abhängen. Anm. d. Red.

105 In Korea große Familienunternehmen, die als Mischkonzerne in mehreren Branchen aktiv sind. Anm. d. Red.

um jede Form von Kapital zu investieren, sei es Eigenkapital oder Fremdkapital. Man muss es nur dort einsetzen, wo sichergestellt ist, dass es sich durch die Nutzung dieser katalytischen Aktivitäten weiterentwickelt.

CHRISTOPHER:
Robert, wenn wir uns die Unternehmenssoftware ansehen, dann haben wir diesen massiven Anstieg der Bewertungen. Wir haben eine signifikante Korrektur der Bewertungen gesehen, zurück zu einem normalen Durchschnittswert, wenn Sie so wollen. Wenn Sie darüber nachdenken: Was ist in den letzten Jahren passiert, das Sie nicht erwartet haben?

ROBERT:
Ich habe nicht erwartet, dass die Leute den Markt überschwemmen und glauben würden, dass die Bäume in den Himmel wachsen. Erinnern Sie sich noch? 1997, 1998, 1999, 2000, NASDAQ geht auf 10 000, Dotcoms, all diese Dinge. Es gab keine echte Infrastruktur, um diese Bewertungen zu stützen, und natürlich war das nicht von Dauer.

Wenn man also anfängt, den Markt mit kostenlosem Geld zu überschwemmen, würde ich davon ausgehen, dass die Leute etwas vorsichtiger sein und abwarten würden, bis sich die Bewertungen beruhigen, statt eine Prämie auf ein 52-Wochen-Hoch zu zahlen, um diese Unternehmen zu übernehmen, die ein Wachstum von 3 bis 5 Prozent bei 30 Prozent oder 40 Prozent EBITDA-Margen haben. Mit diesem Geschäft ist nicht mehr viel zu holen, es sei denn, Sie glauben, dass es immer noch einen größeren Dummkopf gibt, der Sie aus dem Geschäft herausholen wird.

CHRISTOPHER:
Das Faszinierende daran ist, Robert, dass viele derselben Leute, die so begeistert und enthusiastisch diese extrem hohen Multiplikatoren gezahlt haben, Unternehmenssoftware nun für eine schlechte Investition halten. Jetzt, wo die Multiplikatoren um 50 bis 70 Prozent gesunken sind, wollen sie keine mehr haben. Diese Psychologie ist faszinierend zu beobachten. Viele Leute können nicht akzeptieren, dass es großartige Unternehmen gab, die einfach zu falschen Bewertungen gehandelt wurden.

ROBERT:
Aus Angst entstehen Chancen. Wir glauben weiterhin, dass Investitionen in Unternehmenssoftware die beste Kapitalverwendung auf den Finanzmärkten sind.

CHRISTOPHER:
Wenn Sie darüber nachdenken, dass die Anleger die Chancen nicht mehr so sehen wie früher, würden Sie den Anlegern raten, Unternehmenssoftware anders zu betrachten als in der Vergangenheit?

ROBERT:
Das ist eine gute Frage. Wenn man die Situation im Inland anschaut, gibt es einige makroökonomische Faktoren, die dies beeinflussen werden. Zunächst einmal gibt es in den USA tatsächlich ein, nennen wir es mal, lohninflationäres Umfeld. Die Arbeitgeber müssen also Wege finden, um die Effizienz zu steigern. Unternehmenssoftware ist das produktivste Werkzeug, um das zu erreichen. Die Dynamik bei der Nutzung von Unternehmenssoftware wird also auch weiterhin robust sein.

Wenn Sie alle Vista-Unternehmen zusammenzählen, kommen Sie auf einen Umsatz von über 25 Milliarden Dollar.

Manchmal ein bisschen größer als Benioff, manchmal ein bisschen kleiner. Im gesamten Unternehmen sehe ich hohe Wachstumsraten im Zehnerbereich. Selbst in dieser Wirtschaftslage. Das ist die Widerstandsfähigkeit des Unternehmens. Wir messen tatsächlich den ROI der Produkte, die wir an unsere Kunden verkaufen. Er liegt bei 640 Prozent. Ich kenne keine andere Investition auf der Welt, bei der man eine Rendite von 640 Prozent erzielt, außer Software.

Egal, in welcher Branche Sie tätig sind, ob in der Autoreparatur, in der Fast-Food-Branche oder in der Hotelbranche, Ihr nächster Dollar wird wahrscheinlich für den Kauf weiterer Software ausgegeben. Der Schlüssel ist, herauszufinden, welche Software in dieser Umgebung genutzt werden wird.

TONY:
Was verstehen die meisten Investoren falsch, wenn sie sich die Branche ansehen?

ROBERT:
Manche Leute werden sagen: Robert, wenn du nicht in Software investierst, was würdest du dir dann ansehen? Wenn man ein langfristiger Investor ist, muss man wirklich verstehen, welche Unternehmen nachhaltig sein werden, um das menschliche Leben zu erhalten. Oder? Und den menschlichen Wohlstand.

CHRISTOPHER:
Das ist ein wichtiger Punkt. Wenn Sie fünf Minuten hätten, um der Welt etwas zu sagen: Was würden Sie ihr heute mitteilen wollen?

ROBERT:
Ich möchte, dass die Welt weiß, dass die Befreiung des menschlichen Geistes einen echten Wert beinhaltet. Damit meine ich, dass man allen Menschen die Grundlage für Chancen geben muss. Das bedeutet nicht, dass jeder ein Recht auf ein Haus hat. Die Grundlage der Chancen ist Bildung, Ernährung und Zugang zu Gelegenheiten. Wenn Menschen diese nicht wahrnehmen wollen, ist das in Ordnung. Aber Menschen aus anderen Gründen auszuschließen, halte ich für einen Irrtum der Menschheit.

TONY:
Robert, ich weiß, dass wir ähnliche Werte vertreten. Das Konzept dieses Buches ist verwandt mit einem Interview, das ich vor Jahren mit Ray Dalio geführt habe. Ich habe ihn gefragt, was das wichtigste Investitionsprinzip ist, wenn er nur eines nennen darf. Für ihn besteht der Heilige Gral darin, acht bis zwölf unkorrelierte Anlagen zu finden, denn das garantiert eine 80-prozentige Risikoreduzierung und eine Steigerung der Rendite. Wir haben dieses Buch unter anderem geschrieben, um der Öffentlichkeit zu zeigen, dass alternative Anlagen so wichtig sind. Vermögende Menschen haben normalerweise 45 Prozent ihres Vermögens in alternativen Anlagen investiert. Sie sind in Private Credit investiert. Sie sind in Private Equity investiert. Sie sind in Private Real Estate investiert. Was ist aus Ihrer Sicht der Heilige Gral des Investierens?

ROBERT:
Zunächst möchte ich sagen, dass Ray genau richtig liegt – wenn Sie ein Portfoliomanager sind, der ein Portfolio aus einer Gruppe von Vermö-

genswerten verwaltet. Ich habe die einzigartige Aufgabe, ein Portfolio von Vermögenswerten in alternativen Anlagen und Private Equity zu verwalten. Meine Antwort ist, dafür zu sorgen, dass Sie die kritischen Faktoren für den Erfolg unter Ihrer Kontrolle haben.

TONY:
Können Sie uns ein Beispiel nennen?

ROBERT:
Ein entscheidender Faktor für den Erfolg von Unternehmenssoftware ist so etwas wie Talent und Talententwicklung. Soll ich einen Haufen Headhunter beauftragen, Talente zu finden? Nein. Ich habe ein Talentmanagement-System, das wir mit den Top-Performern der vergangenen 30 Jahre in unserem Unternehmen abgleichen, um zu sagen: So sieht das Profil eines wirklich guten Entwicklers aus. Dies ist das Profil eines großartigen Service-Mitarbeiters. Dies ist das Profil eines Spitzenverkäufers. Wir interviewen also möglicherweise 450 000 Personen pro Jahr, um 25 000 zu finden, die passen. Das ist ein entscheidender Faktor für den Erfolg. Das unterliegt unserer Kontrolle.

Ein weiterer kritischer Erfolgsfaktor, den wir kontrollieren können, ist die Preisdynamik.

Wir müssen verstehen, wie hoch der ROI des Produkts ist, das wir an unsere Kunden verkaufen. Und wie können wir diese wirtschaftliche Rendite erzielen? Wie können wir das systemisch tun?

Nun, man muss ein Deal Desk einrichten,[106] damit die Vertriebsmitarbeiter nicht nur mit den Verkaufsunterlagen herumlaufen und sagen: »Oh, die haben 45 Mitarbeiter. Hier ist der Preis. Oh, sie haben 500 Angestellte, hier ist der Preis.« Nein, Sie setzen sich hin und erstellen diese ROI-Berechnung und sagen: Das ist der Wert dieses Produkts für diesen Kunden. Verkaufen Sie es ihm zu diesem Preis.

Das ist ein entscheidender Faktor für den Erfolg. Das liegt in unserer Hand.

---

106 Anm. d. Red.: Ein Deal Desk ist ein Team, das funktionsübergreifend daran arbeitet, wichtige Aufträge zum Abschluss zu bringen.

Die Steuerung Ihrer Kosten, die Handhabung Ihres Zielmarktes, die Verwaltung Ihrer wichtigsten Ressource, nämlich Ihrer Mitarbeiter, Ihre Vertragsverwaltungsprozesse, all das. Das können Sie kontrollieren.

Die Multiplikatoren auf dem Markt kann ich nicht kontrollieren. Aber schon, ob ich diese Unternehmen wachsen und rentabler werden lassen will. Selbst wenn ich sie nur wachsen lassen und profitabler machen will, kann ich Kapital durch Cashflows zurückgeben, denn in der Welt der Software habe ich keine Investitionsausgaben. Im schlimmsten Fall verdiene ich Geld mit Cashflow.

CHRISTOPHER:
Sie hatten eine großartige Gruppe von Mentoren, Sie hatten ein großartiges gedankliches Konstrukt, bevor Sie Ihre Firma gründeten, aber wovon hätten Sie sich gewünscht, dass es Ihnen jemand gesagt hätte, bevor Sie Ihre Firma gründeten?

ROBERT:
Das ist eine gute Frage. Also, auf der obersten Ebene wäre es, ein Konstrukt zu schaffen, das die Möglichkeit bietet, Unternehmen länger zu halten.

Die Welt von Private Equity ist so aufgebaut, dass man ein Unternehmen kauft, es – in unserem Fall – verbessert und dann verkauft.

Benioff hat sich im Grunde eine Branche ausgesucht und kann sie für immer halten. Und er kann einfach wachsen. Wir haben in den letzten zwei Jahren über 130 Transaktionen durchgeführt, denn zu meiner Arbeit gehört auch, Kapital zurückzugeben. Ich wünschte, ich hätte mir ein Konstrukt ausgedacht, mit dem ich Unternehmen länger im Ökosystem halten kann.

CHRISTOPHER:
Die Private-Equity-Welt ist in dieser Hinsicht kurzsichtig. Dabei ist es eigentlich in ihrem Interesse, Geld, Wert und Wachstum über Jahrzehnte hinweg zu steigern. Nicht nur über Quartale.

ROBERT:
Genau. Es liegt also in der Natur des US-Altersvorsorgesystems, Geld zurückzubekommen. Das verstehe ich. Aber es sollte Ausnahmen geben, be-

stimmte Geschäfte, bei denen man Unternehmen verkauft und bei denen die LPs die Rückmeldung geben, okay Robert, jetzt lass das Geld wieder arbeiten. Ich habe einige wunderbare Recycling-Modelle mit Kunden entwickelt und jetzt recyceln sie automatisch eine bestimmte Menge. Wenn Sie das Geld zurück brauchen, bekommen Sie es zurück. Wenn nicht, recyceln wir es.

CHRISTOPHER:
Ich denke, die Branche wird weiterhin versuchen, so zu verfahren.

Eines der erstaunlichsten Dinge, die ich in der Zeit, in der wir zusammengearbeitet haben, beobachtete, ist das enorme Wachstum Ihres Unternehmens. Nur sehr wenige Private-Equity-Firmen, oder auch alternative Vermögensverwaltungsfirmen im Allgemeinen, sind in der Lage, so zu wachsen, wie es Vista gelungen ist. Woran liegt es, dass manche Firmen nicht von 3 Milliarden Dollar auf 30 Milliarden Dollar oder, wie Sie, auf über 100 Milliarden AUM anwachsen?[107] Was hält sie zurück?

ROBERT:
Ich nenne Ihnen drei Gründe. Und ich werde Ihnen sagen, warum wir im Unterschied dazu wachsen. Der erste Grund ist ein Modell. Das Modell des Investitionsteams, des Wertschöpfungsteams und der Managementteams, und wie wir in diesem Konstrukt zusammenarbeiten. Warum ist das wichtig? Ich mag keine Schwachpunkte. Ich bin Ingenieur, richtig?

Viele dieser Firmen basieren auf der Persönlichkeit einer Person oder des »talentierten Investors«. Und wenn man sich diese talentierten Investoren ansieht, so sind ihre Verlustquoten deutlich höher, aber sie hatten ein paar größere Gewinne. Für mich sieht Investieren nicht so aus, dass ich mit ein paar Dingen einen Haufen Geld verdiene, mit anderen etwas verliere, und wenn ich das zusammenrechne, ist es im Schnitt ganz gut. Ich schaue auf die Verlustquote. Darüber denke ich nach.

Ein weiterer Grund, warum manche Leute nicht skalieren? Das beschreibt der Begriff »Moral Hazard«.[108] Die Renditen sind zweigeteilt und

---

107 Anm. d. Ü.: »AUM« steht für »Assets under Management« (verwaltetes Vermögen).

108 Anm. d. Red.: »Moral Hazard«: Ein moralisches Risiko liegt vor, wenn ökonomische Fehlanreize zu verantwortungslosem Verhalten führen.

in manchen Jahren großartig und in anderen nicht. Und einige von ihnen haben ihre Organisationen als einen untergeordneten Punkt aufgebaut. Ihre Organisationen sind zu sehr auf eine Person und nicht auf ein System ausgerichtet.

Der dritte Punkt ist die Unternehmenskultur. Wir haben eine 95-prozentige Bindungsquote bei den VPs und darüber. Wir haben nur zwei Geschäftsführer, die nicht als Analysten oder Mitarbeiter angefangen haben. Auf diese Weise kann man eine Kultur aufbauen. Übrigens haben wir eine geschlechterparitätische Firma und fast 40 Prozent der Mitarbeiter sind People of Color. Das gibt Ihnen die Möglichkeit, Mitarbeiter aufzubauen und zu schulen, zu betreuen und zu entwickeln und sicherzustellen, dass sie einen Platz haben, an dem sie ihr einzigartiges und authentisches bestes Selbst in dem Konstrukt einer Organisation sein können. Das ermöglicht ihnen, erfolgreich zu sein. Ich weiß nicht, was alle anderen tun, aber wir tun das.

CHRISTOPHER:
Das ist etwas Einzigartiges, auf das Sie stolz sein sollten. Niemand ist perfekt, aber die Leute zu finden, die so nah wie möglich an der Perfektion sind, ist das Beste, was man tun kann. Sie haben einen Vorsprung, wenn man so will.

ROBERT:
Und ein Teil dieses Vorsprungs ist die Bewertung. Haben Sie nur einen guten Schlagmann und Ihr Überleben hängt von ihm ab? Oder bauen Sie Teams auf, Farmteams, und geben ihnen Raum für Erfahrungen und zum Wachsen? Ich sage meinen Teams die ganze Zeit: Es gibt zwei Managementstile, zwei Wege, sich zu entwickeln. Man kann Konstrukte schaffen, in denen die Leute wachsen können, oder man schafft ein Vakuum, das sie füllen. Als Führungskraft müssen Sie entscheiden, was eine Person braucht. Manchmal ist es ein Konstrukt, über das man informiert sein und lernen muss. [Oder] es gibt ein Vakuum, das du mit deinem besten Selbst und dem, was du gelernt hast, füllen musst. Es erfordert eine Menge an Management-Aufwand, das zu tun. Aber wenn man es nicht bewusst tut, hat man eine Organisation, die ohne die Führungskraft keine Entscheidungen treffen und nicht wachsen kann.

CHRISTOPHER:
Genau das sehe ich mehr als alles andere. Wir haben jetzt GP Stakes an über 60 verschiedenen Firmen. Alle sind gut in dem, was sie tun, sonst wären wir nicht dabei. Aber wenn wir die Unterschiede betrachten, dann sehe ich vor allem talentgetriebene Firmen gegenüber managementgeführten Geschäften. Weder das eine noch das andere ist immer richtig, oder? Die Skalierbarkeit ergibt sich aus einer Managementqualität, die es den Talenten ermöglicht, Talente zu sein, und es dem Management erlaubt, Management zu sein, und es jedem ermöglicht, wie Sie es ausdrücken, die beste Version seiner selbst zu werden.

ROBERT:
Perfekt formuliert. Genau das ist es.

TONY:
Um diesen Gedanken zu Ende zu führen, würde ich gern wissen: Was sind Ihrer Meinung nach die wichtigsten Eigenschaften – im Hinblick auf das Management –, die wirksame Führung ausmachen? Was sind die wichtigsten Merkmale, nach denen Sie bei einer Person suchen, die eine Führungspersönlichkeit in Ihrer Organisation sein soll, die Ergebnisse erzielen und sich weiter entwickeln kann?

ROBERT:
Ebenfalls eine gute Frage. Die meisten Investoren bei Vista kommen als Analysten und Mitarbeiter zu uns. Ich achte unter anderem darauf – und danach suche ich –, ob sie von Natur aus neugierig sind. Sind sie offen dafür, etwas zu lernen? Sie wissen das, Tony. Wir sind im Transformationsgeschäft. Wir müssen Leute finden, die flink im Denken und aufgeschlossen sind und eine intellektuelle Neugier haben, die, wie Sie an deren Werdegang ablesen können, die Dinge wirklich ergründen. Sie sehen sich alles ganz genau an und sagen: Hier ist der Quellcode dafür, warum das so ist, wie es ist. Man könnte sagen, dass ich nach dem suche, was ich ganz am Anfang meiner Karriere bei Bell Labs gelernt habe, was mir meine Eltern beigebracht haben – die Freude daran, Dinge herauszufinden.

KAPITEL 11

RAMZI MUSALLAM

CEO VON VERITAS CAPITAL

Auszeichnungen: Platz 280 auf *Forbes 400 World's Wealthiest*
Gesamtes verwaltetes Vermögen (Stand August 2023): 45 Milliarden Dollar
Schwerpunktbereich: Veritas Capital ist spezialisiert auf den Erwerb von Unternehmen in stark regulierten Branchen wie dem Gesundheitswesen, der nationalen Sicherheit und dem Bildungswesen.

Höhepunkte

- Die Portfoliounternehmen von Veritas erwirtschaften über 25 Milliarden Dollar Jahresumsatz (Stand: Juni 2023).
- Die Portfoliounternehmen beschäftigen über 120 000 Mitarbeiter (Stand Juni 2023).
- Im Juni 2023 wurde Veritas von Preqin der North America Top Performing Buyout Fund Manager Award verliehen.
- 2022 zählte Veritas das zehnte Jahr in Folge zu Preqins beständigsten Top-Performern der Fondsmanager.

- Im Februar 2023 belegte Veritas weltweit Platz 2 »in Bezug auf die aggregierte Performance auf Basis aller zwischen 2009 und 2018 aufgelegten Buy-out-Fonds« von HEC Paris und Dow Jones.
- Im August 2023 wurde Ramzi Musallam von *Fortune* zu einem der 21 *Private Equity Power Players* ernannt.

TONY:
Ramzi, ich weiß, dass Sie nicht viele Interviews geben, deshalb ist es uns eine große Ehre, Sie hier zu haben. Ihre Erfolgsbilanz ist unglaublich. Viele Leute wissen das. Aber die meisten Menschen wissen vermutlich nicht, was Sie durchgemacht haben. Sie sind seit 26 Jahren im Geschäft. Soweit ich weiß, stiegen Sie 1997 bei Veritas ein. Fünf Jahre später verloren Sie Ihren Freund und Partner und Sie hätten das gesamte Unternehmen verlieren können. Aber kein einziger Investor hat die Firma verlassen. Sie haben das Unternehmen [Veritas] von 2 Milliarden Dollar auf 45 Milliarden Dollar gebracht und außergewöhnliche Renditen erzielt. Ich würde mich wirklich freuen, wenn Sie uns ein wenig über Ihre Geschichte erzählen würden.

RAMZI:
Okay, ich werde Ihnen einen kurzen Überblick geben und Sie haken bitte bei Fragen ein.

Alles begann, als ich während meines Studiums an der Business School eine tolle Chance bekam. Zu dieser Zeit war Jay Pritzker der Patriarch der Pritzker-Familie. Es waren nicht 15 verschiedene Geschäftseinheiten, wie es heute der Fall ist; alles wurde von ihm kontrolliert. Mit viel Beharrlichkeit lernte ich seine Assistentin ziemlich gut kennen und stellte schließlich den Kontakt zu ihm her. Nach einem kurzen Gespräch sagte er: »Hören Sie, ich habe da eine Investmentgelegenheit, die Sie sich ansehen sollten. Das könnte für mich von Interesse sein. Treffen Sie sich mit dem Managementteam und sagen Sie mir anschließend, was Sie davon halten.«

Lange Rede, kurzer Sinn: Ich traf mich mit dem Managementteam, setzte mich anschließend mit Jay und seinen beiden rechten Händen zusammen und nannte ihnen meine Einschätzung dieses potenziellen Investments. Er stellte mich auf der Stelle ein. Ich war schon immer unternehmerisch veranlagt. Mein Vater kam in dieses Land und baute ein

Unternehmen auf. Mein Bruder ist jetzt bei seinem dritten Start-up. Ich habe sozusagen diese unternehmerische Denkweise.

Aber warum ich das alles erwähne, ist, dass ich [während meiner Arbeit für Jay] Bob McKeown kennenlernte, meinen späteren und mittlerweile verstorbenen Partner.

Er investierte damals mit einer Gruppe ehemaliger Führungskräfte, den CEOs von Fortune-500-Unternehmen, die ein wenig Kapital für relativ kleine Risikokapitalgeschäfte zur Verfügung stellten. Er und ich beschlossen, einen Fonds zu gründen, und ich kehrte zurück nach New York. Ich verließ Jay, nachdem ich 18 Monate lang während des Studiums für ihn gearbeitet hatte. Diese Erfahrung war entscheidend für mein Berufsleben.

Bob und ich legten also unseren Fonds auf, ein generalistischer Fonds ohne Schwerpunkt. Und es war ein kleiner Fonds, 175 Millionen Dollar. Wir brauchten 18 Monate dafür. Es gab drei Transaktionen, drei Investments, in die Bob vor dem Fonds investiert hatte und die in Fondsinvestments umgewandelt wurden – ein Stahlhersteller, ein Hersteller von Autoteilen und ein Schiffsreparatur-Unternehmen. Nichts von dem, was wir heute tun. Ich sage immer, es ist besser, Glück zu haben, als gut zu sein. Ich hatte Glück. Und die Firma nutzte die nächste Gelegenheit, die sich bot.

Ein Freund hatte uns ein Investment in Huntsville, Alabama, vorgeschlagen. Es handelte sich um ein Wehrtechnikunternehmen, das früher zu Chrysler gehörte.

Wir hatten noch nie in dieses Ökosystem investiert. Ich sah es mir an und lernte eine Menge über dieses potenzielle Investment und das Ökosystem, zu dem es gehörte.

Lange Rede, kurzer Sinn: Es wurde der Grundstein für unsere erste Investition in das, was wir heute die Schnittstelle von Technik und Staat nennen – in diesem Fall: Verteidigung. Dieses Unternehmen war Integrated Defense Technologies. **Wir bauten es auf, positionierten es neu, ließen es wachsen, brachten es an die Börse und verkauften es dann. Das ist der Ursprung unseres heutigen Schwerpunkts – Investitionen in Technologie und technologiegestützte Unternehmen in Märkten, die vom Staat beeinflusst werden.** Die drei wichtigsten Bereiche für uns sind nationale Sicherheit/Verteidigung, Gesundheitswesen und Bildung.

Mir wurde schon früh klar, dass wir als Investmentfirma keine klare Ausrichtung hatten. Wir waren ein Generalist und hatten keine Daseinsberechtigung. Wir mussten uns spezialisieren. Wir waren ein Investor, aber ohne Spezialwissen oder strategische Position auf einem Markt. Also kauften wir im Oktober 1998 das Unternehmen und schlossen das Geschäft ab. Seitdem konzentrieren wir uns auf diesen breiten Technologiemarkt.

Carlyle begann in den späten 1980er-Jahren unter [Verteidigungsminister] Frank Carlucci in der Verteidigungsbranche. Aber in den späten 1990er-Jahren hatte sich das Unternehmen zu dem entwickelt, was es heute ist – eine große, erfolgreiche, allumfassende Investmentfirma. Wir waren also die Einzigen und wir haben das Gefühl, dass wir immer noch die Einzigen mit diesem einzigartigen Fokus sind. Das war der eigentliche Grund für unsere heutige Erfolgsbilanz, auf die wir stolz sind. Wir investieren gerade aus dem Fonds VIII, und das Entscheidende ist, dass die Performance nahezu keine Volatilität aufweist. Unsere Verlustquote liegt bei weniger als einem halben Prozent über das letzte Vierteljahrhundert.

TONY:
Wenn ich meine Hausaufgaben richtig gemacht habe, gab es nur ein Geschäft, bei dem Sie in den letzten zehn bis zwölf Jahren Geld verloren haben.

RAMZI:
Wir haben aus diesem Geschäft mehr gelernt als aus jedem anderen. Wir lernten eine Menge darüber, was wir hätten besser machen können. Selbst im Kontext der übergeordneten Renditen wollen wir nicht, dass sich [unsere Anleger] nachts Sorgen über die Renditen und die darin enthaltene Volatilität machen.

Aber weil Sie es angesprochen haben: [Bob] und ich waren Schlüsselpersonen in dem Fonds. Auch deshalb war sein Tod für mich sehr tragisch.

Ich stand ihm sehr nahe. Aber von einem professionellen Standpunkt aus gesehen, verstanden unsere LPs von Anfang an, wie die Geschäfte zustande kamen und was wir taten, um für unsere Portfoliounternehmen einen Mehrwert zu schaffen. Also haben 100 Prozent unserer LPs entschieden, dass sie mit uns weitermachen wollten. Das war ein Novum, aber aus meiner Sicht erwartet. Das war meine Denkweise.

TONY:
Das ist unglaublich. Haben Sie persönlich mit ihnen geredet?

RAMZI:
Ja, ich und meine Partner. Wir sind losgezogen und haben uns mit allen getroffen. Und wir haben das, ehrlich gesagt, unter schwierigen Umständen getan. Unser erstes Treffen fand am Tag nach seinem Tod statt. Er hatte sich leider das Leben genommen, es kam also sehr plötzlich. Aber ich hatte das Gefühl, dass ich eine Verantwortung hatte – nicht nur gegenüber unserer Firma, sondern auch gegenüber den Portfoliounternehmen, den Mitarbeitern und unseren Investoren, dafür zu sorgen, dass wir ihre Renditen langfristig optimieren können. Also haben zwei Partner aus der Firma und ich uns sofort mit allen getroffen.

TONY:
Einige Ihrer LPs sollen sehr beeindruckt gewesen sein, dass Sie es geschafft haben, so konzentriert zu bleiben, obwohl Sie persönlich sehr erschüttert waren. Das hat sie offenbar überzeugt, dass Sie in der Lage sein würden, mit jedem Problem fertig zu werden, was auch immer in der Zukunft finanziell auf Sie zukommen würde. Das sagt viel über Ihren Charakter aus.

RAMZI:
Vielen Dank. Eines der Dinge, die man in der Welt, in der wir leben, können muss, ist, sich abzugrenzen. Es gibt ein höheres Gut. Ich hatte das Gefühl, dass es an mir war, dafür zu sorgen, dass es weiterging, und zwar auf dem besten und optimalen Niveau. Es gab einen klaren Modus Operandi, um das übergeordnete Ziel zu erreichen.

Im Tagesgeschäft haben die Leute intern keinen Unterschied bemerkt, weil ohnehin ich das Geschäft hauptsächlich geführt hatte. Aber es gab natürlich einen großen Unterschied. Denn aus Sicht der LP war er, wie gesagt, eine Schlüsselperson gewesen.

Es war also eine Herausforderung. Zum Glück haben wir ein tolles Team. Kultur ist alles. In der Welt, in der wir leben, unterscheidet man sich nicht durch die Widgets, die man herstellt. Es sind die Menschen und die Art und Weise, wie man definiert, wer man ist, und wie man diese Kultur im Laufe des Wachstums aufrechterhält. Wir haben die richtigen

Leute an den richtigen Stellen und eine Kultur der Offenheit und Zusammenarbeit. Hierin unterscheiden wir uns aus meiner Sicht von anderen. Darauf bin ich besonders stolz – das ist unvergänglich.

Wir sind im Laufe der letzten zehn Jahre von 2 Milliarden Dollar auf 45 Milliarden Dollar gewachsen, aber unsere Kultur ist dieselbe geblieben. Und darauf bin ich sehr stolz.

Das hängt mit meiner unternehmerischen Denkweise zusammen, mit der ich aufgewachsen bin. Eine Reihe der anderen Partner haben einen ähnlichen Hintergrund, sie denken unternehmerisch, was für Private Equity nicht typisch ist. Wir sind strategisch in den Märkten im Vorteil, in denen wir uns engagieren. Es passiert sehr selten, dass wir in Bezug auf die Märkte, auf die wir uns konzentrieren, ob es sich nun um Gesundheitstechnologie, Bildungstechnologie oder Sicherheits- und Verteidigungstechnologie handelt, nicht mehr wissen als die Management-Teams, mit denen wir zusammenarbeiten. Seit mehr als einem Vierteljahrhundert haben wir uns in diese Märkte vertieft. Ich glaube, wir verstehen die Hebel der Werte besser als jeder andere. Und wir bauen weiterhin auf diesem Wissen auf. Das ist es, was wir machen. Wir schaffen geistiges Eigentum und bauen darauf auf. Und das schon seit über 25 Jahren.

Wenn man über Staat und Technik nachdenkt, steht der Staat an der Spitze all der komplexen Probleme, mit denen wir konfrontiert sind, ob technologiebedingt oder nicht.

So ist es, wenn man nah dran ist an der Sichtweise des Staates – mit welchen Problemen wir konfrontiert werden, welchen Komplexitäten, Herausforderungen, und wie Technologie und technologieorientierte Unternehmen bei der Bewältigung dieser Herausforderungen helfen können. Ich nenne das intern die »Speerspitze«. Diese Position haben wir beibehalten, an der Speerspitze zu stehen. Wir werden, ganz offen gesagt, als Hüter des nationalen Vermögens angesehen, ob es sich nun um das Gesundheitswesen, die Bildung oder die nationale Sicherheit handelt. Ich habe die höchste Sicherheitsfreigabe, die eine Person haben kann. Es ist ein beschwerlicher Prozess, bei dem ich mich in Geheimdienstbunkern einem Lügendetektortest unterziehen muss und regelmäßig überprüft werde in Bezug auf meine Aktivitäten. Aber das hängt damit zusammen, strategisch auf dem Markt engagiert zu sein und diese Perspektive einbringen zu können, um einen Mehrwert für unsere Kunden zu schaffen, denn die sind unseren Portfoliounternehmen am wichtigsten. Diese Ausrichtung ist für uns konstant geblieben. Sie hat sich nicht verändert und ist nicht ins Wanken geraten. Und das ist sehr wichtig, wenn man im Bereich Private Equity wächst. Unser erster Fonds umfasste 175 Millionen Dollar. Unser zweiter Fonds war nur 150 Millionen Dollar schwer. Unser jüngster Fonds betrug 11 Milliarden Dollar. In Summe haben wir ein verwaltetes Vermögen von 45 Milliarden Dollar.

TONY:
Das ist wirklich erstaunlich. Sie haben sich am weltweit größten Käufer von Technologie orientiert, wie Sie sagten, an der Spitze der Weltwirtschaft. Das ist klug. Ich bin überrascht, dass das noch niemand getan hat, aber derzeit sind das Sie allein.

RAMZI:
Wenn man sich die Zusammensetzung unseres Portfolios ansieht, dann sind etwa 60 bis 65 Prozent Umsätze mit Regierungsbehörden. Ein Drittel bis 40 Prozent sind Einnahmen von Wirtschaftsunternehmen. Das Wichtige, was ich bei unserem ersten Investment herausgefunden habe, ist, dass der Staat der größte Investor in Technologie ist – im Vergleich zur VC-Gemeinschaft oder auch sonst. Was ich gelernt und geschätzt habe und worauf wir uns jetzt wirklich konzentriert haben, ist, dass der Staat in diese Unternehmen durch sogenannte kundenfinanzierte F&E-Programme investiert. Dennoch behalten diese Unternehmen das geistige Eigentum und haben die Möglichkeit, es zu nutzen, um Chancen nicht nur in ihren Kernmärkten, sondern vor allem auch in den Neben- und Ergänzungsmärkten zu nutzen, auf denen sie sich sowohl bei Unternehmen wie auch bei staatlichen Kunden engagieren.

Ein großer Teil dessen, was auf Ihrem iPhone ist, wurde also in Zusammenarbeit mit der Regierung entwickelt, von Siri angefangen. Die Algorithmen, die das Rückgrat von Google bilden, wurden von der Regierung entwickelt. Die Tesla-Technologie, Selbstautomatisierungstechnologie, alles von der Regierung entwickelt. Es geht nicht nur um die Finanzierung, die wiederum Hunderte Milliarden Dollar pro Jahr ausmacht, sondern es ist auch die Zusammenarbeit mit Leuten innerhalb der Regierung, um diese Technologien zu entwickeln und voranzutreiben. Wir haben das früh erkannt und zum Vorteil unserer Kunden für unsere Portfoliounternehmen genutzt.

TONY:
Sie haben vorhin erwähnt, wie wichtig die Kultur ist. Und das steht im Einklang mit den Aussagen jeder einzelnen Person, die wir interviewt haben und die zu den Besten in der Branche gehört, wie Sie selbst. Wenn es Ihnen nichts ausmacht, würde ich gern ein wenig darüber erfahren, wie Sie aufgewachsen sind und wie sich das auf Ihre Art, Beziehungen aufzubauen, ausgewirkt hat sowie auf die Kultur, die Sie bei Veritas etabliert haben.

RAMZI:
Das ist tatsächlich sehr wichtig für mich persönlich und ich denke auch für das Unternehmen. Ich wurde in Jordanien geboren und bin nahöstlicher Abstammung. Ich habe palästinensische und libanesische Vorfahren. Mein Vater wanderte in die USA ein, um aufs College zu gehen. Er war der Erste in seiner Familie, der das tat, er tat es allein und kannte hier niemanden. Er nahm ein Schiff von Italien in die Vereinigten Staaten. In der ersten Nacht in den Vereinigten Staaten übernachtete er im YMCA, ging duschen, und alles, was er besaß, wurde ihm gestohlen. Und damals gab es noch keine Handys. Er hatte also niemanden hier. Er fand trotzdem einen Weg, an die Universität von Missouri zu kommen, um schließlich einen Abschluss als Bauingenieur zu machen. Anschließend hatte er verschiedene Jobs – unter anderem im Verkehrsministerium und beim Army Corps of Engineers.

Er arbeitete in verschiedenen Teilen der Welt, als ich in Jordanien geboren wurde. Dann zogen wir zuerst nach Dschidda, Saudi-Arabien, und dann nach Mbeya, Tansania, wo ich zu Hause unterrichtet wurde, weil wir weitab auf dem Land wohnten. Dann kehrten wir nach Riad, Saudi-Arabien, zurück, wo ich die Grundschule besuchte. Ich denke, das ist in mehrfacher Hinsicht sehr wichtig. Das Eintauchen in verschiedene Kulturen in einem so frühen Alter hat mir die Augen geöffnet. Ich lebte im ländlichen Mbeya und dann in einer Umgebung in Riad, die ganz anders war, als sie heute ist. So konnte ich sehen, wie andere leben, und mehr Verständnis für die Probleme entwickeln, mit denen wir auf der ganzen Welt konfrontiert sind. Danach beschloss mein Vater, dass er sein eigenes Unternehmen gründen wollte, und er war der Meinung, dass es dafür keinen besseren Ort gäbe als die Vereinigten Staaten von Amerika. Also kamen wir in die Vereinigten Staaten. So habe ich aus erster Hand erfahren, wie jemand, der sehr unternehmerisch denkt, sagt: »Ich habe eine Menge gelernt. Ich habe Fähigkeiten entwickelt und ich werde jetzt ein Risiko eingehen und etwas tun, wovon wir alle träumen, nämlich mein eigenes Unternehmen zu gründen.« Und er hat dafür offensichtlich alles riskiert.

Das hatte großen Einfluss darauf, wie ich über etwas denke und als Mensch bin. Unsere Kultur hier ist, wie gesagt, sehr unternehmerisch. Wenn ich also mit unserem Team spreche, sage ich: »Jeder von euch ist ein Eigentümer. Ihr könnt alle Ressourcen, die wir haben, all unser Wissen und das gesamte geistige Eigentum, das wir haben, nutzen, und es ist an euch, so zu denken. Ergreift die Initiative, geht Risiken ein.« Ich bin dafür, Risiken einzugehen, solange Sie die Parameter dieser Risiken durchdenken und sich daraus Chancen für das Unternehmen ergeben.

Die Leute, die wir anziehen, sind also sehr unternehmerisch in ihrer Denkweise. Und diese Kultur ist entscheidend. Wir sind alle auf die gleiche Art und Weise ausgerichtet, was die Arbeitsweise, die Anreize und strategischen Ziele betrifft. Wichtig ist aber auch, dass wir in der Art, wie wir denken und miteinander arbeiten, aufeinander abgestimmt sind, um das letztendliche Ziel zu erreichen, etwas Größeres und Besseres zu schaffen. Und ich denke, das kommt von der Fähigkeit, Dinge frühzeitig zu erkennen, Unternehmen aufzubauen und Teil verschiedener Umgebungen in Afrika und dem Nahen Osten zu sein.

TONY:
Was haben Sie von Ihrem Vater oder durch Ihre Erziehung über den Umgang mit Enttäuschungen oder Misserfolgen gelernt?

RAMZI:
Wir haben im Sommer hier eine Gruppe von Praktikanten. Ich sage denen: Das Wichtigste ist, aus Misserfolgen zu lernen, denn wenn man keine Misserfolge hat, wird man auch keinen Erfolg haben. Daran glaube ich fest. Wenn man nicht durch die Schwierigkeiten geht, wird man nicht verstehen, was Erfolg überhaupt bedeutet. Wie macht man das? Man lernt aus seinen Fehlern. Wir setzen uns nach erfolgreichen Investitionen zusammen und sprechen darüber, wie wir es hätten besser machen können. Was haben wir versäumt? Was haben wir übersehen? Denn selbst wenn man ein erfolgreiches Ergebnis für die Investoren erzielt, hätte man es besser machen können.

Man übersieht bestimmte Dinge. Ich denke immer darüber nach, das geistige Eigentum zu optimieren, und das haben wir kodifiziert. Es ist wichtig, dass wir es für zukünftige Mitarbeiter von Veritas institutionalisieren, damit sie sehen, welche Fehler wir gemacht haben und wie wir es besser hätten machen können.

Und noch etwas Entscheidendes, auch wenn ich etwas abschweife, aber es ist wichtig für den Punkt, an dem wir versuchen, uns zu differenzieren:

Das mag für einen Investor in unsere Fonds unorthodox klingen, [aber] ich schaue nicht in erster Linie auf die Finanzergebnisse unserer Unternehmen. Ich schaue auf die strategische Transformation dieser Unternehmen. Daher denken wir in den ersten zwei Jahren nach jeder getätigten Investition über diese Kerntechnologien nach und darüber, wo wir in zusätzliche Forschung und Entwicklung, zusätzlichen Vertrieb und Marketing investieren können, um nicht nur in die Kernmärkte, die wir mit diesen Unternehmen durchdringen, sondern auch in angrenzende Bereiche zu gelangen, um die Präsenz in neuen Märkten, in denen die Unternehmen zum Zeitpunkt der Übernahme noch nicht tätig waren, herzustellen. Wie können wir sie strategischer in das Ökosystem einbinden? Sie in der sprichwörtlichen Nahrungskette aufsteigen lassen? Wir messen diesen Erfolg, und das geschieht in den ersten zwei Jahren.

Wenn man sich also einige unserer Investitionen ansieht, gehen die Ausgaben durch die Decke. Wir nehmen eine Menge Veränderungen in Bezug auf Managementteams, Führungskräfte, neue Talente vor, um sozusagen eine neue Öffnung herzustellen. In dieser Hinsicht gibt es in einigen Fällen starke Volatilität. Aber dann kann man beobachten, dass diese Unternehmen in ihrem Ökosystem geradezu revolutionär werden. Sie werden sehr agil, sodass sie diese Fähigkeiten und Technologien nutzen können, um gezielt in Bereiche vorzudringen, die wir selbst als strategisch einstufen. Und das ist ein sehr wichtiger Teil des Grundes dafür, dass wir in der Lage sind, über einen Zeitraum von 25 Jahren diese Erträge zu erzielen. Es ist kein Zufall, dass fast sieben von zehn unserer Exits Verkäufe an Strategen sind.

Ich sage immer, der Lackmustest dafür, ob wir unsere Unternehmen in diesen Ökosystemen wirklich wichtiger machen, besteht darin, ob wir den Strategen die Augen in diesen Märkten öffnen.

CHRISTOPHER:
Sie sprechen hier ein Thema an, über das Tony und ich mit so vielen fantastischen Investoren sprechen durften. Es ist die konsequente Anwendung von beschriebenen Leitlinien auf ein bestimmtes Gebiet, auf eine bestimmte Branche, und das Etablieren eines wiederholbaren Prozesses.

Wenn Sie heute über Investitionen in Regierungstechnologie nachdenken, wo sehen Sie die größten Chancen?

RAMZI:
Das ist eine gute Frage. Es gibt einen Grund dafür, dass wir uns auf bestimmte Bereiche konzentrieren. Es ist auch etwas Persönliches für mich, dahingehend, dass wir für die Menschen etwas bewirken, nicht nur in den Vereinigten Staaten, sondern auf der ganzen Welt. Ich kann mir keine wichtigeren Bereiche vorstellen als die drei, auf die wir uns konzentrieren – die Bildung, die Gesundheitsfürsorge und den Schutz der Menschen auf der ganzen Welt. Das sind die drei Bereiche, auf die wir uns auch weiterhin konzentrieren. Und das sind Multibillionen-Dollar-Märkte. Es gibt reichlich Gelegenheiten für gute Renditen, wenn wir das tun, was wir uns vorgenommen haben, nämlich unsere Unternehmen für die Kunden wichtiger zu machen, was das Ziel bei jeder einzelnen unserer Investitionen ist.

Ich gebe Ihnen ein Beispiel. Kurz nach 9/11 litten viele von uns unter einem persönlichen Verlust. Einer meiner besten Freunde aus dem College saß in dem ersten Flugzeug von Boston nach LA, das das World Trade Center traf. Es veränderte unser aller Leben. Zu diesem Zeitpunkt hatten wir in das erwähnte Wehrtechnikgeschäft investiert, aber wir schauten uns auch viele andere Bereiche an. Das alles hat mich, offen gesagt, persönlich tief beeindruckt und ich wollte unbedingt herausfinden, wie der Privatsektor Initiativen zum Schutz der Menschen auf der ganzen Welt unterstützen kann.

Also traf ich mich mit einer Reihe hochrangiger Leute aus dem Geheimdienstapparat. Einer von ihnen war der Leiter der CIA und der NSA – die einzige Person in der Geschichte unseres Landes, die beide Institutionen leitete. Und es wurde deutlich, dass eine der größten Schwachstellen, mit denen wir weltweit konfrontiert sind, in etwas besteht, das man damals »DPIA« nannte – Datenschutz/Informationssicherung. Und die Schwachstelle war strategischer Natur. Damals, in den Jahren 2001 und 2002, gab es Empfindlichkeiten gegenüber dem, was wir auf Regierungsebene unternommen haben. Aber die Schwachstellen griffen auch auf den Privatsektor und die kommerziellen Märkte über. Das brachte uns als Investoren dazu, über Chancen im Bereich der Cybersicherheit nachzudenken, lange bevor irgendjemand aus Sicht von Private Equity darüber nachgedacht hat.

Und das ist ein bedeutender Markt. Er ist unglaublich groß. Künstliche Intelligenz ist das Thema des Tages, ChatGPT et cetera. Der Staat ist Vorreiter bei Künstlicher Intelligenz.

Seit 2010 investieren wir in KI-Unternehmen. Zum Beispiel erstellte eines unserer Unternehmen damals Exabytes an unstrukturierten Daten und Satellitenbilder in Echtzeit und lieferte Analysen für hochrangige Kabinettsmitglieder, einschließlich des Präsidenten der Vereinigten Staaten, auf deren Grundlage wichtige Entscheidungen getroffen wurden.

Was unsere drei Kernbereiche betrifft, möchte ich nicht abschweifen. Genau das haben nämlich einige Firmen in der Private-Equity-Welt getan – sie sind von dem abgewichen, was sie am besten können. Wenn sie wachsen wollen, dringen sie in neue Bereiche vor. Wenn Sie mich fragen würden, wie man ein Einzelhandelsgeschäft oder ein Konsumgütergeschäft oder ein Transportunternehmen aufbaut – keine Ahnung. Ich müsste wild raten. Aber wenn Sie uns sagen, wir sollen ein Geschäft in den von mir genannten Ökosystemen aufbauen, haben wir ein gutes Gespür dafür, worauf es ankommt, wo wir investieren und auf welchen Märkten wir uns engagieren sollten.

Wenn wir also über die Zukunft nachdenken, kann ich mir keine wichtigeren Bereiche vorstellen als Gesundheitswesen, Technologieunternehmen, Bildungstechnologie und natürlich globale Sicherheitstechnologie.

CHRISTOPHER:
Es ist faszinierend, weil sich die Welt in den letzten 24 bis 36 Monaten technisch so stark verändert hat. In den vergangenen Jahren gab es bei der Technik im Allgemeinen und auf dem gesamten Markt eine Menge Volatilität, was ist passiert, das Sie erwartet haben, und womit haben Sie nicht gerechnet?

RAMZI:
Die Volatilität bietet Chancen, aber um ehrlich zu sein, denke ich auch, dass sie die Besten vom Rest trennt. Herausfordernde Umgebungen sind

unter diesem Gesichtspunkt wichtig. Wir haben die treuhänderische Verpflichtung unseren Anlegern gegenüber – den Rentnern, den Family Offices, den Versicherungsgesellschaften, wer auch immer sie sein mögen. Das ist für uns der Heilige Gral.

Wir haben Kriege auf der ganzen Welt, die Weltfinanzkrise, Haushalts-Shutdown, Sequestrierung, fortgesetzte UN-Resolutionen, eine Menge Chaos im Weißen Haus durchgestanden, wie auch immer man das bezeichnen will. Und was wir jetzt in der Wirtschaft erleben, ist etwas, mit dem jeder aufgrund des Umfelds, zumindest des makroökonomischen Umfelds, das wir vor den Zinsänderungen und der Volatilität erlebt haben, hätte rechnen müssen. Ich erwarte also wieder eine Verteilung hin zu den Topleistern, denjenigen, die eine Daseinsberechtigung haben, und dass die restliche Gruppe größer wird. Das werden wir meiner Meinung nach beobachten können.

Man konzentriert sich viel mehr auf die Leistungsträger. Und es gibt einen großen Bedarf an Managern, die aufgrund der Einzigartigkeit ihrer Strategie und der Anwendung dieser Strategie über einen langen Zeitraum hinweg einzigartige Performance bewiesen haben.

CHRISTOPHER:
Da Ihre Strategie einzigartig ist, bin ich neugierig, was Investoren falsch machen, wenn sie sich mit Technologieunternehmen befassen, die mit Regierungseinrichtungen zusammenarbeiten. Verstehen diese Leute die Geschichte einfach nicht, bis Sie sie ihnen erklären?

RAMZI:
Ja, wir haben Narben, die das beweisen. Es ist nicht einfach. Es ist ein einzigartiger Markt. [Aber] das ist kein monolithisches Gebilde. Es gibt über 1000 verschiedene Regierungsbehörden. Die Art und Weise, wie der Staat Produkte, Waren und Dienstleistungen beschafft, unterscheidet sich jedoch stark vom kommerziellen Markt.

Ich habe zwar großen Respekt vor vielen sehr erfolgreichen Private-Equity-Firmen, aber einige versuchen, in diese Märkte ein- und wieder auszusteigen. Wenn man sich nicht Vollzeit in einen Bereich wie diesen vertieft, ist es sehr schwierig, es sei denn, man hat das geistige Eigentum aufgebaut. Die IP ist entscheidend, weil sie nicht nur zu verstehen hilft, was die Geschäfte sind. Es hilft Ihnen zu erkennen, wie man ein Geschäft mit Regierungsbehörden ausbauen kann. Wie lässt man es organisch mit zweistelligen Raten wachsen? Nun, man muss sicherstellen, dass man hört, was die Kunden sagen, und man muss verstehen, was man ihnen verkauft, und dafür sorgen, dass jedes einzelne ihrer Ziele erfüllt wird.

Und, ganz offen gesagt, muss man mit ihnen zusammenarbeiten, um über die nächsten fünf, zehn Jahre nachzudenken, damit man auch die zukünftigen Anforderungen erfüllen kann.

TONY:
Sie haben den Heiligen Gral des Investierens erwähnt. Der Buchtitel lautet *Der Heilige Gral des Investierens*. Und er stammt von Ray Dalio aus einem Gespräch vor 10, 15 Jahren. Ich interviewte zu jener Zeit Warren Buffett, Ray Dalio, damals die Elite – eher Makro-Investoren und so weiter. Ray und ich wurden gute Freunde. Eine der ersten Fragen, die ich ihm stellte, lautete: »Wenn Sie das wichtigste Prinzip Ihrer Anlagetätigkeit festhalten müssten, welches wäre das?« Und er antwortete, der Heilige Gral des Investierens bestehe für ihn aus acht bis zwölf unkorrelierten Anlagen. Sie sehen die Dinge offensichtlich anders. Was ist für Sie der Heilige Gral des Investierens bei Veritas?

RAMZI:
In der Welt, in der wir leben, [sind] das in meinen Augen vor allem die Daten, die von allen Seiten auf uns einprasseln. Wir sehen uns jedes Jahr über 1000 Investitionsmöglichkeiten an. Und wir haben einen fokussierteren Ansatz. Welche sind es, mit denen wir vorankommen wollen? Und was werden wir tun, um diese Unternehmen umzubauen und neu zu positionieren?

Das hängt nicht von der Attraktivität des Unternehmens ab. Auch nicht vom Wert. Vielmehr geht es darum, ob unser Strategieplan auf die Gelegenheit, die wir sehen, anwendbar ist. Wir lassen eine Menge großartiger Unternehmen links liegen. Wir verzichten auf großartige Unternehmen, die eigentlich angemessen bewertet sind. Aber wenn ein Unternehmen nicht das strategische Niveau der Immersion, die ich erwähnt habe, und der Neuausrichtung und Neupositionierung in Angriff nimmt, werden wir ablehnen. Wir sehen eine Vielzahl von Daten. [Aber] aus all dem, was Sie sehen, müssen Sie die drei wichtigsten Dinge nehmen, sie bis ins kleinste Detail verstehen und erkennen, wie Sie sie in Bezug auf strategische Investitionen anwenden können. Das ist viel schwerer getan als gesagt.

Man muss klar erkennen können, welches die drei oder vier wichtigsten Dinge sind. Und sich darauf konzentrieren, damit sie für unser Modell Wert generieren, diese Unternehmen strategisch neu ausrichten, damit sie in der Nahrungskette aufsteigen, für ihre Kunden wichtiger werden und ihr Kerngeschäft in neue Bereiche übergeht. Wenn wir das richtig machen, haben wir eine hohe Chance, die Art von Rendite zu erzielen, die wir in der Vergangenheit erzielt haben.

TONY:
Zum Aufbau großer Investmentfirmen gehört natürlich viel mehr als nur gute Performance. Wo sehen Sie den Hauptgrund für Ihren Erfolg? Ihr Unternehmen ist gewaltig gewachsen. Es gibt also einen Scheidepunkt, an dem Ihr Geschäft gut war, und dann wurde es großartig. Welcher war das konkret? Was ist der Faktor, der diese Explosion von Wachstum und Ergebnissen verursacht hat?

RAMZI:
Ich würde sagen, der erste Faktor war, als wir 1998 die erste Investition in das Unternehmen getätigt und beschlossen haben, dass wir uns konzentrieren müssen. Hinzu kommt die Kontinuität. Es gibt hier Leute, die von Anfang an dabei waren, und diese Kontinuität ist sehr wichtig. Die Fähigkeit, unseren eigenen Weg zu gehen und Dinge zu tun, die wir früher vielleicht nicht tun konnten oder wollten, eröffnet uns Möglichkeiten.

Wie ich bereits sagte, bin ich der festen Überzeugung, dass man im Laufe seines Lebens Gelegenheiten haben wird; man muss nur gut vorbereitet, begierig und angriffslustig sein, wenn es darum geht, die Gelegenheit zu nutzen. Ich würde sagen, das war eine klare Chance, die aus Sicht des Marktes viele Leute überrascht hat. Aber ich würde [den Leuten] sagen: Bleibt dran, denn es wird noch viel mehr kommen. Aber es geht nicht nur um das Wachstum der AUM.

Darauf schaue ich nicht. Ja, die AUM sind von 2 Milliarden Dollar auf 45 Milliarden Dollar gestiegen. Unsere Renditen, die den »Gesetzen« des Private Equity trotzen, sind im Allgemeinen mit unseren Fonds größer geworden. So ist zum Beispiel Fonds Nummer sechs, ein Fonds aus dem Jahr 2018, laut Preqin der Fonds mit der besten Performance. Ich weiß, es klingt einfach, aber wenn man strategisch vorgeht, baut man auf diesem Wissen auf. Wir sind heute schlauer, als wir es letztes Jahr waren. Wir sollten besser werden. Das ist unsere kollektive Denkweise.

Das ist die Erwartung. Das ist Teil der Kultur. Wenn ich mit den Leuten hier spreche, dann reden wir darüber, dass der nächste Fonds, den wir in Kürze auflegen werden, unser leistungsstärkster Fonds sein soll. Das ist die Erwartung.

CHRISTOPHER:
Sie haben das Unternehmen offensichtlich unter sehr schwierigen Umständen übernommen. Was hätten Sie sich gewünscht, dass man es Ihnen gesagt hätte, bevor Sie die Zügel übernahmen?

RAMZI:
Ich würde sagen, das Tagesgeschäft war nicht anders. Ich habe mit dem Team vor Ort die Investitionen vorher und nachher betreut. Am Ende des Tages kann niemand vorhersagen, was passieren wird. Es gibt zwei Worte, nach denen ich lebe: »Mitgefühl« und »Leidenschaft«. Mitgefühl basierend auf meinem Hintergrund. Aber auch Leidenschaft. Ich liebe es, Unternehmen aufzubauen, ob es unsere eigenen oder Portfoliounternehmen sind. Man muss diese Leidenschaft haben, denn das ist letztlich der wahre Test. Es geht um nichts anderes als das. Sie sind Nebenprodukte Ihres Erfolgs, aber es geht darum, was Sie wirklich gern tun. Und ich kann mir nichts Interessanteres vorstellen als die Bereiche, in die wir investieren, und die Menschen, mit denen wir in Washington zu tun haben. Ich glaube nicht, dass es irgendetwas Spezielles gibt, das mich überrascht hat, zumindest nicht negativ.

CHRISTOPHER:
Gibt es etwas, das Sie im Nachhinein in diesem Business gern anders gemacht hätten?

RAMZI:
Es gibt immer einige Dinge. Die Menschen sind alles für uns. Wir sind sehr stolz, Menschen zu entwickeln, denn wir sind in erster Linie Treuhänder für unsere Investoren. Wir müssen die Besten sein, und deshalb müssen auch unsere Mitarbeiter die Besten sein. Können wir also bessere Arbeit bei der Entwicklung und Betreuung unserer Mitarbeiter leisten?

Darauf achten wir die ganze Zeit. Und in manchen Fällen muss man härtere Entscheidungen eher früher als später treffen.

Einer der größten Fehler ist, wenn man länger an jemandem festhält, als man hätte tun sollen. Wenn die Entscheidung offensichtlich schon gefallen ist, man aber, aus welchen Gründen auch immer, diese Änderung nicht vornimmt, sei es intern bei Veritas oder bei den Führungskräften der Unternehmen oder was auch immer der Fall sein mag. Daraus kann man lernen.

Man will den Leuten ausreichend Gelegenheit geben, aber man sollte auch handeln, wenn man genau weiß, dass die Dinge nicht so laufen, wie sie sollten.

TONY:
Wenn Sie an das Universum der Investitionstalente denken, was sind Ihrer Meinung nach die wichtigsten Eigenschaften, die die besten Leistungsträger von den guten unterscheiden?

RAMZI:
Wir haben unsere eigene Analytik, um das zu beurteilen. Aber ich würde sagen, dass es eher eine Kunst als eine Wissenschaft ist. Es ist die IQ-Seite der Fähigkeiten, die man leicht bewerten kann. Aber noch wichtiger ist die Seite des EQ. Wir sind ein Unternehmen, das mit Menschen zu tun hat. Wir sprechen mit den Eigentümern. Wir sprechen mit Investoren. Wir sprechen mit Managementteams. Wir arbeiten intern mit verschiedenen Leuten. Die Fähigkeit, sich über diese Ebenen hinweg zurechtzufinden, die Fähigkeit, sich zu artikulieren und die Person, mit der man spricht, wirklich zu verstehen, die Kunst des Zuhörens, die Fähigkeit, zu bewerten und zu beurteilen – wie kann man all das wirklich einschätzen?

Letztlich wissen Sie das erst, wenn Sie in der Firma sind. Aber wir suchen nach solchen Eigenschaften und Erfahrungen, um diese Entscheidungen zu treffen. Denn wenn Sie zu Veritas kommen, wird man Sie nicht an die Hand nehmen. Sie werden eine großartige Plattform nutzen. Sie werden mit unglaublich erfolgreichen und spannenden Leuten zusammenarbeiten. Aber am Ende des Tages suchen wir nach Leuten, die diese [unternehmerische] Denkweise haben. Und schließlich auch Leidenschaft. Ich meine, dies ist ein hartes Geschäft. Die Leute arbeiten viele Stunden. Das muss man verstehen und zu schätzen wissen. Und man muss aus den richtigen Gründen dabei sein. Der richtige Grund ist, dass Sie etwas bewirken wollen.

TONY:
Dann nährt die Arbeit ihre Psyche, denn es ist ein tieferer Sinn, wie Sie sagten. Es geht nicht nur um die oberflächliche Bedeutung.

RAMZI:
Ganz genau.

TONY:
Und Sie gehen in diesem Bereich mit gutem Beispiel voran.

RAMZI:
Ich versuche es.

TONY:
Wir haben wirklich großen Respekt vor dem, was Sie hier aufgebaut haben, und Sie sind ein außergewöhnlicher Mensch. Ihr Vater muss – ich weiß, er ist verstorben – verdammt stolz sein.

RAMZI:
Er wacht über mich.

KAPITEL 12

VINOD KHOSLA

GRÜNDER VON KHOSLA VENTURES

Auszeichnungen: Verwandelte eine Investition von 4 Millionen Dollar in Juniper Networks in 7 Milliarden Dollar Gewinn. Früher Investor in Open AI. Mitglied des philanthropischen Giving Pledge.
Gesamtes verwaltetes Vermögen (Stand August 2023): 15 Milliarden Dollar
Schwerpunktbereich: Disruptive Technologien in den Bereichen Gesundheitswesen, Nachhaltigkeit, Fintech und KI

Höhepunkte

- Vinod Khosla war 1982 Mitbegründer von Sun Microsystems, dem Entwickler der Programmiersprache Java, das später von Oracle für 7,4 Milliarden Dollar übernommen wurde.
- Im Laufe seiner Karriere war Vinod Khosla ein früher Investor in Google, LinkedIn, Nest, DeepMind, Instacart, DoorDash, Impossible Foods, Affirm und viele andere.

- Neben vielen anderen Auszeichnungen wurde Vinod Khosla von der Zeitschrift *Forbes* als einer der Top-Tech-Investoren des Jahres 2023 und als grünster Milliardär der Welt ausgezeichnet, außerdem erhielt er die National Medal of Technology.

TONY:
Vinod, ich weiß nicht, ob Sie sich daran erinnern, aber wir sind uns schon einmal begegnet, als ich bei einer TED-Konferenz gesprochen habe, die damals noch in Monterey stattfand. Ich hatte einen kleinen Dialog mit dem Vizepräsidenten und Sie und eine Gruppe von Kleiner Perkins luden mich zum Abendessen ein, um zu besprechen, was an diesem Tag geschehen war. Seitdem bin ich ein Fan von Ihnen, um es vorsichtig auszudrücken.

VINOD:
Ja! TED ist einer dieser Orte, an denen es die richtigen Leute gibt. Ich gebe es nur ungern zu, aber ich war seit 1986 auf jeder wichtigen TED-Konferenz.

TONY:
Heiliger Strohsack. Dann haben Sie in dieser Zeit eine Menge gesehen. Sie sind wirklich außergewöhnlich. Es wäre toll, wenn Sie uns ein wenig über Ihre Ursprünge erzählen könnten, Ihre Kindheit in Indien, die spannende Zeit im Silicon Valley, wie Sie mehrfach von Stanford abgelehnt wurden und schließlich 300 000 Dollar Startkapital beschafften, um Sun Microsystems in ein paar Jahren zu einem 1-Milliarde-Unternehmen aufzubauen, bis hin zu den Investitionen, die wir kennen, wie die 3-Millionen-Dollar-Investition in Juniper, die Kleiner Perkins fast 7 Milliarden Dollar einbrachte. Wie wird man von den Anfängen in Indien zu einem der angesehensten und erfolgreichsten VCs der Welt?

VINOD:
Ich wuchs in einem sehr konservativen Haushalt auf. Mein Vater wurde mit drei Jahren Vollwaise. Er lebte bei verschiedenen Familien und wurde dann mit 15 oder 16 Jahren für die britische Armee rekrutiert. Mit 16 Jahren kämpfte er in Ägypten. Teil der Armee zu sein, war für ihn das Beste, was ihm passieren konnte. Er brauchte sich nie um einen Job zu küm-

mern. Also wollte er, dass ich mit 16 Jahren in die indische Armee eintrete. Das war seine Vision für mich. Ich hatte andere Vorstellungen. Ich wollte etwas wagen.

TONY:
Sind Sie so veranlagt oder gab es einen Auslöser? Wie kam es zu dem Gegensatz?

VINOD:
Ich war einfach so gestrickt. [Mein Vater] hielt es für keine gute Idee, aufs College zu gehen und Ingenieurwesen zu studieren. **Aber ich beschäftigte mich sehr damit, welche Probleme ich sehe und ob es kreative Wege gibt, sie zu lösen.** Ich kannte übrigens keinen einzigen Menschen in der Wirtschaft. Wir haben immer nur an Armeestützpunkten gelebt. In Arealen, in denen nur Armeeangehörige wohnen. Ich kannte also niemanden aus der Wirtschaft oder jemanden aus der Technik, bin nie jemandem begegnet, war aber neugierig. Und als ich von Andy Grove las, der Intel gründete, sagte ich: »Es wäre cool, eine eigene Firma zu gründen und etwas technisch Herausforderndes zu machen.« Deshalb beschloss ich nach meinem Abschluss in Biomedizintechnik, ins Silicon Valley zu gehen. **Und obwohl Stanford mich zweimal abwies, erkämpfte ich mir meinen Platz. Ich habe ihnen immer wieder gesagt, dass sie einen Fehler machen.**

TONY:
Aller guten Dinge sind drei. Das ist großartig.

VINOD:
Nun, die eigentliche Geschichte ist, dass ich immer auf der Suche nach kreativen Lösungen bin. Stanford lehnte mich beim ersten Mal ab und ich war enttäuscht. Also habe ich mich mit ihnen herumgestritten und sie sagten, man müsse mindestens zwei Jahre Berufserfahrung haben, was für mich im Grunde bedeutete, dort nicht reinzukommen. Also habe ich im nächsten Jahr zwei Vollzeitstellen angenommen, in einem Jahr zwei Jahre Berufserfahrung gesammelt und mich dann erneut beworben.

Und sie lehnten mich wieder ab und ich stritt mich mit ihnen. Ich sagte, dass ich doch jetzt zwei Jahre Erfahrung hätte. Damit ich ihnen nicht länger auf die Nerven ging, setzten sie mich auf die Warteliste. Aber ich habe sie weiter genervt. Drei oder vier Tage vor Beginn des Unterrichts an der Business School wurde ich dann zugelassen, weil jemand anderes abgesagt hatte.

Man erzählt sich, dass ich mit jedem in der Zulassungsstelle befreundet war – außer mit dem Leiter, der mich abgrundtief hasste. Eine der Frauen im Büro rief mich drei oder vier Tage vor Vorlesungsbeginn an und sagte, dass jemand aus dem Jahrgang aussteigt. Ich rief den Leiter der Zulassungsstelle an und sagte: »Hey, Sie haben einen Platz frei. Ich stehe zur Verfügung.« Ich war bereits seit drei Wochen an der Business School von Carnegie Mellon. Diese Frau [in der Zulassungsstelle] ließ mich in ihrem Wohnzimmer übernachten, weil ich keine Bleibe hatte. Ich verließ Pittsburgh innerhalb von 24 Stunden, weil ich keinen Grund sah, warum ich es nicht tun sollte.

CHRISTOPHER:
Beharrlichkeit ist eine erstaunliche Sache.

TONY:
Jede Person, die wir für dieses Buch interviewt haben, hat in ihrer Geschichte etwas von geradezu verrückter Beharrlichkeit. Und das ist mit ein Grund, warum diese Menschen heute da stehen, wo sie sind. Und wie sind Sie zu Sun Microsystems gekommen? Und wie war das mit Kleiner Perkins?

VINOD:
Als ich auf der Business School war, hatte ich bereits beschlossen, ein Unternehmen zu gründen. Ich wollte heiraten, hatte aber keinen Job. Also beschloss ich, ein Start-up zu gründen. Dann traf ich einen Typen, der jemanden kannte, der auch gern eine Firma gründen wollte, und ich kontaktierte ihn. Ich sagte: »Du kannst deinen Job bei Intel behalten. Ich werde der erste Vollzeitmitarbeiter sein, also trage ich das Risiko.«

Nach zwei Jahren wurde mir klar, dass unser Produkt, ein CAD-Tool für Elektroingenieure, ein Plattform-Unternehmen brauchte. Ich entschied sofort, dass Sun (Microsystems) das Plattform-Unternehmen war, das wir für den Start brauchten. Und so begann Sun als Plattform-Unternehmen, auf dem die Daisy-Anwendung aufgebaut werden sollte. So kam es ins Rollen. Und dann wurde Kleiner Perkins mein Investor.

TONY:
Sie gaben Ihnen 300 000 Dollar? Ist das wahr? Und Sie haben innerhalb von fünf Jahren 1 Milliarde Dollar daraus gemacht?

VINOD:
Also, die ersten 300 000 Dollar kamen von einem Mann, mit dem ich zusammenarbeitete, um mein Unternehmen Daisy Systems zu finanzieren. Als ich Daisy verließ, um Sun Microsystems zu gründen, stellte er mir buchstäblich auf der Basis einer ultrakurzen Beschreibung einen Scheck über 300 000 Dollar aus, weil ich ihn während der Daisy-Sache unterstützt hatte. Er wurde von einem der Gründer über den Tisch gezogen, aber wir hatten weiterhin eine gute Beziehung. Gleich danach investierte Kleiner Perkins in Sun und John Doerr kam in meinen Vorstand. So bin ich bei Kleiner Perkins gelandet.

TONY:
Wo Sie unglaublich erfolgreich waren. Erzählen Sie uns ein wenig darüber, wie es zu diesem Schritt kam [Khosla Ventures zu gründen] und was es für Sie in dieser Phase bedeutet hat.

VINOD:
Ich mag kleine Gruppen und KPCB wurde mir zu groß. In 40 Jahren habe ich mich nie als Risikokapitalgeber bezeichnet. Ich sage immer, ich bin ein Venture-Assistent. Diese Idee, dass man mit den Gründern zusammenarbeitet, um ihnen bei der Verwirklichung ihrer Träume zu helfen, ist der Grund dafür, dass mir die Arbeit Spaß macht und dafür, dass die meisten meiner Kollegen in den Ruhestand gegangen sind. Sie erledigen einen Job und gehen dann in den Ruhestand. Ich dagegen folge einer Leidenschaft. Solange meine Gesundheit es mitmacht, werde ich nicht in den Ruhestand gehen.

In 40 Jahren habe ich mich nie als Risikokapitalgeber bezeichnet. Ich sage immer, ich bin ein Venture-Assistent. Diese Idee, dass man mit den Gründern zusammenarbeitet, um ihnen bei der Verwirklichung ihrer Träume zu helfen, ist der Grund dafür, dass mir die Arbeit Spaß macht.

TONY:
Das klingt gut. Wer war die wichtigste Person, die zu Ihrem Erfolg beigetragen hat?

VINOD:
Ich hatte eigentlich nie einen richtigen Mentor. Am meisten beeinflusst hat mich wohl John Doerr, weil ich mit ihm am meisten gestritten habe. Wir haben 20 Jahre lang zusammengearbeitet. Wir haben erst zusammen bei Sun gearbeitet und dann 20 Jahre lang bei Kleiner Perkins. **Die meisten Leute würden sagen, dass wir uns nie einig waren. Die Leute dachten immer, wir würden die Zusammenarbeit beenden, weil wir uns ständig über alles stritten. Aber von ihm habe ich etwas Entscheidendes gelernt. Wir haben uns immer über die Fragen gestritten, die wichtig waren. Wir entwickelten einen großen gegenseitigen Respekt, der auf heftigen Debatten beruhte.**

TONY:
Und die richtigen Fragen gefunden, trotz unterschiedlicher Ansichten, um festzustellen, was wirklich gebraucht wird.

VINOD:
Meiner Meinung nach schadet es dem Unternehmer, wenn man zu höflich mit ihm ist. Wenn man nur Positives sagt, aber nichts, was einem Sorgen bereitet, mag der Unternehmer Sie mehr. Aber es wird ihm damit nicht geholfen, weil er sich nicht auf die schwachen Glieder seiner Kette konzentriert.

CHRISTOPHER:
Das ist interessant, denn ich habe von mehreren Leuten gehört, was sich von 2019 bis 2021 geändert habe, sei gewesen, dass die Unternehmer so sehr von den Risikokapitalgebern umworben worden seien, dass ihnen nur gesagt worden sei, was sie hören wollten. Und so seien nicht genügend kritische Fragen gestellt worden, damit diese Unternehmen produktiver geführt werden können.

VINOD:
Die Kapitaleffizienz wurde vernachlässigt, weil eine Menge Geld zur Verfügung stand, und jeder sagte höfliche Dinge.

CHRISTOPHER:
Wo liegen die größten Chancen für Investoren – als Venture-Assistent, wie Sie es ausdrücken?

VINOD:
Unser Fokus liegt auf einer viel tiefergehenden Technologie, die den großen Unterschied ausmacht. Unserer Meinung nach ist die Rendite ein guter Nebeneffekt des Aufbaus eines großen Unternehmens, statt dass wir uns auf die Rendite konzentrieren. In den vergangenen 15 Jahren habe ich in unserem Unternehmen keine IRR-Berechnung gesehen. Wir machen das einfach nicht. Wir sind wahrscheinlich die einzige Investmentfirma, die nie eine IRR-Berechnung (»IRR« = »Internal Rate of Return«, deutsch: »interner Zinsfuß«) durchführt.

Der Schwerpunkt liegt auf der Frage: Können wir etwas Substanzielles aufbauen? Und wenn man das tut, dann erledigt sich alles wie von selbst. Das ist eine ganz andere Philosophie als die Optimierung der Transaktion.

CHRISTOPHER:
Mit diesem Gedanken im Hinterkopf und dem Wissen, dass Sie so viele verschiedene Zyklen der Technologie und Biotechnologie gesehen haben: Ist die größte Chance heute die Künstliche Intelligenz?

VINOD:
Ich habe schon lange an die KI als Wegbereiter geglaubt. Ich wusste nur nicht, wann sie so richtig in Fahrt kommen würde. **Wir haben vor vier oder fünf Jahren in OpenAI investiert, denn darüber habe ich 2012 zum ersten Mal geschrieben.** Es gibt einige bekannte Blogs, für die ich kritisiert wurde. Zehn Jahre später sind fast alle mit mir einer Meinung. KI ist also definitiv eine dieser Möglichkeiten. Aber meine Ansicht ist, und ich betrachte immer auch gegenteilige Standpunkte, wenn man in 20, 25 Jahren auf die frühen 2020er-Jahre zurückblickt, so traurig sie auch waren, die zwei besten Dinge, die dem Planeten passiert sind, waren die Ukraine und Covid. Und warum? Die Ukraine hat einen Weg zur Energieunabhängigkeit losgetreten. Deutschland hätte sonst niemals gesagt: »Wir verzichten auf russisches Gas.« Sie hielten das nicht einmal für möglich. Und buchstäblich eineinhalb Jahre später erklärt Deutschland, dass es

kein russisches Gas mehr verwenden wird. Worauf ich hinaus will, ist, dass es wegen der Ukraine jetzt zur Energiewende kommt. Nun sind alle Klimatechnologien viel wichtiger geworden und haben Auftrieb bekommen. Wir haben das IRA-Gesetz verabschiedet, das eine Menge Anreize für diese Klimawandel-Technologien und Infrastruktur-Technologien bietet. Die Europäer mussten mit uns konkurrieren, also haben sie ihr eigenes Gesetz, das ebenso beeindruckend ist. All das eröffnet eine neue Ära der klimabezogenen Investitionen.

Und dann hat Covid zwei Dinge bewirkt. Erstens hat es bewiesen, dass wir einen Impfstoff zehnmal schneller entwickeln können, als wir dachten. Es entstanden neue Modelle wie Fernarbeit in Unternehmen. Es gab neue Unterhaltungsangebote für Verbraucher. Es gab eine ganze Reihe neuer Annahmen. Aber das Wichtigste war, dass jetzt nicht nur jede Regierung, sondern auch jedes Unternehmen bestrebt ist, aus China herauszukommen, weg von der Abhängigkeit. Die Arbeitskräfte der Welt waren in China.

Der Stahl der Welt lag in China. Die seltenen Werkstoffe der Welt befanden sich in China.

Und nun bewegen sich alle Lieferketten und die gesamte Materialkonzentration aus China heraus. Das eröffnet viele neue Möglichkeiten. Ich würde also sagen, Covid hat die Unabhängigkeit von China eingeleitet, die vor allem darauf abstellt, Technologien zu entwickeln, die kosteneffizient sein können, ohne dass sie in China sind. Die Covid-Achse, die ich die »Achse der Lieferkette« nenne, und die Ukraine-Achse, die »Energieachse«, und dann KI für alles andere. Diese drei Dinge veränderten das Risikokapital für die nächsten 15 Jahre. Es wird immer noch Unternehmensanwendungen und Internetanwendungen geben und Fortschritte in der Biotechnologie. Wir beschäftigen uns sehr intensiv damit und sind der Meinung, dass wir einen einzigartigen Vorteil in diesen Bereichen haben, weil wir über eine so umfassende technische Basis verfügen.

CHRISTOPHER:
Was hat sich in den letzten Jahren in der Welt des Risikokapitals ereignet, das Sie erwartet haben, und was hat Sie überrascht?

VINOD:
Ich habe vor allem erwartet, dass diese Ausschläge moderater ausfallen würden. Die Euphorie über KI ist größer als gerechtfertigt. Nicht in Bezug

auf die Auswirkungen, sondern bei den Bewertungen. Sie ergeben überhaupt keinen Sinn. Wir haben uns fast alle Milliarden-Dollar-Bewertungen angesehen [und sie] ergeben für uns keinen Sinn. Man muss echte Einnahmen vorweisen, um zehn Jahre später eine Bewertung über 1 Milliarde Dollar zu haben. Ich denke, wir sehen diesen Schwung in der KI, der keine ausreichende Grundlage hat, um sagen zu können, was einen Wettbewerbsvorteil ausmachen wird. Ich sage scherzhaft, dass die meisten der Y-Combinator[109]-Unternehmen, die im Januar gegründet wurden, sich größtenteils, etwa zu 60 Prozent, mit KI beschäftigen. Die Hälfte von ihnen wurde innerhalb von drei Monaten nach dem Start durch neue Entwicklungen überholt, weil ChatGPT aufkam. TikTok brauchte fast ein Jahr, um auf 100 Millionen Nutzer zu kommen. Schneller als je ein anderer zuvor. ChatGPT brauchte 60 Tage, um 100 Millionen Nutzer zu erreichen. Niemand, der bei klarem Verstand ist, hätte angenommen, dass Einnahmen so schnell wachsen können, egal wo. Das war ein Phänomen, – wie schnell es passierte – das hat mich überrascht.

TONY:
Der Titel des Buches lautet *Der Heilige Gral des Investierens*. Das klingt vielleicht übertrieben, aber es geht wirklich darum, den Heiligen Gral zu finden – die wichtigsten Investitionsprinzipien der größten Führungskräfte, mit denen wir gesprochen haben. Worin besteht für Sie der Heilige Gral des Investierens?

VINOD:
Ich würde es so formulieren: Man kann verschiedene Heilige Grale für verschiedene Leute haben oder, wie ich zu sagen pflege, verschiedene Investitionsstile. Man muss wissen, was man tun will und worin man gut ist, und dem muss man dann treu bleiben. Das ist für mich das Grundprinzip. Es gibt viele Möglichkeiten, Risikokapital gut einzusetzen, und konservativ zu sein sowie zwei- bis dreifache Renditen anzustreben, führt zu einer wirklich guten IRR. Wir konzentrieren uns viel stärker auf die Fundamentaldaten. Als die Krypto-Sache passierte, konnten wir einfach nicht herausfinden, wo das Fleisch war. Wir sagten, die Blockchain ist wertvoll, aber mit Kryptowährungen zu spekulieren ist keine nachhaltige

---

109 Y Combinator ist ein Gründerzentrum mit Sitz in Mountin View, Kalifornien. Anm. d. Red.

Strategie. Wenn man Geld aus China herausholen will, ergibt es sehr viel Sinn, in der Blockchain zu sein. Wenn Sie nicht in argentinischen Pesos zahlen wollen, ergibt das sehr viel Sinn. Aber was wir gemacht haben, ist ein Unternehmen wie Helium, das die Blockchain nutzt, um ein echtes Kommunikationsnetzwerk aufzubauen. Jetzt bauen sie ein 5G-Mobilfunknetz unter Verwendung der Blockchain. Wir haben uns also immer auf reale Anwendungen der Blockchain konzentriert. Das geschieht nicht über Nacht. Aber unser Fokus ist: Wo kann die Technologie eine große Rolle spielen und wo kann sie große wirtschaftliche Auswirkungen haben? Wenn das zutrifft, stellen wir das richtige Team zusammen und das baut dann ein Unternehmen auf, und wenn man ein großes Unternehmen aufbaut, dann bekommt man gute Renditen. Das ist ein ganz anderes Prinzip als die Optimierung der IRR. Ich habe lieber solide Zehn-Jahres-Renditen als hohe Zwei-Jahres-Renditen.

TONY:
Sie streben also nach Langfristigkeit. Sie suchen nicht nach der zwei- oder dreifachen Rendite, sondern nach der 10-, 20- oder 100-fachen Rendite, indem Sie etwas aufbauen, das einen dauerhaften Wert hat und das Ihrer Meinung nach die Welt in irgendeiner Weise verändern wird.

VINOD:
Genau. Als Pinterest an die Börse ging, hat das *Wall Street Journal* einen Artikel über die besten Venture-Renditen aller Zeiten veröffentlicht. Und Juniper tauchte auf. Die Rendite betrug das fast 2500-Fache der Investition. Ich war damals bei Kleiner, mit einer Investition um die 3 Millionen Dollar. Ich habe die genauen Zahlen vergessen. Wir haben 7 Milliarden Dollar verdient, die wir verteilt haben.

Unglaublich. Aber die Sache ist die: Wir haben daran geglaubt, diese Veränderung zu bewirken. Ich betrachte dies als eine der bedeutendsten geschäftlichen Errungenschaften in meinem Leben. Wir haben den Wandel vollzogen. Es war nicht die Rendite, auch wenn es 7 Milliarden Dollar waren. Ich wollte, dass die Welt auf TCP/IP umgestellt wird, und kein Telekommunikationsunternehmen in den USA oder in Europa hatte vor, TCP/IP als öffentliches Netz einzuführen. Jedes Telekommunikationsunternehmen hat das heute, aber es gab keine, die das geplant hatten. Wenn man das Jahr 1996 betrachtet, sprach jeder Goldman-Sachs-Bericht nur von ATM als Backbone des Internets. Und ich glaubte an TCP/IP. **Ich sagte: Es ist mir egal, was die Kunden denken; wir bauen das Richtige und sie werden kommen. Und genau das ist passiert.** Ich glaube nicht, dass es TCP/IP gegeben hätte, wenn wir es nicht gemacht hätten. So seltsam das auch klingt.

CHRISTOPHER:
Es stimmt mit dem überein, worüber Henry Ford sprach. Wenn Sie seine Kunden gefragt hätten, hätten sie ein schnelleres Pferd gewollt, anstatt dass er etwas entwickelt, das sie unbedingt brauchten. Sie haben es nur nicht erkannt.

VINOD:
Genau. Schauen Sie sich die Presse im Jahr 1996 an, jeder einzelne Geschäftsplan aller Telekommunikationsunternehmen basierte auf der ATM-Technologie. Nehmen Sie jemanden wie Cisco: Der dominierende Marktführer im Bereich TCP/IP kaufte 1995 StrataCom, weil jeder Kunde ATM wollte. Und sein CTO sagte mir, sie würden niemals TCP/IP für das öffentliche Netz einsetzen. Niemals. Ich sagte: Gut, wir machen es. Und deshalb haben wir die Rendite bekommen. Wir haben einfach das gebaut, von dem wir dachten, dass es für die Welt wertvoll sein würde. Das ist genau unser Stil.

Das Gleiche geschah, als wir Impossible [Foods] machten. Wir sagten, pflanzliche Proteine retten den Planeten, sie können besser schmecken als Fleisch. Niemand glaubte es. Aber wir dachten langfristig und es ist das einzige Unternehmen für pflanzliche Proteine, das heute wächst.

CHRISTOPHER:
Vinod, Sie denken offensichtlich anders als der Großteil der Risikokapitalgeber-Community. Worauf achten Sie am meisten bei den Leuten, die Sie bei Khosla einstellen, damit Sie wissen, dass sie anders sind als die Durchschnittsperson, die Sie vielleicht in Betracht ziehen?

VINOD:
Sowohl bei unseren Unternehmern als auch bei den Mitarbeitern, die wir einstellen, ist der wichtigste Faktor nicht das, was sie wissen, sondern ihre Lerngeschwindigkeit. Wie schnell können sie lernen? Aber das ist sehr

schwer zu beurteilen, wenn man ein Vorstellungsgespräch mit jemandem führt. Die Lerngeschwindigkeit ist jedoch viel wichtiger als das, was man weiß, oder die Erfahrung, die man bereits hat.

KAPITEL 13

MICHAEL B. KIM

GRÜNDER UND VORSITZENDER VON MBK PARTNERS

Auszeichnungen: Wird als »Godfather of Asian Private Equity« bezeichnet und ist der reichste Mann in Südkorea.
Gesamtes verwaltetes Vermögen (Stand August 2023): 25,6 Milliarden Dollar
Schwerpunktbereich: Nordasiatische Märkte: China, Japan und Korea. Finanzdienstleistungen, Verbrauchermedien und Telekommunikation

Höhepunkte

- MBK Partners ist der größte Private-Equity-Manager in Nordasien, mit einem verwalteten Vermögen von 25,6 Milliarden Dollar.
- Top-Dezil-Rendite bei jedem aktiven Fonds – 2019 von *Institutional Investor* als »The Most Consistently Top-Performing Buyout Fund Manager(s)« geführt.
- 2015 von *Bloomberg* unter den »50 einflussreichsten Menschen der Welt« gelistet.

TONY:
Michael, so wie ich das verstehe, wollten Sie zunächst Schriftsteller werden und sind dann irgendwie zum »Godfather of Asian Private Equity« und zum reichsten Menschen Koreas geworden – der das Land in wirtschaftlich schwierigen Zeiten gerettet hat. Wie kam das alles zustande? Würden Sie uns von Ihren Anfängen erzählen?

MICHAEL:
Ich bin eher zufällig Investor geworden, aber ich glaube, das geht vielen Leuten in meiner Branche so. Ich wuchs in Seoul, Südkorea, auf und dachte, ich würde Schriftsteller werden oder vielleicht Professor. Ich besuchte die Junior High School in den USA, obwohl ich kein einziges Wort Englisch sprach. Mein Vater war ein bisschen altmodisch. Er sagte: »Wenn du Englisch lernen willst, lies.« Also habe ich das getan. Ich lernte Englisch, indem ich Bücher las. Als ich ihm sagte, ich bräuchte Hilfe bei meinem mündlichen Englisch, lautete seine Antwort: »Lies die Bücher laut vor …« Aber das Lesen von Büchern ist tatsächlich das Herzstück meiner prägenden Erziehung. Ich habe mich in Bücher verliebt, vor allem in Romane, aber auch Geschichte, Philosophie und wissenschaftliche Bücher. Mein Hauptfach war dann Englisch an einem Liberal Arts College – Haverford. Nach meinem Abschluss wollte ich weiterstudieren, vielleicht ein Masterstudium, als ich mitbekam, dass sich all die klugen Köpfe um mich herum an etwas namens »Wall Street« bewarben. Ich hatte keine Ahnung, was das war, aber es klang cool, also dachte ich, ich probiere es aus. Einer der Co-Vorsitzenden von Goldman Sachs, John Whitehead, war Haverford-Absolvent. Haverford ist zwar kein exklusiver Ort, aber es gibt so wenige von uns in dieser Branche, dass er mich wohl ins Herz geschlossen hat.

Also fing ich 1986 als Banker bei Goldman Sachs an. Ich arbeitete zwei Jahre lang wie ein Verrückter und ging dann zurück, um meinen MBA an der Harvard Business School zu machen. Ich habe mir geschworen, nie wieder an die Wall Street zu gehen, aber nach dem Abschluss bin ich natürlich direkt wieder zu Goldman Sachs.

TONY:
Und wie kam es dazu, dass Sie nach Asien zurückkehrten, mitten in eine Krise? Wie empfanden Sie die Veränderung?

MICHAEL:
Das war ein Wendepunkt in meiner Karriere. Ich wurde von Goldman in ihr Büro in Hongkong geschickt. Damals war es ein sehr kleines Team, das versuchte, ein Drittel der Weltbevölkerung in Asien abzudecken. Ich wurde dann noch relativ jung als Chief Operating Officer (COO) von Salomon Brothers für Asien rekrutiert. Dann kam 1997 die Finanzkrise in Asien. Korea gehörte zu den am stärksten betroffenen Ländern. Ich half bei der Rettung des Staates, nicht weil ich Erfahrung mit der Umstrukturierung von Staatsanleihen hatte – ich war nur zufällig zu dieser Zeit eine der wenigen asiatischen Führungskräfte in der Firma. Die Menschen im Westen erinnern sich wahrscheinlich nur noch schwach an die Krise von 1997/98. Aber sie war katastrophal. Halb Asien stand kurz vor dem Zusammenbruch – Thailand, Indonesien und vor allem Korea. Wir waren federführend bei der Umstrukturierung der koreanischen Bilanz und leiteten die Ausgabe von Staatsanleihen durch die Regierung, die 4 Milliarden Dollar dringend benötigtes Geld ins Land brachte. Im Nachhinein betrachtet trug das wohl dazu bei, dass ich mir einen Namen machte. Ich wurde von David Rubenstein bei Carlyle angeworben, der ein Nein als Antwort einfach nicht akzeptierte. Als ich dann an die Wall Street ging, beschloss ich, diese Sache namens »Private Equity« auszuprobieren. 1999 stieg ich als Präsident von Carlyle Asia ein, mit Sitz in Hongkong. Meine sechseinhalb Jahre dort waren konstruktiv und lehrreich, bevor ich mich selbstständig machte.

TONY:
Was hat Sie schließlich dazu bewogen, sich in dieser Phase selbstständig zu machen?

MICHAEL:
Ich hatte die Vision, eine asiatische Private-Equity-Gruppe zu gründen, die Asiaten gehört und von ihnen geleitet wird. Manche Leute hielten das für eine Wahnvorstellung. Aber ich war der Ansicht, dass damals alle PE-Akteure in Asien globale PE-Firmen mit einem Firmenschild in Asien waren und ganz Asien in einen Topf warfen. Aber das ist ein falscher Ansatz. Er entspricht der Vorstellung eines westlichen Kartografen von Asien. Asien ist viel zu groß und seine Märkte sind viel zu fragmentiert, um sie als einen monolithischen Markt zu behandeln und diesen skalieren zu wol-

len. Unser Konzept, unsere strategische Einsicht, bestand darin, uns auf eine Subregion zu konzentrieren. Das heißt für uns: China, Japan, Korea – Nordasien, wo die drei Länder einen der größten Wirtschaftsblöcke der Welt bilden. Gemessen am BIP die Nummern zwei, drei und zehn. Das ist größer als die EU und größer als die USA. Und vor allem dachten wir, diese drei Länder seien skalierbar, weil sie eine jahrtausendealte gemeinsame Geschichte haben – die nicht immer freundschaftlich war – und eine gemeinsame Kultur und gemeinsame Bräuche sowie heutzutage wirtschaftliche Handelsströme und Geschäftspraktiken.

CHRISTOPHER:
Michael, Sie haben offensichtlich eine andere Perspektive, weil Ihr Unternehmen dort ansässig ist. Was entgeht den Anlegern im Moment und was ist die größte Chance für Investoren in Nordasien?

MICHAEL:
Ich glaube nicht, dass die Anleger Asien »verpassen«. Sie wissen, dass China groß ist. Sie wissen, dass Indien eine große Chance ist. Drei Milliarden Menschen leben in den beiden Ländern. **Aber ich glaube, viele westliche Investoren, die in Asien investieren wollen, tappen in die Falle, dass sie es durch eine westlich orientierte Linse betrachten.** Natürlich wird Asien »amerikanisiert« und ein Großteil des Finanzwesens, einschließlich alternativer Anlagen, das die asiatischen Märkte antreibt, wurde in den USA entwickelt. Aber der amerikanische Weg ist nicht der einzige; das amerikanische Finanzmodell ist nicht »das Ende der Geschichte«, wie Francis Fukuyama über das kapitalistische System der liberalen Demokratie und des freien Marktes in den USA sagte. Diese Denkweise ist falsch, unmoralisch und gefährlich.

Man muss akzeptieren, dass Asien anders ist. Asien ist auch nicht monolithisch.

Man muss jeden Markt, zumindest die Teilregionen, anders behandeln als den Rest dieses riesigen Gebietes. Das amerikanische Kapital ist klug, es ist scharfsinnig, aber es ist auch nach innen gerichtet und denkt, dass die Dinge auf amerikanische Art gemacht werden sollten. Dass sich die amerikanische Art des Finanzwesens gut übertragen lässt. Es gibt eine Menge kulturelle Gemeinsamkeiten in Amerika und Europa. Aber Asien ist kein weiteres Europa.

TONY:
Welche Unterschiede fallen am meisten auf, die die Amerikaner wahrscheinlich übersehen?

MICHAEL:
Es beginnt mit den großen Dingen – der Infrastruktur, dem regulatorischen Umfeld, den politischen Notwendigkeiten. Die Regierungen spielen in Nordasien eine wichtige Rolle, und das muss man akzeptieren. Ich habe eine Ausbildung an der Harvard Business School und bei Goldman Sachs erhalten, deshalb glaube ich an Laissez-faire, ein freies Marktsystem mit so wenig Regulierung wie möglich. Für jemanden mit dieser Art von Ausbildung ist Asien ein Kulturschock. Asiatische Länder haben ein sehr starkes und aktives, manche würden sagen übergriffiges, Finanzministerium oder Ministerium für Industrie und Handel.

Man kann die Rolle dieser Ministerien auf die konfuzianische Tradition der Beamten zurückführen, die die Rolle von Führern und Wächtern der Gesellschaft übernahmen. Diese Ministerien sehen sich selbst in der gleichen Rolle. Ich habe gehört, wie sich ein politischer Entscheidungsträger, ein Regierungsbeamter, selbst als die unsichtbare Hand bezeichnete, von der Adam Smith bezüglich freier Marktwirtschaft sprach. Ich habe da eine etwas andere Sichtweise. Aber das ist die Rolle, die sie spielen. Und man muss mit ihnen zusammenarbeiten, wenn man in Asien Geschäfte machen will.

Das fängt bei diesen Dingen an und geht bis zur Art und Weise, wie die Unternehmensgruppen strukturiert sind. In Korea und Japan gibt es diese großen Mischkonzerne. In Korea kontrollieren die Familienkonglomerate 80 Prozent der koreanischen Industrie. Man muss also lernen, mit diesen Familienkonglomeraten umzugehen, die bereits in der dritten Generation in Familienbesitz sind.

Ich habe die kleinen Dinge erwähnt. **Auch die Geschäftsgepflogenheiten in Asien sind anders. Die Tipps, die ich bei meinem Vorstellungsgespräch bei Goldman bekam, waren: Ein fester Händedruck, lächeln, direkt in die Augen schauen – all diese Dinge werden in Asien als respektlos angesehen.** Man will bescheiden sein und möchte eine respektvolle Distanz wahren, während man dem Gegenüber seinen Charakter offenbart. Diese Lektion ist vielleicht schwer zu vermitteln, aber beginnen Sie mit der Prämisse: In Asien sind die Dinge einfach anders. Wenn Sie dafür offen sind, werden Sie im Umgang mit Asiaten viel mehr Erfolg haben.

TONY:
Angesichts Ihrer Nähe zu den Führungspersonen, mit denen Sie aufgewachsen sind und angesichts Ihres Verständnisses von Ost und West, was sind Ihrer Meinung nach die größten Chancen für Investoren in Asien? Und was ist der Schwerpunkt von MBK Partners?

MICHAEL:
Die Antworten auf diese zweiteilige Frage gehen ineinander über. Weil wir das praktizieren, was wir predigen, sehen wir die größte Chance in Asien in alternativen Anlagen.

Und zwar in Nordasien, wegen der Größe, über die ich gesprochen habe, aber auch wegen der demografischen Entwicklung. **Demografie ist Schicksal.** Wenn Sie sich unsere Märkte ansehen, insbesondere Japan und Korea, die heute die größten Buy-out-Märkte in Asien sind, dann sehen Sie nicht nur große Volkswirtschaften mit spielbereiten Übernahmekandidaten, sondern auch riesige Verbrauchermärkte. Japan gilt als ein exportorientiertes Land. Aber mehr als zwei Drittel des BIP stammen aus dem Inlandsverbrauch. **Die Menschen vergessen leicht, dass Japan vier Jahrzehnte lang das zweitreichste Land der Welt war – nach den USA –, bevor es von China überholt wurde. Und sein Pro-Kopf-BIP ist immer noch viel höher als das jedes anderen asiatischen Landes. Es ist also ein Land mit großem Reichtum.**

Ein weiteres demografisches Thema, auf das ich hinweisen möchte, ist die alternde Bevölkerung. Japan ist das Land mit der ältesten Bevölkerung der Welt. 35 Prozent der Bevölkerung sind über 65 Jahre alt. Raten Sie mal, welches Land die Nummer zwei ist. Es ist Korea. Und China holt nach sechs Jahrzehnten der Ein-Kind-Politik schnell auf. Diese alternde Bevölkerung hat wichtige Auswirkungen auf unsere Anlagestrategie. Wir engagieren uns stark im Gesundheitswesen. Wir haben eine Phase durchlaufen, in der wir viel in Freizeit und Unterhaltung investierten. Wir waren Eigentümer der Universal Studios in Japan. Wir besaßen früher Accordia Golf, die größte Kette von öffentlichen Golfplätzen in Japan. Wir besitzen immer noch die größte Kette öffentlicher Golfplätze in Korea, genannt »Golfzon«. Aber wir haben uns von der Unterhaltungs- und

Freizeitbranche auf das Gesundheitswesen und insbesondere auf die Gesundheitsfürsorge für ältere Menschen verlagert. Wir sind jetzt Eigentümer des größten Franchiseunternehmens für Altenpflege in Japan. In Korea besitzen wir ein Unternehmen namens »Osstem Implant«, das der weltweit größte Anbieter von Zahnimplantaten ist. Wir arbeiten also mit demografischen Themen und dem damit verbundenen Wachstum, was meiner Meinung nach die attraktivste Investmentmöglichkeit Asiens ist.

Eine letzte Statistik: Der Aufstieg Chinas ist die wirtschaftliche/finanzielle Geschichte unserer Generation. Ich werde nicht auf all die Statistiken eingehen, die Sie wahrscheinlich schon kennen, aber ich nenne Ihnen ein paar. **McKinsey schätzte, ich glaube es war vor drei Jahren, dass eine Milliarde Chinesen in den nächsten zehn Jahren zur Mittelschicht gehören werden. In sieben Jahren werden wir also eine Milliarde neuer Verbraucher haben. Das hat es in der Geschichte der Menschheit noch nie gegeben.** Es mag Sie überraschen, dass der Anteil des Binnenkonsums am chinesischen BIP inzwischen größer ist als der Anteil der Exporte. Das Land ist also ein Gigant des Binnenkonsums geworden.

Was den Binnenkonsum betrifft, so besitzen wir die Nummer eins und die Nummer zwei der Autovermieter in China. Und unserer Erwartung liegen zwei Kennzahlen zugrunde: Es gibt 450 Millionen Führerscheine in China, aber nur 270 Millionen Nummernschilder. Und die Ausgabe von Nummernschildern verlangsamt sich noch weiter, da die Regierung versucht, die Emissionen zu kontrollieren. Das heißt, es gibt 180 Millionen Autofahrer, die auf der Suche nach Autos sind. Das ist eine Größenordnung, die man einfach nicht sieht. Und es ist die boomende Konsumchance für Manager wie uns.

TONY:
Sie setzen sich an die Spitze einer Flutwelle des Konsums und versuchen, die Unternehmen, die Sie kaufen, zu verbessern, und dann lassen Sie es sich von dort aus weiterentwickeln. Das ist sehr dynamisch.

CHRISTOPHER:
Wissen Sie, wir sprechen in unserer Firma viel über Investitionen mit Rückenwind. Das sind Tsunamis von epischem Ausmaß! Welche Entwicklung auf dem chinesischen Markt haben Sie nicht erwartet?

MICHAEL:
Die politische Wende, die die chinesische Führung in den letzten Jahren vollzogen hat, überraschte viele Anleger, mich eingeschlossen. Ich habe Chinas Aufstieg von der Pike auf erlebt. Ich bin jetzt seit 30 Jahren in Asien tätig. Ich habe gesehen, wie es sich entwickelt hat. Als ich 1993 das erste Mal nach Asien kam, waren China und Indien wirtschaftlich etwa auf dem gleichen Entwicklungsstand. Wenn man sich ansieht, was passiert ist, dann hat China nichts davon zufällig erreicht. Es hat die klügste strategisch denkende Führung, die unsichtbare Hand, die Ministerien, von denen ich sprach. Wir reden von den Besten und Klügsten aus einem Talentpool von 1,4 Milliarden.

Als ich all dies in Echtzeit beobachtete, war ich der Ansicht, dass das Marktwachstum ungebremst weitergehen wird, weil die chinesische Führung den 1,4 Milliarden Menschen zum ersten Mal seit eineinhalb Jahrhunderten wirtschaftlichen Wohlstand gebracht hat. Warum sollte man etwas tun, um das zu gefährden? Aber was Sie in den letzten Jahren gesehen haben, zeigt den wachsenden Schmerz eines Landes und einer Wirtschaft, die ein Experiment durchläuft, das es in der Geschichte noch nie gegeben hat. Und wir sind so sehr an den China-Boom gewöhnt, dass wir überrascht sind, wenn es einen Schritt zurück macht, oder? Dieses Land versucht, ein kommunistisches politisches System mit einer Kommandowirtschaft mit wichtigen Elementen der freien Marktwirtschaft der USA zu verbinden. Das hat noch nie jemand geschafft, zumindest nicht erfolgreich. China war dabei erfolgreich, indem es dieses Experiment über zwei Jahrzehnte lang erfolgreich durchführte, und obwohl ich unsere Investoren immer darauf hingewiesen habe, dass die Entwicklung nicht linear verlaufen würde, erwarte ich, dass es zu diesem Erfolgspfad zurückkehren wird.

Ich denke, die Führung in China sah sich gezwungen, die aufstrebende Macht Chinas zu demonstrieren und dem Rest der Welt zu zeigen, dass es sich nicht mehr um eine amerikanische Hegemonie handelt, sondern um eine bipolare Welt, in der China und die USA in gewisser Weise als Gleichberechtigte koexistieren, aber auch als ideologische, militärische und wirtschaftliche Rivalen. Was wir in den letzten anderthalb, zwei Jahren erlebt haben, sind meiner Meinung nach die Nebenprodukte dieser Projektion von Chinas aufstrebender Macht. Und so kam es zu dieser unglücklichen Pattsituation. Das ist für niemanden gut: nicht für die Bürger der beiden Länder und schon gar nicht für den Rest der Weltwirtschaft, der die negativen Auswirkungen dieses Handelskrieges zu spüren bekommt. **Meine Überzeugung ist – und darauf verwette ich meine Karriere –, dass China seine Liberalisierung der Wirtschaft und der Finanzmärkte wieder aufnehmen wird.** Wenn man die Türen zur Marktliberalisierung einmal geöffnet hat, kann man sie nicht mehr schließen.

TONY:
Die treibende Kraft sind die Verbraucher des Landes, also die Bürger selbst, solange sie wohlhabend sind. Und wenn sie das nicht sind, schafft das Instabilität. Ist das der Kern der Sache?

MICHAEL:
Ganz genau. Ich denke, Sie haben es auf den Punkt gebracht. Worüber im Westen nicht viel berichtet wurde, als Präsident Xi diese Null-Covid-Sperre für die zweite Hälfte des letzten Jahres einführte, war, dass dies auf großen Widerstand in der Bevölkerung stieß. Es war das erste Mal, dass ich meine Freunde und Kollegen in China sehr besorgt und einige sehr wütend erlebte, nicht so sehr wegen der Einschränkung der individuellen Freiheiten, sondern wegen der Unmöglichkeit, ihre Familie zu ernähren. Sie konnten nicht mehr in die örtlichen Lebensmittelgeschäfte gehen, um Lebensmittel für das Abendessen zu kaufen. Es ist Präsident Xi hoch anzurechnen, dass er die wachsende Wut seines Volkes erkannte und den außergewöhnlichen Schritt unternahm, seine Entscheidung rückgängig zu machen und die Abriegelung aufzuheben. Das war ein Segen für die Wirtschaft, aber ich denke, es ist auch eine wichtige Geste gegenüber seinem Volk, dass ihm dessen Interessen am Herzen liegen. Der sozialpolitische Bund ist also wiederhergestellt. Ich denke, er und die chinesische Führung werden ihr Streben nach wirtschaftlicher Prosperität und finanzieller Liberalisierung wieder aufnehmen. **Um es zusammenzufassen: Die Wirtschaft wird die Politik übertrumpfen.**

TONY:
Und bei der Wirtschaft geht es um die Lebensqualität der Menschen, richtig? Die Bevölkerung ist dort sehr groß. Wenn sie nicht glücklich ist, wird sich die Politik ändern.

Als ich Ray Dalio vor etwa einem Jahrzehnt zum ersten Mal interviewte, fragte ich ihn: Was ist das wichtigste Investitionsprinzip? Und er antwortete, das könne er ganz genau sagen. Der Heilige Gral des Investierens bestehe darin, acht bis zwölf unkorrelierte Anlagen zu finden, auf die man setzen kann. Ich weiß, dass er ein Makro-Investor ist. Private Equity ist natürlich eine andere Art von Investition, aber was ist Ihre Vorstellung vom Heiligen Gral des Investierens?

MICHAEL:

Ray Dalio ist nicht nur Makro-Investor, er ist auch Hedgefonds-Manager. Seine Sicht der Dinge unterscheidet sich ein wenig von unserer. Ein bisschen vereinfacht ausgedrückt streben Hedgefonds nach Alpha. Bei Private Equity schaffen wir Alpha. **Und nach dem Kauf eines Unternehmens schaffen wir Alpha, indem wir die Ärmel hochkrempeln und hart arbeiten, um Werte zu schaffen.** Der Heilige Gral ist also Wertschöpfung. Bei MBK Partners kaufen wir gute Unternehmen und machen sie besser. Die Grundlagen des Unternehmens sind absolut entscheidend. Ich denke, jeder GP in unserer Branche wird dem zustimmen. Das US-amerikanische Modell der Wertschöpfung ist die Blaupause. Aber in Asien muss man sich an die lokalen Bedingungen und die lokale Art anpassen, Dinge zu tun. Der frühere Premierminister von Singapur, Lee Kuan Yew, war berühmt für seinen Ausspruch, dass wir in Asien unsere eigene asiatische Form der Demokratie übernehmen müssen. Man kann nicht einfach die amerikanische Form der liberalen Demokratie nehmen und nach Singapur oder Korea oder Japan verpflanzen und erwarten, dass sie dort gedeiht.

Die Bedingungen sind anders, richtig? Man kann nicht eine Pflanze aus Kalifornien umpflanzen und erwarten, dass sie in Singapur gedeiht, wo andere Bodenbedingungen herrschen, andere Sonneneinstrahlung – sogar das Wasser ist anders. Man muss sie an die örtlichen Bedingungen anpassen. Und genauso muss man meiner Meinung nach auch die Wertschöpfung auf eine angepasste asiatische Art und Weise durchführen.

Eines der Instrumente im Werkzeugkasten eines Private-Equity-Managers zur Wertschöpfung sind Kosteneinsparungen. Und es gibt viele verschiedene Möglichkeiten, dies zu tun. Bei meiner früheren Firma war es das Senken der Löhne. Viele Unternehmen, wenn nicht fast alle Unternehmen, haben Einsparpotenziale, oder? Entlassungen gelten in Asien nicht als Option, in Korea sind sie sogar verboten. Es ist illegal, Leute zu entlassen. Man kann in Japan keine Leute entlassen. Es wird davon abgeraten. Wenn Sie als Manager Ihre Mitarbeiter entlassen müssen, haben Sie versagt, Sie haben Ihren Job nicht gut gemacht. Also müssen wir andere Wege finden, um Kosteneinsparungen zu erzielen. Und das tun wir, indem wir besser werden im Beschaffungswesen oder durch die Konsolidierung des Backoffice und viele Synergieeffekte mit unseren Schwesterunternehmen. Das ist härtere Arbeit, aber wir glauben, dass es der richtige Weg ist, weil es der asiatische Weg ist. Es gibt also verschiedene Wege zur Wertschöpfung, aber ich denke, der Heilige Gral ist die Schaffung von Wert in Ihrem Unternehmen, nachdem Sie es erworben haben.

TONY:
Man konzentriert sich also auch mehr auf das Umsatzwachstum und nicht nur auf die Kostenreduzierung?

MICHAEL:
Ja, natürlich. Jeder Markt ist anders, aber im Fall von China und Korea, bei denen es sich um wachstumsstarke BIPs handelt, ist das Umsatzwachstum ein wenig einfacher. Japan ist eher wie die USA – sogar noch schwieriger als die USA. Das BIP wird um 1,5 Prozent wachsen, und das ist ein Grund zum Feiern in diesem Jahr. Ein normales Umsatzwachstum ist in Japan also etwas anders, aber es ist machbar, weil Japan ein Markt mit großartigen Fundamentaldaten ist – der beste Pool mittelständischer Unternehmen der Welt nach den USA. Und ich denke, der beste Managerpool der Welt. Und natürlich ist es ein Paradies für Kreditnehmer. Sie können vorrangige Kredite mit einer Laufzeit von fünf bis sieben Jahren erhalten, um Ihr Eigenkapital bei einer Akquisition zu unterstützen – zu einem Zinssatz von 2,5 bis 3 Prozent, alles zu Selbstkosten. Wenn man mit dieser Art von Fremdkapital keine Rendite erzielen kann, sollte man nicht investieren.

TONY:
Ihre Antwort gefällt mir, denn ich habe das Glück, dass ich etwa 111 eigene Unternehmen habe. Wir machen circa 7 Milliarden Dollar Umsatz in den verschiedenen Unternehmen. Wir versuchen in jeder Branche einen Weg zu finden, mehr für andere zu tun als jeder andere – mehr Wert zu schaffen. Und das ist es, was ich an Private Equity liebe. Ein wichtiger Faktor besteht sicher darin, ein gewisses Maß an Kontrolle darüber zu haben,

wer der CEO ist. Sehen Sie das auch so? Wie wichtig ist die Kontrolle für Ihr Unternehmen, um einen Wert zu schaffen?

MICHAEL:
Kontrolle ist nicht nur hilfreich, sondern meiner Erfahrung nach entscheidend für die Wertschöpfung.

Und wir können Kontrolle für Sie definieren. Es ist die Kontrolle über den CEO, genau wie Sie sagten. Wir müssen die Flexibilität haben, den besten CEO auf seinem Gebiet einzustellen, und ihn ersetzen können, wenn wir uns irren. Also, der CEO und das leitende Management. Wir müssen den Vorstand kontrollieren. Wir müssen die Kontrolle haben über den Geschäftsplan, die Dividendenpolitik, die Investitionsausgabenpolitik, die Kapitalbeschaffung und Fusionen und Übernahmen. **Wenn wir die Kontrolle über diese sieben Faktoren haben, versetzt uns das in die Lage, echte Wertschöpfung zu betreiben.** Sie müssen diese Kontrollhebel nach der Investition innehaben.

TONY:
Sie verwalten etwa 30 Milliarden Dollar, wenn ich richtig verstanden habe. Wenn die Unternehmen größer werden, wird es schwieriger, die Kultur [Ihres eigenen Unternehmens] beizubehalten. Erzählen Sie uns ein wenig darüber, wie Sie Entscheidungen treffen. Sie gelten als der »Godfather of Private Equity in Asia«. Das ist ein erstaunlicher Titel. Die Leute neigen dann dazu, Ihnen unbedingt ihr Geld geben zu wollen. Wonach entscheiden Sie, ob Sie das Geld nehmen? Wie gehen Sie damit um, sodass Sie immer noch so effektiv sein können wie bisher?

MICHAEL:
Wir wollen die richtige Größe haben. Zu Ihrem letzten Punkt: Beim Fundraising haben wir auch immer Geld auf dem Tisch liegen lassen. Ich konzentriere mich darauf, in Richtung Rendite zu steuern. Die Realität ist – und das geben die wenigsten Manager gern zu –: Je größer ein Fonds ist, desto schwieriger wird es, überdurchschnittliche Renditen zu erzielen. Wir haben uns also auf die Rendite konzentriert, und das hat uns auf lange Sicht gute Dienste erwiesen.

An meinem ersten Orientierungstag bei Goldman Sachs kam so ein Mann, ich glaube, er war einer der Partner, auf die Bühne und sagte uns, wir sollten »langfristig gierig« sein. In dieser Aussage steckt eine Menge drin. Man sollte sich nicht für den größten Durchbruch oder das meiste Geld entscheiden und alles kurzfristig sehen. Man will langfristige Beziehungen aufbauen. Natürlich geht es uns um Rendite und darum, Wohlstand für unsere Investoren zu schaffen. Aber das macht man langfristig auf der Grundlage nachhaltiger Beziehungen. Wir sind also stetig gewachsen. Ja, wir sind die größten unabhängigen Manager in Asien, aber wir sind in den vergangenen 18 Jahren auch richtig damit umgegangen. Ich denke, nur so kann man stetig wachsen.

Ein wichtiger Punkt, der maßgeblich zu diesem stetigen Wachstum beigetragen hat, ist das Aufbauen der Kultur. Wir sind mit einer außerordentlich stabilen Belegschaft gesegnet. Wir haben die geringste Fluktuation in Asien. Natürlich entlohnen wir unsere Leute gut. Aber noch wichtiger ist meiner Meinung nach das kulturelle Ethos, das wir aufgebaut haben. Ich habe bereits erwähnt, dass es unser Ziel ist, der führende asiatische GP zu sein, im Besitz von und betrieben von Asiaten. Und unsere gemeinsame Vision ist, ein Akteur des Wandels in Asien zu sein. Es gibt also das Gefühl einer gemeinsamen Mission. Jeder in unserer Firma hat sich diese Mission zu eigen gemacht. Dieses Gefühl einer gemeinsamen Mission wird durch die Kultur geschaffen. Kultur ist alles. Das war eine der wichtigsten Erkenntnisse aus meiner Zeit bei Goldman Sachs. **Es klingt vielleicht ein bisschen abgedroschen, aber wir haben dieses TIE-Ethos: Teamwork, Integrität und Exzellenz. Diese drei Themen halten das Unternehmen zusammen.** Und für uns ist das Gefühl wichtig, ein Unternehmen zu sein, denn wir sind auf drei verschiedenen Märkten, in drei verschiedenen Ländern und in drei verschiedenen Kulturen tätig. Dieses Gefühl der Kultur, dass wir etwas Besonderes tun und dass wir alle als Team zusammenarbeiten, hat uns gestärkt und zu großer Stabilität geführt.

TONY:
Das ist wunderbar. Jedes Unternehmen hat einen Punkt, an dem es gut läuft. Aber wenn das Geschäft außergewöhnlich ist, wenn es von gut zu großartig übergeht, gibt es einen Dreh- und Angelpunkt. Können Sie diesen Punkt in Ihrem eigenen Unternehmen ausmachen? Was war der Auslöser, der Ihr Unternehmen auf eine andere Ebene gebracht hat?

MICHAEL:
Ich bin mir nicht sicher, ob es einen Wende- oder Drehpunkt gab. Als ich MBK Partners gründete, hatte ich, wie bereits erwähnt, bei einer globalen Firma in Private Equity investiert. Und das war eine sehr wertvolle Erfahrung. Wir haben in Asien alles ausprobiert. Wir haben verschiedene Produkte ausprobiert. Ich bin in jedes Land und jeden Markt in Asien gereist und habe ausprobiert. So bekam ich ein gutes Gefühl dafür, was machbar ist und was nicht. Ich konnte von diesen Erfahrungen profitieren, insbesondere von den Erfahrungen der Erfolglosigkeit, um unsere Strategie zu kalibrieren.

TONY:
Das ergibt Sinn.

CHRISTOPHER:
Wir haben unsere Firma 2001 gegründet und ich denke immer an die vielen Dinge, von denen ich mir gewünscht hätte, dass sie mir jemand vor der Gründung der Firma gesagt hätte. Stattdessen musste ich auf die harte Tour lernen. Was hätten Sie gern von jemandem gesagt bekommen, bevor Sie 2005 Ihre Firma gründeten?

MICHAEL:
In meinem Fall waren es die Anforderungen an eine Führungskraft. **Führung verlangt Opferbereitschaft. Die Leute denken, wenn man als Führungskraft geboren wird, werden die Leute einfach folgen. Meiner Erfahrung nach ist eher das Gegenteil der Fall. Die Leute folgen Führungspersönlichkeiten, die sich um andere kümmern und bei denen man sieht, dass sie Opfer bringen.** Die Koreaner haben da so ein Konzept namens »*jeong*«, was wörtlich bedeutet, dass man ein Stück seines Herzens gibt. Und ich denke, das ist es, was rüberkommt. Worte kosten nichts. Wenn Sie das Konzept von jeong verkörpern und ein Stück Ihres Herzens mit Ihren Mitarbeitern teilen, dann werden diese Ihnen auch folgen.

TONY:
Was unterscheidet Ihrer Meinung nach die besten Leistungsträger von ihren Mitstreitern? Und in dem Zusammenhang würde ich gern noch mal auf den Anfang zurückkommen: Warum hat [Goldman Sachs] Sie ausgewählt, obwohl Sie nicht einmal wussten, was die Wall Street ist?

MICHAEL:
Die Antwort auf die erste Frage lautet, dass ich Mitarbeiter mit unterschiedlichen Perspektiven einstelle, Menschen, die eine neue Perspektive für die Herangehensweise an ein Problem einbringen. Unser Geschäft besteht darin, Probleme zu lösen, wobei wir uns unablässig auf Spitzenleistungen konzentrieren.

Ja, ein hoher IQ ist eine Voraussetzung. Aber das ist, was Soziologen als notwendige, aber nicht hinreichende Bedingung bezeichnen. Es gibt eine Menge kluger Leute in unserem Bereich. Und viele von ihnen haben eine starke Arbeitsmoral. Ich denke, die hinreichende Bedingung ist die Bereitschaft zu lernen und sich zu verbessern. Wenn ich mir die höheren Führungskräfte in unserer Firma anschaue, dann sind das nicht diejenigen, die früher als Mitarbeiter die besten Leistungen erbrachten. Es sind vielmehr diejenigen, die Zeit und Mühe investierten, um besser zu werden. **Die Japaner sprechen von kaizen, was so viel wie kontinuierliche Innovation bedeutet – eine Verpflichtung zu ständiger Verbesserung. Ich glaube, die besten Leistungsträger haben diesen Sinn für kaizen und falls sie ihn vergessen, erinnern wir sie durch kontinuierliche Schulungen daran.**

In meinem Fall bin ich mir nicht sicher, was man beim Vorstellungsgespräch bei Goldman Sachs in mir gesehen hat. Vielleicht, dass ich zwar keine Ahnung von Finanzen hatte, aber man hat erkannt, dass Wissen interdisziplinär ist. Alles ist miteinander verbunden. Und man erkannte, dass ich anders war, aber bereit zu lernen, und dass ich nach Spitzenleistungen strebte. Und sie hatten recht damit, dass ich anders bin. 2001 veröffentlichte ich meinen Roman *Offerings*, nachdem ich über 18 Jahre lang mit Unterbrechungen daran geschrieben hatte – dank meines Hauptberufs. Ich nehme an, dass es nicht viele Romane gibt, die von einem Wall-Street-Insider geschrieben wurden.

TONY:
Michael, am meisten beeindruckt mich natürlich, wer Sie als Mensch sind, als Führungspersönlichkeit, die Qualität Ihrer Werte. Einer der Werte, der wirklich spürbar ist und den man nicht vortäuschen kann, ist Ihre Bescheidenheit. Und ein großer Teil davon, denke ich, kommt von jemandem, der in seinem Leben große Dankbarkeit erfahren hat. Ich weiß, es ist ein Teil der Kultur, aber auch eine bewundernswerte Eigenschaft, die

man leider bei Leuten, die finanziell sehr erfolgreich sind, viel zu selten sieht. Ich bin neugierig: Wie kultivieren Sie diese Bescheidenheit, diese Tiefe der Fürsorge, diese Tiefe der Wertschätzung?

MICHAEL:
Ich fühle mich gesegnet. Ich denke, man vermittelt seinen Kollegen das Gefühl der Demut oder Dankbarkeit, indem man es vorlebt und zeigt. Ich würde gern glauben, dass die Menschen um mich herum im Büro jeden Tag die Demut sehen, die aus einem Gefühl der Dankbarkeit kommt. Und diese Dankbarkeit erwächst aus der Erkenntnis, dass es da draußen eine Menge kluger Leute gibt, viele hart arbeitende Menschen, und ich war zufällig zur richtigen Zeit am richtigen Ort. Nennen Sie es Glück, nennen Sie es strategische Positionierung, aber ich war zufällig jemand mit ein wenig Erfahrung im internationalen Finanzwesen genau auf dem Höhepunkt der Finanzkrise in Asien. Ich bin zufällig Koreaner. Wenn all diese Dinge nicht zusammengekommen wären, wüsste ich nicht, was aus meiner Karriere geworden wäre. Wenn ich auf einem Bauernhof in Nordkorea geboren wäre, wäre ich sicher nicht da, wo ich heute bin.

TONY:
Wir haben das Privileg, an Ihrer Seite zu sein, als General Partner mit Ihnen zu investieren. Aber die Chance zu haben, Sie persönlich zu treffen und Ihre gesamte Philosophie zu hören, das Maß an Bescheidenheit und dennoch das Maß an Stärke, das Sie mitbringen, ist ein wahres Privileg. Sie haben uns so viele wertvolle Informationen gegeben, die dazu beitragen können, die Qualität des eigenen Lebens und die Qualität der eigenen Investitionen zu verbessern. Und ich denke, diese beiden Dinge gehören zusammen.

MICHAEL:
Unbedingt. Heutzutage wird viel darüber diskutiert, wie man die richtige Work-Life-Balance findet. Was ich anstrebe, ist nicht so sehr ein Gleichgewicht, was einen Kompromiss impliziert, sondern eine Harmonie zwischen Arbeit und Leben. Sie können Arbeit und Privatleben in Einklang bringen, sodass beide Seiten davon profitieren. Eine gute, lohnende Erfahrung bei der Arbeit verbessert das Privatleben, statt es zu beeinträchtigen.
TONY:

Sie haben das Scheitern als einen der wichtigsten Schlüssel zum Investieren bezeichnet, denn Erfahrung lässt sich durch nichts ersetzen. Wie lautete noch mal Ihr Satz über Investoren?

MICHAEL:
Investoren werden geboren, große Investoren werden gemacht.

KAPITEL 14

WIL VANLOH

GRÜNDER UND CEO DER QUANTUM CAPITAL GROUP

Auszeichnungen: Eine der größten und erfolgreichsten Private-Equity-Firmen, die sich auf Investitionen im Energiebereich konzentriert, einschließlich Öl und Gas sowie erneuerbare Energien und Klimatechnik
Gesamtes verwaltetes Vermögen (Stand August 2023): 22 Milliarden Dollar
Schwerpunktbereich: Nachhaltige Energielösungen für die moderne Welt

Höhepunkte:

- Die 1998 gegründete Quantum Capital Group (»Quantum«, früher bekannt als »Quantum Energy Partners«) gehört zu den führenden und größten Kapitalgebern für die globale Energie- und Klimatechnikbranche und verwaltet mehr als 22 Milliarden Dollar über ihre verschiedenen Plattformen für Private Equity, strukturiertes Kapital, Private Credit und Risikokapital.
- Quantum differenziert sich durch die vollständige Integration von technischer, operativer und digitaler Expertise in seine Investitions-

entscheidungen und seine operative Wertschöpfung sowie als kompetenter Partner für die Unternehmen, in die es investiert.

TONY:
Sie haben eine bewegte Karriere hinter sich, um es vorsichtig auszudrücken – 25 Jahre im Geschäft. Sie haben es geschafft, unglaublich erfolgreich zu sein und sich um Ihre Investoren in all dieser Zeit zu kümmern. Würden Sie uns verraten, wie es dazu kam, diese außergewöhnliche Organisation aufzubauen?

WIL:
Ich bin in einer kleinen Stadt in Zentraltexas aufgewachsen und meine Eltern hatten beide Jobs mit niedrigem bis mittlerem Einkommen. Als ich aufwuchs, wusste ich nicht, dass ich arm war, aber ich war arm. Ich wollte auf dem College Football spielen und die Texas Christian University hatte Mitte der 1980er-Jahre, als ich anfing, mir Colleges anzusehen, ein tolles Football-Programm. Ich hatte das Glück, dort spielen zu können, aber ich verletzte mich im Sommer nach meinem ersten Jahr und mein Vater sagte mir, ich könne nur an dieser Uni bleiben, wenn ich mir einen Job suchen und den Großteil meiner Studiengebühren und Ausgaben bezahlen würde. Also habe ich drei oder vier Unternehmen gegründet und verdiente genug Geld, um meinen Abschluss an einer Privatuni fast schuldenfrei zu machen.

Während meines Studiums an der TCU belegte ich einen faszinierenden Kurs über Value Investing, der auf Benjamin Grahams und David Dodds bahnbrechendem Buch *Security Analysis*[110] basierte, und ich verliebte mich in die Idee, Investor zu werden. Als ich mich mit verschiedenen Karrierewegen beschäftigte, **wurde mir klar, dass es zwei Arten von Investoren gibt: diejenigen, die börsennotierte Aktien kaufen, und das sind im Allgemeinen Menschen, die sich zurückziehen und Zahlen analysieren, und diejenigen, die Private Companies kaufen, und das sind Leute, die sich bei den Unternehmen engagieren und ihnen helfen, ihr Geschäft zu verbessern.** Da ich im Grunde meines Herzens Unternehmer war und es liebte, Probleme zu lösen und mit Menschen zu interagieren, klang Letzteres für mich besser.

110 Deutsch bei FBV unter dem Titel *Die Geheimnisse der Wertpapieranalyse*. Anm. d. Red.

Während meines Abschlussjahres wurde ich eingeladen, dem Educational Investment Fund beizutreten, einem Kapitalpool von etwa 1 Million Dollar, der für Studenten eingerichtet wurde, um in den Aktienmarkt investieren zu können. Wir recherchierten Aktien und gaben dann Investitionsempfehlungen an ein von Studenten geleitetes Komitee ab. Und wenn das Komitee die Anlageempfehlung genehmigte, kaufte der Fonds die Aktie. Diese Erfahrung festigte meine Leidenschaft für das Investieren und das Erkennen von Unternehmen, die Potenzial haben. Zwei meiner Professoren, Dr. Chuck Becker und Dr. Stan Block, schlugen mir vor, dass ich meine Fähigkeiten als Anleger verbessern könnte, indem ich an die Wall Street gehe und im Investmentbanking arbeite.

Ich hatte das Glück, schließlich eine Stelle als Analyst bei Kidder, Peabody & Co. in der Investmentbanking-Gruppe für Energie zu bekommen, aber nach ein paar Jahren, in denen ich 90 bis 100 Stunden pro Woche gearbeitet hatte, beschloss ich, dass ich, wenn ich so hart arbeitete, meine eigene Investmentbank gründen sollte. Und als ich 24 war, gründete ich zusammen mit Toby Neugebauer, einem meiner Analystenkollegen von Kidder, Windrock Capital. Unser Ziel war, Hauptinvestor zu sein, aber wir mussten erst einmal eine Erfolgsbilanz als Investoren aufbauen. Unsere Strategie bestand also darin, großartige Unternehmen zu finden, Kapital für sie zu beschaffen und den Großteil unserer Gebühren wieder in die Unternehmen zu investieren, für die wir das Kapital beschafft hatten.

Ich dachte, dass ich durch meine zweijährige Tätigkeit für eine Wall-Street-Investmentbank Experte für die Finanzierung von Unternehmen im Öl- und Gassektor war.

Falsch gedacht. Ich wusste zwar, wie man ein Finanzmodell in Excel erstellt und wie man ein Pitchbook und ein Emissionsmemorandum zusammenstellt, und ich verfügte über ziemlich gute Verkaufsfähigkeiten aus all den Unternehmen, die ich zu Collegezeiten ins Leben gerufen hatte. Das war in den frühen 1990er-Jahren, als die Energiebranche durch den Preisverfall Mitte der 1980er-Jahre dezimiert worden war. Ich glaube, 90 Prozent der Unternehmen, die 1984 im Geschäft waren, gab es 1994, als wir Windrock Capital gründeten, nicht mehr. Und die, die noch übrig waren, waren nicht ohne Grund übrig, weil sie etwas Außergewöhnliches geleistet hatten; sie hatten einen Wettbewerbsvorteil. Die Gründung unserer Investmentbank profitierte von einer Kombination aus soliden

Grundkenntnissen, die wir an der Wall Street erworben hatten, der harten Arbeitsmoral junger, hungriger Unternehmer und einem guten Timing.

Der Einstieg in die Energiebranche in den frühen 1990er-Jahren erwies sich als außergewöhnliches Timing, denn die Unternehmer, die noch im Geschäft waren, waren es, weil sie großartig waren in dem, was sie taten, und es gab nicht sehr viel Geld, aber wir konnten Kapital für diese großartigen Unternehmer finden. Wirft man diese Dinge in einen Topf, kann man außergewöhnliche Renditen erzielen.

Wir verbrachten die nächsten fünf Jahre damit, Geld für Unternehmen zu beschaffen, bekamen Provisionen dafür, dass wir dies taten, und investierten dann 75 bis 80 Prozent unserer Provisionen wieder in die Unternehmen, für die wir Geld beschafft hatten. Nachdem wir eine Erfolgsbilanz als Investoren aufgebaut hatten, wandten wir uns an A. V. Jones, einen »legendären Ölmann, der zum Risikokapitalgeber wurde«, wie ihn die Leute liebevoll nannten, damit er mit uns einen Private-Equity-Fonds gründete. Er hatte die Erfahrung, die Glaubwürdigkeit und das Kapital und wir hatten die Vision, angehende Private-Equity-Kenntnisse und jede Menge Leidenschaft und Tatendrang.

Die Mittelbeschaffung verlief im ersten Jahr sehr schleppend, da die LPs skeptisch waren, in einen Fonds zu investieren, der zum ersten Mal von zwei Männern aufgelegt wurde, die noch keine 30 Jahre alt waren, und einem 60-jährigen Ölmann, der keine formale Erfahrung mit Private Equity hatte. Glücklicherweise trafen wir Vic Romley und Alan Hsia von der Union Bank of Switzerland (UBS), die uns mehr Akzeptanz verschafften und uns einigen ihrer LP-Kunden im Energie-Private-Capital-Sektor vorstellten. Sie halfen uns, den Pensionsfonds von General Motors als Hauptinvestor zu gewinnen, und innerhalb weniger Monate folgten sechs weitere erstklassige institutionelle LPs ihrem Beispiel und gaben uns 100 Millionen Dollar, um Quantum Energy Partners im Jahr 1998 zu gründen.

TONY:

Den ersten Milliardär, den ich traf, als ich 20 Jahre alt war, fragte ich, was sein Erfolgsgeheimnis sei, und er antwortete: »Ich bediene unterversorgte Märkte überreichlich.« Und ich fragte nach, wie das zu verstehen sei, denn er verkaufte Bolzen und Schrauben und andere Dinge, bei denen keine große Spezialisierung möglich war. Er sagte: »Na ja, ich verkaufe sie in Afrika. Ich verkaufe sie in Teilen Asiens, wo sie sonst niemand anbietet. Wenn ich nach New York gehe, gehe ich in die hinterste Ecke des Krankenhauses und finde den Typen, der alles bestellt, was niemand liefert. Und ich bediene ihn mehr als gut.« Wenn ich mich richtig erinnere, gingen Sie nach Midland, an Orte, die New Yorker Banker damals nicht aufsuchten. Richtig?

WIL:
Stimmt. Wir waren an den Orten, die von Southwest Airlines nicht angeflogen wurden. Southwest Airlines flog von Dallas nach Houston und vielleicht nach New Orleans. Aber sie flogen nicht direkt nach Midland, Tulsa oder Shreveport. Wie Sie sagten, wir fanden unterversorgte Märkte und bedienten sie großzügig – wir gingen dorthin, wo man schwer hinkommt, wo die Wall-Street-Banken nicht oft hingehen. Und in diesen Märkten fanden wir einige großartige Unternehmer, die seit langer Zeit nicht mehr von einer Bank angesprochen worden waren, die ihnen Kapital anbot.

TONY:
Ich bin neugierig: Welche wichtige Person in Ihrem Leben hat wirklich dazu beigetragen, Ihren geschäftlichen Erfolg und das, was Sie heute sind, zu prägen?

WIL:
Es fällt mir schwer, mich auf eine bestimmte Person festzulegen. Ich glaube fest daran, dass man aus den Fehlern anderer Menschen lernt, deshalb bin ich ein unersättlicher Leser, was bedeutet, dass ich von vielen Menschen eine Menge gelernt habe. **Die beiden Menschen, denen ich am meisten verdanke, dass ich heute der bin, der ich bin, sind meine Mutter und mein Vater. Ich bin dankbar für die harte Arbeitsmoral, die sie mir beigebracht haben, und für das Wertesystem, das sie mir eingeimpft haben: dass man Menschen so behandelt, wie man selbst behandelt werden möchte, und dass man, egal wie sehr man etwas will, immer die Interessen anderer Menschen über die eigenen stellen muss.**

Mein Vater war Beamter bei der US-Regierung und meine Mutter war Lehrerin. Sie versuchte, Unternehmerin zu werden, und scheiterte kläglich. Meine Eltern hatten kaum Ersparnisse. Das Wenige, das sie hatten, steckten sie in ein Bekleidungsgeschäft meiner Mutter, damit sie buchstäblich ihre vier Kinder einkleiden konnte. Das war aber ein schlechter Grund, ein Geschäft zu eröffnen, und nach ein paar Jahren waren die Ersparnisse aufgebraucht und sie musste fast Konkurs anmelden. Aber meine Familie schaffte es, und auch wenn dieses Bekleidungsgeschäft kein Erfolg wurde, habe ich immer den Ehrgeiz meiner Mutter bewundert und ihre Bereitschaft, auf sich selbst zu setzen. Das Beispiel, das sie gab, indem sie ein Risiko einging und ein Unternehmen gründete, inspirierte mich und gab mir das Selbstvertrauen, etwas Eigenes zu wagen.

TONY:
Erzählen Sie uns ein wenig über A. V. Jones. Welche Rolle hat er in Ihrem Leben gespielt?

WIL:
A. V. war mein Mentor, aber eigentlich war er viel mehr als das. Er war ein Freund, ein Geschäftspartner und, was am wichtigsten ist, ein Ermutiger. Er war der positivste Mensch, den ich je gekannt habe, und einer der wenigen Menschen, die mir in meiner beruflichen Laufbahn begegneten, bei denen man niemanden finden konnte, der etwas Schlechtes über ihn sagte. Er war bescheiden und behandelte jeden freundlich und mit Respekt, obwohl er auch ein herausragender Typ war, der außergewöhnliche Geschäftserfolge erzielte. Er gab uns Glaubwürdigkeit, indem er seinen Namen, seinen Ruf und sein Kapital hinter uns stellte und uns half, wertvolle Beziehungen in der Branche aufzubauen.

Ich erinnere mich, dass A. V. mir oft sagte, dass jeder denke, er sei ein erstaunlicher Unternehmer, und obwohl er das sei, würde er hauptsächlich dadurch Geld machen, dass er die richtigen Leute auswähle, die er im Geschäft unterstütze, und das dann auf jede erdenkliche Weise tue. Deshalb hat A. V. auch nie versucht, uns vorzuschreiben, wie wir das Geschäft führen oder welche Investitionen wir tätigen oder nicht tätigen sollen. Stattdessen stellte er uns Fragen, bot an, uns Leuten vorzustellen, wenn es ihm möglich war, und ermutigte uns, die Dinge selbst in die Hand zu nehmen. **Er war ein großartiger Partner und Quantum wäre nicht das Unternehmen, das es heute ist, ohne A. V.s Vision und seine Großzügigkeit, zwei junge Leute zu unterstützen, die unstillbare Neugierde und den Wunsch verspürten, zu lernen – und die ein Nein als Antwort nicht akzeptierten.**

TONY:
Das ist sehr interessant, weil so viele Leute als Investoren in der Anfangszeit denken, sie müssten Unternehmer sein. Aber wie Sie sagen: Man kann sich jemanden suchen, der ein besserer Unternehmer ist und eine gute Rendite erzielen kann, wenn man ihm das Kapital zur Verfügung stellt. Kommen wir nun zu den Bereichen, in denen Sie die größten Chancen in dieser Energie-Evolution sehen. Ich würde gern hören, wo sind die größten Chancen für Investoren. Und können Sie uns einen Eindruck davon vermitteln, wie sich Ihr Unternehmen über die Jahre hinweg entwickelt hat?

WIL:
Wir verwalten derzeit mehr als 22 Milliarden Dollar an Kapital und sind seit 25 Jahren im Geschäft. Trotz der enormen Volatilität der Rohstoffpreise und der Kapitalmärkte in diesem Zeitraum sind wir stolz darauf, dass jeder Fonds, den wir aufgelegt haben, **Geld für die Anleger verdient hat, und dass unsere Renditen beständig waren und unsere Erwartungen sogar übertroffen haben.**

Mir ist es wichtig, Risiken zu erkennen, die man steuern kann, und Bereiche zu identifizieren, in denen man Volatilität beseitigen kann. Angebot und Nachfrage bei Energie schwanken im Laufe der Zeit ziemlich stark, was zu einer Volatilität der Rohstoffpreise führt. Wenn man eine Branche hat, die sehr volatil ist und man diese Volatilität mit finanzieller Hebelwirkung mischt, ist das eine perfekte Formel, um Geld zu verlieren. Daher sind Rohstoffpreisvolatilität und finanzielles Leverage zwei Risiken, die wir aktiv zu steuern versuchen, indem wir die Rohstoffpreise an den Terminmärkten offensiv absichern und eine bescheidene finanzielle Hebelwirkung in den Kapitalstrukturen der Unternehmen einsetzen, die wir aufbauen. Wenn man diese beiden Dinge konsequent umsetzt, kann man sich darauf konzentrieren, sein Geld durch Margenausweitung zu verdienen, das heißt Senkung der Kapital- und Betriebskosten und Steigerung der Einnahmen – der beste Weg, um in jeder Branche Geld zu verdienen.

Wir versuchen also, die Variablen zu isolieren und abzuschwächen, die uns in einem Abwärtsmarkt zu Fall bringen können. Wenn man nicht abgesichert ist und viele Schulden macht, kann das in einem Aufwärtsmarkt sehr clever aussehen, aber früher oder später werden die Preise fal-

len und wie der sprichwörtliche Pokerspieler, der zu lange am Tisch sitzt, werden Sie Ihr ganzes Geld verlieren. Das Problem mit dem Öl- und Erdgas-Sektor ist, dass er sehr optimistische Menschen anzieht. Man muss optimistisch sein, um Milliarden von Dollar für 3000 bis 4500 Meter tiefe Bohrungen und weitere 3000 bis 4500 Meter horizontale Bohrungen auszugeben. Um in diesem Geschäft erfolgreich zu sein, muss Quantum nicht nur Risiken eingehen, sondern auch Risiken abfedern können.

TONY:
Ich hatte das Privileg, 50 der reichsten Investoren der Geschichte zu interviewen, die Ray Dalios, Carl Icahns, Warren Buffetts und so weiter. Sie alle haben sehr unterschiedliche Anlagestrategien, aber eines scheinen sie alle anzustreben: ein asymmetrisches Risiko-Ertrags-Verhältnis. Erzählen Sie uns etwas über die Branche als Ganzes. Worin besteht heute die größte Chance und was ist aus Ihrer Sicht der Grund?

WIL:
Ich denke, die größte Investitionsmöglichkeit liegt heutzutage in der Energiebranche, insbesondere im Öl- und Gassektor, und in etwas geringerem Maße im Bereich der Energiewende. Ich glaube nicht, dass gleich hinter Öl und Gas etwas an zweiter Stelle kommt. Das hört natürlich niemand gern. In den letzten zwei, drei Jahren haben sich viele Investoren aus guten Gründen sehr auf das Klima eingeschossen. Wir müssen auch alles Menschenmögliche tun, um den Klimawandel zu bekämpfen und Netto-Null-Emissionen zu erreichen. **Aber wir müssen uns auch darauf konzentrieren, dass die Welt über zuverlässige, erschwingliche und reichlich vorhandene Energie verfügt, denn ohne sie funktioniert die moderne Welt nicht und arme Länder werden nicht in der Lage sein, ihre Bevölkerung aus der Armut zu befreien.**

Eine Gruppe von Ländern der Ersten Welt, wie die meisten Länder in Europa, die USA, Australien, Japan, Südkorea und einige andere konzentrieren sich sehr auf die Energiewende. Christopher, du sprichst von »Energiewende«, ich rede lieber von »Emissionswende«. »Energieentwicklung« oder »Emissionswende« sind viel bessere Bezeichnungen als »Energiewende«, denn bei dem Wort »Wende« denken die meisten Menschen an eine Entwicklung weg von einer Sache und hin zu einer anderen, aber die Welt hat niemals irgendeine Form von Energie verdrängt, sondern sie hat neue Energiequellen entwickelt und dem bestehenden Energiemix hinzugefügt, um den wachsenden Energiebedarf zu decken. **Leider hören wir in den Medien vor allem, dass Erneuerbare Energien und Elektrofahrzeuge die Welt erobern werden und dass wir in nicht allzu ferner Zukunft kein Öl, kein Erdgas und keine Kohle mehr brauchen werden. Nichts könnte weiter von der Wahrheit entfernt sein. Selbst mit den massiven Investitionen in Wind- und Solarenergie in den letzten zehn Jahren bezieht die Welt nur etwa 4 Prozent der Energie aus Wind- und Sonnenenergie und 80 Prozent aus fossilen Brennstoffen.**

TONY:
Der Öl- und Gassektor war im letzten Jahr die Branche mit der besten Rendite am Aktienmarkt. Der S&P ging um etwa 20 Prozent zurück, während der Öl- und Gassektor im Plus lag.

WIL:
So ist es. Die Aktien im Öl- und Gassektor sind im Jahr 2021 um 86 Prozent gestiegen und um 48 Prozent im Jahr 2022, man vergleiche das mit dem S&P 500 in den entsprechenden Zeiträumen mit etwa plus 27 Prozent und minus 20 Prozent.

TONY:
Und dennoch ist die Finanzierung für Öl und Gas wirklich geschrumpft. Ist das also Teil der Chance? Denn wir werden in den nächsten 20 bis 30 Jahren eine Bevölkerungszunahme von 2 Milliarden Menschen haben. Wir werden 50 Prozent mehr Energie benötigen als heute, wenn ich das richtig verstanden habe.

WIL:
Werfen wir einen Blick auf Thanksgiving 2014. Jahrelang hatten sich die Ölpreise zwischen 85 und 100 Dollar pro Barrel bewegt. Die Nachfrage war rückläufig, aber die OPEC beschloss, die Produktion nicht zu kürzen. Daraufhin begann der Ölpreis zu fallen und erreichte schließlich einen Tiefststand von etwa 20 Dollar. Er ging also von etwa 85 bis 100 Dollar pro Barrel auf etwa 20 Dollar pro Barrel zurück und verursachte einen massiven finanziellen Schock in den Bilanzen und Gewinn- und Verlustrechnungen von Öl- und Gasunternehmen. Bis zu

diesem Zeitpunkt hatten Investoren ihr Geld in Öl investiert, während sich die amerikanischen Gasunternehmen mit der Förderung von Schiefergas beschäftigten.[111] Die Branche gab Hunderte Milliarden Dollar pro Jahr aus, um herauszufinden, mit welcher Technologie man Schiefergas erschließen kann, wo gebohrt werden sollte und wie man Schieferbohrungen durchführt – all das erforderte einen enormen Aufwand an Tests und Kapital. In den zehn Jahren zwischen 2010 und 2020 hat der Öl- und Gassektor rund 350 Milliarden Dollar an Kapital abgeschrieben. Das waren etwa 55 Prozent aller Abschreibungen und Wertberichtigungen im S&P 500 in diesem Jahrzehnt! Öffentliche Investoren erkannten schließlich, dass sich die Branche ausschließlich auf die Steigerung der Produktion und die Erhöhung der Reserven konzentrierte, nicht aber darauf, Geld zu verdienen. Und das stimmte auch, aber die öffentlichen Anleger erkannten nicht, dass die Suche nach diesen umfassenden Schieferressourcen und ihre Förderung eine Welle der Kapitalvernichtung erforderte, um das herauszufinden – nicht anders als die Kapitalvernichtung, die während des Dotcom-Booms und -Absturzes stattfand, aus dem Unternehmen wie Google, Amazon und Facebook vor mehreren Jahrzehnten hervorgingen.

Es gibt jedoch einen Silberstreif am Horizont der massiven Kapitalvernichtung im Öl- und Gassektor – in den 2010er-Jahren wuchs die Ölproduktion in den USA um etwa 180 Prozent und die Erdgasproduktion um etwa 100 Prozent, was dazu führte, dass die USA vom größten Ölimporteur der Welt zu einem Nettoexporteur von Öl und einem der größten globalen Exporteure von Erdgas wurden. Wir wurden energieunabhängig, und was das geopolitisch und wirtschaftlich für die Vereinigten Staaten von Amerika bedeutete, ist nicht weniger als eine der größten Erfolgsgeschichten der amerikanischen Geschichte.

Als die Party schließlich zu Ende ging, entschieden viele Börseninvestoren, dass man in den Öl- und Gassektor nicht investieren kann, weil die Öl- und Gasunternehmen nicht verantwortungsvoll mit dem Kapital umgingen, und so beschlossen sie, ihre Positionen zu verkaufen und sich aus dem Bereich zurückzuziehen. Es gab jedoch eine kleine Zahl von Börseninvestoren, die immer noch bereit waren, in Öl und Gas zu investieren, und sie zwangen der Branche ein neues Modell auf, das in etwa

111 Anm. d. Red.: Bekannt als »Fracking«.

so aussah: Unternehmen sollten 30 bis 50 Prozent ihres Cashflows für Reinvestitionen in ihr Geschäft nutzen und die anderen 50 bis 70 Prozent durch Aktienrückkäufe und Dividenden an die Investoren zurückgeben. Unternehmen sollten ihr Produktionswachstum auf niedrige einstellige Prozentsätze begrenzen und die Unternehmen sollten ihre Bilanzen entschulden.

Die gleiche Kapitalvernichtung fand auch bei nicht börsennotierten Unternehmen statt, und so begannen die LPs, ihr Engagement in Private-Equity- und Private-Debt-Fonds deutlich zu verlangsamen. Vor fünf Jahren gab es wahrscheinlich 90 bis 100 Milliarden Dollar an Dry Powder im Bereich Private Equity und Private Debt für die Öl- und Gasindustrie. Heute sind es eher 15 bis 20 Milliarden Dollar. Mehr als die Hälfte aller GPs, die vor fünf Jahren in diesem Bereich tätig waren, sind entweder nicht mehr im Geschäft oder können keine neuen Fonds auflegen, weil ihre Renditen so schlecht waren. Auch die Banken haben ihre Kreditvergabe an den Öl- und Gassektor deutlich zurückgefahren.

Zusammenfassend lässt sich sagen, dass die Menge an öffentlichem und privatem Kapital, die dem Öl- und Gassektor zur Verfügung steht, im Vergleich zu vor wenigen Jahren drastisch zurückgegangen ist. Öl und Gas sind sich erschöpfende Ressourcen, sodass sie ständige Reinvestitionen benötigen, um die geförderten Reserven zu ersetzen. Diese Investitionen betrugen in den letzten acht oder neun Jahren im Durchschnitt etwa 50 Prozent dessen, was sie hätten betragen müssen, um diese Produktion zu ersetzen.

Die Weltbevölkerung wird enorm wachsen, ebenso wie die Zahl der Menschen, die bis 2050 in die Mittelschicht aufsteigen, was die Nachfrage nach allen Formen von Energie, einschließlich Öl und Gas, erheblich steigern wird. **Es besteht ein großes Missverhältnis zwischen der künftigen weltweiten Nachfrage nach Öl und Gas und der Fähigkeit der Welt, dieses Öl und Gas zu liefern, und dieses Missverhältnis wird wahrscheinlich im nächsten Jahrzehnt zu deutlich höheren Öl- und Gaspreisen führen.**

CHRISTOPHER:
Sprechen wir darüber, womit die Menschen in den nächsten drei Jahren nicht rechnen, was sie aber tun sollten. Und was Investoren betrifft, die bereit sind, sich in allen Aspekten der Energie zu engagieren, wo stehen wir in den nächsten zehn Jahren?

WIL:

Viele Leute denken vermutlich, dass wir in ein paar Jahren aufwachen werden und keine Kohlenwasserstoffe mehr brauchen, dass Wind und Sonne die ganze benötigte Energie erzeugen und alle Autos mit Batterien betrieben werden. Das könnte nicht weiter von der Wahrheit entfernt sein. Außerdem ist es, offen gesagt, eine gefährliche Denkweise, nicht nur, weil es nicht möglich ist, sondern auch, weil es die Energieunabhängigkeit Amerikas gefährden und viele westliche Länder gegenüber China in eine geopolitisch und finanziell benachteiligte Position bringen würde.

Der CEO von JPMorgan, Jamie Dimon, kommt regelmäßig nach Houston, um Kunden im Energiebereich zu besuchen, von denen Quantum eines ihrer größten Kreditengagements ist. Vor ein paar Jahren habe ich Jamie gefragt, wie stark JPMorgan weiterhin Kredite an den Öl- und Gassektor vergeben würde, und ich denke, seine Antwort fasst ziemlich gut zusammen, warum die Welt aufpassen muss, den Öl- und Gassektor nicht zu wenig mit Kapital zu versorgen. Er sagte, und ich gebe seine Antwort mit meinen eigenen Worten wieder, dass der Preis für Energie fast jeden anderen Bereich der Wirtschaft beeinflusst. **Wenn also die Energiepreise niedrig sind, schafft das Rückenwind für die meisten anderen Bereiche und wenn die Energiepreise hoch sind, bedeutet das Gegenwind für die meisten anderen Bereiche.**

Wenn uns wirtschaftlicher Wohlstand wichtig ist, wenn uns die Umwelt am Herzen liegt, müssen wir bezahlbare und reichlich vorhandene Energie haben, damit wir die Gewinne haben, um in die Entwicklung der Energierevolution zu investieren.

Ich bin fest davon überzeugt, dass wir in zehn Jahren große Mengen an Öl und Gas verwenden werden, wahrscheinlich mehr als heute. Ich würde sogar noch weiter gehen: Ich rechne damit, dass wir auch in 20 oder 30 Jahren Öl und Gas in ähnlichen Mengen wie heute nutzen werden. Wir werden also eine Menge Öl und Gas brauchen, um die Nachfrage zu decken, und wir investieren nicht genug in diese Bereiche.

Wenn uns wirtschaftlicher Wohlstand wichtig ist, wenn uns die Umwelt am Herzen liegt, müssen wir bezahlbare und reichlich vorhandene Energie haben, damit wir die Gewinne haben, um in die Entwicklung der Energierevolution zu investieren.

Glücklicherweise werden Wind- und Solarenergie einen immer größeren Anteil am Gesamtenergiemix ausmachen, aber die Welt muss erkennen, dass es lange dauert, bis sich andere Energiequellen etablieren. Die größte Marktdurchdringung, die eine neue Energieform in den ersten 50 Jahren je erreicht hat, war die Kohle mit 35 Prozent Marktanteil, nachdem sie ein halbes Jahrhundert lang genutzt wurde. Zum Vergleich: Wind- und Solarenergie haben nach etwas mehr als zehn Jahren seit Beginn der massiven Investitionen in diesem Bereich nur 4 Prozent erreicht. Wir erwarten, dass die Welt mehr investieren wird in Wind- und Solarenergie, Batteriespeicher und die Elektrifizierung des Verkehrs als in jede andere Branche in der Geschichte, und wahrscheinlich um ein Vielfaches. Und das wird unglaubliche Möglichkeiten für Investitionen schaffen.

Aber immer wenn die Anzahl der Möglichkeiten in unglaublich schnellem Tempo zunimmt und Sie Manager haben, die noch nie in diesem Bereich investiert haben, und Managementteams, die diese Art von Unternehmen noch nie geführt haben, bevor sie Kapital erhalten haben, ist das auch eine Formel, um eine Menge Geld zu vernichten. Einerseits ist es vielleicht die größte Investitionsmöglichkeit, was den Kapitaleinsatz angeht, die die Welt je gesehen hat, und andererseits wird bei der Energiewende möglicherweise mehr Kapital vernichtet als in jeder anderen Branche in der Geschichte des Kapitalismus.

CHRISTOPHER:
Die Chancen sind sicherlich da, aber auch die Risiken. Was ist in den letzten Jahren passiert, das Sie erwartet haben? Und was hat Sie überrascht?

WIL:
Wir haben sicherlich nicht erwartet, dass Russland in die Ukraine einmarschiert. Dieses Ereignis hat den Fokus der westlichen Welt wieder auf die Fakten und weg von den Gefühlen und Wünschen bezüglich der Energiewende gelenkt. Bevor Russland in die Ukraine einmarschierte, war es schwierig, bestimmte Institutionen dazu zu bringen, sich mit uns zusammenzusetzen und über Investitionen in Öl und Gas zu sprechen, weil sie entweder aus ESG-Gründen gegen Investitionen in diesem Bereich waren oder befürchteten, dass die Welt in ein paar Jahren nicht mehr viel Öl und Gas verbrauchen würde und die von uns gekauften Öl- und Gasanlagen daher keinen Endwert mehr hätten. Die meisten dieser Institu-

tionen nehmen jetzt Gespräche mit uns auf, weil die Fakten eindeutig dafür sprechen, dass Öl und Gas eine lange Lebenserwartung haben und eine großartige Möglichkeit sind, um in den nächsten zehn Jahren hohe Investitionsrenditen zu erzielen. Wir haben nicht erwartet, dass sich diese Diskussion so schnell ändern würde.

Ich hätte auch nicht erwartet, dass die US-Regierung ein bahnbrechendes Gesetz wie den Inflation Reduction Act (IRA) verabschieden und fast 400 Milliarden Dollar an Bundesmitteln und Steuergutschriften zur Förderung von Investitionen in die Energiewende stecken würde. Der IRA ist viel größer, als es auf den ersten Blick scheint, weil er sich automatisch erneuert, bis bestimmte Ziele erreicht sind. Der IRA trägt viel dazu bei, die wirtschaftlichen Rahmenbedingungen nicht nur für Erneuerbare Energie, Batteriespeicher, Elektrofahrzeuge, Wasserstoff und Kernkraft, sondern auch für die Kohlendioxidabscheidung und -speicherung (CCS) zu schaffen. CCS ist im Wesentlichen die Dekarbonisierung der Kohlenwasserstoffe, also das CO_2, das bei der Verbrennung von Öl, Gas oder Kohle zur Energieerzeugung entsteht, wird abgetrennt und dann dauerhaft in unterirdischen Reservoirs gespeichert. **Erdgasturbinen können innerhalb von Minuten in Betrieb genommen werden, was bedeutet, dass sie die Grundlast abdecken,[112] und mit einer Abscheidungsanlage, die an die Gasturbine angeschlossen ist, wird das, was von vielen als schmutzige Energie angesehen wird, zu sauberer Energie für die Abdeckung der Grundlast.** Das ist ganz anders als Solar- und Windenergie, die nicht grundlastfähig sind, weil die Sonne nicht immer scheint und der Wind nicht immer weht. Die Welt muss die Grundlast aber abdecken, um reibungslos zu funktionieren, da die Energienachfrage zu unterschiedlichen Tages- und Nachtzeiten schwankt, aber die Welt braucht immer Energie, nicht nur dann, wenn sie verfügbar ist.

TONY:
Was ist heute anders an der Kernenergie? Und welche Möglichkeiten könnten sich in diesem Bereich ergeben?

---

112 Anm. d. Ü.: Die »*Grundlast*« bezeichnet die Menge an Strom, die im Tagesverlauf mindestens benötigt wird.

WIL:
Die Kernkraftwerke der neuen Generation verwenden eine ganz andere Reaktortechnologie als in Three Mile Island, Fukushima und Tschernobyl, drei Kernkraftwerke, in denen sich Zwischenfälle ereigneten, die einen Großteil der Welt gegen die Kernenergie aufbrachten. Die neuen Reaktoren sind viel sicherer und neigen im Allgemeinen nicht zu einer Kernschmelze, was ja die große Sorge der Menschen ist. Außerdem haben wir jetzt sogenannte SMR oder kleine modulare Reaktoren, also Kernkraftwerke, die viel kleiner sind als herkömmliche Kernkraftwerke zur Energieversorgung, sodass sie in einer Fabrik und nicht vor Ort gebaut werden. SMR können daher viel schneller und billiger gebaut werden als die alten Kernkraftwerke und wegen ihrer geringen Größe in viel mehr Bereichen eingesetzt werden.

Und das Tüpfelchen auf dem i ist, dass einige der SMR-Konzepte die abgebrannten Brennelemente aus der bestehenden Kernreaktorflotte als Brennstoffquelle verwenden, was bedeutet, dass sie im Grunde eine Lösung für die Frage bieten, was mit den in nuklearen Kernkraftwerken erzeugten nuklearen Abfällen geschehen soll. Bislang war ein weiterer großer Kritikpunkt an der Kernenergie, dass sie sehr teuer ist.

SMR-Kraftwerke werden diesem Trend wahrscheinlich trotzen, da sie in Fabriken gebaut werden können, und die Kraftwerke der nächsten Generation können diesem Trend trotzen, wenn wir die Bürokratie aus dem Genehmigungsverfahren entfernen und sie in großem Maßstab einsetzen können.

TONY:
Was machen aus Ihrer Sicht die meisten Investoren im Energiesektor derzeit falsch?

WIL:
Ein großer Fehler der meisten Investoren ist die Annahme, dass diese Energie viel schneller eingeführt wird, als es wahrscheinlich der Fall ist. Außerdem sind viele Investoren davon überzeugt, dass sie im Bereich der Energiewende hohe Renditen erzielen können, obwohl viele Unternehmen, die im Energiewandlungssektor tätig sind, heute kein Geld verdienen und anscheinend keinen Weg sehen, das zu ändern. Und von den Unternehmen, die heute Geld verdienen, erwirtschaften die meisten nur

sehr geringe Renditen. Und schließlich unterschätzen viele Investoren auch das Risiko, das sie eingehen. Infolgedessen sind die risikobereinigten Renditen für viele Chancen im Bereich der Energiewende sehr ungünstig für die Anleger.

CHRISTOPHER:
Wenn Sie die Aufmerksamkeit der Welt hätten und ihr eine Sache sagen könnten, was wäre das?

WIL:
Das ist eine sehr tiefgründige Frage. Wenn ich die Aufmerksamkeit der zehn wichtigsten Führer der freien Welt hätte, würde ich ihnen sagen: Seid sehr vorsichtig, worum ihr bittet. Die Energieevolution ist eine unglaublich wichtige und edle Sache und die Menschheit muss sie verfolgen. Der Wohlstand, den wir im Westen in den letzten 40 Jahren erreicht haben, wurde vor allem durch zwei Dinge möglich gemacht: die Verlagerung der Produktion in das Land, das die Produkte am billigsten herstellen kann, und die Senkung der Kapitalkosten auf das niedrigste Niveau in der Geschichte. Diese beiden Trends werden sich im nächsten Jahrzehnt wahrscheinlich umkehren, und das wird den Westen vor immense Herausforderungen stellen.

Ein Teil des Offshoring-Megatrends ist die Verlagerung der wesentlichen Komponenten der Energiewende. Um Windturbinen, Solarzellen, Lithium-Ionen-Batterien und Elektrofahrzeuge herzustellen, müssen Mineralien abgebaut werden (wie Kupfer, Lithium, Kobalt, Silizium, Zink und eine Reihe andere wichtige Mineralien und Seltene Erden), dann müssen diese Mineralien raffiniert und aufbereitet werden für die Herstellung der Turbinen, Solarzellen und Batterien. Der Westen hat den größten Teil des Abbaus, der Raffinierung, der Verarbeitung und Herstellung dieser wesentlichen Bestandteile für die Energiewende in viele Länder der Welt ausgelagert. Den größten Nutzen aus diesem Offshoring-Trend hat China gezogen, als es begann, strategisch über den Übergang zu Erneuerbaren Energien nachzudenken, die vor mehr als einem Jahrzehnt anstand. **China beherrscht alle wichtigen Komponenten für die Energiewende – sein Marktanteil reicht von 30 bis 60 Prozent bei der Förderung verschiedener wichtiger Mineralien, von 40 bis 70 Prozent bei der Raffinierung und Verarbeitung verschiedener kritischer Mineralien und**

von 60 bis 80 Prozent bei den Produktionskapazitäten für Wind, Solar und Lithium-Ionen-Batterien.

Denken Sie an die Macht, die Saudi-Arabien in den letzten 30 oder 40 Jahren ausüben konnte, und dabei kontrollierte es nur 10 Prozent des weltweiten Angebots. Die OPEC, die 13 Länder umfasste, kontrollierte insgesamt etwa 30 Prozent des weltweiten Ölangebots. Wenn sie gemeinsam handelten, konnten sie die Welt in die Knie zwingen. Heute kontrolliert China vier- bis achtmal so viel an Marktanteil in jedem der für die Energiewende notwendigen Schlüsselbereiche, wie es Saudi-Arabien beim Öl tat. Der Krieg Russlands gegen die Ukraine war ein Weckruf für den Westen hinsichtlich der überragenden Bedeutung der Energieversorgungssicherheit, und damit die USA, Europa und unsere Verbündeten Energieversorgungssicherheit haben, müssen wir unsere eigenen Lieferketten kontrollieren.

Der Aufbau eigener Lieferketten für die Energiewende beim Abbau, der Raffinierung, Verarbeitung und Produktion wird nicht Jahre, sondern Jahrzehnte dauern und Billionen Dollar an Investitionen und ein massiv gestrafftes regulatorisches Umfeld erfordern. Auf der einen Seite ist dies die größte Chance, hochbezahlte Arbeitsplätze in die USA zurückzubringen, andererseits stellt dies die größte Gefahr aus Perspektive der Wirtschaft und der nationalen Sicherheit dar, wenn wir nicht die Kurve kriegen und es umsetzen.

TONY:

Ich möchte auf eine Sache zurückkommen, bevor wir über Ihr Unternehmen sprechen. Ich möchte diese Investitionen hervorheben, denn es gibt eine Knappheit an Kapital und eine Nachfrage, die mit der wachsenden Bevölkerung in den Ländern der Dritten Welt, die mehr von dieser Energie wollen, noch weiter zunimmt. Viele von uns haben die Einstellung: Okay, wir werden uns ESG zu eigen machen. Schauen Sie sich Europa an, es hat seine heimische Erdgasproduktion um 30 oder 35 Prozent reduziert und diese Versorgungslücke wurde von Russland ausgeglichen, bevor es in die Ukraine einmarschierte. Wir wissen, was die Herausforderung dort ist. Können Sie diesen Aspekt etwas näher erläutern und sind bei der Nachhaltigkeit wirklich Kohlenwasserstoffe die wichtige Antwort – die Abscheidung von Kohlendioxid –, sodass wir die Grundlaststromversorgung auf der ganzen Welt sicherstellen und trotzdem die Umwelt schützen können? Ist das der Fall? Und welche politischen Auswirkungen hat es Ihrer Meinung nach, wenn wir Dinge in andere Länder verlagern?

WIL:
Es ist die klassische Geschichte von zwei Städten oder zwei Kontinenten. Europa ist den Weg gegangen, dass Wind und Sonne alles ersetzen sollten und Kohlenwasserstoffe schlecht sind. Und wie ich bereits erwähnt habe, haben die USA genau die entgegengesetzte Richtung eingeschlagen. Wir wurden vom größten Importeur zu einem der größten Exporteure. Und dadurch sind wir nicht nur energieunabhängig geworden, sondern denken Sie nur an die Arbeitsplätze, die Steuern und die Vorteile für die nationale Sicherheit, die sich daraus ergeben.

Ich glaube, dass die ESG viele gute Dinge mit sich bringen. An dem Punkt arbeite ich als überparteilicher Staatsmann, wenn Sie so wollen, um die Menschen auf dem Weg zur Nachhaltigkeit zusammenzubringen, denn ich denke, dass die Rechte und die Linke des politischen Spektrums dieses Thema falsch verstehen. Viele Menschen, die sich eher auf der Linken einordnen, denken, dass Erneuerbare Energien, Batterien und Elektroautos die Antwort sind, aber sie haben sich nicht die Zeit genommen, die enormen Ausmaße dieses Wandels zu begreifen und die herkulischen Herausforderungen und Hindernisse zu verstehen, um dorthin zu gelangen. Sie vertrauen blind und glauben, dass es auf wundersame Weise geschehen wird.

Viele Menschen auf der rechten Seite leugnen, dass sich das Klima verändert und dass der Mensch etwas mit den Veränderungen zu tun haben könnte. Viele glauben auch, dass die ESG-Bewegung nichts weiter ist als die Durchsetzung linksliberaler Werte, und lehnen daher sowohl den Klimawandel als auch die ESG-Bewegung ab, ohne die Folgen zu bedenken. Und die Wahrheit ist, wie bei den meisten Dingen im Leben: Wenn man von der Zwiebel ein paar Schichten abzieht und genügend Fragen stellt, erkennt man, dass die Wahrheit wahrscheinlich irgendwo dazwischen liegt. Ich denke, das ist auch hier der Fall.

Haben wir im Moment ein Klimaproblem? Ja. Wir können darüber diskutieren, wie viel davon vom Menschen verursacht wird und wie viel natürlich ist. Es spielt eigentlich keine Rolle; es ist kein Risiko, das wir ignorieren können. Und, nebenbei bemerkt – die Beseitigung von Kohlenwasserstoffen hat auch viel Gutes. Wir bekommen viel sauberere Luft. Die

Menschen sind viel gesünder. Sie leben länger. Es riecht besser. Das sage ich meinen Freunden auf der rechten Seite.

Und meine Freunde auf der linken Seite weise ich darauf hin, dass die Energiewende Jahrzehnte dauert, nicht Jahre, und dass es viele strukturelle Herausforderungen für die Energiewende gibt, die wir bewältigen müssen. Und wenn sie wirklich saubere Energie wollen, können wir diese durch ein Verfahren liefern, das als »Kohlendioxid-Abscheidung und -Speicherung« bezeichnet wird. Ich weise auch darauf hin, dass wir ein ganzes Infrastruktursystem in den USA und weltweit aufgebaut haben, um diese Energieform zu transportieren, zu speichern und dann zu nutzen. Wir müssen also nur noch die CCS-Technologie hinzufügen und die Infrastruktur für die Speicherung des CO_2 aufbauen. **Zusammenfassend lässt sich sagen, dass Erdgas und Kohle in Kombination mit der CCS-Technologie die Grundlast liefern können (denken Sie daran, dass Wind- und Solarenergie unstetig sind), wobei sie genauso sauber oder sauberer als Wind- und Sonnenenergie sind, und die USA verfügen über einen riesigen inländischen Vorrat an beidem.**

Viele wissen nicht, dass in Ländern der Dritten Welt jeden Tag mehr Menschen durch das Einatmen von Karzinogenen sterben, die durch das Verbrennen von Dung und Holz zum Kochen von Essen in ihren Häusern freigesetzt werden, als in der Geschichte der Menschheit durch alle Kernkraftwerksunglücke zusammengenommen gestorben sind. Viele Menschen hegen eine irrationale Angst vor der Kernenergie, aber die Kernenergie muss ein wesentlicher Teil der Lösung sein, wenn wir es mit der Bereitstellung sauberer Grundlast-Energie ernst meinen. China plant den Bau von mindestens 150 neuen Kernreaktoren in den nächsten 15 Jahren – fast doppelt so viele Reaktoren, wie aktuell in den USA in Betrieb sind. Selbst unsere Freunde im Nahen Osten setzen auf die Kernenergie. Sie haben für Hunderte von Jahren Öl- und Gasvorräte und wollen dennoch Kernkraftwerke bauen, weil sie eine Netto-Null-Stellung erreichen und eine andere Art von Energie exportieren wollen. **Die Kernenergie wird zunehmend an Bedeutung gewinnen und sie ist nicht gefährlich. Kohlenwasserstoffe können dekarbonisiert werden und Wind und Sonne sind wirklich gute Energieformen. Wir brauchen so viel davon, wie wir bekommen können. Und damit die Rechnung aufgeht, müssen wir all diese Dinge haben. Sonst erwartet die Menschheit eine dunkle, düstere Zukunft.**

Ich möchte noch einen wichtigen Punkt ansprechen – meine Familienstiftung engagiert sich stark im südlichen Afrika, wo ich die schrecklichen Auswirkungen der Energiearmut gesehen habe. **Es gibt wahrscheinlich 1 Milliarde Menschen auf dem Kontinent Afrika, die in bitterer Energiearmut leben. Sie haben keine Energie und man braucht Energie, viel Energie, um auf der Leiter des wirtschaftlichen Wohlstands aufzusteigen. Sie kochen mit Holz oder Kuhmist und die krebserregenden Stoffe, die sie dabei einatmen, töten jedes Jahr Millionen von Menschen. Das ist nicht fair.**

Diese Menschen verdienen den Zugang zu Energie, und deshalb brauchen wir alle Formen von Energie, um die moderne Welt mit der Energie zu versorgen, die sie braucht, um sich selbst zu erhalten, und die Entwicklungsländer mit der Energie, die sie brauchen, um ihre Lebensqualität zu verbessern.

TONY:
Und es muss zu einem Preis sein, den sich die Menschen leisten können, denn in diesen Ländern ist das ein noch größeres Problem. Kohlendioxidabscheidung und -speicherung klingt also nach einer der ultimativen Lösungen. Wir brauchen alle diese Energieformen, wie Sie sagten, aber diese würde es uns ermöglichen, Kohlenwasserstoffe auf eine Weise zu nutzen, die keine negativen Auswirkungen auf die Umwelt hätte. Lassen Sie mich für einen Moment zu Ihrem Unternehmen wechseln, denn die Größe und das Wachstum Ihrer Firma sind beeindruckend und um eine große Investmentfirma zu vergrößern, braucht man viel mehr als nur großartige Investitionen. Was ist Ihrer Meinung nach, abgesehen von der starken Performance, der Hauptgrund für den Erfolg Ihres Unternehmens?

WIL:
Ich würde sagen, zwei Dinge. Unsere Mitarbeiter und unsere Kultur. In jeder Branche, in jedem Unternehmen, sind die Menschen das wertvollste Kapital. Die Menschen sind die einzigen Aspekte eines jeden Unternehmens, die die Zukunft verändern können. Sie können mit innovativen Ideen aufwarten. Sie können die Konkurrenz ausstechen. Sie können Dinge auf neue Weise tun, die es vorher noch nicht gab. Deshalb haben wir uns schon immer darauf konzentriert, die absolut besten Leute in all

den verschiedenen Disziplinen einzustellen, um ein Energie-Investmentunternehmen von Weltklasse zu führen.

Wir konzentrieren uns auch auf die Aufrechterhaltung einer starken Kultur. Leider ist die Wall Street dafür bekannt, dass sie talentierte und erfolgreiche Leute anzieht, aber oft auch Individualisten. Es ist eine Branche, in der man, wenn man wirklich gut ist, viel Geld verdienen und es zu großem Ruhm bringen kann. Und das Problem ist, dass Teams möglicherweise von einem oder zwei mächtigen Spielern dominiert werden. Aber Einzelpersonen gewinnen keine Meisterschaften, sondern Teams. Die besten Investmentfirmen sind sehr kollegial. Teamwork ist das Herzstück unserer Arbeit, denn es braucht eine Menge Leute mit vielen verschiedenen Fachkenntnissen, die an einem Strang ziehen, um unser Geschäft gut auszuführen.

Da ich aus dem Finanzbereich komme, wusste ich bei der Gründung der Firma, dass wir Partnerschaften mit Betriebs- und Technikexperten eingehen mussten. Und 25 Jahre später haben wir ein Unternehmen, in dem mehr als ein Drittel unseres Investmentteams entweder einen technischen, einen betrieblichen oder einen digitalen Hintergrund hat, und sie alle sind voll integrierte Mitglieder des gesamten Investmentteams. Jede Person in unserem Team versteht den einzigartigen Wert oder die Fähigkeiten, die jedes andere Teammitglied in das Team einbringt. Wir haben die Philosophie, dass wir als Team gewinnen und als Team verlieren, aber wir sind immer zuerst ein Team. Ich denke, das hat uns zu einem beständigen Topspieler gemacht.

TONY:
Wenn Sie sich die Geschichte Ihres Unternehmens ansehen, was war der Dreh- und Angelpunkt, der es Ihnen ermöglicht hat, sich von gut zu großartig zu entwickeln?

WIL:
Ich denke, da kamen zwei Dinge zusammen. Am Anfang hatten wir alle Zutaten, aber wir waren zu klein. Und ohne die entsprechende Größe war es unmöglich, in einigen der entscheidenden Qualifikationen die Weltklasse-Talente anzuziehen, die wir benötigten. Unser Unternehmen wurde 1998 gegründet, aber als etwa ein Jahrzehnt später die Ölschieferindustrie in Schwung kam, wurde mir klar, dass sich die Welt

wirklich verändert hatte. Die Kapitalintensität der Unternehmen, die wir unterstützten, stieg buchstäblich um eine Null am Ende. Früher stellten wir Schecks über 10, 20 oder 30 Millionen Dollar aus – und auf einmal mussten wir Schecks in Höhe von 100, 200 oder 300 Millionen Dollar ausstellen. Das lag daran, dass Schieferbohrungen etwa zehnmal so viel kosten wie konventionelle Bohrungen. Schieferbohrungen haben auch etwa 10- bis 20-mal mehr förderbare Kohlenwasserstoffe. Die Größenordnung hat sich geändert. Und als das geschah, stiegen die Mittel, die wir aufbrachten, und verschafften uns so die nötigen Einnahmen, um noch mehr der besten Leute von Weltrang einzustellen. Das war der Wendepunkt für Quantum.

Die Welt, in der wir leben, ist dynamisch. Die einzige Konstante ist der Wandel. Ganz gleich, wie gut man glaubt, geplant zu haben, die Dinge ändern sich, und zwar oft in erheblichem Maße. Deshalb ist es wichtig, schnell zu sein und zu erkennen, dass sich etwas geändert hat, und dann den Willen und den Mut aufzubringen, den Kurs zu korrigieren und Anpassungen vorzunehmen, um am Ende das angestrebte Ziel zu erreichen.

CHRISTOPHER:
Sie und ich haben etwas gemeinsam: Wir haben beide in sehr jungen Jahren begonnen. Was hätten Sie sich gewünscht, dass es Ihnen jemand gesagt hätte, bevor Sie mit Ende 20 Ihr Unternehmen gründeten?

WIL:
Ein Unternehmen zu gründen ist wahrscheinlich das Aufregendste, was man je tun wird, und gleichzeitig das Furchteinflößendste, was Sie jemals tun werden. Tun Sie es also, solange Sie noch jung sind. Und haben Sie keine Angst vor dem Scheitern. Sie werden scheitern, also scheitern Sie schnell, lernen Sie aus Ihren Fehlern, nehmen Sie Anpassungen vor und versuchen Sie es erneut. Die meisten Menschen haben Angst zuzugeben, dass sie versagt haben, weil sie denken, dass sie dadurch schwach oder schlecht aussehen. Also vertuschen sie ihr Scheitern oder geben es nicht zu und machen immer wieder das Falsche. Ich nenne das Stolz und es ist der stärkste Faktor, der für die Unfähigkeit der meisten Menschen, Großes zu erreichen, verantwortlich ist. Man muss das Scheitern in die richtige Perspektive rücken. Die meisten Menschen sehen es als etwas Negatives – ich sehe es als etwas Positives; Scheitern bedeutet, erfolgreich einen

anderen Weg zu finden, und es bringt mich einen Schritt weiter, um den richtigen Weg zu finden.

Außerdem würde ich sagen: Habt Spaß. Das Leben ist so kurz. Wir sind hier nur für eine sehr kurze Zeitspanne. Tun Sie es mit Menschen, mit denen Sie gern zusammen sind. Buffett sagt, dass er Geschäfte mit Menschen macht, die er mag, bewundert und denen er vertraut. Das ist vielleicht der weiseste Rat, den ich je bekommen habe: Machen Sie Geschäfte mit Menschen, die Sie mögen, bewundern und denen Sie vertrauen.

CHRISTOPHER:
Unbedingt. Wenn Sie über die Geschichte von Quantum nachdenken, was würden Sie anders machen, wenn Sie noch mal von vorn anfangen könnten?

WIL:
In den ersten Tagen waren wir wahrscheinlich zu konservativ und hatten zu viel Angst vor dem Scheitern. Ich glaube, als wir jung waren, hatten wir große Angst, dass wir, wenn wir einen großen Fehler machen, vielleicht nie wieder Geld auftreiben könnten. Sie kennen das alte Sprichwort, dass ein Schneider dreimal misst und einmal schneidet? Wir haben wahrscheinlich acht- oder neunmal gemessen, bevor wir geschnitten haben. Wir haben zwar vielleicht den perfekten Anzug genäht, aber als wir fertig waren, hatte sich unsere Größe geändert – im Nachhinein wünschte ich, ich hätte den Ratschlag, den ich jetzt gebe, ein wenig eher befolgt: das Scheitern angemessen anzunehmen.

CHRISTOPHER:
Was sind Ihrer Meinung nach die wichtigsten Gründe dafür, dass Unternehmen skalieren können oder eben nicht?

WIL:
Das hängt mit den Menschen in Ihrem Unternehmen zusammen. Wenn man skaliert und größere Geschäfte abwickelt, nimmt die Komplexität der Verwaltung und der Abläufe dieser Geschäfte ständig zu, und das erfordert andere Fähigkeiten. **Deshalb müssen Sie neugierige Menschen einstellen, die über hohe Integrität und eine unersättliche Arbeitsmoral ver-**

fügen und die ein unstillbares Verlangen haben, weiter zu lernen. Sie sind vielleicht sehr gut in dem, was sie heute tun, aber sie müssen auch den Wunsch haben, immer besser zu werden und sich dazu verpflichten, lebenslang zu lernen.

Ich suche nach Menschen, die überdurchschnittlich intelligent sind, die hungrig sind, eine starke Arbeitsmoral haben und ehrlich sind. Und wenn ich diese vier Dinge finde, weiß ich, dass wir diesen Menschen alles beibringen können, was sie wissen müssen.

Ein großer Fehler, den ich bei vielen Gründern und Seniorpartnern von Investmentfirmen sehe, ist, dass sie zu viel von den Geschäften für sich beanspruchen. Und das ist der beste Weg, um sicherzustellen, dass Ihre besten Leute woanders hingehen. Wir haben bei Quantum ein Programm, bei dem jeder einzelne Mitarbeiter im gesamten Unternehmen am Gewinn beteiligt ist (Carried Interest), den wir als General Partner unserer Fonds verdienen, entweder direkt oder über einen Mitarbeiterpool. Daher denkt jeder wie ein Eigentümer. Und die einzige Möglichkeit, diese Denkweise zu fördern, besteht darin, Ihr Team entsprechend zu entlohnen und es gut zu behandeln.

TONY:
Es gibt verschiedene Stufen der Intelligenz und es gibt verschiedene Arten von Intelligenz, oder? Musikalische Intelligenz, die auf akademischem Wissen basierende Intelligenz, die auf Erfahrungen aus dem realen Leben basierende Intelligenz. Was unterscheidet die Besten von ihren Peers? Gibt es etwas, das wir noch nicht erwähnt haben?

WIL:
Selbsterkenntnis, Bescheidenheit und gute Kommunikationsfähigkeiten wären drei Attribute, die diese Leistungsträger von ihren Kollegen unterscheiden. Wir wurden geschaffen, um mit anderen Menschen zu interagieren. Miteinander auszukommen, Beziehungen aufzubauen und zu kommunizieren sind entscheidende Fähigkeiten, um ein großartiger Private-Equity- oder Private-Credit-Investor zu sein. Ich glaube, um darin gut zu sein, müssen Sie selbstbewusst und bescheiden sein. Außerdem muss man über einen relativ hohen EQ verfügen. Und darauf achten wir sehr. **Emotionale Intelligenz ist oft viel wichtiger, um ein erfolgreicher Investor zu sein, als schlauer zu sein als alle anderen.** Die Beziehungen, die wir

knüpfen, und das Leben der Menschen, die wir berühren und beeinflussen, gehen weiter, wenn wir nicht mehr sind. Wenn Sie eine Organisation mit Menschen aufbauen, die diese Fähigkeiten besitzen, werden Sie nicht nur eine großartige Kultur haben, sondern auch großartige Renditen für Ihre Investoren erzielen.

TONY:
Ja. Als ich Warren Buffett interviewte, habe ich ihn gefragt, was die beste Investition sei, die er je getätigt hat. Ich dachte, er würde Coca-Cola oder Geico sagen.

Er sagte, es sei Dale Carnegie gewesen, denn wenn er nicht gelernt hätte zu kommunizieren, wäre alles andere nicht passiert.

KAPITEL 15

IAN CHARLES

GRÜNDER VON ARCTOS SPORTS PARTNERS

Auszeichnungen: Pionier bei der Schaffung des branchenweit ersten Sell-Side-Beraters für Private-Equity-Secondarys
Gesamtes verwaltetes Vermögen (Stand August 2023): 6 Milliarden Dollar
Schwerpunktbereich: Profisport (MLB, NBA, MLS, NHL, Premier League)

Höhepunkte:

- Im Jahr 2002 war Ian Charles Mitbegründer von Cogent Partners, dem ersten Beratungsunternehmen für den Sekundärmarkt, das später für fast 100 Millionen Dollar verkauft wurde. Cogent ist allgemein anerkannt für die Umgestaltung des Private-Equity-Sekundärmarktes durch Beratungsdienste mit institutionellem Anspruch und einem beispiellosen Dealflow.[113]

[113] Anm. d. Red.: Also einer besonders hohen Zahl an Investitionsmöglichkeiten.

- Später war Charles Mitbegründer von Arctos Partners, der ersten institutionellen Plattform, die eine globale Multi-Liga- und Multi-Franchise-Sport-Investitionsstrategie verfolgte.
- Arctos war das erste Unternehmen, das die Genehmigung zum Kauf mehrerer Franchises über alle infrage kommenden US-Sportligen erwarb, und seine 2020 getätigte Private-Equity-Beteiligung an der Fenway Sports Group war die erste Fondsinvestition in ein professionelles Sportteam durch eine Private-Equity-Firma.
- Der Debüt-Fonds von Arctos war der größte jemals aufgelegte Private-Equity-Erst-Fonds mit einem Volumen von fast 2,9 Milliarden Dollar und das Unternehmen wurde in die *Sports Illustrated* Power List 2023 aufgenommen, die die 50 einflussreichsten Persönlichkeiten im Sport benennt.

TONY:
Ian, was Sie aufgebaut haben, ist erstaunlich. Soweit ich weiß, sind Sie selbst gar kein großer Sportfan, und doch haben Sie das Erstaunlichste aufgebaut, das ich je im Sport gesehen habe. Können Sie uns ein wenig darüber erzählen, wie es dazu kam?

IAN:
In erster Linie bin ich ein Unternehmer, seit ich etwa 13 oder 14 Jahre alt war. Zudem bin ich ein Nerd und mein erster Job war zufällig bei einem Private-Equity-Fonds, wo ich diese Anlageklasse auf einem sehr hohen Niveau kennenlernte und Primärfondsinvestitionen und Co-Investitionen in Aktien tätigte. Damals war Private Equity noch viel illiquider als heute. Wenn man in einen Private-Equity-Fonds investiert war, saß man dort sozusagen für 10 bis 15 Jahre fest. Wenn man aussteigen musste oder wollte, gab es weltweit nur vier oder fünf Firmen, die einem die Option zum Ausstieg anboten, und die stellten gnadenlose Forderungen, um Ihnen Liquidität zu verschaffen. Der Markt für die Liquidität von Private-Equity-Fonds ist als »Sekundärmarkt« bekannt.

Die Abschläge bei Private-Equity-Secondarys waren früher erheblich. Ich war sehr jung und sehr naiv und ich hatte ein paar Kollegen, die auch jung waren, und wir waren wohl alle ein bisschen naiv. Wir dachten, wir könnten diesen Verkäufern helfen, und hatten die Idee, das allererste Beratungsunternehmen der Branche auf dem Sekundärmarkt zu gründen und institutionellen Anlegern beim Verkauf ihrer Fonds zu helfen. Dieses Geschäft war sehr erfolgreich, hat die Liquidität für Private Equity weltweit verändert und schuf die Infrastruktur, die heute den globalen Sekundärmarkt vorantreibt. Die Gründung dieses Unternehmens und meine Rolle dort haben meine berufliche Chance als Unternehmer im Bereich Illiquidität begründet.

Von dort aus wechselte ich zu einem der ersten Käufer in der Secondary-Branche. 15 Jahre lang habe ich ihm geholfen, Wettbewerbsvorteile zu schaffen, seine Strategie zu verfeinern und andere Produkte zu gestalten, um Liquidität in anderen illiquiden Märkten zu erschließen.

Einer der Märkte, mit denen ich mich einige Zeit beschäftigt habe, war der professionelle Sportmarkt in Nordamerika.

Nordamerikanische Sportwerte, wie die Major League Baseball und die National Basketball Association, waren ein großer, wachsender Markt mit vielen Minderheitsbeteiligungen und ohne Zugang zu institutionellem Kapital. Der Sportmarkt sah vor 20 Jahren sehr nach Private Equity aus. Aber als ich anfing, die Sportbranche zu studieren, stellten wir fest, dass keine der nordamerikanischen Ligen institutionelles Kapital zuließ. Es war von den Ligen verboten, die im Grunde genommen die Regulierungsbehörden waren. Sport war eine wirklich interessante Anlageklasse, denn es war mathematisch sehr schwierig, die Risiko-Ertrags-Charakteristika der überwiegend nordamerikanischen Sportarten zu replizieren. Es handelt sich um einzigartige Geschäfte. Aber wenn die Regulierungsbehörde nicht erlaubt zu investieren, darf man nicht investieren. Dieses Verbot für institutionelles Kapital wurde 2019 aufgehoben. Die Major League Baseball war die erste nordamerikanische Liga, die ihre Eigentumsstruktur für institutionelle Investitionen öffnete, allerdings nur für eine ganz bestimmte Art von Fonds, die eine einzigartige Architektur und ein aufwendiges Genehmigungsverfahren erfordert. Zudem gibt es eine Reihe von Investitionskonflikten, die von jedem neuen Marktteilnehmer bewältigt werden müssen. Aber wir erkannten die Möglichkeit, der erste Anbieter in diesem Bereich zu sein. **Ich wusste genug über diesen Markt, um zu erkennen, dass eine Gruppe von Finanzfachleuten allein nicht erfolgreich sein würde. Man musste sich mit Leuten zusammentun, die in dieser Branche akzeptiert waren, einen guten Ruf in dieser Branche hatten und über operative Erfahrung im Sport verfügten.** Unser Gründungsteam hat also einen Hintergrund, der dem meinen ähnelt oder dem meines Partners David O'Connor – alle nennen ihn »Doc« –, und hat seit Jahrzehnten wichtige Teile des Sport- und Live-Entertainment-Ökosystems aufgebaut, geleitet und geführt. Zusammen mit unseren Gründungskollegen haben wir die erste Firma aufgebaut, die Wachstumskapital und Liquiditätslösungen für nordamerikanische Sportteams und Eigentümergruppen anbot. Das war eine unglaubliche Erfahrung.

Aber für mich begann der eigentliche Ursprung vor 25 Jahren, als ich half, Liquiditätslösungen in anderen illiquiden Märkten zu schaffen und wiederholbare Muster zu verstehen, die bei illiquiden Anlagen und beim Aufbau von Unternehmen in alternativen Anlagen zum Tragen kommen. Wenn man das mit Docs Erfahrung als Betreiber und Unternehmer in den Bereichen Sport und Live-Unterhaltung verbindet, gab uns das die Möglichkeit, etwas ganz Besonderes aufzubauen, und seit unserer Gründung haben wir uns wirklich bemüht, diese Chance wahrzunehmen.

TONY:
Vermitteln Sie uns einen Eindruck dessen, was dabei herausgekommen ist, denn Sie sind nicht nur mit Kapital eingestiegen. Sie haben Sportunternehmen diesen enormen Mehrwert gebracht, denn diese sind jetzt eigentlich Medienunternehmen. Vielleicht können Sie uns ein wenig über den Nutzen erzählen, den Sie daraus ziehen, und darüber, was Sie für diese Unternehmen leisten.

IAN:
Das ist interessant. Wenn Sie mir diese Frage gestellt hätten, als wir die Firma gründeten, hätte ich geantwortet: Um ehrlich zu sein, ich habe keine Ahnung. Ich weiß nicht, was wir in diesem Bereich tun dürfen. Die Ligen hatten keine klaren Regeln festgelegt. Wir wussten nicht, was sie erlauben würden oder für was die Eigentümer empfänglich sein würden [oder] wo sie Hilfe wünschten oder benötigten. In den letzten drei Jahren ist der Ruf unseres Unternehmens gewachsen, wir sind insgesamt gewachsen, ebenso unser Anlageportfolio und Datenumfang, und wir haben weiter in unsere eigenen Fähigkeiten, unser Team und unsere Datensysteme investiert, um eine eigene Data Science und eigene Recherche, die wir »Arctos Insights« nennen, und ein Wertschöpfungsprogramm, das wir die »Arctos Operating Platform« nennen, aufzubauen. Wir haben eine ganze Reihe von Dienstleistungen rund um Daten, Analytik und

Wertschöpfung. Ich garantiere Ihnen: Wenn Sie mir diese Frage in sechs Monaten stellen, wird die Antwort ein wenig anders ausfallen. Und in einem Jahr hoffentlich ganz anders. Wir evaluieren ständig die Bedürfnisse unserer Kunden. Denn wir haben zwei Arten von Kunden, die Eigentümer, mit denen wir eine Partnerschaft eingegangen sind, und die Investoren, die uns ihr Kapital anvertraut haben. Die Feedbackschleife mit den Eigentümern, den Ligen und den Klubmanagern ist ein ständiger Bestandteil unseres Prozesses. **So helfen wir heute bei Akquisitionen, dem Kauf anderer Konzessionen, Immobilien, Live-Unterhaltungskomplexen, Investitionen in Technologie und der Verbesserung ihrer Veranstaltungsorte. Wir helfen ihnen in Bereichen wie digitales Engagement, Data Science und maschinelles Lernen.** Wir sind ein großer Datenlieferant. Wir haben eine Analysekapazität aufgebaut, indem wir den Eigentümern unseres Portfolios wichtige Geschäftserkenntnisse und -analysen bereitstellen. Die internationale Expansion ist ein wichtiges Thema für die Eigentümer, da diese Marken ein Publikum und eine Fangemeinde auf der ganzen Welt erreichen wollen. Einige von ihnen haben keine Ahnung, wie sie das bewerkstelligen sollen. Wir haben gerade unser Londoner Büro eröffnet, weil unsere Teams international wachsen wollen. Wir wollen vor Ort sein, Ressourcen und Leitlinien verfügbar machen, die sie einfach in die Hand nehmen und nutzen können, um ihr Geschäft und ihre Marke international auszubauen.

Es handelt sich also um ein sich ständig weiterentwickelndes, umfassendes Angebot an Möglichkeiten und dies ist eine Branche, die bisher noch keine Gelegenheit hatte, sich mit einer institutionellen Ressource wie uns zusammenzutun. Es gibt also eine Menge niedrig hängender Früchte. Es lassen sich eine Menge wiederholbarer Muster erkennen. **Was ein Team braucht, brauchen wahrscheinlich 15 andere Teams in der gleichen Liga. Wir sind in der Lage, zentral in diese Fähigkeiten zu investieren, weil wir wissen, dass wir die Kosten für diese Investition auf sechs, sieben, manchmal 20 Plattformen verteilen können.**

TONY:

Peter Guber ist einer meiner engsten Freunde und ich weiß, dass Sie mehrere Deals mit ihm gemacht haben, natürlich zwischen den Warriors und den Dodgers. Aber was ist mit den Investoren selbst? Welche Vorteile gibt es? Diese Idee des legalen Monopols, die Auswirkungen der Inflation und die Tatsache, dass diese Teams, wie in der NBA, ein Dreißigstel aller Einnahmen besitzen. Von den meisten dieser Dinge haben Investoren keinen Schimmer.

IAN:
Peter ist unglaublich. Er sieht so ziemlich alles ein wenig früher als der Rest von uns, aber Sie haben recht. Was Sie ansprechen, ist ein einzigartiges Merkmal der nordamerikanischen Sport-Vermögenswerte. Das ist beim europäischen Fußball nicht der Fall oder auch bei anderen Arten des Sport-Ökosystems. Jede nordamerikanische Mannschaft besitzt den gleichen Anteil am globalen Geschäft ihrer Liga und die Liga ist globales geistiges Eigentum und eine Art Markenmanagement-Geschäft. Die Ligen verkaufen Medienrechte, Datenrechte und Sponsoring auf nationaler und internationaler Ebene. Die Ligen haben ihre eigenen Gemeinkosten und ihre eigene Kostenstruktur, aber sie erwirtschaften Dividenden, die sie jährlich zu gleichen Teilen an ihre Eigentümer ausschütten. Es spielt also keine Rolle, ob man im kleinsten oder im größten Markt ist, man bekommt die gleiche Dividende. Es spielt auch keine Rolle, ob die Mannschaft auf dem letzten oder ersten Platz landet, jede erhält dieselbe Zahlung. Der Eigentumsanteil an der Liga und die Gesamteinnahmen, die aus langfristigen, diversifizierten Verträgen mit jährlichen Zahlungen stammen, schaffen diesen wirklich stabilen, dauerhaften Vermögenswert, den jeder in der Liga besitzt.

Die Ligen und Eigentümer bezeichnen die lokale Lizenz nicht gern als Monopol, aber sie funktioniert wie eines. Ein Liga-Franchise-Besitzer hat eine geschützte geografische Region, genau wie der Franchise-Nehmer einer Restaurantkette – niemand darf in Ihrem geografischen Gebiet mit Ihnen um Einnahmen rund um Ihren Sport konkurrieren. **Die Fangemeinde um diese Marken ist generationenübergreifend und sie sind wichtig in ihren Gemeinden, sodass Ihre Kundenakquisitionskosten im Wesentlichen bei null liegen. Diese Unternehmen sind gemeinschaftlich, sie sind gemeinsame Erfahrungen über Generationen und politische Parteien hinweg – sie sind das einzige Gut, das diese Eigenschaften heutzutage hat.** Die Eigentümer können diese lokale Lizenz nutzen, um in Immobilien zu expandieren und in einen Komplex für Live-Unterhaltung, digitalen Vertrieb und die direkte Vermarktung an den Verbraucher. Wir finden diese lokale Plattform-Aktivität interessant.

Wenn Sie es richtig machen, ist dies eine Plattform für Sie, um gleichzeitig Ihr Vermögen auf unkorrelierte Weise zu vermehren, mit sehr geringem Leverage und sehr geringem geopolitischen Risiko. Wenn man die Beteiligung an der Liga mit der lokalen Lizenz kombiniert, bietet ein nordamerikanischer Klub einen schönen »Portfolio-Effekt«, der nur schwer zu finden und nachzubilden ist. Weil wir Minderheitseigentümern Liquidität zur Verfügung stellen, wenn sie aussteigen wollen, und Wachstumskapital für Eigentümer bereitstellen, die eine große Vision haben, sind wir in der Lage, für unseren Fonds mit großartigen Eigentümern in großartigen Märkten zusammenzuarbeiten, die unglaubliche Marken und Ideen haben, und das zu einem wirklich attraktiven Einstiegspunkt.

TONY:
Und Sie haben so viel getan, um den Wert zu steigern. Zudem haben Sie noch eine Inflationsabsicherung sowohl mit den Immobilien als auch mit der Preissetzungsmacht, denn wie Sie sagten, diese Leute sind Fanatiker; sie sind diesem Bereich treu. Erzählen Sie uns ein wenig mehr über sich. Wer war die wichtigste Person oder eine der wichtigsten Personen in Ihrem Leben, die Ihre Entwicklung, Ihren Erfolg und Ihre Karriere oder Ihren Lebensweg geprägt hat?

IAN:
Das wird jetzt superkitschig und Christopher könnte sich später über mich lustig machen, aber es ist wahr. Ich erzähle den Leuten immer, dass ich meine Frau kennengelernt habe, als ich 13 Jahre alt war. Sie wusste nicht, dass ich existiere, bis ich etwa 16 war; sie war zu cool und zu schön, um mir Aufmerksamkeit zu schenken! Wir wuchsen in derselben Kleinstadt auf. Wir haben gegenseitig aufeinander gesetzt. Unsere Eltern haben uns verboten, zusammen aufs College zu gehen, aber wir haben sie ausgetrickst und es doch getan. Wenn meine Frau Jamie nicht gewesen wäre, wäre ich nie das erste Risiko als Unternehmer eingegangen und hätte kein Beratungsunternehmen. Sie war Sonderschullehrerin und ich arbeitete als Analyst bei diesem Dachfonds. Ohne ihren Gehaltsscheck, ihr Vertrauen in mich und ihre Ermutigung hätte ich nicht den Mut gehabt, meinen Job aufzugeben und ein Unternehmen zu gründen.

TONY:
Wow.

IAN:
Spulen wir fast 20 Jahre zurück. Sie wusste einfach, dass ich mich zu etwas anderem berufen fühlte. Sie wusste, dass es mich juckte, wieder Unternehmer zu sein. **Ich glaube, wir alle verleihen unserer Karriere zu viel Bedeutung für unser Selbstwertgefühl und unsere persönliche Identität. Ich habe das sicherlich oft getan, viele Male. Bei dem Gedanken, einen tollen Job und eine wichtige Rolle aufzugeben, hat man eine Art Identitätskrise, oder? Das ist beängstigend.** Aber Jamie kannte mich besser, als ich mich selbst kannte. Sie wusste, dass ich diesen Drang habe, etwas aufzubauen.

Sie wusste auch, dass ich den Namen »Arctos« verwenden wollte und dass der Name eine Verbindung zu unseren Wurzeln in Alaska und zum Bären hat. All das wusste sie. Mein Weihnachtsgeschenk von Jamie im Jahr 2018 war ein Kristallbär und eine Notiz, auf der einfach stand: »Ich denke, es ist an der Zeit.« Fünf Monate später änderte die Major League Baseball ihre Eigentumsregeln. Jamie hat immer an mich geglaubt. Sie hat mich immer ermutigt. Sie hat mich aufgebaut und unterstützt, wenn ich nicht einmal wusste, dass ich es brauchte. Zweifellos ist sie die Antwort auf diese Frage.

CHRISTOPHER:
Das Erstaunliche für viele von uns Männern ist: Wenn wir mehr von dem tun würden, was unsere Frau denkt, dass wir es tun sollten, wären wir viel besser dran und viel glücklicher.

IAN:
Wir würden zweifellos glücklicher sein.

CHRISTOPHER:
Lassen Sie uns über Sport reden. Wir haben über Eigenschaften des Sports gesprochen, die ihn von den meisten anderen Investitionsmöglichkeiten unterscheiden. Sie wissen es natürlich, aber als Info für unsere Leser: Es hat etwa eineinhalb Jahre gedauert, bis wir ein gutes Gespräch führen und das Geschäftsmodell verstehen konnten, bevor wir unsere Partnerschaft eingingen. Und ich brauchte, offen gesagt, ziemlich lange, um es zu verstehen.

Wenn Sie über die Möglichkeiten nachdenken: Worin besteht Ihrer Meinung nach die Chance? Was sind die wirklich interessanten Möglichkeiten für Investoren in der Welt des Profisports oder des Sports im Allgemeinen?

IAN:
Wir konzentrieren uns darauf, nordamerikanischen Eigentümern dabei zu helfen, das gesamte Potenzial der Vermögenswerte zu erschließen, die sie direkt vor sich haben. Manchmal ist es so einfach. Manchmal hat man etwas so Besonderes vor sich, das so viele Wachstumsknotenpunkte und Möglichkeiten zur Entfaltung bietet, dass man sich am besten darauf konzentriert und ihnen dabei hilft. In den nächsten drei oder vier Jahren geht es vor allem um Live-Entertainment, um die Verbesserung des Fan-Erlebnisses, um Medienrechte, die wertvoller werden, wenn man von einem linearen System zu einem Streaming-System übergeht. Es geht darum, diesen Marken zu helfen, international zu wachsen. Und es geht darum, eine direkte Verbindung mit dem Kunden herzustellen.

Ein Beispiel: Wenn Sie eine Dauerkarte für die Astros besitzen und nicht zum Spiel gehen können, entscheiden Sie sich vielleicht, die Karte auf einer dieser Ticketbörsen zu verkaufen. Nehmen wir an, ich kaufe sie, aber dann erinnert mich Jamie (meine Frau) daran, dass wir einen Terminkonflikt haben (was übrigens häufig vorkommt). Ich kann dann das Ticket auf einer anderen Börse anbieten und Tony kann es von mir kaufen.

Im Moment weiß das Team nicht, wer ich bin (der erste Käufer des Tickers), und es weiß nicht, wer Tony ist (der nächste Käufer), selbst wenn Tony seine Familie zum Spiel mitgebracht hat. Bald wird das Team aber genau wissen, wem das Ticket in der gesamten Wertschöpfungskette gehört hat. Die Mannschaft wird in der Lage sein, zukünftige Verkäufe direkt an alle drei Personen dieser Kette zu vermarkten, und bei dieser speziellen Transaktion wird das Team am Gewinn beteiligt. Also, wenn Ihr Ticket einen Nennwert von 200 Dollar hat, aber Tony es für 600 Dollar gekauft hat, bekommt das Team im Moment nur 200 Dollar, aber bald kann es einen Teil des Gewinns mitnehmen. Diese einfache Änderung bringt 30 bis 50 Prozent Gewinn allein bei den Ticketing-Einnahmen. Es gibt so viele kurzfristige Möglichkeiten, den Eigentümern zu helfen, diese unglaublichen lokalen Marken zu monetarisieren und auszubauen, das Fan-Erlebnis zu verbessern und daran teilzuhaben, eines der wichtigsten

Angebote von Inhalten in den nächsten 20 Jahren zu besitzen. Darauf konzentrieren wir uns ganz besonders.

CHRISTOPHER:
Als wir uns mit dem Thema Sport im Allgemeinen beschäftigten, überzeugte mich am Ende die Beständigkeit der Einnahmen. Ich glaube, die meisten Investoren wissen nicht, wie vorhersehbar und beständig diese Einnahmeströme sind. Wenn man also bedenkt, was passiert ist, lagen Sie mit Ihren Prognosen über die Entwicklung im Profisport genau richtig. Aber es sind in den letzten Jahren auch Dinge passiert, die Sie nicht erwartet haben. Was von dem, das eingetreten ist, haben Sie erwartet? Und was nicht?

IAN:
Oh Mann, das ist eine tolle Frage. Als wir mit dieser Sache anfingen und mit den Leuten sprachen, im März und April 2020, gab es keine Spiele. Ich hatte keine Ahnung, wann es jemals wieder Spiele geben würde.

TONY:
Hat das für Sie Abschläge bei den Käufen bewirkt?

IAN:
Bei mir hat es eher Verunsicherung bewirkt. Aber wir wussten, dass der Sport zurückkommen würde, und wir waren zuversichtlich, dass sich der Sport als Branche, mit seiner Geschichte der Innovation, wahrscheinlich als eine der ersten Branchen erholen würde. Wir wussten nicht, wie der Aufschwung aussehen würde, und wir wussten nicht, wie stark die Nachfragekurve ausfallen würde. Wir nahmen an, dass sie sehr regional ausgeprägt sein könnte. Der Aufschwung fiel dann noch viel stärker aus als in unserem Basisszenario angenommen. **Zum Beispiel: Die Tore der regulären NBA-Saison schlossen vor zwei Wochen – nach der höchsten Gesamtzahl an Besuchern aller Zeiten. Die Geschwindigkeit und Stärke dieser Erholung hat mich überrascht.**

CHRISTOPHER:
Und das führt zur nächsten Frage. Es gibt eine Menge Investoren, die sich mit diesem Bereich überhaupt nicht auskennen. Was ist das häufigste Missverständnis, das Ihnen hierbei begegnet?

IAN:
Ich glaube, oftmals verstehen die Menschen den Bewertungsrahmen für diese Unternehmen nicht. **Auf der Einnahmenseite haben Sie ja bereits auf die Stabilität, Vorhersehbarkeit und Dauerhaftigkeit der Einnahmeströme im nordamerikanischen Sport hingewiesen, die wirklich ungewöhnlich sind. Sie sind eher mit Infrastrukturanlagen vergleichbar** – 15-Jahres-Verträge für die Namensrechte am Stadion, 5- bis 10-Jahres-Verträge für die Medienrechte auf nationaler Ebene, 7- bis 20-Jahres-Verträge für regionale Sportrechte. Diese Vorhersehbarkeit ist nicht sehr bekannt, aber sie ist in einer Welt der Unsicherheit äußerst wertvoll.

Auch das Bewertungsumfeld im Sport ist in den letzten 15 Jahren bemerkenswert stabil. Erinnern Sie sich, was ich vorhin sagte: Institutionelles Kapital war in diesem Bereich nie zugelassen.

Eine weitere Sache, die die Ligen in Nordamerika sehr schützen, ist, dass sie keine hohe Fremdkapitalaufnahme auf diese Unternehmen zulassen. Fast während meiner gesamten Laufbahn sind die Kapitalkosten jedes Jahr gesunken. Als wir Arctos gründeten, gab es etwa 18 Billionen Dollar an Staatsanleihen, die eine negative Rendite aufwiesen. Wenn Sie ein institutioneller Anleger sind, macht es Ihnen diese Neubewertung des Risikos über alle Anlageklassen hinweg wirklich schwer, Ihre versicherungsmathematischen oder persönlichen Renditeziele zu erreichen. Infolgedessen mussten Sie sich von der Risikokurve lösen, um Ihre Renditeziele zu erreichen, oder Sie mussten die Dinge einfach aussitzen, keine Rendite erzielen und hoffen, dass sich die Lage bessert. Auf Bargeld zu sitzen ist für die meisten Investoren wegen des Benchmarkings und des damit verbundenen Karriererisikos schwer. Daher sahen sich die meisten Investoren gezwungen, mehr in riskantere und risikoreichere Strategien zu investieren. Als eine noch nie dagewesene Menge an globaler Liquidität um den Globus schwappte und versuchte, in nordamerikanische Sportarten zu investieren, untersagten die Ligen diese Investition. Die Liquiditätswelle prallte ab und ging auf die Suche nach anderen Gelegenheiten. Die Schuldenbeschränkungen der Ligen machten es fast unmöglich, ein Sportteam mit billigem Fremdkapital zu kaufen, und Institutionen konnten den Markt nicht mit Kapital überschwemmen. Das war ihnen nicht erlaubt.

Infolgedessen fand die Bewertungsexpansion, die in so vielen Branchen über mehr als ein Jahrzehnt zu beobachten war, im Sport nicht statt.

In der Tat sind Sport und Kohlenwasserstoffe die einzigen Branchen, die wir identifiziert haben, in denen das KGV (Kurs-Gewinn-Verhältnis) von 2011 bis 2021 komprimiert wurde, weil die Kombination aus Gewinn- und Umsatzwachstum im Sport höher war als das Bewertungswachstum. In dieser großen Abschwächung, dieser großen Neubewertung des Risikos während der vergangenen 18 Monate, erlebten die durch billige Kredite und niedrigere Kapitalkosten aufgeblähten Bereiche eine Bewertungskompression, die den Renditen schadete.

TONY:
Waren die Renditen bei diesen vier Kernsportunternehmen, in die Sie investiert haben, nicht höher als die des S&P und die des Russell 2000?

IAN:
Interessant ist, dass die Antwort darauf »ja« lautet, aber, was noch wichtiger ist, in sehr unterschiedlichen Umgebungen. Das günstigste Jahrzehnt in meiner Karriere wäre 2011 bis 2021 gewesen. Wären Sie in Risikokapital oder fremdfinanzierte Buy-out-Fonds investiert gewesen, hätten Sie über ein Jahrzehnt eine Rendite von 17 bis 20 Prozent erzielt. Das ist erstaunlich. Die Börsenplätze hätten Ihnen eine Rendite von etwa 10 bis 11 Prozent eingebracht, was historisch gesehen ebenfalls sehr attraktiv ist.

Mit Sport konnten Sie 18 Prozent erzielen, ohne dass Sie etwas dafür tun mussten, denn Sie kauften einfach den breiten Markt ohne Abschlag. Aber das war ein ziemlich einfaches Marktumfeld, oder? So gut wie alles funktionierte. Wenn die Kosten des Geldes jedes Jahr sinken, werden Vermögenswerte mehr wert, wenn man sie einfach hält. Aber in einem völlig anderen Umfeld – die Zeit von Mitte der 1960er- bis Mitte der 1980er-Jahre war ein ganz anderes Umfeld – mit sehr hoher Volatilität und anhaltend hoher Inflation funktioniert das 60/40-Portfolio, auf das sich jeder Anleger verlässt, nicht.

20 Jahre lang (Mitte der 1960er- bis Mitte der 1980er-Jahre) lag die Rendite des S&P 500 bei etwa 4 Prozent, während die Inflation durchschnittlich 7 Prozent betrug. Sie haben also 20 Jahre lang Vermögen vernichtet, wenn Sie in Aktien investiert waren. Der nordamerikanische Sport brachte in diesem Zeitraum eine Rendite von 16 Prozent [mit Zinseszins]. **Er war bemerkenswert beständig in seiner Outperformance. Er hat aus einer Reihe mathematischer Gründe eine sehr geringe Volatili-**

tät. Er weist eine geringere negative Korrelation zu anderen Anlageklassen auf. Und auch hier gibt es keine große Hebelwirkung. Es kommt also nicht zu dieser Beeinflussung der Bewertung durch die globale Liquidität wie in anderen Bereichen. Und es ist sehr schwer, diese Eigenschaften zu finden.

TONY:
Das knüpft an unsere nächste Frage an. Ich habe Ray Dalio gefragt, was das wichtigste Investitionsprinzip ist, und er nannte es den »Heiligen Gral«. Der Titel dieses Buches basiert darauf.

Einer der Gründe, warum wir in diesem Bereich Ihr Partner sind, ist die Tatsache, dass es sich um eine nicht korrelierte Anlage handelt, zusätzlich zu allem anderen, über das Sie gerade gesprochen haben. Aber was ist aus Ihrer Sicht der Heilige Gral des Investierens?

IAN:
Ich habe vor etwa einem Jahr mit Ray über unsere Strategie gesprochen. Es war eine faszinierende Diskussion – er kam direkt auf das Fehlen von Korrelation zu sprechen. Er hat es in ein etwas anderes mathematisches Konstrukt gepackt und wir begannen, über die Kosten zu sprechen, denn der Besitz von Sportteams kostet jedes Jahr Geld – durch operative Verluste und Kapitalabrufe. Aber diese Cashflow-Charakteristik hat sich in den vergangenen 15 Jahren geändert. Die Finanzierungs- und Haltekosten haben sich umgekehrt und diese Veränderung hat die Bewertungen in Nordamerika grundlegend verändert.

Während meiner gesamten Laufbahn wurde ich geschult und habe Rat und Anleitung bei erfolgreichen und klugen Praktikern in illiquiden Märkten gesucht. **Und für mich ist der Heilige Gral einer starken Fundamentalwert-Anlagephilosophie eine Arbitrage des inneren Werts. Howard Marks und andere Value-Investoren nennen das »Sicherheitsmarge«. In Dinge zu investieren, die nicht offensichtlich sind, was bedeutet, dass sie wahrscheinlich weniger wettbewerbsfähig sind, mit einer attraktiven Sicherheitsmarge in Zusammenarbeit mit Managementteams und Eigentümern, an die Sie glauben. Wenn Sie das tun und gleichzeitig ein diversifiziertes Portfolio mit Chancen aufbauen, werden Sie den Markt aufgrund dieser Sicherheitsspanne und der Leistung der Personen, die Sie unterstützen, outperformen.**

TONY:
Eine der Fragen, die ich den Leuten stelle, ist: Wenn Sie fünf Minuten lang die Aufmerksamkeit der Welt hätten, was würden Sie ihr sagen wollen?

IAN:
Oh Mann. Was ich dann sagen würde? Wahrscheinlich, dass alles gut werden wird.

TONY:
Das ist großartig. Ich stimme Ihnen zu. Aber sagen Sie mir auch, warum?

IAN:
Ich glaube, viele Menschen haben heutzutage Angst, sind verunsichert. Viele Menschen sind einsam. Die Menschen haben weniger tiefgehende Beziehungen oder Interaktionen, die wir aber alle brauchen. **Ich würde den Menschen, vor allem den Männern, raten, den Menschen, die sie respektieren, die Hand zu reichen und ihnen zu sagen, dass sie einen tollen Job machen oder dass sie sie lieben. Wenn Sie mit jemandem befreundet sind und derjenige ein guter Vater ist, dann sagen Sie ihm das. Oder wenn Sie denken, dass er/sie ein großartiger Partner/Ehepartner ist, sagen Sie es. Sagen Sie dem Menschen, dass er Ihnen ein guter Freund ist und wie sehr Sie ihn schätzen. Ich würde den Leuten sagen, dass alles wieder gut wird.**

CHRISTOPHER:
Das ist eine wunderbare Sache.

TONY:
Dem stimme ich zu. Lassen Sie uns noch über das Investmentgeschäft selbst sprechen. Um eine Investmentfirma aufzubauen, braucht es mehr als nur großartige Investitionen. Was ist Ihrer Meinung nach der Hauptgrund für Ihren Erfolg?

IAN:
Ich denke, unser Vorteil in diesen drei Jahren, in denen wir das Unternehmen aufgebaut haben, waren unsere Mitarbeiter. Wir sind sehr wählerisch, wer mit uns auf diese Reise gehen darf, und wir haben einige Parameter und Filter für diesen Prozess festgelegt. Wir haben sechs Grundwerte, die

für uns sehr wichtig sind. Eines der Dinge, über die wir als Team viel gesprochen haben, ist: **Wenn wir Erfolg haben, wird es auf dem Weg dorthin eine Menge »glänzender Dinge« geben. Es wird wirklich wichtig sein zu wissen, wann wir nach unten greifen und eines aufheben und wann wir weiterlaufen und uns nicht ablenken lassen.** Wir haben definierte Begriffe – unsere Leidenschaft und unsere Nische, aus Gino Wickmans Buch *Traction* – die uns auf Kurs halten. Die Grundwerte ... es gibt eine Menge Diskussionen über den Wert von Diversität. **Wir sind in der Hinsicht kompromisslos; wir wollen keine Diversität bei unseren Werten. Wenn Sie nicht mit unseren Werten übereinstimmen, sind Sie bei uns falsch.**

TONY:
Würden Sie uns diese sechs Werte nennen? Das interessiert mich sehr.

IAN:
Dienende Führung, Vertrauen, Teamarbeit, Erkenntnisse, Charakter und Exzellenz. Nachdem unser Gründungsteam eine Menge Zeit miteinander verbracht hatte und begann, das Geschäft aufzubauen, haben wir den Pausenknopf gedrückt und allen einen Tag freigegeben – mit einer Hausaufgabe. Die lautete: Wenn wir morgen wieder hierherkommen, müsst ihr die zwei Dinge nennen, die ihr an jedem hier liebt.

TONY:
Das ist großartig.

IAN:
Acht Gründer – das heißt, Sie bekommen Feedback von sieben Leuten. Es gibt ein paar Überschneidungen und Redundanzen, also bekommt man acht bis zehn Punkte zu jeder Person. Wir sind diese [Liste] durchgegangen, haben sie gekürzt und konsolidiert und am Ende dieses Prozesses gab es eine gemeinsame DNA. Unsere sechs Kernwerte sind also die gemeinsamen Kernattribute unseres Gründungsteams, die wir alle aneinander lieben und die uns dazu inspirieren, einander noch ähnlicher zu werden.

TONY:
Das ist toll. Wirklich schön. Danke, dass Sie das mit uns teilen. Das ist etwas, das jede Organisation aufgreifen und nutzen könnte. Was würden

Sie sagen, war der Dreh- und Angelpunkt in Ihrem Unternehmen, der Ihnen den Sprung von gut zu großartig ermöglichte?

IAN:

Nach etwa einem Jahr wäre es einfach gewesen, sich umzuschauen und zu sagen: Heilige Scheiße, das ist unglaublich. Aber wir hatten eigentlich das gegenteilige Gefühl. Es war wie: Oh mein Gott, wir werden es vermasseln. Wie können wir sicherstellen, dass wir es nicht vermasseln? Ich hatte immer diese Angst vor dem Hochstapler-Syndrom. **Das Einzige, das ich weiß, ist, dass unser Prozess in einem Jahr nicht mehr so aussehen wird wie heute. Die Dienstleistungen, die wir unseren Eigentümern anbieten, werden anders sein. Die Art und Weise, wie wir Daten nutzen, wird anders sein. Die Art der Daten, die wir sammeln und analysieren, wird anders sein. Wir müssen dafür sorgen, dass unsere Mitarbeiter sich wohl damit fühlen, unsere Denkweise infrage zu stellen. Wir müssen ständig neu investieren und neu bewerten und es ist völlig in Ordnung, etwas zu zerreißen und zu sagen: »Das hat vor zwei Jahren wirklich gut funktioniert, aber wir sollten aufhören, darüber zu reden, weil es morgen keine Rolle mehr spielt.«** Also, ich denke, dass wir nach etwa einem Jahr einen Schritt zurücktraten und sagten: »Okay, wir haben die Chance, hier etwas wirklich Besonderes zu machen. Wie beschreiben wir, wodurch wir überlegen sind?«

Worin zeichnen sich die besten Firmen aus? Und wie sieht das aus? Was haben José (Feliciano) und Behdad (Eghbali) bei Clearlake gemacht? Was hat Robert (Smith) bei Vista getan? Robert dominierte in seinem Bereich früh, aber dann verdoppelte er seine Leistung und erstellte die Vista-Leitlinien. Er und sein Team investieren ständig in diesen scheinbar unüberwindbaren Block geistigen Eigentums. Das müssen wir im Sport auch tun. Also haben wir uns gesagt: Schaut euch all diese Firmen an, die wir bewundern. Und es gibt viele davon. Was haben sie getan, das sie besonders macht? Und was könnten wir in unserer Branche tun, um einige dieser Eigenschaften nachzuahmen?

CHRISTOPHER:

Was sind die wenigen Dinge, von denen Sie sich wünschen, Sie hätten sie anders gemacht, als Sie die Firma gründeten?

IAN:
Ich wünschte, ich hätte mir ein paar Ingenieure für Maschinelles Lernen geschnappt, denn als wir die Firma vor drei Jahren gründeten, konnten die meisten Leute KI nicht einmal buchstabieren. Data Science war von Anfang an ein wichtiger Teil unseres Geschäftsplans, aber ich wünschte, wir hätten uns in diesem Bereich überdurchschnittlich stark engagiert. Ich weiß, dass wir innovativ sind und die Data Science auf eine Art und Weise nutzen, über die die meisten Manager nicht einmal ansatzweise nachgedacht haben. Aber ich wünschte, wir hätten früher darauf gesetzt.

CHRISTOPHER:
Warum sind die meisten Investmentfirmen und die große Mehrheit der privaten Vermögensverwalter nicht in der Lage zu skalieren?

IAN:
Nun, zunächst einmal sollten einige Vermögensverwaltungsfirmen nicht skalieren. Manches, das sie wirklich gut machen, lässt sich nicht skalieren. Und wenn sie es versuchen, werden sie sich von ihrem Kompetenzbereich entfernen, sie werden die Position verlassen, in der sie überlegen sind. Ich denke, die Bereiche, in denen sich Unternehmen wirklich auszeichnen können, sind ziemlich gut dokumentiert: Man kann ein Branchenspezialist sein oder ein länderspezifischer Experte. Es gibt große Makro-Kompetenzbereiche, in denen man dominieren kann, wie Kredite oder Infrastruktur, aber es gibt auch organisatorische Dinge, die man beherrschen und in denen man sich auszeichnen kann. Kultur, Menschen ... Eigentlich kann man in unserer Branche sehr leicht Erfolg haben, wenn man die Leute wie Menschen behandelt, die vielleicht auch nicht in ihrer gesamten Karriere an diesem einen Ort arbeiten. Man muss ihnen nur etwas entgegenkommen und in sie investieren. Sie können bei der Stabilität der Organisation und Talentdichte erfolgreich sein. Man kann in Bezug auf Organisationsmanagement und Menschen erfolgreich sein. Wenn Sie proprietären Dealflow haben, bei dem Sie den Luxus haben, ein Jäger oder ein Sammler zu sein. Einfach ernten, was auch immer eine ergiebige Saison bietet, das ist wirklich sehr selten. Anders gründen, das Risiko anders bepreisen und managen, die Liquidität und Monetarisierung Ihres Portfolios anders managen. Das sind alles Bereiche, in denen Sie Kernkompetenzen und Differenzierung aufbauen können. Die meisten großen Un-

ternehmen sind in vier oder fünf dieser Bereiche wirklich gut. Aber man muss wissen, wo, warum und wie man gewinnen kann. Und man muss die Zuversicht und die Bescheidenheit haben, diese Schlussfolgerungen regelmäßig zu überprüfen.

CHRISTOPHER:
Es ist faszinierend zu sehen, was Sie da beschrieben haben, wie schwer es nicht nur ist, diese Schlüsseleigenschaften in der Gründungsgruppe zu haben, sondern auch sicherzustellen, dass sie trotz der im Laufe der Zeit unweigerlich stattfindenden Generationswechsel bestehen bleiben. Einige schaffen das außerordentlich gut, andere offensichtlich nicht.

IAN:
Das ist meiner Meinung nach das größte Risiko bei Private Markets – der Generationswechsel. Die Investoren verstehen nicht, wie man das sicherstellen kann. Oftmals haben sie Angst, danach zu fragen. Das sind schwierige Fragen, aber es sind die wichtigsten Fragen. Man muss neugierig sein, wie die einzelnen Unternehmen arbeiten, und man muss sich fragen: »Wieso glauben Sie zu gewinnen?« Und man muss den Mut haben einzutauchen und diese Themen zu vertiefen. Denn wenn die Leute, auf die Sie setzen, in drei oder vier Jahren nicht mehr da sind, ist das Franchise ein echtes Risiko.

TONY:
Ich mag Ihre Sprache und Ihren Gedankengang in Bezug auf die Überlegenheit. Sie tun diese Dinge, um sich die Fähigkeit zur Überlegenheit zu verdienen. Das ist eine ganz andere Betrachtungsweise als die der meisten Leute, Ian. Apropos Investitionstalent, was sind Ihrer Meinung nach die Schlüsseleigenschaften, die die besten Leute von ihren Kollegen unterscheiden?

IAN:
Nun, Ehre, wem Ehre gebührt. Die »Fähigkeit zur Überlegenheit« ist etwas, das mir mein Freund Hugh MacArthur beigebracht hat, und er hat lange Zeit den geschäftsführenden Gesellschaftern von Private-Equity-Firmen ihre Fähigkeit zur Überlegenheit beigebracht. Was die besten Mitarbeiter von ihren Kollegen unterscheidet? Ich glaube, das ist eigentlich

ganz einfach. Wenn Sie eine überzeugende Strategie und These haben, die von erfahrenen institutionellen Anlegern geprüft und unterstützt wird und Kapital anzieht, **und Sie tun, was Sie sagen, und das mit guten, wirklich talentierten Mitarbeitern, und Sie weiter in diese Leute und in Ihren Prozess investieren. Ich denke, das ist es, was die leistungsstärksten Unternehmen tun.** Sie erkennen, verteidigen und stärken ihre Fähigkeit zur Überlegenheit.

KAPITEL 16

DAVID SACKS

MITGRÜNDER VON CRAFT VENTURES

Auszeichnungen: Co-Moderator des *All In*-Podcasts und zusammen mit Elon Musk und Peter Thiel Gründungsmitglied der »PayPal-Mafia«
Gesamtes verwaltetes Vermögen (Stand August 2023): 3 Milliarden Dollar
Schwerpunktbereich: Unternehmens- und Verbrauchertechnologie

Höhepunkte:

- David Sacks hat in mehr als 20 Einhörner investiert, darunter Affirm, Airbnb, Eventbrite, Facebook, Houzz, Lyft, Palantir, Postmates, Slack, SpaceX, Twitter und Uber.
- David begann seine Karriere als COO und Produktleiter bei PayPal und war anschließend Gründer/CEO von Yammer, das er für 1,2 Milliarden Dollar an Microsoft verkaufte.
- Er gründete Craft Ventures im Jahr 2017 und hat nun 3 Milliarden Dollar verwaltetes Vermögen über sechs Fonds. Zu den Portfoliounternehmen gehören SpaceX, Reddit, The Boring Company,

Click-Up, SentiLink, OpenPhone, Vanta, Neuralink, Replit und Sourcegraph.

TONY:
Bei allem, was Sie in Ihrem Leben getan haben, von PayPal bis hin zur frühen Investition in Facebook, Airbnb und SpaceX – es ist unglaublich, was Sie erreicht haben, und Sie sind immer noch eine Naturgewalt, nicht nur in der Technologiebranche und als Investor, sondern in hohem Maße auch in der Politik. Und wir sind große Fans Ihres Podcasts. Erzählen Sie uns ein wenig über die Anfänge Ihrer Karriere.

DAVID:
Als ich fünf Jahre alt war, zog meine Familie von Südafrika nach Amerika. Als ich zehn war, erhielten wir die Staatsbürgerschaft und ich wuchs hauptsächlich in Memphis, Tennessee, auf. Ich habe in Stanford studiert und 1994 meinen Abschluss gemacht. In diese Zeit fällt auch die Geburtsstunde des Internets im Silicon Valley. 1995 war ein wichtiges Jahr – das Jahr, in dem Netscape an die Börse ging. Es war der erste kommerzielle Browser für das Internet. Leider hatte ich im Jahr zuvor meinen Abschluss gemacht und ging zum Jurastudium fort. Erst 1999 kam ich zurück ins Silicon Valley. Peter Thiel, ein Freund von mir aus Stanford, gründete gerade ein Unternehmen. Wir sprachen viel darüber, was er tat, und ich beschloss schließlich, mich ihm anzuschließen. Dieses Unternehmen wurde schließlich zu PayPal. So bin ich also in die Technologie eingestiegen.

Seitdem habe ich mich hauptsächlich mit der Gründung und Investition in Technologie-Start-ups beschäftigt.

TONY:
Und die Art von Start-ups, an denen Sie beteiligt waren, gehören zu den größten der Geschichte. Was ist Ihr Geheimrezept, um diese Art von Chancen zu erkennen?

DAVID:
Es gibt ein paar Dinge, auf die ich achte. **Das eine nenne ich den »Product Hook« (entsprechend dem Hook-Modell). Was ist die einfache, wiederholbare Transaktion oder Interaktion im Kern Ihres Produkts,**

die die Benutzer immer wieder durchführen wollen? Bei PayPal war es die Eingabe der E-Mail-Adresse einer Person und eines Geldbetrags, um auf unkomplizierte Art Geld zu senden. Bei Uber gibt man ein Ziel auf einer Karte an und ein Auto holt einen ab. Google ist das Einfachste von allen. Es ist nur das Suchfeld – eine sehr einfache Interaktion, die Nutzer immer wieder nutzen wollen. Ich glaube, viele Unternehmen übersehen das, weil sie denken, dass sie nur immer mehr Funktionen und Komplexität hinzufügen müssen, um das Problem der Anpassung des Produkts an den Markt zu lösen. Aber wenn man die Benutzer nicht dazu bringen kann, etwas Einfaches zu tun, ist es sehr schwer, sie zu etwas Kompliziertem zu bewegen. Man sollte mit etwas Einfachem beginnen, das die Benutzer annehmen, und dann Komplexität darauf aufbauen.

Die andere wichtige Sache, nach der ich Ausschau halte, ist eine Art Innovation bei der Distribution. Ich nenne es den Distributionskniff – etwas Einzigartiges, das das Unternehmen tut, um Nutzer oder Käufer zu finden. Bei PayPal haben wir eine Menge dieser Kniffe erfunden. Benutzer konnten jemandem Geld per E-Mail schicken, der noch nicht einmal PayPal-Nutzer war. Wir haben PayPal-Zahlungsschaltflächen über Bootstrapping auf ihrer Plattform in eBay-Auktionen eingebettet. Wir haben den Leuten Anmelde- und Empfehlungsboni gegeben. Es gibt eine Menge dieser Kniffe, mit denen PayPal Pionierarbeit geleistet hat und die das Produkt zu einem viralen Produkt gemacht haben. Wenn man sich andere Unternehmen anschaut, die explosionsartig gewachsen sind, dann sind sie meist innovativ im Vertrieb, das heißt, sie erreichen die Nutzer auf eine neue Art und Weise. Der Grund dafür ist, dass die Welt so überfüllt ist, dass die Entwicklung eines guten Produkts keine Garantie für den Erfolg ist. Wir wünschten, es wäre so, aber das Internet ist groß und man muss einen Weg finden, seine Nutzer kostengünstig zu erreichen, sonst werden Sie vielleicht nie gefunden, egal wie gut Ihr Produkt ist.

TONY:
Sie hatten eine erstaunliche Gruppe von Freunden, von denen einige zu den einflussreichsten Menschen in der Technologiewelt zählen. Wer hatte den größten Einfluss auf Ihr Leben? Und inwiefern hat diese Person Sie positiv geprägt?

DAVID:
Was meine berufliche Laufbahn angeht, hatte ich das Glück, bei meinem ersten Start-up mit zwei großartigen Gründern zusammenzuarbeiten: Peter Thiel und Elon Musk. Das waren die beiden CEOs, für die ich entweder als Produktchef oder als COO gearbeitet habe. Die Zusammenarbeit mit den beiden war für mich eine großartige Lernerfahrung. Sie haben sehr unterschiedliche Stile als CEO. Elon ist sehr zupackend, er ist in jeden Teil des Unternehmens involviert, vor allem in das Produkt. Peter ist eher ein Delegierer und konzentriert sich auf große strategische Fragen. Beide Stile haben natürlich ihre Vorzüge und können funktionieren.

Als ich nach PayPal Yammer gründete, hatte ich das Gefühl, dass ich die besten Techniken einsetzte, die ich von beiden gelernt hatte.

TONY:
Würden Sie sagen, Sie liegen in der Mitte [der beiden Stile]? Oder verwenden Sie strategisch je nach Situation den einen oder den anderen?

DAVID:
Ich liege in der Mitte. Elon kümmert sich unglaublich intensiv um jeden Teil des Geschäfts. Wenn man sich sein Organigramm ansieht, hat er eine Menge direkter Mitarbeiter, weil er flache Hierarchien bevorzugt. Ich hatte ein eher konventionelles Organigramm. Ich arbeitete gern über meine Führungskräfte, aber in zwei Bereichen legte ich stärker selbst Hand an. Der eine war das Produkt. Das kann man nicht vollständig delegieren, wenn man derjenige ist, der die Produktvision hat. Der andere war, dass ich, wenn ein Funktionsbereich gut lief, meinen Führungskräften mehr Spielraum ließ, aber wenn es nicht gut lief, saß ich ihnen so lange im Nacken, bis wir das Problem gelöst hatten. Wenn zum Beispiel der Vertrieb seine Absatzzahlen erreichte, ließ ich ihn in der Regel in Ruhe, andernfalls bekam er meine Anwesenheit zu spüren und es gab viel mehr Kontrollen. Sie sollten dort aktiv werden, wo Sie glauben, dass Sie einen besonderen Vorteil oder Fähigkeiten haben, oder wo etwas schiefläuft. Aber Sie können Ihren Führungskräften zutrauen, unabhängiger zu arbeiten, wenn sie zeigen, dass sie es können.

CHRISTOPHER:
Das ist ein schmaler Grat. Wenn man sich die heutige Technologie anschaut, verändert sich sehr viel. Was sind die größten Chancen für Investoren?

DAVID:
Das Tolle am Silicon Valley ist, dass es ungefähr alle zehn Jahre einen Plattformwechsel gibt. Wenn man bis in die 1980er-Jahre zurückgeht, hat der Personal Computer den Großrechner abgelöst. Dann, in den Neunzigern, kam das Internet auf und die Datenverarbeitung verlagerte sich von vor Ort in die Cloud oder vom Desktop in die Cloud. In den frühen 2000er-Jahren wurden dann soziale Netzwerke eingeführt. In den späten 2000er-Jahren wurde das Smartphone erfunden. **Jetzt ist die große Plattformverschiebung zu KI.** Diese Verschiebung scheint etwa alle zehn Jahre zu erfolgen. Dass KI die große Welle ist, sagen viele, aber ich denke, sie ist es auch, und wir stehen erst am Anfang dieses Zyklus. Es wird eine enorme Menge an Möglichkeiten für neue wie auch für bestehende Unternehmen geben.

TONY:
Wenn man sich die Künstliche Intelligenz jetzt ansieht, ist es ähnlich wie in den [frühen] Tagen des Internets. Es entstehen zig Unternehmen und viele von ihnen werden nicht lange bestehen. Wenn Sie sich speziell mit KI [Unternehmen] befassen, welche ziehen Ihre Aufmerksamkeit auf sich?

DAVID:
Es gibt ein paar Dinge, auf die wir achten werden. Das eine ist ein Gründer, der Vision, Hartnäckigkeit und Kreativität hat. Jemand, der das Feld wirklich versteht. KI ist ziemlich technisch, daher werden Gründer, die eine technische Begabung mit einer Vision für die Entwicklung des Bereichs verbinden können, eher Erfolg haben. In diesem sehr frühen Stadium ist der Faktor Mensch noch wichtiger als sonst.

Außerdem suchen wir nach Ideen, von denen wir glauben, dass sie in die Richtung passen, in die sich der Markt entwickelt, oder zu dem, was der Markt will. **Wir glauben, dass es eine Marktchance gibt für das, was allgemein als »Co-Pilot« für bestimmte Berufe bezeichnet wird. Wir ge-**

hen davon aus, dass es einen Co-Piloten für Ärzte und auch für Anwälte geben wird.

Für so ziemlich jeden Beruf, den Sie sich vorstellen können, wird es einen KI-Co-Piloten geben, der die betreffende Person bei ihrer Arbeit unterstützt. Das wird eine Menge Möglichkeiten für Gründer schaffen, die sich in einem bestimmten Bereich auskennen – die die Arbeitsanforderungen und KI verstehen und beides miteinander verbinden.

CHRISTOPHER:
Was ist in den letzten Jahren passiert, das Sie erwartet haben? Und was hat Sie überrascht?

DAVID:
Das Silicon Valley durchläuft gerade einen großen Reset. Wir hatten das Platzen der größten Vermögensblase seit dem Dotcom-Crash im Jahr 2000. Im Nachhinein betrachtet hat die Nullzinspolitik der Fed, oder »ZIRP« (»Zero Interest Policy« der Fed), die bis ins Jahr 2008 zurückreicht, viel mehr Einfluss, als man zugeben wollte. Sie hatte einen großen Einfluss auf die Menge des Kapitals, das in die Branche floss. Es gab viel kostenloses Geld, das auf der Suche nach Rendite umherschwappte.

Vor ein oder zwei Jahrzehnten war die gängige Meinung über VC, dass es sich nicht um ein Geschäft handelte, das sich skalieren ließ. Es ist nicht wie bei Investitionen an der Börse, wo man Milliarden und Abermilliarden Dollar oder sogar Hunderte Milliarden investieren kann. Es ist eher ein Geschäft, bei dem VCs Hand in Hand mit den Gründern arbeiten – keine Anlageklasse, die in der Lage ist, eine Menge Geld einzusetzen. Das war die gängige Auffassung. In der Zeit der Nullzinsen kam eine Menge neues Geld in die Branche.

Viele Börseninvestoren kamen und dachten: Wir haben gesehen, wie gut diese Start-ups an der Börse abschneiden, also investieren wir einfach in die letzte Finanzierungsrunde, bevor sie an die Börse gehen. Sie sahen sich die Zahlen an und es schien, dass es hier eine Arbitrage gab. Also investierten sie in die letzte Finanzierungsrunde. Dann wurde ihnen klar: Moment mal, die Leute, die in die vorletzte Finanzierungsrunde investieren, bekommen von uns einen Aufschlag, also gibt es auch hier eine Arbitrage. **Sie begannen, diese Logik anzuwenden, und arbeiteten sich den ganzen Weg nach unten, ohne notwendigerweise das Fachwissen zu**

haben, Start-ups in der Frühphase zu bewerten. Sie können sich vorstellen, was das Ergebnis war. Das Geld strömte in Start-ups und trieb die Bewertungen in die Höhe. Aber als die Zinssätze stiegen, ist die Liquidität gesunken und die Blase platzte. Nun macht die Branche gerade einen großen Reset durch.

Die Art und Weise, wie sich das Verhalten der Kapitalmärkte auf das Verhalten der Start-ups übertragen hat, war, dass viele Gründer dachten, das Geld würde immer zur Verfügung stehen und sie könnten immer eine neue Runde mit einer höheren Bewertung aufbringen. Geld schien auf den Bäumen zu wachsen und die Gründer wurden nachlässig bei ihren Ausgaben. Ich glaube, die Gründer verloren den Fokus auf die Rentabilität; es ging nur noch um den Umsatz. Die Mentalität bestand ausschließlich darin, zu wachsen, egal wie ineffizient dieses Wachstum war und unabhängig davon, wie unrentabel es war. Zu ihrer Verteidigung sei gesagt, dass die Gründer das Gefühl hatten, dass sie das Spiel spielen mussten, das auf dem Spielfeld ausgetragen wurde. Und das sah nun einmal so aus, dass man, wenn man nicht das größte Umsatzwachstum vorweisen konnte, der Konkurrent aber schon, er das ganze Geld aufbringen und den Rest des Marktes aufkaufen könnte. **Sie haben diesen Kampf zwischen Uber und Lyft gesehen, als beide Unternehmen riesige Geldbeträge aufbrachten und diese ineffizient einsetzten, aber sie fühlten sich in einem Dilemma gefangen: Solange es einen Investor gab, der bereit war, den anderen zu finanzieren, musste man das gleiche Spiel spielen. Diese Dynamik hat diese Unternehmen dazu gebracht, sehr ineffizient zu sein.**

Da das Kapital nicht mehr so verfügbar ist wie früher, müssen Gründer und Start-ups viel effizienter werden. Wir haben uns von einer Situation, in der der Fokus nur auf Wachstum lag, zu einer Situation mit einem ausgewogeneren Fokus entwickelt. Gründer müssen über die Effizienz des Wachstums nachdenken, die sich in Kennzahlen wie Burn Rate, Margen und Wirtschaftlichkeit der Einheiten widerspiegelt.

Das war eine große Veränderung in der Branche, denn die schlechten Verhaltensweisen hatten sich über etwa 15 Jahre hinweg aufgebaut. Es gibt ein altes Sprichwort, das besagt, dass der Markt eine Rolltreppe auf dem Weg nach oben und einen Aufzug auf dem Weg nach unten nimmt, und wir haben gerade den Aufzug nach unten genommen. Das war ein böses Erwachen für viele VCs und Gründer.

CHRISTOPHER:
Was machen die Investoren heute falsch, wenn sie über Technologie und speziell Wachstum und Risikokapital nachdenken? Was übersehen sie?

DAVID:
Das ist schwierig. Wir befinden uns inmitten dieser großen Umstellung und die Leute merken, dass viel weniger Kapital verfügbar ist als in der Vergangenheit. Das letzte Jahrzehnt oder so war eine sehr ungewöhnliche Zeit. Ich denke, wir werden uns in Zukunft in einem sehr viel kapitalbeschränkteren Umfeld befinden. Jeder wird sein Verhalten entsprechend anpassen.

CHRISTOPHER:
Glauben Sie, dass sich die Bewertungen bereits vollständig darauf eingestellt haben, oder steht das noch aus?

DAVID:
Das ist eine gute Frage. Ich würde sagen, dass die Bewertungsanpassungen etwas ungleichmäßig verlaufen. In vielen Bereichen hat die Anpassung stattgefunden und ist angemessen. Aber immer wenn ein Gebiet im VC-Land heiß wird, spielen die Bewertungen verrückt. Obwohl wir beispielsweise von der Künstlichen Intelligenz begeistert sind, sind wir ein wenig besorgt, wie verrückt einige der Bewertungen ausfallen. Wir sehen, dass Unternehmen ohne Umsatz mit Hunderten von Millionen Dollar bewertet werden. Wir haben sogar einige Einhorn-Bewertungen gesehen, die noch keinen Umsatz haben. Wir sind wieder bei Multiplikatoren vom Hundertfachen des ARR [Annual Recurring Revenue, jährlicher wiederkehrender Umsatz] für heiße KI-Unternehmen. In dieser Hinsicht scheinen die VCs die Lektion also nie zu lernen. Oder sie vergessen sie, wenn ein Bereich heiß wird.

Ich glaube fest an die Künstliche Intelligenz und bin überzeugt, dass sich dadurch eine Menge Möglichkeiten ergeben werden. Das Problem ist, dass in einigen VC-Kreisen immer noch ein gewisser Wahn herrscht. Daher ist es schwer, KI-Unternehmen zu finden, die sowohl vielversprechend als auch vernünftig bewertet sind. Wir suchen nach beidem.

TONY:
Ich lernte Ray Dalio vor etwa 14 Jahren kennen und fragte ihn: »Was ist Ihr wichtigstes Investitionsprinzip?« Darum geht es auch in diesem Buch –

den Heiligen Gral des Investierens. Ray sagte mir damals, dass es das Finden von acht bis zwölf unkorrelierten Investments sei, denn das reduziert das Risiko um 80 Prozent und erhöht den Gewinn. Ein einfaches Prinzip. Was ist für Sie der Heilige Gral des Investierens?

DAVID:
Nun, das ist interessant. Die Art des Investierens, die ich betreibe, ist das Gegenteil von dem, was er tut. Er ist ein Makro-Investor und ich bin der kleinste Investor, den man finden kann. Ich investiere nicht nur in Private Companies, sondern auch in die frühesten Stadien der Private Companies. Ich investiere in die Unternehmen, die gerade erst gegründet wurden – von denen wir statistisch gesehen wissen, dass viele nicht erfolgreich sein werden. Die Hoffnung ist, dass ein oder zwei Unternehmen erfolgreich sind und mehr als den gesamten Fonds einbringen können und noch ein bisschen mehr. In meiner Branche ist man immer auf der Suche nach einem Unternehmen, das das Power-Law erfüllt. Das Power-Law besagt, dass die wertvollste Investition in einem bestimmten Portfolio den größten Teil der Rendite des Portfolios erwirtschaftet. Es ist also fast das Gegenteil von Rays Anlagestrategie.

Ich würde das nicht dem Durchschnittsanleger empfehlen. Er sollte sein Portfolio anders zusammenstellen und es nur als eine Anlageklasse innerhalb eines ausgewogenen Portfolios betrachten. Vielleicht haben Sie ein paar Prozent Ihres Portfolios in Private Companies und innerhalb dieses Bereichs arbeitet die Dynamik des Power-Laws. Wir sind immer auf der Suche nach diesem Power-Law-Unternehmen. Aus dem, was wir heute besprochen haben, können Sie ersehen, dass ich mich sehr mit dem Produkt beschäftige. Wie wird das Produkt vertrieben? Wie wird es auf den Markt gebracht? Was ist die Vision des Gründers? Welche immateriellen Qualitäten hat der Gründer, die das Unternehmen zu einem Ausreißer machen? Das ist sehr kleinteilig. Das Wichtigste bei Start-ups ist, dass man eines findet, das Feuer fängt. Das ist der Kniff – etwas zu finden, das sich am Wendepunkt des Hockey Sticks befindet.[114]

Wir haben unser eigenes Verständnis davon entwickelt, welche Metriken für Software-Start-ups wichtig sind. Wir schauen nicht nur auf den

114 Anm. d. Ü.: »*Hockey Stick*« beschreibt einen Kurvenverlauf, der erst flach oder leicht bergab verläuft und dann steil nach oben geht.

jährlich wiederkehrenden Umsatz (ARR) und die Wachstumsraten. Wir schauen uns auch die Kosten für die Kundenakquise an. Wir haben verschiedene Metriken zur Kapitaleffizienz. Wir sprechen selbst mit den Kunden. Wir versuchen sicherzustellen, dass das Produkt tatsächlich beliebt ist und von Kunden weiterempfohlen wird. Wir suchen immer nach Anzeichen, dass das Unternehmen abhebt.

TONY:
Und wenn in Ihren Augen durch diese Anzeichen der richtige Zeitpunkt gekommen ist, dann nutzen Sie Ihre jahrzehntelange Erfahrung, um dem Unternehmen beim Wachstum zu helfen. Die nächste Frage ist für Sie sicherlich komisch, weil Sie die Aufmerksamkeit der Welt auf vielerlei Art bereits haben, aber trotzdem: Wenn Sie die Aufmerksamkeit der Welt für fünf Minuten hätten, was würden Sie den Leuten mitteilen?

DAVID:
In meinem Podcast komme ich immer wieder auf das Thema zurück, dass die Welt eine multipolare Welt ist, die sich gerade entwickelt. Das ist etwas anderes als die Welt um 1990, als die Berliner Mauer fiel und die Sowjetunion zerbrach. Amerika war die einzige verbliebene Supermacht. Jetzt befinden wir uns in einer Welt, etwa 30 Jahre später, in der eine Reihe von Ländern mächtig werden und mit Technologie innovativ sind. Als ich Ende der 1990er-Jahre nach Silicon Valley kam, gab es wirklich nur ein Silicon Valley, ein Epizentrum für Technologie in der Welt, und das blieb lange Zeit so. Jetzt sehen Sie, dass Technologiezentren auf der ganzen Welt aus dem Boden geschossen sind. Innovation ist schwierig. Oft braucht man Genies, um Durchbrüche zu erzielen.

Aber ist ein Durchbruch gelungen, kann ihn jeder kopieren. Den Rückstand aufzuholen ist viel leichter, als Neuland zu betreten. Und es gibt viele Teile der Welt, die zu den Vereinigten Staaten aufschließen. Ich denke, das wird von uns verlangen, über die Welt anders zu denken.

Ich glaube an die amerikanische Ausnahmestellung, aber das bedeutet für mich, dass wir versuchen sollten, mit gutem Beispiel voranzugehen, anstatt anderen unsere Werte aufzuzwingen. Wenn wir gute Arbeit leisten und ein attraktives Modell schaffen, werden andere uns nachahmen wollen. Aber ein plumpes Vorgehen wird weltweit auf heftigen Widerstand stoßen. Wenn wir unser Denken nicht anpassen, um den

Aufstieg anderer zuzulassen, wird das Ergebnis aus einer Menge Konflikten bestehen.

TONY:
Um Craft Ventures zu einer großen Firma zu machen, brauchte es mehr als nur großartige Investitionen. Was war neben der starken Leistung ein Hauptgrund für den Erfolg Ihres Unternehmens? Und was war der Dreh- und Angelpunkt Ihres Unternehmens, falls es einen gibt, der Ihnen den Sprung von gut zu großartig ermöglichte?

DAVID:
Die Frage für uns lautet: Warum sollte ein Gründer Craft auf seinem Tisch haben wollen? Wenn Ray Dalio oder Warren Buffett entscheiden, dass sie Apple kaufen, brauchen sie nicht die Erlaubnis des Unternehmens. Sie können einfach an die Börse gehen und es kaufen. Apple weiß nicht, ob ich eine Aktie besitze, und es ist ihm auch egal. Aber Gründer wissen wirklich, wer an ihrem Kapitaltisch sitzt, und es ist ihnen sehr wichtig. Und deshalb müssen wir ein Wertversprechen für sie schaffen, so wie sie ein Wertversprechen für ihre Wertangebote für ihre Kunden schaffen müssen.

Wir haben viel Zeit damit verbracht herauszufinden, wie wir den Start-ups helfen können. Das fängt natürlich damit an, dass ich selbst einmal in ihren Schuhen gesteckt habe. Ich habe Unternehmen gegründet und meine Partner bei Craft haben alle operative Erfahrung und/oder Gründungserfahrung – sie wissen, wie es ist, auf dieser Reise zu sein. Durch Spezialisierung auf SaaS können wir eine Menge Fachwissen und bewährte Verfahren bieten, die für SaaS-Gründer relevant sind. Wir haben ein Tool namens »SaaSGrid« entwickelt, das Gründern alle Schlüsselkennzahlen zeigt, die sie für ihr Unternehmen beachten sollten; sie müssen nur ihre Datenquellen verbinden und die Diagramme und Dashboards erscheinen automatisch. Und schließlich haben wir unser Plattformteam – Partner, die Spezialisten in Bereichen sind, in denen die meisten Start-ups Fachwissen benötigen, das sie sich noch nicht leisten können: Personalbeschaffung, Marketing, PR, Informationssicherheit, Recht, Regierungsbeziehungen und dergleichen. Wann immer eines unserer Portfoliounternehmen Hilfe benötigt, steht ein Experte mit jahrzehntelanger Erfahrung bereit, der ihm helfen kann. Wir konzentrieren uns stark auf die Frage: Wie können wir unseren Gründern einen Mehrwert bieten?

TONY:
Und wie Sie schon sagten, sind Sie niemand, der von außen nach innen schaut. Sie sind jemand, der selbst schon drinnen war. Das ist fantastisch.

DAVID:
Wir versuchen, die VC-Firma aufzubauen, die wir gern als Unterstützung gehabt hätten, als wir noch Gründer waren.

CHRISTOPHER:
Was hätten Sie denn gern gewusst, bevor Sie die Firma gegründet haben?

DAVID:
Ich wünschte, ich hätte gewusst, wie sehr die Fed-Politik unsere Welt beeinflussen würde! In einer gut funktionierenden Wirtschaft müsste man sich vielleicht weniger Sorgen machen. Aber wir leben in einer Zeit der großen Verwerfungen. Die Fed-Politik schwenkte sehr schnell von einer Nullzinspolitik zum schnellsten Zinserhöhungszyklus aller Zeiten – von null auf 5,5 Prozent innerhalb eines Jahres. Man darf die Auswirkungen dieser Entwicklung nicht unterschätzen; sie hat nicht nur die Kapitalverfügbarkeit und die Bewertungen gesenkt, sondern hat auch eine Software-Rezession ausgelöst. Technologieunternehmen entlassen Mitarbeiter und wenn sie Mitarbeiter entlassen, kaufen sie weniger Software, denn Software wird in der Regel auf der Basis von Arbeitsplätzen verkauft. Dieser Kreislauf reproduziert sich selbst. Ich denke, wir haben die Talsohle wahrscheinlich erreicht und sehen jetzt neue Möglichkeiten mit KI, aber in den letzten ein bis zwei Jahren gab es eine große Rezession.

CHRISTOPHER:
Eine der größten Sorgen auf dem Markt ist derzeit eine länger andauernde höhere Inflation. Glauben Sie, dass der Reset so weit fortgeschritten ist, dass die Leute wieder anfangen werden, Unternehmen aufzubauen? Oder glauben Sie, dass es weiter lediglich tröpfelt?

DAVID:
Im Moment scheint der Markt zu glauben, dass die Inflation weitgehend ein gelöstes Problem sei, dass die Inflation am Ende des Jahres zwischen 2,5 und 3 Prozent liegen wird und dass die Chancen für Zinssenkungen

im nächsten Jahr gut stehen. Der Markt beginnt, dieses Szenario einzupreisen. Wenn also die Inflation wieder anzieht und die Zinsen nicht gesenkt werden, besteht ein Abwärtsrisiko für das aktuelle Preisniveau. Das wird sich auf die Private Markets auswirken, denn die Börsen sind unsere Ausstiegs-Benchmark. Das haben wir im Jahr 2022 gesehen. Als die Fed die Zinssätze anhob, stürzten die Börsen ab, vor allem die Wachstumswerte, und das wirkte sich auf die Private Markets aus. Die Private Markets orientieren sich an den Geschehnissen auf den Börsenplätzen. Aber im Moment denken die Leute, dass wir die Talsohle durchschritten haben und auf dem Weg zur Lösung sind, auch wenn die Dinge nicht wieder so werden, wie sie in den berauschenden Tagen der ZIRP [Null-Zins-Politik] waren.

CHRISTOPHER:
Ein Punkt, zu dem ich gern Ihre Meinung hören würde, ist, dass sich KI in der Wirtschaft immer mehr durchsetzt und Stellen und Arbeitsplätze abschafft, und dadurch wohl auch die Anzahl der Lizenzen [oder die] Anzahl von Arbeitsplätzen, was sich auf die Software auswirken würde. Ist das eine Spirale, die sich aufgrund des langanhaltenden Trends der KI dreht? Oder ist das eher zyklisch [und] an die Schwäche der Wirtschaft gebunden?

TONY:
Oder wird es einfach durch den Verkauf von KI-Software in irgendeiner Form ersetzt?

DAVID:
Ich denke, wir sind noch weit davon entfernt, dass KI menschliche Aufgaben vollständig ersetzen kann. Die Kategorie, die im Moment am vielversprechendsten ist, sind diese Co-Piloten. Ich denke, das ist der richtige Weg, es zu betrachten: dass ein Mensch zusammen mit KI produktiver sein oder seine Arbeit schneller oder in besserer Qualität erledigen könnte. Es geht darum, dass der Mensch durch Produktivitätswerkzeuge unterstützt wird. Werden dadurch viele Arbeitsplätze vernichtet? Da bin ich skeptisch. Zunächst einmal wird es eine Menge neuer Softwarefirmen geben, die neue Produkte entwickeln. Diese Produkte müssen verkauft werden; sie müssen vermarktet werden. Wir werden also zunächst eine

explosionsartige Zunahme von Unternehmensgründungen erleben, um die KI-Werkzeuge, über die wir sprechen, zu entwickeln. Das ist ein Teil davon. Der zweite Teil ist, dass die Kunden dieser KI-Software jetzt mehr erledigen können. Das senkt die Anlaufkosten für einen Unternehmensgründer. Wir kennen die berühmte Geschichte von Mark Zuckerberg, der die erste Version von Facebook in seiner Studentenbude in Harvard entwickelte. Er hatte die Fähigkeit, die erste Version selbst zu programmieren. Viele Gründer oder Möchtegern-Gründer haben diese Fähigkeit nicht. Aber dank der KI-Tools können sie jetzt mehr davon selbst machen. Es wird also mehr Menschen geben, die mehr Unternehmen gründen können.

Die Geschichte der Innovation zeigt, dass unsere Spezies reicher wird, wenn wir die Menschen produktiver machen. Die Menschen werden dadurch nicht arbeitslos. Wir finden immer neue Aufgaben für sie. Solange die Menschen anpassungsfähig sind und bereit sind, ständig zu lernen, denke ich, dass dies von Vorteil sein wird.

Die Geschichte der Innovation zeigt, dass unsere Spezies reicher wird, wenn wir die Menschen produktiver machen. Die Menschen werden dadurch nicht arbeitslos. Wir finden immer neue Aufgaben für sie.

TONY:

Viele Menschen haben eine sehr entmutigende Sicht auf die Zukunft. Es gibt immer Herausforderungen, aber es beunruhigt mich, wenn ich junge Leute sehe, die darüber reden, keine Kinder zu wollen, weil sie denken, dass die Welt in zwölf Jahren untergeht, was, wie wir alle wissen, nicht wahr ist. Es gibt viele Herausforderungen, aber ich bin neugierig: Wohin wird sich die Welt Ihrer Meinung nach entwickeln?

DAVID:

Einer der Gründe, warum ich so gern in der Tech-Branche bin, ist, dass ich glaube, dass sie den meisten Fortschritt für die Menschen gebracht hat. Auch wenn unsere Politik und viele Teile unserer Gesellschaft nicht mehr funktionieren, funktioniert der technische Fortschritt immer noch und bringt eine bessere Zukunft für die Menschen.

Das habe ich im Laufe meiner beruflichen Laufbahn gesehen. In den letzten drei Jahrzehnten habe ich erlebt, dass die Technik ein immer größerer Teil unserer Wirtschaft und der Art und Weise ist, wie wir Dinge tun. Sie bringt Produkte hervor, die unser Leben besser und bequemer machen, Krankheiten heilen, uns helfen, benötigte Informationen zu erhalten, und das zu lernen, was wir brauchen. Der eigentliche Schlüssel ist, dass möglichst viele Menschen davon profitieren und daran beteiligt werden. Das geht auf das zurück, worüber wir in puncto Lernen gesprochen haben; die Menschen müssen das Lernen als einen kontinuierlichen Prozess verstehen und nicht als einen Abschluss, der auf einem Zeugnis abgestempelt wird.

CHRISTOPHER:
Das ist eine gute Verbindung zu einer Frage, die wir allen gestellt haben: Wenn Sie Leute für Ihr Team suchen, was sind die wichtigsten Eigenschaften? Was macht sie herausragend?

DAVID:
Wenn Sie einen Investor suchen, brauchen Sie jemanden, der zupackend ist und Gelegenheiten aufspürt. Der lustige Begriff, den wir dafür haben, ist »Trüffelschwein« – diese Schweine, die darauf trainiert werden, Trüffel zu finden. Ich weiß nicht, wie sie es machen, aber diese Schweine wühlen im Dreck herum und graben irgendwie diese wertvollen Trüffel aus. Gute Investoren sind auch so.

KAPITEL 17

MICHAEL REES

MITGRÜNDER VON DYAL CAPITAL, MITGRÜNDER UND CO-PRÄSIDENT VON BLUE OWL

Anerkennungen: Marktführer bei GP Stakes
Gesamtes verwaltetes Vermögen (Stand August 2023): 150 Milliarden Dollar
Schwerpunktbereich: GP Stakes

Höhepunkte:

- Größter Investor in GP Stakes, mit einem Marktanteil von rund 60 Prozent des Fondskapitals für GP Stakes in den letzten zwölf Jahren.
- Das Unternehmen hat einen Marktanteil von fast 90 Prozent bei GP-Stakes-Transaktionen, deren Investitionsvolumen bei über 600 Millionen Dollar liegt.
- Michael Rees ist Mitbegründer und Co-Präsident von Blue Owl, das 150 Milliarden Dollar verwaltet und 2021 aus dem Zusammenschluss seiner Dyal Capital mit Owl Rock Capital entstand.

CHRISTOPHER:
Erzählen Sie uns doch bitte als Einstieg Ihre Geschichte, wie Sie es in Ihre jetzige Position geschafft haben.

MICHAEL:
Ich begann meine Karriere im Finanzdienstleistungsbereich bei Lehman Brothers und zufällig war ich der vierte Mitarbeiter, der in die Strategiegruppe kam. Und wenn man die Leistung der wichtigsten Gruppen bei Lehman in eine Rangfolge bringt, kamen zuerst die festverzinslichen Wertpapiere, dann Aktien, dann Investmentbanking und dann Vermögensverwaltung. Die erste Person, die in der Gruppe eingestellt wurde, hatte also die Möglichkeit, sich für das Fixed-Income-Team zu entscheiden. Und der Letzte auf der Liste wurde in einer neu entstehenden Abteilung für die Verwaltung von Kapitalanlagen eingesetzt, die quasi ein unbeschriebenes Blatt war. Und so war ich derjenige, der dort hängen blieb.

Ich hatte das Gefühl, dass ich den Kürzeren gezogen hatte. Es war ein Aufbauprojekt mit dem Ziel, in dem Bereich des Investment-Managements schnell zu wachsen, um eine Abteilung zu haben, die sich mit der von Goldman Sachs oder Merrill Lynch messen konnte.

Zu jener Zeit waren Hedgefonds in aller Munde. Es waren die Jahre 2000 und 2001 und die Hedgefonds-Performance in diesem Zeitraum war ziemlich gut, es wurden große Hedgefonds-Geschäfte aufgebaut. Es stellte sich die Frage, ob wir eines davon kaufen sollten. Wir setzten uns zusammen und sprachen darüber – und entschieden uns dagegen. Unter anderem deshalb, weil kein Hedgefonds, der die Wall Street einmal verlassen hatte, zurückkommen und Teil eines großen Unternehmens sein wollte. Außerdem dachten wir, dass es sich um unternehmerisch denkende Investoren handelte, die diese Unternehmen gründeten, und wir wollten, dass sie in hohem Maße an ihnen beteiligt sind und sie nicht innerhalb der Einschränkungen einer 20 000-köpfigen Organisation kontrollieren. Wir haben uns gefragt, ob es ihnen nicht die Motivation nimmt, wenn wir eine 100-prozentige Beteiligung an ihrem Unternehmen übernehmen?

Also kamen wir auf diese verrückte Idee (zumindest war sie zu dem Zeitpunkt verrückt): Kaufen wir doch einfach 20 Prozent von ein paar Hedgefonds, statt 100 Prozent von einem. Der Rest ist Geschichte. Ich habe in den 22 Jahren fast 90 Minderheitsbeteiligungen getätigt, seit wir uns zusammengesetzt und diese Strategie entwickelt haben. Auf mein Leben trifft das Sprichwort zu: »Wenn man ein Hammer ist, sieht alles wie ein Nagel aus.« **Bei allem, das ich mir täglich ansehe, bei jedem Geschäft, über das ich nachdenke, frage ich mich: »Könnten wir 20 Prozent davon kaufen? Ist es ein großartiges Unternehmen, das von klugen Leuten geführt wird, und wäre es eine gute Idee, sich mit ihnen zusammenzutun?«** Das war der Anfang, und es war von Anfang an ein großartiger Lauf.

Mit der Zeit fand ich Gefallen an diesem Bereich und wollte mein eigenes Team aufbauen. Neuberger Berman war ein großartiger Ort dafür. Wir haben das Investment-Management-Geschäft nach der Lehman-Pleite ausgegliedert und begannen mit dem Aufbau dieses Geschäfts mit Minderheitsbeteiligungen bei Neuberger. Von Anfang an hatte das Unternehmen eine Multiprodukt-Plattform, bei der jede Gruppe ihre eigene Investitionsbefugnis hatte, und jedes Team hatte die finanziellen Vorteile, die sich aus dem Aufbau eines eigenen erfolgreichen Pakets ergaben. Wir waren in der Lage, Investoren davon zu überzeugen, dass Investitionen in Minderheitsbeteiligungen an alternativen Unternehmen eine gute Sache sind. Das war der Startschuss für das Dyal-Geschäft innerhalb von Neuberger. Und wir haben es ziemlich schnell ausgebaut. **Heute haben wir einen Marktanteil von etwa 60 Prozent am gesamten Investitionskapital, das jemals im Bereich der Minderheitsbeteiligungen beschafft wurde. Und wenn man nur die größeren Geschäfte betrachtet, liegt unser Marktanteil bei fast 90 Prozent für Transaktionen über 600 Millionen Dollar.** Der Ursprung war also, dass ich bei Lehman Brothers den Kürzeren gezogen habe, als ich dort anfing. Und zum Glück habe ich es geschafft.

CHRISTOPHER:
Das ist ein großartiges Beispiel dafür, dass das Leben für uns geschieht und uns nicht widerfährt, für diejenigen, die die Gelegenheit ergreifen und sie nutzen. Es ist eine faszinierende Entwicklung über 15 bis 20 Jahre. Wer war die wichtigste Person in Ihrem Leben, die Ihren Erfolg geprägt hat und auf welche Weise?

MICHAEL:
Es ist ein Klischee, aber das waren mein Vater und meine Mutter. Ich arbeite mit meinem Bruder zusammen, und das schon seit 20 Jahren. Es ist ein familiärer Ansatz für das, was wir tun. Ich komme aus Pittsburgh, ei-

ner Arbeiterstadt, mein Vater war Verkäufer, meine Mutter war Krankenschwester. **Sie haben uns als Kinder beigebracht, dass es in dieser Welt um harte Arbeit geht. Es geht darum, den Menschen in die Augen zu sehen. Es geht um einen festen Händedruck.** In der Finanzdienstleistungs- und »Wall Street«-Branche gibt es eine Menge Persönlichkeiten, eine Menge Egos. Und eines der Dinge, die ich oft höre und auf die ich wirklich stolz bin, ist, dass ich, mein Bruder und der Rest des Teams diesen bescheidenen, sympathischen Pittsburgh-Ansatz bei Geschäften haben. Einer, der auf vertrauensvollen Beziehungen basiert, bei denen unser Wort gilt. Wir sind die Art von Menschen, mit denen man über einen langen Zeitraum hinweg Geschäfte machen möchte.

CHRISTOPHER:
Wenn wir über GP Stakes nachdenken, wo liegen die größten Chancen für Investoren im Moment?

MICHAEL:
Wir glauben nach wie vor fest an Private Assets und die Märkte im Allgemeinen. Wir sehen nach wie vor eine starke Zuweisung zu alternativen Anlagen. Wir sehen eine steigende Tendenz und einen langfristigen Trend zu alternativen Anlagen in Private Markets (Buy-out, Wachstum, Private Credit, Immobilien). Es wird keine gerade Linie sein, aber wenn Sie sehen, wie viel Pensionsfonds, Staatsfonds und Privatpersonen weltweit in diese Strategien investieren, erkennt man eine Menge Potenzial. Aber Sie wollen natürlich wissen: Wo ist es derzeit am interessantesten?

Wir glauben an den Konsolidierungstrend in den Branchen. Er findet sich in fast jeder Branche, die wir untersucht haben. Hier sind wir auf dem Markt für Erfrischungsgetränke mit zwei großen Herstellern. Mit der Zeit konsolidiert sich die Branche, weil Größe Macht verleiht. Und ich denke, wir befinden uns in einem langfristigen Trend, von dem die größeren Unternehmen in der Branche profitieren. Von 2015 bis 2021 herrschte ein sanfter Rückenwind, der den größeren Unternehmen zugutekam.

Aber 2022 und 2023 verwandelte sich der sanfte Rückenwind in einen starken Rückenwind. Das ist der Grund dafür, dass wir uns jetzt auf wirklich große Unternehmen konzentrieren, die die Vorteile einer globalen Reichweite für Investoren im Nahen Osten und in Asien haben, möglicherweise im Einzelhandel, und mit Netzwerken wie dem Ihren.

Wir denken also, dass der Markenname und die Stabilität wichtig sind, und wir glauben, dass diese Art von Investoren die Präferenz in sichere Hände legen. All diese Dinge kommen in der Regel etablierten Unternehmen zugute, die im Laufe der Zeit ein Geschäft mit starken Eckpfeilern und Markenbekanntheit aufgebaut haben. An unsere Redewendung »Die Großen werden größer und die Starken werden stärker« glauben wir nun schon seit acht Jahren. Und die letzten 18 Monate haben uns in diesem Glauben bestärkt.

CHRISTOPHER:
Glauben Sie, dass die Aussichten für die nächsten drei Jahre anders sind als für die nächsten zehn Jahre, oder ähneln sie einander?

MICHAEL:
Die Private Markets bewegen sich langsam, fast schleichend. Ich denke, ein großer Teil der Vorteile der Private Markets ist, dass man die Zeit auf seiner Seite hat und man die akuten Bewegungen auf den öffentlichen Aktien- und Renten-Börsenmärkten überdauern kann.

Drei Jahre sind bei den Private Markets nicht mehr als ein Wimpernschlag. Ich denke also, sie ähneln einander, mit mehr Konsolidierung an der Spitze und Wachstum. Die nächsten zehn Jahre werden für die Private Markets vermutlich extrem stark ausfallen. Aber ich sehe keine akuten Trends, die sich in den nächsten drei bis zehn Jahren dramatisch ändern werden.

CHRISTOPHER:
Was hat sich in letzter Zeit in der Landschaft der GP Stakes getan, das Sie erwartet haben, und was hat Sie überrascht?

MICHAEL:
Ich weiß nicht, ob in den letzten Jahren viel passiert ist, das uns überrascht hat. Wir haben keine dramatische Veränderung in der Performance unserer Manager aus Fondsperspektive erlebt und besitzen unserer Meinung nach langfristige, stabile Unternehmen. Man hört immer wieder, dass es um Software geht und wie großartig geschäftskritische Software ist, weil man Drei- bis Fünf-Jahres-Verträge mit einer Nettobindungsrate von nahezu 100 Prozent bekommt. Das ist alles prima und Software

wird die Wirtschaft ankurbeln. **Dennoch glaube ich, dass Private Equity und Private Markets noch besser sind. Der Besitz von Beteiligungen an GP-Firmen auf Private Markets ist ein fantastisches Geschäft, bei dem Sie sehen, dass sich die Einkommensströme genau wie bei Software immer höher schichten lassen. Das ist das gängige Modell.** Das Wachstum erfolgt wunderbar, wenn man Fonds auf Fonds aufschichtet.

Ich mag Software. Ich glaube, viele unserer Partner investieren in Software, aber ich würde das Private-Equity-Geschäft und das Private-Market-Geschäft immer vorziehen. Ich denke, dass qualitativ hochwertige, geschäftskritische Private-Market-Unternehmen für Zeiten wie diese gemacht sind. Ob es Covid ist, ob es die Bankenkrise der letzten Zeit ist oder einfach nur die allgemein steigende Inflation und das Zinsumfeld, das wir in den vergangenen zwei Jahren erlebt haben. Die Private-Market-Unternehmen und die Strategien, die sie anwenden, sind darauf ausgelegt, diesen Sturm zu überstehen und recht stabil zu bleiben.

CHRISTOPHER:
Sie haben in den vergangenen acht Jahren mit vielen Investoren über GP Stakes gesprochen, vor allem, weil Dyal so dramatisch gewachsen ist. Was missverstehen oder übersehen Ihrer Meinung nach Investoren bei der Bewertung von GP Stakes, wenn sie GP Stakes und die damit verbundenen Möglichkeiten bewerten?

MICHAEL:
Der Begriff, der mich am meisten stört und über den ich wohl nie hinwegkommen werde, ist der Begriff »Cash Out«. Die Leute nehmen an, dass das Geld, das wir in GP-Anteile stecken, direkt in die Tasche der Eigentümergruppe fließt. Und dann – wenn sie noch einen Schritt weiter gehen wollen – geht es in ein schickes Boot oder ein schickes Auto. **Was die GP-Stake-Branche aber in Wahrheit ins Leben gerufen und zu einem so starken Wachstum geführt hat, ist die Tatsache, dass ein Private-Market-Unternehmen, insbesondere ein erfolgreiches Unternehmen, Kapital verbraucht. Es gibt ein Zeitfenster während des Wachstums eines Unternehmens, in dem es zusätzliches Kapital benötigt.** Und deshalb hat der größte Teil des Kapitals, das wir in GP Stakes investieren, nichts mit »Cash Out« zu tun, sondern damit, das Wachstum dieser erstklassigen Unternehmen zu unterstützen. Und eines der einzigartigen Dinge, die wir erwartet

haben und die sich bestätigt haben, ist, dass die Firmen, die einen Deal machen wollen, auch die besten Ergebnisse erzielen. Einige Investoren sagen: »Sie werden eine Negativauslese bekommen. Sie werden nur von denjenigen angerufen werden, die nervös sind und denen es nicht gut geht, und die werden versuchen, Ihnen etwas zu verkaufen.« **Empirisch haben wir aber genau das Gegenteil festgestellt: dass die Unternehmen, denen es am besten geht und die das größte Potenzial und die größten Chancen sehen, diejenigen sind, die das Wachstumskapital benötigen. Wenn man nicht wächst, braucht man auch kein Wachstumskapital.**

CHRISTOPHER:
Das ist interessant, weil so viele Leute denken, dass es eine Ausstiegsstrategie für diese Leute ist, während für die Leute in Wirklichkeit die Hauptmotivation für diese Transaktionen ein Wachstumsmotor ist.

MICHAEL:
Ja. Jeder Investor weiß, dass ein Technologieunternehmen, das wächst und sich entwickelt und sein Geschäft ausbaut, eine A-Runde, eine B-Runde, eine C-Runde, eine D-Runde durchläuft. Das ist es, worum es auf dem Risikokapital- und Wachstumsmarkt geht. Es überrascht mich, dass es viel Aufklärungsarbeit gebraucht hat, um die Investoren zu überzeugen, dass ein Private-Market-Unternehmen, ein erfolgreicher GP, genau dasselbe ist. Sie brauchen Kapital, um ihr Wachstum zu finanzieren. Und ich bin gern bereit, die C-, D- und E-Runden für viele dieser wirklich guten Firmen zu unterstützen.

CHRISTOPHER:
Das ist eine ganz andere Basis, das Gespräch zu führen, denn jedes Unternehmen, das wachsen will, wird irgendwann Kapital brauchen. Und es gibt verschiedene Orte, an denen es das bekommen kann. Aber wenn das Kapital nicht nur verfügbar ist, sondern auch strategisch sinnvoll und wertschöpfend, dann ist das die absolut beste Art von Wachstumskapital, die man bekommen kann. Wenn Sie die Aufmerksamkeit der Welt für fünf Minuten hätten, was würden Sie ihr sagen?

MICHAEL:
Nun, so wie sich die Bankensituation entwickelt, gehöre ich zu der Minderheit, die glaubt, dass es noch nicht vorbei ist und vielleicht noch nicht

einmal richtig angefangen hat. Früher oder später werden wir in der Lage sein zu beurteilen, ob ich richtig- oder falschlag, aber ich erinnere mich noch genau an meine Zeit bei Lehman Brothers. Bear Stearns geschah sechs Monate zuvor und die Situation, in der wir in den Jahren 2007 und 2008 steckten, hat sich in einem Zeitraum von zwölf bis 18 Monaten entwickelt. Ich bin sehr zuversichtlich, dass das nicht der Fall ist. Aber ich denke, dass noch ein paar Hiobsbotschaften kommen werden, bedingt durch den raschen Anstieg der Zinssätze, die beispiellose staatliche Liquidität, die während Covid in das System gepumpt wurde, und, höchstwahrscheinlich, ein Missverhältnis zwischen Verbindlichkeiten und Finanzierung in vielen Bilanzen mittelgroßer Banken. Hoffentlich liege ich falsch, aber wenn ich fünf Minuten die Aufmerksamkeit der Welt haben könnte, zumindest die Aufmerksamkeit der politischen Entscheidungsträger, würde ich sagen: Handeln Sie schnell, energisch und überzeugend, denn es gibt nichts Schlimmeres als eine Finanzkrise, die durch Vertrauen verursacht wird.

CHRISTOPHER:
Wir hatten das erste große Erdbeben, das die Aufmerksamkeit aller auf sich zog. Die Nachbeben können ebenfalls sehr problematisch sein, wenn man sie nicht in den Griff bekommt.

Wenn Sie an den Aufbau einer großen Investmentfirma denken, was war der Hauptgrund für den Erfolg von Dyal?

MICHAEL:
Was mich immer mal wieder ärgert, wenn ich mich mit einer Private-Market- oder irgendeiner Investmentfirma treffe, ist der Satz: »Ich konzentriere mich nur auf große Renditen, und alles andere in meinem Unternehmen wird sich von selbst regeln.« Das habe ich in den vergangenen 20 Jahren Hunderte Male gehört. Und es wird nicht weniger. Dabei könnte es nicht falscher sein. Diese Denkweise lässt alle anderen Aspekte außer Acht, die eine großartige Firma ausmachen und ein Unternehmen wachsen lassen. (Gutes) Investieren ist sicher grundlegend. Aber zu einem erfolgreichen Unternehmen gehört noch viel mehr.

Es ist schwer, einen Schlagdurchschnitt von 1000 zu haben. Man wird nicht immer alles richtig machen. Was bei Dyal und Blue Owl wichtig war, ist die Konzentration auf das gesamte Geschäft. Kundenservice und Kundenbeziehungen stehen ganz oben auf der Liste der Dinge, auf die man sich wirklich konzentrieren muss, um sicherzustellen, dass man nicht nur alle paar Jahre auftaucht und um Geld bittet, sondern dass man versucht, den Investoren bei der Lösung ihrer Probleme zu helfen. Vielleicht geschieht dies in Form eines neuen Produkts, vielleicht mit Ratschlägen für etwas, das Sie in der gesamten Branche sehen. Für mich ist die Anlageperformance sehr wichtig. Aber wie man das übrige Geschäft führt und wie man mit seinen Kunden umgeht, sind entscheidende Faktoren beim Aufbau eines Vermögensverwaltungsunternehmens. Wir alle haben gesehen, was Ende der 1990er-Jahre geschah, als die meisten Hedgefonds nur noch dem Aspekt des Investierens dienten. Sie waren reine Renditebringer; die Informationspolitik war schlecht, die Interaktion mit den Kunden war schlecht, die Abläufe waren nicht gut. Und das verursachte mit der Zeit Probleme. Wir haben gesehen, dass viele der besseren Firmen in den letzten 20 Jahren beschlossen haben, ihre Firma zu einem echten Unternehmen zu machen. Sie haben entschieden, alle Aspekte ihres Spiels zu berücksichtigen und möglichst überall Best Practices einzuführen.

CHRISTOPHER:
Wenn Sie an das Wachstum von Dyal denken, was war der Dreh- und Angelpunkt? Quasi das bahnbrechende Ereignis?

MICHAEL:
Wir haben uns bei unseren ersten beiden Fonds absichtlich auf mittelgroße Hedgefonds konzentriert. Und diese entwickeln sich weiterhin gut. Aber als wir zu Fonds drei übergingen, beschlossen wir, einen viel größeren Fonds aufzulegen, der sich nicht auf mittelgroße Private-Market-Firmen, sondern die größeren, erstklassigen Markennamen konzentriert. Und wenn man da draußen eine Geschichte vermarktet, gibt es einige Investoren, die bereit sind, eine Geschichte zu glauben, aber viele Investoren sind der Ansicht, dass Probieren über Studieren geht. Die Fähigkeit, Kapital für unseren Private-Market-Fonds zu beschaffen, mit Investitionen bei Vista, EnCap, Starwood und Silver Lake, und mit diesen großartigen Partnern auf den Weg zu bringen, hat die Grundlage geschaffen und uns in eine großartige Position gebracht. Und das war sicherlich ein Wendepunkt für uns. Es zeigte dem Markt und der Investorengruppe, dass man mit hochwertigen Firmen, Best-in-Class-Firmen zusammenarbeiten

kann (was damals bezweifelt wurde) und dass diese Investitionen eine überdurchschnittliche Wachstumsinvestition darstellen sollten.

CHRISTOPHER:
Von welchen Dingen hätten Sie sich gewünscht, dass sie Ihnen jemand vor der Gründung Ihrer Firma gesagt hätte?

MICHAEL:
Ich denke, es schadet nie zu bekräftigen, dass es nie einfach ist. Wenn es jemals zu einem Punkt kommt, an dem es einfach ist, stimmt vermutlich etwas nicht. Man muss sich verbessern, Monat für Monat, Fonds für Fonds, was auch immer es ist. Und Sie müssen sich das Vertrauen Ihrer Anleger kontinuierlich verdienen. Das sollte jeder irgendwo in seinem Büro aufgeschrieben haben. Es wird nicht einfacher. Aber es wird unterhaltsamer. Und es ist toll, ein Team zu haben, das seit Langem zusammenarbeitet und sich gegenseitig unterstützt.

CHRISTOPHER:
Wenn Sie im Nachhinein etwas in Ihrem Unternehmen anders machen könnten, was wäre das? Oder was würden Sie jemandem raten, anders zu machen, als Sie es getan haben?

MICHAEL:
Obwohl wir sehr schnell gewachsen sind und eine führende Position in diesem Bereich eingenommen haben, sind wir sehr methodisch gewachsen. Wir haben die zweite Person erst eingestellt, als wir genug Umsatz hatten, um sie zu bezahlen.

Und die von uns angestrebte Fondsgröße war gerade ausreichend, um unsere Strategie umzusetzen. Wir haben von Anfang an einen sehr vorsichtigen Ansatz für das Wachstum gewählt. Das konnten wir auch. Toi, toi, toi – wir sind der Konkurrenz leicht voraus. Und wir haben ein gutes Gefühl bei unserer Wettbewerbsposition.

In der Tech- und Venture-Welt hört und sieht man jedoch, dass ein Großteil des Innovationswachstums von Menschen in ihren Zwanzigern kommt, die nichts zu verlieren haben und die nicht 100, sondern 1000 Prozent geben. Wir haben vielleicht in unserer Anfangsphase 110 Prozent in diese Idee gesteckt und sie sehr methodisch und konsequent weiterentwickelt. Wer weiß, wo wir wären, wenn wir viel härter und schneller vorgegangen wären und die Möglichkeiten stärker erweitert hätten?

Zu den schwierigsten Dingen in unserer Branche gehört vermutlich, Innovationen bei den Berufstätigen in meiner Altersgruppe zu finden, weil diese Gruppe sich viel mehr auf die Nachteile konzentriert, und vielleicht gibt es mehr Innovation aus der Gruppe der »Jungen und Unwissenden« (was ich mit Sicherheit war) in den Zwanzigern oder frühen Dreißigern, die nichts zu verlieren haben. Das ist vielleicht eine Eigenschaft, die mehr gefördert werden sollte.

CHRISTOPHER:
Was ist Ihrer Meinung nach der Hauptgrund dafür, dass die meisten Investmentfirmen nicht skalieren?

MICHAEL:
Im Grunde genommen sind die Eintrittsbarrieren in den Investmentbereich insgesamt sehr niedrig und das gilt auch für die alternative Vermögensverwaltung. Sie können jemanden finden, der Sie bei Ihrem ersten Geschäft oder vielleicht sogar bei Ihrem ersten Fonds unterstützt. Wir werden also immer eine sehr breite Basis in der Pyramide der Branche und viele Neueinsteiger haben. Es handelt sich jedoch um eine Branche, in der das erste Fünf-Jahres-Fenster einen sehr geringen Prozentsatz an Erfolg hat. Ich glaube, wenn man diese Hürde überwindet und einen Punkt erreicht, an dem man eine hochwertige Gruppe von Kerninvestoren hat und einen Prozess, der eine gewisse Konsistenz und Erfahrung aufweist, wird der Graben tiefer und breiter.

Wir konzentrieren uns nicht darauf, was passiert, wenn eine Firma den ersten 100-Millionen-Dollar-Fonds skaliert, um auf 300 Millionen Dollar zu kommen. Das ist nicht mein Fachgebiet, aber dort findet die Ausmerzung statt. Ich denke, es ist selten, dass eine große Firma einen schwierigen Markt oder eine schwache Phase nicht übersteht und auf die andere Seite kommt. Für kleinere Unternehmen dauert es 10, 15 Jahre, bis sie die andere Seite erreichen. Es ist eine Branche, die einen schnell ausmerzt – sie kaut auf einem herum und spuckt einen aus. Aber wenn man diese Barriere überwinden kann, ist es eine ziemlich entgegenkommende und stabile Branche, wenn man eine solide Grundlage schafft.

CHRISTOPHER:
In dieser Hinsicht ist die Branche einzigartig. Wenn Sie über Talente nachdenken – Sie haben im Laufe der Jahre viele Leute eingestellt und Dyal und Blue Owl sind stark gewachsen. Nach welchen Merkmalen suchen Sie, um die besten Mitarbeiter von den anderen zu unterscheiden?

MICHAEL:
Ich denke, das hängt ganz davon ab, um welche Art von Unternehmen es sich handelt und was das Kernziel des Unternehmens oder der Gruppe ist. Ich stelle stets folgende Frage: Was ist das Ziel und welche Person passt am besten zu dieser Organisation? Es gibt Firmen, in denen man viele Absolventen von Wharton und Harvard, Yale und Stanford findet. Wir haben zufällig einen guten Querschnitt von Big-10- und Big-East-Absolventen. Es ist einfach eine andere Art von Einstellung und Team-Ansatz. Wir haben die Erfahrung gemacht, dass der Erfolg unserer Teammitglieder durch die Fähigkeit wächst, eine partnerschaftliche Mentalität und Vertrauen bei Investoren und unseren GP-Partnern zu schaffen. Es geht nicht darum, die klügste Person im Raum zu sein. Es geht darum, dem Gegenüber ein guter Partner zu sein. Zugegeben, man muss klug und hoch motiviert sein, aber das Renommee der Ausbildung ist für uns nicht ausschlaggebend für den Erfolg.

> **Es geht nicht darum, die klügste Person im Raum zu sein. Es geht darum, dem Gegenüber ein guter Partner zu sein.**

CHRISTOPHER:
Das ist eine gute Sichtweise. Es ist sehr idiosynkratisch und hängt von dem Geschäft ab und davon, dass die Menschen, die dort arbeiten, zufrieden sind und aufblühen.

TONY:
Michael, wie Sie wissen, schreiben wir gerade ein Buch mit einem gewagten Titel: *Der Heilige Gral des Investierens.* Mit diesen Worten hat mir Ray Dalio seinen wichtigsten Grundsatz beim Investieren beschrieben. Was Sie im Laufe der Jahre aufgebaut haben, ist erstaunlich und wir sind sehr stolz und freuen uns, dass wir mit Ihnen bei GP Stakes zusammenarbeiten können. Was ist Ihrer Meinung nach der wichtigste Grundsatz bei Investitionen? Sozusagen der Heilige Gral?

MICHAEL:
Da es bei Private Investment auch um die Menschen in den Unternehmen geht, ist es so einfach wie die Partnerschaft mit guten Leuten. Ich weiß, das klingt trivial und vielleicht oberflächlich, aber wenn man eine Beziehung aufbauen will, aus der man nicht mehr herauskommt und die man wirklich als dauerhafte Investition ansieht, hat man nicht den Luxus, sich zu zanken, zu streiten und sich scheiden zu lassen. Wir haben also bei 58 verschiedenen Investitionen festgestellt, dass 55 davon mit guten Leuten getätigt wurden. Und wir verbringen 90 Prozent unserer Zeit mit den drei übrigen, die, Sie können es sich denken, schwierigere Personen aufweisen.

Bei diesem [Heiligen Gral] geht es nicht nur um unsere Beziehungen zu ihnen. Es bedeutet auch, dass sie, wenn sie in ihrem Bereich Geschäfte machen, alle anderen mit der gleichen Sympathie und Partnerschaft behandeln, die wir uns auch wünschen. Wir profitieren also sicherlich von der direkten Beziehung, aber es durchdringt auch alle ihre zugrunde liegenden Investitionen. Es überrascht mich, dass dieses Phänomen (dass der Erfolg unseres Geschäfts von der »Güte« des Partners abhängt) wirklich von Anfang an mit nahezu perfekter Korrelation auftrat – aber das ist die Wahrheit.

TONY:
Wir alle wissen, dass die richtigen Leute ein schlechtes Unternehmen zu einem starken Unternehmen machen können.

Wie treffen Sie diese Auswahl? Was sind einige der Kriterien, nach denen Sie suchen, um zu wissen, dass ein Unternehmen die richtige Beziehung sein wird?

MICHAEL:
Der Prozess, ein Unternehmen kennenzulernen, kann langwierig sein. Es kann mehr als sieben oder acht Jahre dauern, um ein Unternehmen kennenzulernen. Es kann aber auch nur vier oder fünf Monate dauern. Aber wenn man in die Feinheiten der Verhandlungen einsteigt, bekommt man ein Gefühl dafür, ob die Gegenpartei alles als ein Nullsummenspiel betrachtet und nur versucht, so viele Punkte wie möglich zu gewinnen, oder ob sie bereit ist, die Probleme von beiden Seiten des Tisches aus zu betrachten. Und das ist die einfachste Linse, durch die man schauen kann.

Wenn ein Partner sich hinsetzt und sagt: »Ich verstehe, warum diese drei Dinge für dich wichtig sind, und ich möchte, dass du verstehst, warum diese drei anderen Dinge für mich wichtig sind«, dann ist das die Art von Dialog, die wirklich funktioniert und das Verhalten der nächsten 10 Jahre oder 20 Jahre vorhersagt.

In den meisten Fällen wird ein Unternehmen, dem es gelungen ist, die Größe und den Umfang zu erreichen, die wir hier betrachten, diese Art von Menschen an Bord haben. Hin und wieder kommt es jedoch vor, dass man zu weit geht und feststellt, dass diese Person um jeden Cent kämpft. Das ist ein ziemlich guter Lackmustest, um zu verstehen, wie die Zukunft aussehen wird, wenn man sich die Vertragsdetail-Verhandlung als Vorhersage für die Zukunft ansieht.

TONY:
Auch wenn es einfach ist, so ist es doch sehr hilfreich. Wer versucht, jeden einzelnen Dollar zu maximieren, wird auf lange Sicht nicht mit jemand anderem spielen, geschweige denn mit Ihnen. Das ergibt absolut Sinn.

CHRISTOPHER:
Eines der interessantesten Dinge an Dyal ist die breite Fächerung. Wie sehen Sie die Mischung zwischen Private Equity, Buy-out, Private Credit, Immobilien, Technologie und so weiter?

MICHAEL:
Wir sind in der glücklichen Lage, in eine großartige Branche zu investieren. Und diejenigen, die das Premiumsegment erreicht haben, haben richtig gute Unternehmen aufgebaut. Unser Ziel ist es, mit den Firmen zusammenzuarbeiten, die spezialisiert sind. Sie sind die Besten in X. Verallgemeinerung ist unserer Meinung nach eine Art Wettlauf zur Mittelmäßigkeit. Ich glaube nicht, dass wir eine Meinung darüber haben, ob ein Upstream-Energiemanager besser abschneiden wird als ein Technologiemanager, aber wir wollen mit dem jeweils besten Partner zusammenarbeiten. Und diese Art der Diversifizierung hat sicherlich geholfen. Bei Investitionen in GP Stakes gibt es so etwas wie einen Fluch des Gewinners. Je besser ein Unternehmen abschneidet, desto schneller wächst es in der Regel und desto wahrscheinlicher ist es, dass es Wachstumskapital benötigt.

Wir haben also das Glück, dass wir nicht viele Anrufe von Firmen bekommen, die mittelmäßig sind. Wir scheinen nur Anrufe von den guten Firmen zu bekommen. Und wir können versuchen, zu verstehen und zu bestimmen, wer in dem Gebiet, in dem er tätig ist, etwas Besonderes ist. Es gibt ein paar echt gute Generalisten, aber die richtig hochwertigen Firmen, von denen wir glauben, dass sie eine lange Lebensdauer haben, finden Sie bei denen, die sich differenziert und spezialisiert haben. Und das ist offensichtlich in vielen Branchen so.

Bei Investitionen in GP Stakes gibt es so etwas wie einen Fluch des Gewinners. Je besser ein Unternehmen abschneidet, desto schneller wächst es in der Regel und desto wahrscheinlicher ist es, dass es Wachstumskapital benötigt.

TONY:
Nachdem ich einige der Akteure für dieses Buch interviewt habe, von denen viele Partner von Ihnen sind, kann man das zum Beispiel bei Vista gut erkennen. Sie sehen den Grad der Spezialisierung, den [Robert] bei SaaS hat. Es ist verblüffend. Wenn man sich die heutige Welt anschaut, was glauben Sie, wie sich steigende Zinsen auf Private Equity auswirken, nachdem sie 45 Jahre lang langsam gesunken sind?

Hat das einen signifikanten Einfluss auf die Branche und hat es Auswirkungen auf Ihre Partner?

MICHAEL:
Tony, es ist lustig, dass Sie die Zahl 45 erwähnt haben. Genau die wollte ich auch gerade nennen. Es gibt eine Handvoll Private-Equity-Firmen, die seit 45 und 50 Jahren bestehen, und sie haben enorme Renditen für die Investoren und einen enormen Wohlstand für ihre Eigentümer in so vielen verschiedenen Zinsumgebungen erwirtschaftet. Das erstreckt sich über die 70er-, die 80er- und die 90er-Jahre. Und wir befinden uns immer noch auf historischen Tiefstständen bei den Zinssätzen, wenn man sie über diesen Zeitraum vergleicht. Da dies der Fall ist, gibt es viele Investitionen, die in Zeiten niedriger Zinsen getätigt wurden, und die Zinsen sind ziemlich schnell gestiegen. Das kann diese jüngsten Investitionen etwas belasten.

Aber über einen längeren Zeitraum betrachtet haben wir immer noch günstige Zinssätze und es gibt eine Menge Wachstum. Je nachdem, welchen Multiplikator Sie zahlen wollen und wie Sie über den Zielwert nachdenken, können Sie auch bei dem heutigen Stand der Zinsen Geld verdienen. Es wird nur eine andere Art der Wertschöpfung erforderlich sein und sicherlich auch ein anderes Bewertungsparadigma.

Es muss nicht eine Ära des freien Geldes geben, um eine gute Rendite zu erzielen. Von 2009 bis etwa 2020 war es sicherlich einfach, als man auf gut Glück handeln konnte und vieles funktionierte. In dieser nächsten Phase werden wir mit Sicherheit eine Trennung zwischen hochwertigen Unternehmen und dem Rest sehen.

Auf der anderen Seite übernimmt Private Credit langsam den Marktanteil, den die Banken bei der Kreditvergabe hatten. Und es gibt eine Menge Gründe dafür, dass es besser ist, mit einem Private-Credit-Geber zu arbeiten, der die Bedürfnisse Ihres Unternehmens versteht und bereit ist, in guten und in schlechten Zeiten mit Ihnen zusammenzuarbeiten. Das bedeutet nicht, dass er sie stets verschonen wird, aber er will, dass es Ihnen gut geht. Und diese Flexibilität, die ein Private-Credit-Geber im Buy-out-Bereich bietet, wird weiter an Marktanteil gewinnen. Wir haben in den vergangenen zehn Jahren talentierte Leute gesehen, die die Banken verlassen haben, und viele von ihnen landeten im Direct-Credit-Geschäft. Und ich denke, sie haben einfach das attraktivere Angebot geschaffen. Wir fühlen uns hier bei Blue Owl sehr geehrt, eines der attraktivsten Angebote zu haben. Insgesamt haben wir als Branche nur einen Marktanteil von etwa 9 oder 10 Prozent. Es gibt also noch viel Spielraum für Private Credit, und das ist ein wichtiger Teil unseres Investitionsprogramms.

TONY:
Letzte Frage: Was verschafft Ihnen im Moment die größte persönliche Zufriedenheit in Ihrem Leben? Ich bin neugierig.

MICHAEL:
Oh Mann. Es dreht sich alles um das Team und Christopher hatte das Glück, eine Reihe von Leuten aus dem Blue-Owl-Team kennenzulernen. Und ich fühle mich von den Reaktionen, die ich von der großen Mehrheit des Teams hier erhalte, geehrt, nämlich die Wertschätzung des finanziellen Reichtums, den wir alle gemeinsam schaffen können, aber auch die Erkenntnis, dass die meisten von ihnen es auch umsonst machen würden. Wenn man das hört, dass die Leute bereit sind, sich den Arsch ab-

zurackern und das alles nur, weil sie die Kameradschaft und die Sache lieben ... Das ist das beste Gefühl, das man als Unternehmer haben kann. Das ist der Grund dafür, dass ich jeden Tag hierherkomme, um mit großartigen Leuten zusammenzuarbeiten wie meinen Kollegen hier bei Blue Owl, wie mit Christopher und dem Team von CAZ und mit vielen unserer großartigen Interessengruppen.

TONY:
Ich werde noch eine weitere Frage stellen, da Sie mich direkt darauf gebracht haben. Wie bauen Sie diese Kultur auf? Kommen wir auf das erste Prinzip für gutes Investieren zurück – die richtigen Leute zu finden?

MICHAEL:
Es gibt keine perfekte Antwort darauf, aber es ist der gute altmodische Pittsburgh-Flughafentest, wenn man ein Vorstellungsgespräch führt. Man lernt eine Person kennen, mit der man viel Zeit verbringen wird, und zwar nicht nur mit dem Durcharbeiten von Tabellenkalkulationen. Stattdessen verbringt man viel Zeit auf Flughäfen und in Autos, wo man eine Verbindung und Vertrauen spüren muss. Das ist es, wonach wir suchen. Ich denke, diese Gruppe, die wir zusammengestellt haben, ist wirklich besonders in der Art, wie die Leute miteinander umgehen, und der Freundschaft, die sich zwischen uns entwickelt hat.

KAPITEL 18

BILL FORD

CEO VON GENERAL ATLANTIC

Auszeichnungen: Mitglied des Council on Foreign Relations, McKinsey-Beirat und Vorsitzender des Kuratoriums der Rockefeller University
Gesamtes verwaltetes Vermögen (Stand August 2023): 77 Milliarden Dollar
Schwerpunktbereich: Verbraucher, Finanzdienstleistungen, Biowissenschaften und Gesundheitswesen

Höhepunkte:

- Bis Juli 2023 hat GA über 55 Milliarden Dollar in mehr als 500 Unternehmen in verschiedenen Wachstumsphasen investiert. GA verwaltet 77 Milliarden Dollar in mehr als 215 aktuellen Portfoliounternehmen und setzt jährlich 8 bis 9 Milliarden Dollar an Kapital ein, wovon ungefähr 60 Prozent außerhalb der Vereinigten Staaten investiert werden.

- GA ist in sechs globalen Branchen und fünf wichtigen Regionen tätig mit einem Team von 272 Investmentexperten, an 16 Standorten weltweit.
- General Atlantic belegt derzeit den neunten Platz in der Rangliste PEI 300 der größten Private-Equity-Unternehmen der Welt von Private Equity International, was zum großen Teil der Führung von Bill Ford zu verdanken ist.

TONY:
Wir arbeiten an einem neuen Buch, dem dritten in der Reihe. Wir haben die besten Investoren der Welt interviewt und Sie stehen offensichtlich mit Ihrer Erfolgsbilanz ganz oben. Was Sie bei General Atlantic erreicht haben, ist einfach unglaublich. Wir wollten Sie zunächst fragen, ob Sie uns ein wenig über Ihren Werdegang erzählen könnten und über die Entwicklung und Expansion von General Atlantic in den Jahren, seit Sie angefangen haben.

BILL:
Ich danke Ihnen, Tony. Dies ist unser 43. Jahr. Wir begannen 1980 als Family Office und in den ersten zehn Jahren haben wir hauptsächlich Kapital für einen Mann namens Chuck Feeney verwaltet, einen Selfmade-Unternehmer aus New Jersey.

TONY:
Derselbe Chuck Feeney, der sein ganzes Geld verschenkte? Ich habe ihn interviewt. Er war außergewöhnlich.

BILL:
Sie haben ihn wahrscheinlich interviewt, Tony, denn er gilt als der Vater des Giving Pledge. Warren Buffett und Bill Gates werden Ihnen sagen, dass Chuck diese Idee des Gebens zu Lebzeiten erfunden hat, er machte es schließlich zu seiner Lebensaufgabe. Als wir General Atlantic im Jahr 1980 gründeten, hatte Chuck bereits ein beträchtliches Vermögen aufgebaut und starke Cashflows aus dem Duty-Free-Shoppers-Geschäft. Zu diesem Zeitpunkt stellte Chuck dann zwei Leute von McKinsey ein – Steve Denning, unseren Gründer, und einen weiteren Fachmann namens Ed Cohen. Diese beiden gründeten die Firma und zehn Jahre lang hatten wir

nur einen Investor: Chuck Feeney. Er baute ein Vermögen für sich selbst und auch für die spätere Atlantic Philanthropies auf.

Dann, um 1990, hatte Chuck ein lebensveränderndes Ereignis und beschloss, ganz aus dem Unternehmen auszusteigen – aus dem operativen Geschäft und aus der Führung – und sich für den Rest seines Lebens ganz der Philanthropie zu widmen. Er beschloss, sein gesamtes Geld in die Atlantic Philanthropies zu stecken und dieses Geld während seines restlichen Lebens zu verschenken. In diesem Sinne ermutigte Chuck General Atlantic, andere Investoren zu finden. Das war 1990; ich kam 1991 dazu.

Wir begannen dann, uns zu einem stärker institutionalisierten Unternehmen zu entwickeln, indem wir andere Kunden hinzugewannen, angefangen bei wohlhabenden Familien, dann Stiftungen und schließlich Institutionen mit großen Kapitalpools wie Versicherungsgesellschaften, Staatsfonds und Pensionsfonds. Aber, wie gesagt, unser Ausgangspunkt war Chuck, der das Duty-Free-Shoppers-Geschäft 1997 für 3,7 Milliarden Dollar an Louis Vuitton verkaufte.

Mit diesem Betrag und dem, was wir für ihn erwirtschafteten, verschenkte er letztlich zu Lebzeiten etwa 10 Milliarden Dollar. Chuck lebte also seine Idee des Gebens und dieser Weg führte zu unserem Investitionsstil und der Kultur. [Chuck] waren zwei Dinge wichtig. Das eine war Philanthropie, und das bedeutete, sein Kapital zu vermehren, damit er mehr zurückgeben konnte. Das zweite war seine Vorstellung von Unternehmern. **Er war fest davon überzeugt, dass Unternehmer die Welt zum Besseren verändern würden. Die Firma wurde also auf dem Ethos aufgebaut, Unternehmer zu unterstützen und einen Mehrwert zu schaffen für ihre Bemühungen, neue Unternehmen zu gründen und mehr philanthropische Arbeit zu leisten.**

Diese Ideen tragen wir immer noch weiter. Heute konzentrieren wir unsere Bemühungen weiterhin darauf, als Unternehmen etwas zurückzugeben, während wir gleichzeitig unsere Leidenschaft für die Unterstützung von Unternehmern beibehalten. Wir investieren in viele Branchen auf der ganzen Welt, nicht nur im Technologiebereich in den USA – aber unser Investitionsprogramm basiert auf einer Strategie, die wir »Growth Equity« nennen und bei der es im Wesentlichen darum geht, Unternehmen zu identifizieren, die das Risikokapitalstadium hinter sich gelassen haben und Hilfe beim schnellen Wachstum benötigen. Durch die Identifikation der richtigen Unternehmer und Unternehmen und die Teilhabe an diesem Wachstum können Sie hervorragende Renditen für Ihre Investoren erzielen.

Im Laufe von mehr als 30 Jahren hat sich General Atlantic zu einem globalen Unternehmen entwickelt. Wir sind in den USA, Europa, Indien, China, Südostasien und Lateinamerika vertreten, wobei etwa 60 Prozent unseres Portfolios außerhalb der USA angesiedelt sind. Eine der größten Herausforderungen für mich persönlich war die Arbeit an und der Aufbau von Beziehungen auf der ganzen Welt. Wir waren schon immer der Zeit voraus, wenn es darum ging zu erkennen, wohin sich Innovation entwickelt, und haben dann unseren Mitarbeiterstamm aufgebaut, um daraus Kapital zu schlagen. Heute sind wir fast 560 Mitarbeiter mit 16 Standorten in fünf Regionen und investieren jährlich etwa 8 bis 9 Milliarden Dollar in Wachstumskapital.

TONY:
Wer war die wichtigste Person, die Ihren Erfolg im Leben geprägt hat? Und was haben Sie von ihr gelernt oder mitgenommen?

BILL:
Das ist eine gute Frage, Tony. Steve Denning und Chuck Feeney hatten einen enormen Einfluss. Wie bereits erwähnt, ist Steve der Gründer von General Atlantic und derjenige, der mich angestellt hat. Viele der Grundwerte unseres Unternehmens stammen direkt von ihm, denn Steve war ein werteorientierter Mensch. Nachdem ich das Unternehmen als CEO übernommen hatte, wurde Steve Vorsitzender des Vorstands der Stanford University und blieb es ein Jahrzehnt lang. Er war ein großartiger Mentor und ich habe viel von ihm gelernt.

Auch Chuck hat mich geprägt, denn er war so ein unglaublicher Mann, der etwas getan hat, was sonst niemand tut, richtig? Zu dieser Zeit war Chuck einer der reichsten Männer der Welt. Er schuf eine Branche, den Reiseeinzelhandel, hatte ein erfolgreiches Unternehmen und war ein brillanter Unternehmer. Sich vollständig davon abzuwenden und im Alter von 55 Jahren ganz der Philanthropie zu widmen und schließlich sein ganzes Geld zu verschenken, ist bemerkenswert. Man trifft nicht viele solche Menschen. Er war sehr einflussreich.

Der letzte große Einfluss waren all die Unternehmer, mit denen ich zusammenarbeiten durfte – Menschen wie Sie. Unternehmer sind die interessantesten Menschen auf der Welt. Sie sehen die Welt mit anderen Augen. Man hat ihnen schon etwa 50-mal gesagt, dass ihre Idee nicht funktionieren wird, und sie halten trotzdem durch. Sie sind Menschen, von denen man nur lernen kann. Ich denke an all die Unternehmer, mit denen ich im Laufe der Jahre zusammengearbeitet habe, und da fallen mir viele ein. Zum Beispiel Larry Fink, Jamie Dimon und James Gorman – diese drei zähle ich zu den Mentoren und Menschen, die ich als Führungspersönlichkeiten zutiefst bewundere und die mir geholfen haben, zu wachsen und erfolgreich zu werden.

> **Unternehmer sind die interessantesten Menschen auf der Welt. Sie sehen die Welt mit anderen Augen. Man hat ihnen schon etwa 50-mal gesagt, dass ihre Idee nicht funktionieren wird, und sie halten trotzdem durch.**

CHRISTOPHER:
Das ist eine großartige Gruppe, mit der man in vielerlei Hinsicht verbunden sein kann. Lassen Sie uns ein wenig zur Investitionsseite übergehen. Ihr Unternehmen ist jetzt in mehr Branchen tätig als viele andere, aber es passt alles zu dem Ansatz der Wachstumsaktien. In der Welt des Wachstums in diesem Wirtschaftszyklus, mit dem wir es zu tun haben, wo sehen Sie die größten Chancen, denen die Leute nicht genug Aufmerksamkeit schenken?

BILL:
Ich denke, drei große Themen werden das Investitionsumfeld in den nächsten Jahrzehnten prägen und unsere Chancen bestimmen. Das eine ist die fortgesetzte Expansion dessen, was ich die »globale digitale Wirtschaft« nenne. Das beobachten wir schon seit Jahren, wie immer mehr Branchen, Teile der Wirtschaft und Regionen grundlegend von der Technologie beeinflusst werden. Wir befinden uns inmitten der vierten Welle der Datenverarbeitung, die ich in meiner Laufbahn miterlebt habe.

Als ich anfing, befanden wir uns in der Ära der Mainframes oder des zentralisierten Computing – in den 1980er-Jahren. Wir erlebten das Aufkommen des Personal Computing. Jetzt erleben wir das Aufkommen der Künstlichen Intelligenz. Dies wird die Computerlandschaft und die Technologielandschaft umgestalten und viele Möglichkeiten für Investitionen eröffnen.

Das zweite große Investitionsthema sind die Biowissenschaften. **Wir befinden uns in einem goldenen Moment der Innovation in der Biologie und den Biowissenschaften, basierend auf dem, was wir über das Genom und die Zellbiologie wissen. Die Künstliche Intelligenz verstärkt all diese Innovationen, weil sie die Entdeckung von Medikamenten ermöglicht. Sie werden eine echte Beschleunigung der Humantherapeutika erleben.** Wir wissen, dass der Zugang zur Gesundheitsversorgung vor allem in den Schwellenländern ein großes Thema ist, aber wir müssen unsere Gesundheitssysteme überdenken, um mehr Effizienz, mehr Zugang und bessere Ergebnisse zu erzielen. Also, es gibt zwar [Investitionsmöglichkeiten in] den Biowissenschaften, aber es ist auch eine sehr große Industrie, die Umwälzungen, Veränderungen und Innovationen braucht. Hier kann die KI eine wichtige Rolle spielen.

Das dritte Thema ist die Energiewende. Ich betrachte eine Welt, die täglich 110 Millionen Barrel Öl pro Tag verbraucht, und diese Zahl wird irgendwann auf 180 Millionen Barrel Öl pro Tag steigen. Erstens: Kohle kann nicht einmal den Energiebedarf der Welt in den nächsten zwei oder drei Jahrzehnten decken. Und zweitens: Wir müssen uns von 110 [Millionen Barrel] herunterarbeiten, um sauberere Energiequellen zu nutzen.

Der Umfang an Innovation und Investitionen, der dafür erforderlich ist, wird massiv sein. Es könnte sich um Klimatechnologie handeln. Es könnte grüne Energieerzeugung sein. Es könnte die Kohlendioxidabscheidung sein. Was auch immer es ist, wir müssen über die Idee nachdenken, die Energiebasis von kohlendioxidhaltiger auf kohlendioxidfreie Energie zu verlagern, um mit Klimaproblemen umzugehen.

TONY:
Sie sagen, das seien Themen für Jahrzehnte, nicht Themen für ein paar Jahre.

BILL:
Ja, mehrere Jahrzehnte. Themen, die ein außergewöhnliches Wachstum haben können, können außergewöhnliche Renditen erzielen.

CHRISTOPHER:
Wir nennen das Rückenwind im Gegensatz zu Gegenwind.

BILL:
Wir wollen Rückenwind, und dieser Rückenwind wird Möglichkeiten für neue Marktteilnehmer schaffen, auf den Markt zu kommen und Werte zu schaffen. Wenn wir unsere Belegschaft darauf konzentrieren, sollten wir in der Lage sein, gute Gelegenheiten zu finden.

CHRISTOPHER:
Was ist in den vergangenen 18 bis 24 Monaten passiert, das Sie erwartet haben, und was hat Sie überrascht?

BILL:
Die größte Veränderung betrifft sicherlich die Beziehung zwischen den USA und China.

Wir haben in einer Welt gelebt, in der die Integration Chinas in die Weltwirtschaft ein Rückenwind war und sich positiv auf das globale Wachstum ausgewirkt hat.

Jetzt erleben wir eine Welt, in der die Beziehungen zwischen den USA und China sehr viel schwieriger werden, was zu einer grundlegenden Veränderung des Investitionsumfelds führt.

Das hat Auswirkungen auf den Welthandel. Es hat Auswirkungen auf die Innovation. Es hat Auswirkungen auf die globalen Investoren.

CHRISTOPHER:
Was denken Sie, was die Anleger heute falsch machen, wo sie einfach nicht richtig positioniert sind?

BILL:
Ich glaube, viele Investoren unterschätzen die Innovationen, die aus den Bereichen Technologie, Biowissenschaften und Gesundheitswesen kommen werden. Man unterschätzt schnell, wie viele zukünftige Innovationen es geben wird und wie lange diese Trends anhalten werden – und ich denke, dass die Biowissenschaften und der Tech-Bereich die besten Beispiele dafür sind. Vor einem Jahr hätte niemand eine Vorstellung davon gehabt, wie wichtig die Künstliche Intelligenz werden würde und wie schnell sie Auswirkungen haben würde. Ich glaube, wir unterschätzen die Auswirkungen auf das Investitionsumfeld und die Investitionsmöglichkeiten.

CHRISTOPHER:
Da sind wir wieder bei dem alten Spruch: Man überschätzt, was man in zwei Jahren erreichen kann, und unterschätzt, was in zehn Jahren erreicht werden kann.

BILL:
Das ist perfekt gesagt. Eine andere Sache ist, dass es einfach ist zu quantifizieren, welche Arbeitsplätze durch diesen Technologiewandel verloren gehen, aber es ist sehr schwierig, genau zu bestimmen, welche Arbeitsplätze geschaffen werden. Ich glaube, dies ist ein Moment, in dem viele Menschen die positiven Auswirkungen dieser Entwicklung noch nicht richtig einschätzen.

Die negative Seite für Investoren ist, dass wir uns von einer Welt, die im Verhältnis zur Nachfrage ein Überangebot aufwies, was eine niedrige Inflation zur Folge hatte, in eine Welt verändern, in der die Nachfrage das Angebot übersteigt. Wir könnten für eine gewisse Zeit eine fundamentale Inflation haben, oder zumindest haben wir keinen Raum mehr für deflationäre Potenziale.

Ich denke, das ist ein Wandel im Investitionsumfeld, der uns noch eine Weile begleiten wird, und die Anleger müssen sich neu orientieren. Irgendwann endet die Musik der zwei Jahrzehnte des leichten Geldes, die wir erlebt haben. Jetzt befinden wir uns wieder in einer Welt, in der wir einen realen Zinssatz haben. Wir haben aktuell einen einigermaßen hohen Nominalzins. Wir haben einen realen Abzinsungssatz für zukünftige Cashflows, den wir vorher nicht hatten. Das sind die großen Gegenwinde und Veränderungen, die Innovation wertvoller machen, denn Innovation ist Wachstum und Wachstum kann einiges davon übertreffen.

TONY:
Ray Dalio ist offensichtlich ein Makro-Investor; das ist nicht dasselbe. Aber wenn er über seinen Heiligen Gral spricht, meint er das ultimative Prinzip, das er in dem Umfeld anwendet, das Sie beschreiben. Wenn Sie in Unternehmen investieren wollen, wenn Sie nach großartigen Unternehmern suchen, was ist Ihr Heiliger Gral des Investierens?

BILL:
Ich möchte auf das zurückkommen, was Sie gerade gesagt haben, Tony. Wir sind Mikro-Investoren in einem Makro-Kontext. Wir denken darüber

nach, wie groß der Markt ist, den dieses Unternehmen zu bedienen versucht, und wie schnell er wachsen wird. Aber wir überlegen [auch], wie es strukturiert ist und ob es am Ende einen attraktiven Gewinnpool geben wird. Da sind wir schon mittendrin. Und was war bisher der Heilige Gral? Es geht eigentlich um drei Dinge. Erstens – ich habe gerade darüber gesprochen – ist das der Markt. Zweitens: Ist der Preis hoch genug? Handelt es sich um ein Geschäftsmodell, das mit der Zeit eine hohe Rentabilität erzielen kann? Manchmal kann man ein Unternehmen in einem großartigen Markt aufbauen, aber das Geschäftsmodell ist im Grunde eine Branche mit 20 Prozent Bruttomarge mit einer Gewinnspanne von 1 oder 2 Prozent. Man kann es aufbauen, aber man wird keinen sehr großen Gewinn erzielen. Wir schulen unsere Teams in Geschäftsmodellen, um herauszufinden, welche Modelle grundsätzlich attraktiv sind und welche grundsätzlich unattraktiv sind. Und der dritte Punkt sind die Mitarbeiter und das Management. Wir nennen es Management, aber in Wirklichkeit geht es um die Qualität des Unternehmers. Ist dies die Art von Person oder Führungskraft, die tatsächlich etwas bewirken kann, Widrigkeiten überwindet und Gefolgschaft gewinnt, um ein Team aufzubauen? Jedes Mal, wenn wir unsere Mikro-Gelegenheit betrachten, beleuchten wir unsere drei Variablen eingehend.

TONY:
Sie sagten, dass Sie Ihre Mitarbeiter darin schulen, sich diese Geschäftsmodelle anzuschauen. Diese sind die attraktiven Modelle. Einige sind nicht so attraktiv. Was sind einige der Kriterien, auf die Sie achten, abgesehen von der Marge in diesem Bereich? Und dann, zweitens, in Bezug auf Mitarbeiter: Woher wissen Sie, ob es die richtige Führung ist oder der richtige Unternehmer?

BILL:
Wir achten auf die Preissetzungsmacht, die Kapitalintensität und hohe Bruttomargen. Die Kapitalintensität stellt ein grundlegendes Investitionsrisiko dar. Man braucht mehr davon; es schwächt Ihre Eigenkapitalbasis. In der Regel handelt es sich dabei um Fixkosten, die sich nicht steuern lassen, daher tendieren wir dazu, Unternehmen mit geringer Kapitalintensität zu bevorzugen. Und Preissetzungsmacht. Wenn man Preissetzungsmacht hat, geht das in der Regel mit höheren Bruttomargen und

höheren operativen Margen einher. Am schlimmsten ist es, wenn man in einem Allerweltsgeschäft ist, in dem man keine Preissetzungsmacht hat und das kapitalintensiv ist. **Wir lieben also diese beiden Dinge: Preissetzungsmacht kombiniert mit geringer Kapitalintensität führt zu hohen Bruttomargen, hohen Eintrittsbarrieren und letztlich zu hohen Gewinnspannen.**

Und dann: [Für] die Menschen tun wir eine Menge. Wir machen offizielle Management-Bewertungen mit anderen Unternehmen. Wir investieren in das Verständnis dessen, was sie dahin gebracht hat, wo sie sind, was sie motiviert, was sie erreichen wollen und was sie in ihrer Vergangenheit tatsächlich erreicht haben, das darauf hindeutet, dass sie in der Lage sein werden, die vor ihnen liegenden Herausforderungen zu bewältigen.

Und dann gibt es immer noch den intrinsischen Aspekt. Eine Aussage, die ich im Laufe der Jahre gehört und nie vergessen habe, ist, dass die besten Leute ehrgeizig sind für das Unternehmen und nicht so ehrgeizig für sich selbst.

TONY:
Das gefällt mir.

BILL:
Das heißt, man sollte das Ego nie aus der Gleichung herausnehmen – man braucht es. Aber manche Leute sind nur für sich selbst da und für das, was sie daraus ziehen können, sei es Reichtum, Macht oder Berühmtheit. Andere sind ehrgeizig, um wirklich ein schwieriges Problem zu lösen. Für mich bedeutet das Ehrgeiz für das Unternehmen, und das motiviert sie. Sie lassen sich nur durch wenige Dinge davon abhalten, zu einem Ergebnis zu kommen.

TONY:
Das ist so einfach und so klar. Diese Kriterien sind fantastisch.

CHRISTOPHER:
Lassen Sie uns noch einmal kurz auf Ihre geschäftliche Seite zurückkommen. Um zu einer großen Investmentfirma zu wachsen, braucht es viel mehr, als nur großartige Investitionen zu tätigen. Also abgesehen von starker Leistung, was war der Hauptgrund für den Erfolg des Unterneh-

mens? Und was war der eigentliche Dreh- und Angelpunkt in Ihrem Geschäft, der Ihnen den Sprung von gut zu großartig ermöglichte?

BILL:
Die drei Dinge, die zu unserem Erfolg geführt haben, sind unser Fokus auf Talent, Kultur und Prozesse. Letztendlich müssen wir großartige Mitarbeiter haben. Wenn wir uns nicht absolut dazu verpflichten, ein talentorientiertes Unternehmen zu sein, werden wir verlieren. Deshalb konzentrieren wir uns unablässig auf Talente sowie auf die bestmögliche Entwicklung unserer Mitarbeiter.

Der zweite Punkt ist die Kultur. Sie ist schwer zu entwickeln und aufzubauen und man kann sie leicht verlieren.

Deshalb ist es wichtig, dass wir über die richtigen Leute verfügen und uns für die Aufrechterhaltung einer Kultur einsetzen – nicht nur darüber zu reden, sondern sie auch zu leben, ist entscheidend.

Und schließlich kann man, wie ich bereits erwähnt habe, ohne Prozesse nicht wachsen. Ob es sich um einen Investitionsausschuss oder einen Portfolioausschuss handelt, Sie müssen darauf achten, die richtigen Prozesse zu implementieren, damit die Organisation effektiv bleibt darin, das zu tun, was sie tut.

Ein weiterer Punkt ist, dass man kein Talent und keine Kultur bekommen kann, ohne die wirtschaftlichen Erfolge zu teilen. Wenn die leitenden Angestellten zu viel von den finanziellen Ergebnissen für sich einbehalten, werden sie nicht in der Lage sein, die nächste Generation großartiger Mitarbeiter anzuziehen und zu halten. Es ist bemerkenswert, wie viele Unternehmen dies nicht befolgen, und das Ergebnis ist, dass sie in Sachen Talent und Kultur den Anschluss verlieren.

Mein Vorgänger, Steve Denning, war immer auf der Seite derjenigen, die weniger nehmen und mehr geben, und das hat es uns ermöglicht, großartige Leute anzuziehen. Die Leute wollen bleiben; sie wollen hier eine Karriere aufbauen.

CHRISTOPHER:
Sie sind quasi mit der Organisation gewachsen und haben dann das Ruder der Organisation übernommen. Was hätten Sie sich gewünscht, dass Ihnen jemand gesagt hätte, bevor Sie die Rolle übernommen haben, die Sie jetzt haben?

BILL:
Ich kann gut mit Zahlen und Finanzen umgehen. Ich glaube, ich bin ziemlich gut in Sachen Strategie. Ich glaube, ich bin gut im Verkaufen und Kommunizieren. Und dann merkt man sehr schnell, dass [Erfolg] von den Menschen abhängt. Die ganze Freude an diesem Job hängt an Menschen und alle Herausforderungen haben mit Menschen zu tun. Niemand hat mir das explizit gesagt und ich musste es aus Erfahrung lernen. Wenn man ein einfühlsamer, fürsorglicher Mensch ist, ist es nicht leicht. Es sollte sich niemals leicht anfühlen, und es ist nicht leicht.

CHRISTOPHER:
Wissen Sie, es ist für mich faszinierend zu beobachten, warum manche Firmen skalieren und groß werden, so wie General Atlantic es geworden ist, und andere nicht. Als jemand, der eine Firma über einen langen Zeitraum so aufgebaut hat, wie Sie es getan haben: Warum, glauben Sie, können manche Firmen skalieren und andere nicht?

BILL:
Ich denke, es hat mit der Verteilung der finanziellen Ergebnisse zu tun, aber es gibt auch andere wichtige Überlegungen. Es geht auch darum, die Verantwortung und die Entscheidungsfindung zu teilen.

Einige der besten Investoren sind großartige Einzelinvestoren, aber sie wollen die Entscheidungsfindung kontrollieren. Wenn man eine Firma um diese Personen herum aufbaut – eine kleine Gruppe von Leuten, die hervorragende Investoren sind –, dann wird man natürlich die Größe auf das beschränken, was diese zu tun in der Lage sind. Mir fallen viele Firmen ein, die 10 oder 20 Jahre lang um eine Gruppe von Personen oder eine Person herum großartig waren und dann schließlich aufgeben mussten, weil sie nicht in der Lage waren, über diese Gruppe hinaus zu skalieren. Und das mag an der [fehlenden gemeinsamen] Gewinnverteilung liegen, aber vielleicht auch an mehr als dem.

TONY:
Sie sprachen vorhin von Ihrem unerbittlichen Fokus auf Talente, der genau dieses Thema aufgreift. Ich würde das gern noch ein wenig vertiefen. Wenn Sie an das Universum der Talente im Bereich Investment denken,

was sind Ihrer Meinung nach die Schlüsseleigenschaften, die die besten Spitzenkräfte von ihren Kollegen unterscheiden?

BILL:
Das ist schwer zu sagen, Tony. Das ist das Schwierigste, was man tun kann, und deshalb braucht man Zeit, um Menschen wachsen und sich entwickeln zu lassen. Am Ende des Tages ist es eine wunderbare Mischung aus IQ und EQ, die ein großes Talent ausmacht. Menschen müssen klug und hoch motiviert sein, um erfolgreich zu sein. Sie dürfen nicht über die Maßen von sich überzeugt sein. Aber gute Talente sind in der Lage, ihr Ego so zu kontrollieren, dass sie Informationen zusammenfassen, gut zuhören und gute Entscheidungen treffen können.

Lassen Sie mich versuchen, das etwas anschaulicher zu machen. Nehmen Sie jemanden, der sagt: »Ich möchte diese Investition wirklich tätigen, weil ich aus dem Bauch heraus glaube, dass es ein dreifacher Gewinn ist. Ich bin davon überzeugt, und zwar aus den richtigen Gründen.« Jemand wird sein Ego beiseiteschieben, seinen Intellekt einsetzen und an einen Punkt gelangen, an dem er sagen kann: »Ich habe die Fähigkeit, all diese Informationen und Ungewissheiten zusammenzubringen und es dennoch mit Überzeugung in einem Investitionsausschuss durchzusetzen.« Für mich war es schwer herauszufinden, wer diesen Punkt erreichen kann, aber mit den Jahren merkt man es immer mehr.

TONY:
Das spiegelt eigentlich das wider, was Sie auch bei den Unternehmern sehen, nicht wahr?

Sie suchen nach dem Wertesystem: Geht es um mich, mich, mich? Oder ist es etwas, das größer ist als ich, in das ich investiert habe? Was mit der gesamten Kultur übereinstimmt, die bis zu den Gründern zurückreicht. Das ist wirklich schön.

Nur noch eine letzte Frage. Ich bin nur neugierig: Wenn Sie sich umschauen und Leute sehen, die in das Unternehmen eingetreten sind und dieses Gefühl der absoluten Mission haben im Gegensatz zu denen, die das nicht haben, woher kommt das Ihrer Meinung nach? Ich weiß, dass das bei jedem anders ist, aber gibt es da ein Muster, das Sie erkennen?

BILL:
Es ist schwer, [weil] Unsicherheit bei Entscheidungen dazugehört. Man hat nie alle Informationen. Wenn Sie hierherkommen und sagen: »Ich will das machen, weil ich reich und ein großer Private-Equity-Manager werden will«, dann werden Sie wahrscheinlich auf der ganzen Linie scheitern. Wenn Sie [stattdessen] den Wettbewerb lieben und sagen: »Ich möchte großartige Investitionen finden, ich möchte mein Handwerk lernen und wirklich gut darin sein«, und wenn Sie intellektuell aufgeschlossen sind und es Sie motiviert, Leute zu treffen, neue Dinge zu lernen und neue Märkte zu sehen – wenn Sie diese Art Mensch sind, dann ist das der schönste Beruf der Welt, denn er verändert sich ständig. Er ist nie statisch, nie gleich. Es geht um Menschen, und man lernt immer etwas dazu.

Als wir anfingen, war Private Equity ein Geheimtipp. Keiner wusste, was das ist. Wir hatten nicht einmal einen Namen dafür. Die Leute kamen in die Branche, weil sie gerne investierten und, in unserem Fall, weil sie gern Unternehmen aufbauten und mit Unternehmern zusammenarbeiteten. Wir sind eine 11-Billionen-Dollar-Branche und ich mache mir Sorgen, dass Leute kommen und sagen: »Das ist der beste Job.« Das macht mir für die Mitarbeitergewinnung Angst. Ich möchte, dass [die Leute] sagen: »Ich will das, weil ich das liebe.« Dann weiß ich, dass sie sich dafür begeistern und die richtigen Fähigkeiten erwerben können.

KAPITEL 19

TONY FLORENCE

CO-PRÄSIDENT VON NEA

Auszeichnungen: NEA wurde vor über 40 Jahren gegründet und war eine der ersten Silicon-Valley-Venture-Firmen mit bemerkenswerten Frühphaseninvestitionen in Slack, Airbnb und Stripe
Gesamtes verwaltetes Vermögen (Stand August 2023): 25 Milliarden Dollar
Schwerpunktbereich: Technologie und Gesundheitswesen

Höhepunkte:

- Das von NEA verwaltete Vermögen hat sich in den letzten zehn Jahren mehr als verdoppelt und belief sich zum 31. März 2023 auf mehr als 25 Milliarden US-Dollar.
- Die Investitionen des Unternehmens im gesamten Spektrum der Technologie und des Gesundheitswesens haben zu mehr als 270 Börsengängen und über 450 Fusionen und Übernahmen geführt.
- NEA hat den Aufbau von mehr als 100 Unternehmen mit einem Wert von 1 Milliarde Dollar oder mehr unterstützt.

- Die Portfoliounternehmen des Unternehmens haben einen kumulierten Marktwert von über 550 Milliarden Dollar erzielt.

TONY ROBBINS:
Sie können auf eine 17-jährige Karriere bei NEA zurückblicken und Sie haben diesen Technologiebereich auf eine neue Ebene gebracht. Sie haben einige große Unternehmen an die Börse gebracht und einige verkauft. Wie sind Sie in diese Position gekommen – dem Urahnen all dieser Venture-Capital-Unternehmen?

TONY FLORENCE:
Meine Ursprünge reichen zurück bis nach Pittsburgh, Pennsylvania. Und vieles von dem, worauf ich mich heute konzentriere, wurde damals aufgebaut. Ich entwickelte eine Leidenschaft für einige Dinge, und eines davon ist sicherlich eine langfristige Perspektive gegenüber Menschen und die Erkenntnis, dass Menschen sich auf so viele Arten verändern können. Das führt zurück zum Unternehmertum und zu den Grundprinzipien von dem, was wir hier tun. **Die meisten von uns hatten eine Kombination von anderen Menschen, die uns zu unserem Glück verholfen haben, und dann haben [wir] auf dieser Grundlage unser eigenes Glück geschaffen.**

Ich hatte das Glück, lange Zeit mit NEA zusammenzuarbeiten, als ich das Tech-Banking bei Morgan Stanley leitete – ein weiterer Ort, der für mich grundlegend war. Der Ursprung war, dass ich mit jungen Unternehmen arbeiten, sie auf ihrem einem, zwei oder drei Jahrzehnte dauernden Weg begleiten und versuchen wollte, eine kleine Rolle dabei zu spielen, Menschen bei der Erfüllung ihrer Visionen und Träume und dem Netzwerkeffekt zu helfen, den das haben würde. Und so begann ich vor langer Zeit mit dieser Reise und so wie bei Ihnen und Christopher ist es einfach ein Tag nach dem anderen.

TONY ROBBINS:
Erzählen Sie uns etwas über ein Unternehmen wie Casper oder Jet.com, von dem ich weiß, dass Sie es an Walmart verkauft haben. Erzählen Sie uns, was Sie am Anfang gesehen haben, wie Sie ein solches Unternehmen betrachten, wie Sie entscheiden, die Investments zu tätigen. Ich würde gern einige der Kriterien hören, nach denen Sie suchen.

Co-Präsident von NEA

TONY FLORENCE:

Jet ist ein großartiges Beispiel. Das beginnt mit einem Gründer namens Marc Lore. Marc war mein erstes Investment bei NEA im Jahr 2009. Und für mich ist dies das versteckte Juwel, der schönste und lohnendste Teil meiner Arbeit. Ich werde mit Marc arbeiten, bis ich nicht mehr arbeiten kann. Ich stecke gerade in meinem dritten Unternehmen mit Marc; ursprünglich habe ich mit Marc in Diapers.com investiert, aus dem Quidsi wurde. Wir haben dieses Unternehmen an Amazon verkauft und ich hatte einen Sitz in der ersten Reihe bei einem Gründer, der ein Unternehmen aufbaute, das buchstäblich in seiner Garage mit dem Weiterverkauf von Windeln begann. Er war ein Vater, der frustriert war, wenn er zu CVS ging und [sie] nicht mehr vorrätig waren.

Als ich Marc kennenlernte und er mir die ursprünglichen Gründe erzählte, warum er dieses Geschäft aufgebaut hat, wusste ich, dass er nicht aufhören würde, bis es erfolgreich war. Es spielte keine Rolle, was er vor sich hatte. **Deshalb ist eines der wichtigsten Dinge, nach denen wir suchen, dieses Maß an Ausdauer und Besessenheit, dass es nicht ums Geld geht und auch nicht um die Anerkennung.** Für Marc begann es in diesem speziellen Fall mit seiner Leidenschaft und Besessenheit als Kunde und der Frustration seiner Frau, aber dann wurde daraus: Wie kann ich allen Müttern in diesem Land helfen?

Ich erinnere mich, dass ich nach meinem ersten Treffen mit Marc meinen Partner anrief und sagte: »Ich habe mein erstes Investment getätigt. Ihr werdet es hassen, aber ich sage euch, dieser Typ wird gewinnen. Er verkauft Produkte mit 10 Prozent Bruttomarge über das Internet und er wird Amazon schlagen.« Sechs Jahre lang rief Jeff Bezos ihn an, drohte ihm in der einen Minute und bezirzte ihn in der nächsten Minute, in das Unternehmen einzusteigen. Und dann rief mich der Vorstand von Walmart an und sagte: »Hey, warum verkauft ihr nicht an uns?« **Und so wurde mir klar, dass ein Typ aus New Jersey, der in seiner Garage die Idee umsetzte, Windeln online zu verkaufen, etwas aufgebaut hatte, das für die beiden größten Einzelhändler des Landes von Bedeutung war: Amazon und Walmart.**

Aus dieser kleinen Idee wurde eine halbe Milliarde Dollar (Umsatz) und Hunderte von Mitarbeitern und Hunderttausende von Kunden, denen es gefiel, dass eine Mutter nicht mehr in den Laden gehen musste, sondern die Sachen schon am nächsten Tag geliefert bekommen konnte.

Ich habe von Marc viel über die Macht dieser hochfrequenten Kundenbeziehung gelernt. Wenn man die gewinnt, ist der Rest ganz einfach. Von je zwei Müttern kam eine nie wieder und die andere kam 26-mal wieder.

Wir haben das Unternehmen für 3,5 Milliarden Dollar verkauft. Es gibt viele Details in dieser Geschichte, aber Marc war die zentrale Figur und der Grund dafür. Ich bin jetzt bei meinem dritten Unternehmen mit Marc, es heißt Wonder und ich denke, dass es in einem Jahrzehnt sein größtes Unternehmen sein wird.

Wenn ich einen derartigen Erfolg in meiner Karriere erreichen kann, und sogar mehrere, dann ist das eine tolle Sache. Eines der besten Dinge daran, Investor, Gründer und Unternehmer zu sein, ist, dass man ein guter Verwalter von Risiken und Gelegenheiten sein muss. Bei Marc und vielen anderen Gründern, mit denen ich zusammengearbeitet habe, ist es so. Sie sind risikofreudig, aber sie hören auf Daten, den Markt, Menschen und Feedback und sind gern bereit, ihr Denken und Handeln während des Weges weiterzuentwickeln.

TONY ROBBINS:
Sie haben sich intensiv mit dem Bereich E-Commerce beschäftigt. Ich habe einen Artikel gelesen, in dem Sie zwei verschiedene Arten von Menschen beschrieben: die Person, die dazu da ist, das Problem zu lösen, wie Marc, und die Person, die sieht, wie man rationalisiert oder maximiert. In welche Gruppe gehört Casper [Matratzen], um nur ein Beispiel zu nennen?

Und dann würde ich gern wissen, wer Sie auf Ihrem Weg am meisten beeinflusst hat.

TONY FLORENCE:
Bei Casper lief es etwas anders. Dort gab es eine Effizienz, die Gestalt annahm, als man die Vertriebskette und schließlich auch die Zwischenhändler aufgab. Das ist letztendlich die Macht des Internets. Es gibt eine Rationalisierung des Vertriebs, und sie haben zufällig Glück mit einem kleinen Marketing-Trick. Sie hatten eine Matratze in einer Box, das Video ging viral und hat ihnen geholfen, aus der Masse hervorzustechen, wenn man so will.

Es war also ein bisschen Glück im Spiel, ein bisschen Einfallsreichtum und ein bisschen »Wir können es besser als die anderen«, aber ich glaube, dieses Geschäftsmodell hat mich wirklich angesprochen, denn jeder im Land muss eine Matratze kaufen.

Es ist eine Notwendigkeit und eine Erfahrung, die jeder bis zu einem gewissen Grad kennt, und bei den wenigsten ist es eine positive Erfahrung. Und so hatte man zumindest einen Markt, den jeder verstehen konnte, und eine Erfahrung, der die Menschen entweder neutral gegenüberstanden oder die sie nicht mochten.

Ein paar junge Leute, jemand von der University of Texas und ein paar andere, die er mitbrachte, hatten die Idee, dass man die gesamte Liefer- und Vertriebskette abbauen und effizient gestalten könnte. Und man könnte sich (eine Matratze) in einer Kiste nach Hause liefern lassen, anstatt sie auf dem Autodach anliefern oder fahren zu lassen. Und sie entwickelten daraus eine Marke. Sie hatten ein internetbasiertes Unternehmen, das mittels Marketing ein wirklich großes Unternehmen aufgebaut hat.

Wir versuchen zu helfen, eine Vision zu entwickeln. Hoffentlich hat sie sich ein wenig herauskristallisiert und wir helfen dabei, die Dinge zu verstärken, die zur Verwirklichung dieser Vision nötig sind. Diese Jungs wollten etwas Einzigartiges aufbauen, und das haben sie geschafft.

TONY ROBBINS:
Wer hat Sie auf dem Weg dorthin am meisten beeinflusst? Was haben Sie von dieser Person gelernt? Bestimmt gab es in Ihrem Leben mehr als eine Person, aber wer sticht besonders hervor?

TONY FLORENCE:
Nun, ohne Großmutter und Mutter fängt nichts an und hört nichts auf. Für mich sind es die beiden. Ich wurde sowohl von meiner Mutter als auch von meiner Großmutter aufgezogen, und dann von meiner Frau. Daher würde ich wahrscheinlich sagen, dass ich mehr in Schwung gekommen bin, als ich selbst erwartet hatte, nur wegen ihrer gemeinsamen Unterstützung und Unerschütterlichkeit. Ich hatte [auch] das große Glück, auf meinem Weg viele Mentoren gehabt zu haben, sowohl bei der NEA als auch außerhalb der NEA. Und die Gründer, mit denen ich zusammenarbeite, sind diejenigen, von denen ich mich jeden Tag inspirieren lasse.

Ich habe mich heute Morgen mit einem von ihnen unterhalten und das hat mich richtig unter Strom gesetzt. Ich dachte: »Okay, lasst uns das herausfinden.« In diesem Geschäft passiert es in gewissem Maße täglich, plötzlich unter Strom zu stehen. An diesem Punkt suche ich nach Inspirationen und kleinen Momenten auf meinem Weg, nicht nach etwas Dramatischem. Ich habe eine großartige Grundlage durch meine Familie und das ist es, was mich zentriert. Alles andere ist an diesem Punkt nur noch das Sahnehäubchen.

CHRISTOPHER:
NEA wird sowohl als Risikokapitalfirma als auch als Wachstumsfirma im Vergleich zu Wettbewerbern bezeichnet. Offensichtlich haben Sie jetzt Kapital zur Verfügung. Worin sehen Sie die größten Chancen?

TONY FLORENCE:
Wenn wir unser volles Potenzial im Namen unserer Limited Partners ausschöpfen, tun wir zwei Dinge wirklich gut. Erstens: Wir steigen früh in ein Unternehmen ein und können es ein oder zwei Jahrzehnte lang unterstützen. Einige unserer besten Unternehmen mit einer Marktkapitalisierung von 50 Milliarden Dollar haben nicht so angefangen. Sie begannen mit einem Scheck über 5 Millionen Dollar und ein paar Leuten. Das ist also der Punkt, an dem wir wirklich an der größten Wertschöpfung teilhaben können. Wir haben uns so aufgestellt, dass wir das in jeder Phase des Weges mit der gleichen Leidenschaft für Risiken und Chancen tun wie vor zehn Jahren, als wir in das Unternehmen eingestiegen sind. Das bedeutet Engagement bei NEA.

Wenn ich sonntags einen Anruf erhalte, selbst wenn ich schon seit zehn Jahren mit diesem Unternehmen zusammenarbeite, ist es so, als ob nichts anderes wichtig wäre, und ich bin mit dem gleichen Einsatz dabei wie am Anfang. Heute haben wir das große Glück, dass wir in der Entwicklung eines Unternehmens Zeitpunkte wählen können, an denen wir Vorteile aus diesen Dingen ziehen. In den frühesten Stadien sehen wir dramatische Möglichkeiten in der KI und in der Softwareentwicklung. Wir haben uns stark auf Investments in der frühen und mittleren Phase konzentriert. Und dann, in der Wachstumsphase, warten wir darauf, dass sich diese Gelegenheit wirklich beschleunigt, aber wir beginnen, echten Wert in Unternehmen in der Wachstumsphase zu sehen.

Das sind Unternehmen, die bereits etabliert sind, deren Risiko aus dem Geschäftsmodell entfernt wurde und die Kapital brauchen, um zu wachsen. **Und wir waren in einem Umfeld, in dem es für junge Unter-**

nehmen sehr schwierig war, Kapital zu bekommen, und so sehen wir gerade, dass die Preisdynamik viel günstiger wird.

CHRISTOPHER:
Als Sie bei unserem Themen-Event im Januar 2023 eine Rede hielten, hatten wir das Glück, uns mit Ihnen beim Frühstück darüber zu unterhalten, was 2022 in der Welt passiert war. Wenn Sie auf die Zeit nach Covid bis heute zurückblicken: Was von dem, das Sie erwartet haben, ist auch eingetroffen?

TONY FLORENCE:
Was mir sofort einfällt, ist, dass wir mit der Silicon Valley Bank eine Kreditkrise in der Technologiebranche hatten, die niemand vorhergesehen hatte. Glücklicherweise konnten wir unser Kapital von dort abziehen, bevor es ein Problem gab. Aber die Geschwindigkeit, mit der ein großes börsennotiertes Unternehmen wie dieses zusammenbrach, war für uns die größte Überraschung des Jahres. Jetzt kommt es mir so vor, als sei das vor einer Ewigkeit gewesen.

Interessant ist auch, dass sich der Markt ziemlich schnell wieder erholt hat. Auch das hat überrascht.

Eine weitere Überraschung war, dass sich die Aktienmärkte so schnell erholt haben, insbesondere bei den großen Technologieunternehmen. Wir dachten, wir würden uns in einer länger andauernden Schwächephase und einem schwierigeren Zinsumfeld bewegen. Und die Wirtschaft hat sich etwas stärker und lebhafter entwickelt, als wir erwartet hatten.

CHRISTOPHER:
Das führt zur nächsten Frage. Was machen Investoren derzeit falsch, wenn sie sich mit Venture Capital und Wachstum befassen? Woran liegt es, dass sie entweder das Risiko oder die Chancen nicht richtig einschätzen?

TONY FLORENCE:
Krisen schaffen Chancen und da es Liquidität und einen Kapitalmarkt gab, entstand eine Zinskrise. Und deshalb ist jetzt die Zeit, sich auf Sekundärmärkte und nicht-traditionelle Dinge zu stützen. Wir versuchen das, indem wir über unser Geschäft im Sekundärmarkt, das Kreditge-

schäft und andere Bereiche nachdenken. Die zweite Sache, die ich sagen möchte, ist, dass die Innovation nicht aufhört. Die Leute, die heute Unternehmen gründen, sind nicht so besorgt über die Fed und die Rezession, wie wir drei vielleicht denken.

Deshalb muss man bei Risikokapital und Investments in der Frühphase zeitlich diversifiziert sein und man muss die richtige Laufzeit haben. Es gibt Unternehmen, die im vergangenen Jahr, in diesem Jahr und im nächsten Jahr gegründet wurden oder werden, auf die wir in zehn Jahren zurückblicken und sagen werden: »Wow, das war eine fantastische Zeit, um in Risikokapital zu investieren.« Ich denke, dass unser Geschäft ein wenig zyklischer geworden ist, als es sein sollte, denn diese Anlagen haben eine lange Laufzeit. Es dauert sehr lange, ein Unternehmen aufzubauen, und man kann nicht vorhersehen, wann der nächste Marc Lore mit einer großartigen Idee auftaucht, deren Realisierung acht Jahre braucht. Aber wenn er es tut, wird es ein erstaunliches Ergebnis für Ihre LPs sein.

Das muss man mit dem Umfeld in Einklang bringen. Im Februar haben wir einen großen Fonds geschlossen. **Wir glauben, dass es eine gute Zeit ist, eine gesunde Zeit, um verantwortungsvoll zu sein, aber auch zu investieren. Und das ist für Limited Partner manchmal schwer zu verstehen, denn wenn es draußen ungemütlich ist und regnet, ist das manchmal die beste Zeit für eine langfristige Perspektive.**

CHRISTOPHER:
Wenn Ihnen jemand einen Eimer Geld gäbe und sagte: »Ich will es 20, 25, 30 Jahre lang nicht zurückhaben.« Würden Sie sich freuen? Würde es Ihnen Angst machen? Sie haben darüber gesprochen, wie lange es dauert, diese Unternehmen aufzubauen, aber die typische LP-Struktur, Kapital zurückgeben zu müssen, liegt in der Natur der Branche, in der wir tätig sind. Dennoch habe ich das Gefühl, dass permanentes Kapital eine bessere Lösung in der Welt der Risiko- und Wachstumsfinanzierung wäre.

TONY FLORENCE:
Es besteht kein Zweifel und ich denke, dass es für viele Investmentfirmen so etwas wie der Heilige Gral ist, mehr dauerhaftes Kapital zu haben. Deshalb sind viele Firmen an die Börse gegangen. Wir sind immer auf der Suche nach einem Partner mit langer Laufzeit. Ein paar haben wir. Wir

haben das nicht ausgenutzt, nur weil wir traditionelle Strukturen haben. Aber wir versuchen auf jeden Fall, das richtige Gleichgewicht zu finden.

Auch hier gilt, dass wir jeden Dollar, den wir annehmen, mit einem extremen Maß an Rechenschaftspflicht und Verantwortung einsetzen, und deshalb muss man die richtige Erwartungshaltung haben. Ich denke, die Branche wird mit der Zeit weiter reifen. Und so ist auch unsere Einschätzung, was Wagnis und Wachstum angeht.

Unser Fonds hat eine Laufzeit von zwölf Jahren, was viel länger ist als bei einem herkömmlichen Fonds. Normalerweise haben diese Fonds eine Laufzeit von acht, vielleicht zehn Jahren, wir sind also auf der längeren Seite, und zwar genau aus diesem Grund. Aber die gute Nachricht ist, dass uns das nicht davon abgehalten hat, zu versuchen, den Wert für unsere Limited Partner zu maximieren.

TONY ROBBINS:
Sie sprechen den Heiligen Gral an. Das ist der Titel dieses Buches, *Der Heilige Gral des Investierens.* Ich habe vor einigen Jahren Ray Dalio interviewt und gefragt: »Was ist das wichtigste Investitionsprinzip, das Sie bei Ihren Entscheidungen leitet?« Und seine Antwort lautete, dass man acht bis zwölf unkorrelierte Anlagen haben sollte. Und er bezeichnete das als den Heiligen Gral.

Ich bin neugierig, was Ihrer Meinung nach der Heilige Gral des Investierens ist.

TONY FLORENCE:
Nun, es ist so, und es ist nicht so, Tony, um es direkt zu sagen. Jeder, der in unserem Geschäft ist und der nicht alles gelesen hat, was Ray Dalio geschrieben hat oder was Sie über ihn geschrieben haben, wird sich wahrscheinlich selbst betrügen. Wir haben Glück, dass wir das lesen können. Unser Unternehmen wurde vor 45 Jahren mit einer hundertjährigen Vision gegründet, und zu dieser gehörten stets ein paar wichtige Dinge. Erstens, dass es immer um Technologie und Gesundheitswesen geht. Wir haben also per definitionem unkorrelierte Investitionstätigkeiten aufgrund der Natur der Sache. Wir haben eine Diversifizierung, die wahrscheinlich eher dem entspricht, was Ray sagt. Wir nehmen auch eine dynamische Kapitalallokation innerhalb einer Fondsstruktur, basierend auf einem bestimmten Umfeld, vor, was ein weiteres seiner Prinzipien ist. **Wir können**

in bestimmten Bereichen eine Überallokation vornehmen oder in anderen Bereichen eine Unterallokation und wir haben diese Flexibilität in unsere Arbeit einfließen lassen. Dann haben wir eine zeitliche Diversifizierung.

Das Schöne an unserer Arbeit ist, dass ich heute ein Investment tätige, aber sieben bis acht Jahre Zeit habe, um Investmententscheidungen für dieses Unternehmen zu treffen.

Ich habe also eine Menge Zeit, um zu sehen, wie sich die Technologiezyklen entwickelt haben. Die ursprüngliche Idee und das ursprüngliche Produkt oder die Technologie, in die wir investiert haben, ist sie heute noch relevant? Wir knien uns da rein.

Und schließlich würde ich sagen, dass wir aufgrund unserer Größe kleine Wetten eingehen, die sehr unkorreliert sind, die eher futuristisch sind, die vielleicht nicht klassischen sozialen Medien oder E-Commerce oder KI entsprechen, sondern vielleicht in ein Robotik- oder Automatisierungsunternehmen gehören, das nichts mit 95 Prozent unseres Portfolios zu tun hat, aber, wenn es funktioniert, etwas ganz Besonderes sein könnte. Oder wir gehen eine kleine Wette in einem Bereich der Biowissenschaften wie CRISPR ein. Als wir damals in die CRISPR-Technologie investierten, war das echt verrückt, aber es war auch gegen den Strich von allem, was in den Biowissenschaften bisher gemacht worden war. Und so haben wir die Möglichkeit, diese kleinen Experimente zu machen, aber mit kleinen Investments, die kein großes Kapitalrisiko bergen, aber diese gute Diversifizierung bieten, von der Sie sprechen.

TONY ROBBINS:
Sie haben im Laufe der Jahre mit so vielen Unternehmern zusammengearbeitet. Wenn Sie ein, zwei oder drei Prinzipien nennen müssten, die Ihrer Meinung nach den Erfolg eines Unternehmers begründen, was sticht besonders hervor?

TONY FLORENCE:
Ich hasse es, mich zu wiederholen, aber ich würde sagen, dass sie besessen sein müssen von dem, was sie tun. **Besessen von der Gelegenheit und besessen von dem Risiko. Beides ist wichtig.** Zweitens: Sie haben eine klare Vision, auf die sie aufbauen und für die sie Mitarbeiter gewinnen können. Das ist sehr wichtig und sie sind in der Lage, es zu kommuni-

zieren. Und der dritte Punkt, dass sie etwas in sich tragen, von dem sie wissen, dass es 24 Stunden am Tag für sie arbeitet. Es ist nicht nur die Besessenheit, sondern der Glaube, dass dies geschehen muss; es gibt einen Grund für ihre Existenz.

Als ich gestern mit Marc über sein neues Unternehmen sprach, sagte er wörtlich: »Tony, es gibt Millionen Menschen, die das brauchen«, und er glaubt tief in seinem Herzen, dass das, was er tut, wichtig ist und nichts mit einer Ergebnisanzeige zu tun hat.

TONY ROBBINS:
Der Aufbau einer großen Investmentfirma erfordert viel mehr als nur großartige Investitionen oder eine großartige Performance. Was, glauben Sie, war der Hauptgrund für den Erfolg Ihrer Firma in den letzten 45 Jahren? Und gab es einen Wendepunkt in Ihrem Geschäft, der es dem Unternehmen ermöglichte, so richtig durchzustarten?

TONY FLORENCE:
Wie alles andere auch sind wir im Kern ein Humankapital-Unternehmen.

Alles dreht sich um die Menschen und das Team. Wenn man sich NEA ansieht, bleiben die meisten Leute, die hier anfangen, bis zu ihrem Ruhestand. Die meisten unserer Partner sind seit 15, 20 Jahren hier. Es ist eine sehr intensive Kultur, die auf Teamarbeit, Vertrauen und Spitzenleistungen basiert, und wir versuchen, dies jeden Tag zu leben. Wir sind besessen von diesen Dingen. Alles, was wir tun, muss die Teamarbeit, das Vertrauen und die hervorragende Qualität unserer Kultur widerspiegeln. Und wenn wir Dinge sehen, die damit nicht in Einklang stehen, entfernen wir sie schnell, egal ob es sich um eine Person oder ein Verhalten handelt. Und wir versuchen bei allem, bei der Art und Weise, wie wir Dinge tun, wie wir arbeiten, wie wir Kredite vergeben, wie wir Anreize für unsere Mitarbeiter schaffen, diese wichtigen Teile der Kultur zu stärken.

Als Zweites würde ich sagen, dass wir ein Konzept für gemeinsame Ergebnisse haben. **Schließlich sind wir nur ein kleiner Teil der Reise eines Unternehmens und eines Gründers, und wir haben ein ganzes Team.** Also im Durchschnitt kommen acht bis zehn Leute bei NEA mit einem Unternehmen in Kontakt, und das ist wirklich wichtig. Wenn Sie sich mit einem unserer Gründer unterhalten, sagt er vielleicht ein paar nette Dinge über einen Partner, aber was wir wirklich wollen, ist, dass er über

NEA spricht. Wir wollen, dass man darüber spricht, wie sehr die Leute bei NEA ihre Arbeit lieben und sich mit Enthusiasmus eingebracht haben. Dieses Konzept der gemeinsamen Ergebnisse ist so wichtig.

Der letzte Punkt ist unser langfristiger Fokus auf Beziehungen. Einige unserer Limited Partner sind schon seit 30 Jahren bei uns.

TONY ROBBINS:
Wow!

TONY FLORENCE:
Wenn man mit jemandem ein, zwei oder sogar drei Jahrzehnte lang zusammenarbeiten kann, weiß man das zu schätzen und kann auch stolz darauf sein. Diesen Ansatz verfolgen wir auch bei den Gründern, denn ein langfristiger Ansatz für Beziehungen ist wichtig.

CHRISTOPHER:
Was wünschen Sie sich, dass es Ihnen jemand gesagt hätte, bevor Sie das Steuerruder in die Hand nahmen?

TONY FLORENCE:
Ich glaube nicht, dass mir das jemand hätte sagen können, aber ich fühle mich sehr privilegiert – sehr viel privilegierter, als ich dachte –, das zu tun, was ich heute tun darf. Ich darf mit großartigen Menschen arbeiten. Es ist ein schwieriges Geschäft, in das man sich einarbeiten muss; jeden Tag gibt es eine Menge Entscheidungen, die sich langfristig auswirken. Deshalb sprechen wir besonders ausführlich über die langfristigen Folgen unserer Entscheidungen. Schnell eine Entscheidung zu treffen, ist einfach. Schwierig ist es, diese Entscheidungen im Kontext dessen zu treffen, was sie für die Zeit nach unserer Abreise bedeuten könnten.

Wir versuchen, die Firma so zu führen, wie wir wollen, dass andere über uns denken. Wir sind alle aggressiv. Wir sind alle Typ-A-Leute. Wir sind alle wettbewerbsorientiert, aber manchmal muss man maßvoll und mit Bedacht Entscheidungen treffen, die im Moment geringfügig und leicht zu treffen sind, aber langfristige Auswirkungen haben.

Damit haben wir viel Zeit verbracht und [am Anfang] habe ich das wahrscheinlich nicht so sehr zu schätzen gewusst.

CHRISTOPHER:
Es geht auf das zurück, was Sie vorhin sagten, nämlich dass das Unternehmen vor 45 Jahren mit einem Zeithorizont von 100 Jahren gegründet wurde. Das ist eine sehr schöne Betrachtungsweise. Wenn Sie rückblickend irgendetwas in Ihrem Unternehmen anders machen könnten, was wäre das?

TONY FLORENCE:
Ich komme aus sehr einfachen Verhältnissen in Pittsburgh und habe einen konservativen Hintergrund von Morgan Stanley, und deshalb bin ich darauf fixiert, ja kein Geld zu verlieren.

Das ist es ja, man will als Investor kein Geld verlieren. Aber man muss Risiken eingehen. In unserem Geschäft würde ich sagen, dass wir wahrscheinlich zu bestimmten Zeitpunkten etwas mehr Risiko hätten eingehen können. Wenn ich also auf die Jahre 2008 und 2009 zurückblicke, wünschte ich, wir wären damals etwas mehr Risiken eingegangen, als wir wahrscheinlich eine ähnlich starke Position hatten wie heute. Unmittelbar nach Covid ging alles so schnell, aber es gab einen Moment, einen Moment von sechs bis zwölf Monaten, in dem sich eine enorme Menge an Möglichkeiten auftaten.

Im Nachhinein betrachtet haben wir nicht viele Fehler gemacht und uns nicht den Zeh gestoßen. Aber es gab eine Reihe von Dingen, von denen ich wusste, dass sie großartige Investments waren in diesen Zeiträumen, doch ich sagte mir, es sei nicht der richtige Zeitpunkt, Gas zu geben, weil ich mir eben nicht sicher war. Im Nachhinein hat man natürlich leicht reden, aber ja, ich wünschte, wir hätten ein paar dieser Investitionen realisiert.

CHRISTOPHER:
Mit den uns zu diesem Zeitpunkt zur Verfügung stehenden Informationen treffen wir eben die bestmögliche Entscheidung. Sie haben ein ungewöhnliches Unternehmen aufgebaut, ein Wagniskapital- und Wachstumsunternehmen, das sich über sehr lange Zeit gehalten hat und eine enorme Größe erreicht hat. Was sind Ihrer Meinung nach die Gründe dafür, dass die meisten Investmentfirmen nicht skalieren können oder nicht den Schritt zu diesem langfristigen Geschäft machen?

TONY FLORENCE:
Es ist so lustig, vor zwei Wochen hatte ich ein Abendessen in New York mit elf oder zwölf Private-Equity- und Hedgefonds-Führungskräften oder CEOs. Wir haben auch darüber gesprochen.

Ich denke, dass bei Finanzunternehmern die Psychologie eine wichtige Rolle spielt. Letztlich wird eine Wertpapierfirma in der Regel von Finanzunternehmern geführt und es ist schwer, alle auf eine Linie zu bringen. Es sind Persönlichkeiten und das Leben der Menschen ändert sich. Wir betrachten sogar die Firmen, die einst groß waren, aber trotzdem nicht überlebt haben, weil wir in aller Bescheidenheit daran erinnert werden wollen, dass Unternehmen X in den Jahren 1996, 1997, 1998 und 1999 eines der besten Unternehmen in unserer Branche war und heutzutage nicht mehr existiert.

Warum ist das so?

Es liegt daran, dass sich die Partner in der Regel nicht verstanden haben, sich nicht abgestimmt haben. Sie hatten nicht die richtigen langfristigen Ziele und offen gesagt glaube ich, dass sie für das Wachstum nichts opfern wollten. Man muss eine Vision haben, wo man in 10, 15, 20 Jahren sein will, und diese Leute existieren mehr im Moment. Genau wie beim Aufbau eines Unternehmens muss man eine Vision für die Größe haben und man muss in der Lage sein, die nötigen Voraussetzungen zu schaffen, und man muss bereit sein, auch wenn es nicht offensichtlich ist. Viele Venture-Capital-Unternehmen vermeiden es zu wachsen.

Es ist natürlich bequemer, nur vier Leute am Tisch zu haben, und sie wollen keine Partner hinzuziehen und sich nicht mit den Komplikationen der Entscheidungsfindung und Rechenschaftspflicht herumschlagen. Man muss wirklich bereit sein, mehr in die Firma und das Team hineinzustecken, als man bekommt – das ist das Entscheidende.

TONY ROBBINS:
Tony, wenn Sie an das Universum der Investmenttalente da draußen denken, was sind Ihrer Meinung nach einige der wichtigsten Eigenschaften, die die besten Mitarbeiter von den anderen unterscheiden? Letztlich steht und fällt der Aufbau des Unternehmens mit den Menschen, richtig?

TONY FLORENCE:
Man braucht ein großartiges Investmentteam und muss die Auswechselbank immer wieder auffüllen. In unserem Geschäft sind wir besessen von

der Leistung, also nehmen wir das sehr ernst und wir versuchen, bessere Leute einzustellen, als wir heute haben, und uns selbst zu pushen. Und ich denke, man muss den Leuten eine Menge Autonomie geben, und damit auch genug Raum, um zu wachsen.

Da wir ein wachsendes Unternehmen sind, konnten wir diese Möglichkeiten stets schaffen und das ist wirklich wichtig, um einige der besten Leute anzuziehen.

TONY ROBBINS:
Sie halten also Ausschau nach Leuten, die einen Sinn für Visionen haben, die vertrauensvolle Beziehungen aufbauen können, die Risiken und Chancen abwägen können, diese grundlegenden Dinge, über die Sie vorhin gesprochen haben. Ist das richtig, Tony?

TONY FLORENCE:
Ja, absolut. Und ich denke, wenn man Leute einstellt, will man Leute, die einen selbst besser machen, die die Firma besser machen werden und die etwas Zusätzliches einbringen werden. Das kann zum Beispiel eine andere Art von Hintergrund sein. Es kann eine andere Art des Denkens sein oder ein anderes Maß an Ehrgeiz. Diese Dinge sind gut und man muss bereit sein, ein kleines persönliches Risiko einzugehen, denn das ist wichtig, um auch weiterhin dynamisch zu bleiben.

KAPITEL 20

BOB ZORICH

MITGRÜNDER VON ENCAP INVESTMENTS

Auszeichnungen: EnCap gehört zu den zehn größten Energieinvestoren in den USA. Bob Zorich ist Mitglied der Independent Petroleum Association of America und sitzt außerdem im Vorstand mehrerer Wohltätigkeitsorganisationen in Houston, darunter die WorkFaith Connection und das Hope and Healing Center
Gesamtes verwaltetes Vermögen (Stand August 2023): 40 Milliarden Dollar
Schwerpunktbereich: Wachstumskapital für unabhängige Energieunternehmen

Höhepunkte:

- Zorich und seine Partner haben 40 Milliarden Dollar über 24 Fonds eingeworben und verwaltet und dabei das Vertrauen und die Unterstützung von über 350 institutionellen Investoren aus aller Welt gewonnen.

- Durch sein unermüdliches Engagement bei der Identifizierung und Förderung von Talenten hat EnCap im Laufe der Zeit über 275 neu gegründete Energieunternehmen unterstützt.
- Diese Teams haben mit ihrer Erfahrung und ihrem Fokus Milliarden von Werten für die Investoren geschaffen und waren wichtige Impulsgeber für die Ölschieferrevolution.

CHRISTOPHER:
Erzählen Sie uns doch bitte zu Beginn etwas über Ihren Werdegang und Ihre Arbeit.

BOB:
Geboren und aufgewachsen bin ich in der Bay Area, dem späteren Silicon Valley. Steve Jobs besuchte fünf Jahre nach mir dieselbe Highschool, Wozniak ein Jahr später. Mein Vater war kein Ingenieur, aber die Väter vieler anderer Leute schon. Es war also ein konkurrenzbetontes Umfeld, und davon habe ich wahrscheinlich profitiert. Jedenfalls habe ich an der UC Santa Barbara studiert, machte meinen Abschluss in Wirtschaftswissenschaften, lernte meine jetzige Frau kennen und heiratete sie vor 51 Jahren. Wir zogen nach Phoenix, wo ich an der Thunderbird meinen Master machte. Dann zogen wir nach Dallas, wo ich 1974 in der Abteilung für Energie der Republic National Bank of Dallas anfing. Ich bin also schon etwa 50 Jahre in der Branche. Mit Energie kannte ich mich zwar nicht sonderlich gut aus, aber es wurde dennoch mein erster Arbeitsbereich.

Anstatt uns an Krediten aus New York zu beteiligen, waren wir führend in der Energiefinanzierung. Und eines der ersten Dinge, die ich über die Öl- und Gasbranche lernte, war, dass sie für Außenstehende schwer zu verstehen ist.

Es ist ein sehr nuancierter Bereich. Ingenieure können einem Grundstück einen Wert zuschreiben, aber wenn man nicht weiß, auf welchen Annahmen der Wert beruht, versteht man die qualitative Bedeutung des Wertes nicht.

Ich bin dann nach London gegangen und arbeitete an verschiedenen Projekten – große Finanzierungen in der Nordsee – und gewann etwas Selbstvertrauen und die Fähigkeit, mich gegen kluge Leute behaupten zu können. Als ich nach London ging, lernte ich, dass es mir Spaß machte, selbstständig zu arbeiten und jeden Tag aufzustehen und Dinge zu tun, die das Ergebnis meines Lebens verändern würden. Manchmal musste man auch einstecken, aber es gefiel mir trotzdem. Diese Erfahrung veranlasste mich, die Bank zu verlassen, als sich in den frühen 1980er-Jahren die Gelegenheit bot. Einer meiner besten Freunde bei Republic und ich verließen die Bank gemeinsam, um 1981 ein Ölunternehmen zu gründen.

Das taten wir fünf oder sechs Jahre lang in den frühen Achtzigern, in einer Zeit, als die Preise fielen. Aber wir lernten viel über Öl und Gas dazu und über all die technischen und betrieblichen Details, die es einem ermöglichen, Risiken und Werte zu bewerten. Wie Sie sich vermutlich erinnern, brach der Ölmarkt 1986 zusammen und wir verkauften unser Unternehmen. Wir hatten fünf Ränge von Vorzugsaktien, also haben wir viel gelernt über Kapitalisierung, Kapitalstruktur, Risiko, Bankschulden und so weiter. Zu der Zeit hatte ich fast 15 Jahre Erfahrung mit Investitionen und dem Management von Öl- und Gasrisiken. Ich zog nach Houston, um für einen Vermögensverwalter zu arbeiten, der Gelder von Pensionsfonds verwaltete, unter anderem ein Mezzanine-Finanzierungsprodukt, das mit Öl und Gas zusammenhing. Mitten in der Krise begann ich meinen Job dort. 1988 hatte ich den Eindruck, dass die Firma zu sehr auf teure Kredite konzentriert war. Ich erwähnte das meinem Chef gegenüber, aber er sagte, er wolle sich weiterhin auf das Mezzanine-Produkt konzentrieren. Ich war zwar dankbar für die Gelegenheit, aber mein Wunsch, meinem Instinkt zu folgen, führte dazu, dass ich darüber nachdachte, etwas anderes zu tun. Ich besprach mit meinem ehemaligen Partner die Möglichkeit, Öl- und Gas-Finanzprodukte für institutionelle Kunden anzubieten, und wir beschlossen, die Idee mit zwei weiteren Freunden aus dem Öl- und Gassektor der Republic Bank zu diskutieren, und das Konzept von EnCap war geboren. Diese Partnerschaft besteht nun schon seit 35 Jahren. **Unser Konzept war ganz einfach, Christopher. Es bestand darin, unsere Erfahrungen und Kontakte zu nutzen, um den Institutionen hochwertige Öl- und Gas-Investmentprodukte zu liefern. Und genau das haben wir getan.**

CHRISTOPHER:
Das ist interessant, denn wenn man an EnCap denkt, dann sind Sie, die Öl- und Gas-Leute, sehr gut im Finanzwesen, im Gegensatz zu Finanzleuten, die glauben, dass sie gut in der Öl- und Gasbranche sind. Ich denke, diesen Vorteil bringt EnCap seit Langem in die Gleichung ein. Gehen wir

noch mal einen Schritt zurück. Wer ist die wichtigste Person, die Ihren Erfolg beeinflusst hat, und auf welche Weise?

BOB:
Darüber habe ich im Laufe der Zeit auch schon nachgedacht. **Ich schreibe meinen Erfolg vor allem meinen Partnern und unserer guten Zusammenarbeit zu. Sie wissen schon, hart arbeiten, verfügbar sein, andere so behandeln, wie man selbst behandelt werden möchte, und das Richtige zu tun, hat uns alle angetrieben.** Vielleicht sollte man das letztlich unseren Eltern zuschreiben, die uns großgezogen haben. Außerdem ist meine Frau eindeutig dafür verantwortlich, dass sie mich bei all der Zeit und Arbeit unterstützt hat, die es brauchte, um EnCap zu einem Erfolg zu machen. Ohne meine Partner wäre ich nicht so erfolgreich. Man sollte sich mit Leuten zusammentun, die ähnlich denken. Wenn ich nach 35 Jahren zurückblicke, kann ich nur dankbar sein, dass uns das Schicksal alle zusammengeführt hat.

CHRISTOPHER:
Was ist die größte Chance für Investoren, wenn sie sich mit Energie befassen? Von 2023 ausgehend und darüber hinaus?

BOB:
Heute haben wir diese Überlagerung – die politischen Entscheidungsträger der Welt stützen sich auf Prognosen, dass zu viel CO_2 in der Luft die Erde überhitzen wird. Zumindest ist das die zusammenfassende These. Es gibt Hinweise darauf, dass vor 600 Millionen Jahren viel CO_2 in der Atmosphäre war und es auf der Erde sehr warm war. Natürlich ist in den vergangenen 600 Millionen Jahren viel passiert. Ich habe viel über Klimamodelle gelesen. Im Vergleich zur realen Welt arbeiten sie nur mit einer begrenzten Zahl an Variablen, sie neigen dazu, bestimmte Variablen zu übersehen, weshalb die tatsächlichen Entwicklungen stark vom Modell abweichen können. Ökonometrie und Klimamodelle sind zwei gute Beispiele dafür, dass sie interessant, aber unzuverlässig sind. Entscheidungen und Maßnahmen auf ein unvollkommenes Modell zu stützen, bietet uns heutzutage Chancen. Einfach ausgedrückt: Wir gehen nicht effizient mit den Dollars um, die wir im Verhältnis zu den Auswirkungen der Energieproduktion investieren. Wenn man über Energie wie über Lebensmit-

tel denkt und versucht, die Welt zu ernähren, muss man in kalorienreiche Lebensmittel investieren, um möglichst effizient zu sein. Man muss viele Pfund Grünkohl für jedes Pfund Eiweiß essen, um die gleiche Kalorienmenge zu erhalten. Ähnlich verhält es sich mit der Energie: Öl, Gas, Kohle und Kernenergie sind die Brennstoffe mit der höchsten Proteindichte. Holz, Solar und Wind sind die Grünkohl-Äquivalente mit geringer Dichte. Unsere Politik lenkt unser Kapital auf Lösungen mit geringer Dichte und weg von Lösungen mit hoher Dichte. Das Ergebnis wird eine Katastrophe sein, denn wir werden nicht mehr genug Energie haben, um den weltweiten Energiebedarf zu decken. **Das macht die heutige Zeit einzigartig und wird zu ungewöhnlichen Investmentmöglichkeiten mit geringem Risiko und hoher Rendite führen, wenn die politischen Entscheidungsträger die Notwendigkeit energiedichter Lösungen erkennen.**

Unsere Politik lenkt unser Kapital auf Lösungen mit geringer Dichte und weg von Lösungen mit hoher Dichte. Das Ergebnis wird eine Katastrophe sein, denn wir werden nicht mehr genug Energie haben, um den weltweiten Energiebedarf zu decken.

CHRISTOPHER:
Ich würde sagen, dass wahrscheinlich 99 Prozent der Menschen nie auf die Idee kämen, dass ein Energieinvestor heute nicht in die Exploration involviert ist, sondern sich eher auf die technische Seite konzentriert. In der heutigen Zeit müssen wir das erst noch erkennen, wie Sie sagen. Das ist also eine ganz andere Belohnung als das, was die große Mehrheit der Menschen beim Einsatz von Kapital erwarten. Wenn Sie also über diese Fehlentwicklung nachdenken, wie Sie es ausdrücken, dass man möglicherweise zu wenig in fossile Brennstoffe und zu viel in Erneuerbare Energien investiert und nicht genug aus den Erneuerbaren Energien gewinnt, um den unvermeidlichen Rückgang bei fossilen Brennstoffen auszugleichen, ist das ein Drei-Jahres-Problem? Ist es ein Zehn-Jahres-Problem?

BOB:
Es ist offensichtlich, dass es passiert, es ist wohl kaum ein Geheimnis. Aber die Kombination aus sozialen Medien, Nachrichtensendern, Wunschdenken, uninformierten politischen Entscheidungsträgern und so weiter trägt dazu bei, dass wir uns auf diesem Irrweg befinden. Wann

wird die westliche Welt endlich aufwachen und das erkennen? Hoffentlich in drei Jahren, aber vielleicht auch erst in zehn.

Jedes Land wird von dieser Fehlentwicklung anders betroffen sein. Diejenigen mit Energieressourcen – die USA, Kanada, Australien, Russland – werden besser dran sein, China, Europa, Afrika werden im Nachteil sein.

Andere, nicht energiebezogene Themen werden ebenfalls zu Komplikationen führen, wobei die Energie vielleicht der Katalysator für eine völlig veränderte Landschaft sein wird.

TONY:
Wenn Sie die letzten fünf bis sieben Jahre betrachten, hat sich die Energiewelt sehr verändert. Was davon haben Sie erwartet und womit haben Sie wirklich nicht gerechnet?

BOB:
Ich glaube, das schnelle Scheitern des europäischen Experiments hat mich überrascht. Das Scheitern der verschiedenen Entscheidungen in Europa, ob nun der Ausstieg aus der Kernenergie, die Abhängigkeit von russischem Gas, der Bau von Windrädern oder der Bau von Solaranlagen in Nordeuropa. Ich habe dreieinhalb Jahre in Nordeuropa gelebt – und wir haben die Sonne drei Wochen im Jahr gesehen. Dinge wie diese haben mich erstaunt. Und dann das Versagen der gleichen politischen Entscheidungsträger überall auf der Welt, aus diesen Fehlern zu lernen, ist ebenso verblüffend. Die meisten Leute in unserer Branche schütteln darüber den Kopf und denken, es sei offensichtlich. Es gibt einen Mann in Missouri, der eine Energiegenossenschaft leitet, und er sagte genau die Wahrheit: Man kann nicht auf Erneuerbare Energien als Teil der Grundlastkapazität zählen. Denn es kann sein, dass der Wind nicht weht und die Sonne nicht scheint. Wenn Ihre Leute also rund um die Uhr Energie brauchen, können Sie sich nicht darauf verlassen. Und wenn Sie für diesen Prozess verantwortlich sind und Ihnen ein Mandat erteilt wird, zuerst Erneuerbare Energien einzusetzen, kehrt das die Logik um. Es wird alles auf den Kopf gestellt, leider.

CHRISTOPHER:
Sie sind offensichtlich schon sehr lange in der Branche tätig. Was ist passiert, das Sie erwartet haben?

BOB:
Der Erfolg des Ölschiefers war vorhersehbar. Wir leben in einer interessanten Welt, denn es gibt immer jemanden, der über alles etwas Negatives zu berichten weiß. Aber wenn man sein Gebiet kennt, kann man darauf vertrauen, dass das, was man tut, sinnvoll ist. Und auch wenn die Ölindustrie gegeißelt wurde, weil sie viele Fehlinvestitionen tätigte, so hat sie auch viele Investitionen getätigt, die im Allgemeinen sehr gut waren. Nicht gut war die Stabilität der Preise und der Kostenstruktur. Aber wenn die Preise steigen, steigt schließlich auch die Kostenstruktur und das nimmt einen großen Teil der Marge weg, die ursprünglich von den Unternehmen prognostiziert wurde, die die Pachtverträge gekauft haben.

In unserem Fall haben wir versucht, bei den gezahlten Grundstückspreisen sehr vorsichtig zu sein, und haben die Hebelwirkung nur in bescheidenem Umfang gegen den nachgewiesenen produktionsbezogenen Cashflow eingesetzt. Aber wir waren nicht perfekt. Das Fazit ist, dass die Branche im Großen und Ganzen nicht leichtsinnig war, aber im Rückblick auf die vergangenen 20 Jahre und gemessen an den sich ändernden Variablen können viele Branchen von Zeit zu Zeit anfällig erscheinen, insbesondere diejenigen, die in nennenswerter Weise Schulden gemacht haben.

CHRISTOPHER:
Wenn Sie jetzt mit Investoren sprechen, mit Leuten, die sich die Branche ansehen und Investments in die Branche erwägen, was missverstehen diese, wenn sie über Investments in die Energiebranche nachdenken?

BOB:
Ehrlich gesagt gibt es so wenige von ihnen, dass ich nicht glaube, dass irgendjemand von ihnen etwas missversteht. Viele Leute halten sich von fossilen Brennstoffen fern, vermutlich wegen ihres Vorstands und/oder ihrer Ausschüsse. Einige von ihnen sind zurückgekommen und haben weiterhin in Dinge investiert, die Sinn ergeben. EnCap ist der leistungsstärkste Fonds in den Portfolios vieler unserer Investoren, weil wir eine Menge Geld zurückgeben und sie das sehen können. Aber ihr Chef kann aus politischen Gründen nicht mit einem Investment in fossile Brennstoffe vor den Ausschuss treten. Ich glaube, dass sich das irgendwann ändern wird.

CHRISTOPHER:
Mal etwas anderes. Wenn Sie die Aufmerksamkeit der Welt für fünf Minuten hätten, was würden Sie über die Folgen von fehlenden Investitionen in traditionelle Energieformen im Kontext zu den Investitionen in Erneuerbare oder grüne Energie sagen?

BOB:
Meine Botschaft würde darin bestehen, sich auf grundlegende Wahrheiten zu konzentrieren und auf den eigenen Verstand zu hören. Auf die Bedeutung der Dichte im Verhältnis zu Energielösungen. Auf die Bedeutung von Energie im Verhältnis zum menschlichen Wohlbefinden. **Wir brauchen eine Politik, die Energie für menschliches Wohlergehen fördert und gleichzeitig Respekt für die Umwelt hegt, in der wir leben.** Dies ist ein Weltproblem und kein westliches Problem. **Es gibt 7 Milliarden Menschen, die nicht Teil des Westens sind, und sie brauchen Energie und Lösungen, damit die Welt davon profitieren kann, aber sie haben nur begrenztes Kapital.**

CHRISTOPHER:
Abgesehen von der starken Leistung, die Sie offensichtlich erzielt haben, was war der Hauptgrund für den Erfolg von EnCap?

BOB:
Wir sind anpassungsfähig. Ich glaube nicht, dass einer von uns vieren allein das hätte erreichen können, was wir erreicht haben. Die Stärke des Seils mit vier Strängen ist der Grund für unseren Erfolg. Und die Fähigkeit, zusammenzuhalten und sich nicht gegenseitig die Stränge zu kappen, war für uns alle und für den Erfolg von EnCap von großem Vorteil.

TONY:
Was war der Dreh- und Angelpunkt, der es Ihrem Unternehmen ermöglichte, den Sprung von einem guten Geschäft zu einem großartigen Geschäft zu machen und das Wachstum zu beschleunigen?

BOB:
Ohne eine Erfolgsbilanz kann man sich in diesem Geschäft nicht etablieren. Also haben wir in den ersten Jahren eine Erfolgsbilanz mit sicheren, bestän-

digen und soliden Erträgen aufgebaut. Das war wichtig. Genauso wichtig war aber auch, in unserem Schwerpunktbereich zu bleiben. **Die exogenen Ereignisse wie die Ölschieferrevolution und unsere schnelle Anpassungsfähigkeit an diese neuen wirtschaftlichen Gegebenheiten und Möglichkeiten waren ein entscheidender Dreh- und Angelpunkt.** Andere, die an das Geschäft mit einem weniger technisch geprägten Entscheidungsprozess herangegangen sind, waren langsamer bei der Anpassung. Dadurch konnten wir erfolgreich sein und in dieser Zeit erheblich wachsen.

CHRISTOPHER:
Von welchen Dingen hätten Sie sich gewünscht, dass sie Ihnen jemand vor der Gründung Ihrer Firma gesagt hätte?

BOB:
Ehrlich gesagt, gar nichts, denn das hätte uns die Freude an der Entdeckung geraubt. **Man muss durch Fehler auf die Probe gestellt werden, aus ihnen lernen und sie akzeptieren.** Ich bin also froh, dass unsere Partnerschaft nach den besten Vorgehensweisen suchen konnte, als sich die Möglichkeiten entfalteten. Vielleicht hat unser gemeinsamer Kredithintergrund es uns erleichtert, uns auf Entscheidungen zu einigen, die auf dem Weg lagen.

CHRISTOPHER:
Keiner von uns macht das gern durch, was wir auf unserem Weg zum Wachstum durchmachen, aber wenn wir im Nachhinein zurückblicken, sagen wir normalerweise: Ich bin froh, dass ich das durchgemacht habe, weil es mich stärker und weiser gemacht hat, mir andere Dinge bewusst gemacht hat. Welche Dinge hätten Sie im Nachhinein anders gemacht?

BOB:
Da das Ziel darin besteht, stark abzuschließen, bin ich sehr zufrieden damit, wie es gelaufen ist. Gab es Möglichkeiten, mehr Geld zu verdienen? Sicher gab es Möglichkeiten, dieses oder jenes zu tun, aber hätte man dafür Opfer in der Familie oder ein Opfer innerhalb der Partnerschaft bringen müssen? Das zu hinterfragen, ist schwer. Wenn das Ganze zu einem fertigen Kuchen wird, der gut schmeckt, ist es schwer, das zu hinterfragen.

CHRISTOPHER:
Warum, glauben Sie, sind die meisten Firmen nicht in der Lage zu skalieren?

BOB:
Ich komme noch einmal auf die Anpassungsfähigkeit zurück. Wir haben gesehen, wie viele Leute mit Ölschiefer zu kämpfen hatten, weil die Technologie komplizierter war. Unsere Partnerschaft hat sich auf eine Beteiligung eingelassen, weil das technische Risiko tatsächlich geringer war. Durch die bereits erwähnte Partnerschaft hat EnCap vier verschiedene Standpunkte, was das Beste und Sicherste ist. Und das ist gut so. Und eine Sache, die man lernt, ist, dass niemandes Standpunkt fehlerfrei ist. Es gibt also Schwachstellen, aber man vermeidet die größten Fehler, wenn man mehr als einen Blickwinkel in Betracht zieht.

CHRISTOPHER:
Menschen sind komplizierte Wesen und so sind auch Partnerschaften kompliziert. Welche Merkmale unterscheiden die leistungsstärksten Menschen von ihren Mitstreitern?

BOB:
Der Charakter ist wichtig. Jeder kann unterschiedliche Leistungen bringen und trotzdem ins Team passen, wenn er Charakter hat. **Wir waren alle bereit, haben hart gearbeitet, waren neugierig, waren in der Lage, unseren Standpunkt zu verteidigen und innerhalb unserer Grenzen eine sichere, solide Kapitalrendite zu erzielen. Wir hatten individuelle Gedanken, aber ein gemeinsames Ziel:** sichere und solide Investitionen für unsere institutionellen Kunden.

TONY:
Bob, ich habe einmal bei einem der JPMorgan-Gipfel gesprochen, die sie für etwa 250 Leute ausrichten, die alle Milliardäre sind. Ray Dalio [sprach] direkt vor mir und er sagte, dass der Heilige Gral des Investierens darin besteht, acht bis zwölf unkorrelierte Investitionen zu finden, an die Sie glauben und die Ihr Risiko um 80 Prozent reduzieren. Für ihn gibt es kein wichtigeres Prinzip. Das ist Teil der These dieses Buches. Wir würden gern wissen, was Ihrer Meinung nach der Heilige Gral des Investierens ist, nachdem Sie jahrzehntelang in den Energiesektor investiert haben?

BOB:
Wissen Sie, Tony, wir sehen unsere Investitionen ähnlich wie unser Leben. Man muss sich an Werte halten, um langfristig glücklich zu sein. Für uns bedeutet das, das Risiko im Verhältnis zu unseren Zielen zu reduzieren. Wenn Sie an Immobilien denken, dann denken Sie an Ihre Wohnungen voller Menschen. Sie zahlen Ihnen jeden Monat Miete. Das ist ziemlich sicher. Wenn Sie an Öl und Gas denken, so sind das Äquivalent dazu Bohrlöcher, die gebohrt wurden und produzieren und einen Cashflow haben. Und es gibt andere Methoden, um sich vor den Pachtzahlungen zu schützen, wenn Sie so wollen, wie zum Beispiel Hedging, die Ihr Risiko verringern können. Das andere Extrem wäre die Exploration. Sie gehen an einen Ort, an dem noch kein Bohrloch gebohrt wurde. Und Sie können davon ausgehen, dass man eine 10-prozentige Erfolgschance hat, wenn man Glück hat und die beste verfügbare Wissenschaft. Wir haben uns immer von solchen Dingen ferngehalten. Wir mögen es nicht, uns über diese Art von Risiken aufzuregen. Das ist also unser Heiliger Gral, wenn Sie es so nennen wollen. Es geht darum, Werte zu schaffen um das Risiko herum und um das, was wir zu tun versuchen. Sie können betriebs-, preis- oder produktionsbezogen sein. Während man die Entwicklung der Fakten beobachtet, stellt man fest, wo man und wo man nicht mit dem Geschäft vorankommen will.

TONY:
Das haben Sie unter anderem erreicht, indem Sie Partnerschaften mit reifen Unternehmen eingegangen sind und sich dann auf den Wachstumsplan geeinigt haben. Ein asymmetrisches Risiko-Ertrags-Verhältnis ist natürlich jedermanns Traum. Aber das erreicht man, indem man das Risiko so weit wie möglich reduziert. Ich verstehe die Exploration. Ich ziehe meinen Hut vor den Leuten, die das können. Ich würde mich mit einer nur 10-prozentigen Chance auf Erfolg unwohl fühlen.

BOB:
Wir haben uns mit schlanken, aber reifen und erfahrenen Managementteams zusammengetan, die wahrscheinlich in reifen Unternehmen ausgebildet wurden. **Wir haben immer versucht, nur mit erfahrenen Teams zusammenzuarbeiten, die das Risiko so sehen wie wir.** Unser Kapital wurde nur dann in großem Umfang eingesetzt, wenn das Wachstum eine

hohe Erfolgswahrscheinlichkeit hatte. So blieben wir in erster Linie im Bereich der Entwicklung bereits bewährter Konzepte.

CHRISTOPHER:
Das Interessante an dem, was Bob beschreibt, Tony, ist, dass es zu so vielen anderen Konzepten passt, über die wir gesprochen haben. [EnCap] arbeitet zwar nicht im Immobilien- oder Kreditgeschäft und so weiter, aber innerhalb ihres Geschäftsbereichs gelten die gleichen Regeln – acht bis zwölf nicht korrelierte Vermögensströme, die in ihrem speziellen Fall verschiedene Becken in verschiedenen Teilen des Landes sein können. Es könnte sich um Bohrungen in verschiedenen Tiefenbereichen handeln. Es könnte sich um Infrastruktur oder Upstream handeln. All diese Faktoren müssen nicht unbedingt miteinander korrelieren.

BOB:
Der Grundgedanke bei der Gründung von EnCap war, dass Investitionen in Öl und Gas kompliziert sind. Ein Beispiel ist das Verständnis der Schiefergasförderung.

Das Konzept dahinter ist, dass man große geografische Gebiete hat, in denen viel Öl vorhanden ist, und durch einfaches Aufbrechen des Gesteins kann man mehr Öl oder Gas herausholen. Wenn man die Dynamik des Reservoirs und die Geschichte des Gesteins versteht, kann man herausfinden, welche Gebiete wirtschaftliche Mengen liefern und welche nicht. Es gab Möglichkeiten, das Risiko zu minimieren und gleichzeitig bewährte Technologien anzuwenden, um wirtschaftliche Erträge zu erzielen. Wenn Sie diese Geschichte an die Wall Street bringen und Sie gehen als jemand, der deren Geld braucht, und nicht als jemand, der deren Geld schützt, dann gibt es eine Interessensverschiebung. Der redegewandte Typ gewinnt möglicherweise und der Anleger verliert möglicherweise. Wenn das oft genug passiert, halten sich die Leute von der Branche fern und sie bekommt den Ruf, hochriskant zu sein, während in Wirklichkeit – wenn man sich in der Branche auskennt – der Unterschied zwischen den Risikoprofilen der verschiedenen Vermögenswerte und den Institutionen, die Sie vertreten, hilft, indem Sie das Risikoprofil des Investments niedrig halten.

TONY:
Sie haben sicherlich die jahrzehntelangen Höhen und Tiefen der Branche mitgemacht. Und Sie mussten offensichtlich Ihr Risiko unglaublich gut managen, um mit einem Investitionsvolumen von 40 Milliarden Dollar so gut abzuschneiden, wie Sie es getan haben. Ich bin neugierig: Was ist Ihrer Meinung nach die vielversprechendste grüne Energie? Es wurde so viel grüne Energie beworben, doch scheint sie noch nicht reif für die erste Stunde zu sein. Sie haben in diesen Bereich investiert, wenn ich das richtig verstanden habe. Was ist Ihre Sichtweise?

BOB:
Unsere Investmentziele hierbei liegen in Bereichen, in denen etwas sicher und bewährt ist, aber wirtschaftlich störend wirkt. Wir sind nicht in der Branche, in der wir eine Rendite von 3 bis 4 Prozent für ein Stück vertraglich vereinbarter Infrastruktur erzielen wollen.

Also haben wir Experten auf diesem Gebiet, die schon lange im Energiegeschäft tätig sind, als Investitionsberater eingestellt. Sie waren der Ansicht, dass Batterien die größte Umwälzung darstellen. Einfach ausgedrückt: Wenn man eine Batterie in einem Gebiet platzieren kann, wo bereits eine Infrastruktur vorhanden ist, hat man alles, was man braucht, um die Energie aus diesen Batterien auf sehr kosteneffiziente Weise in das Netz einzuspeisen. **Man kann die Batterien in Zeiten niedriger Kosten aufladen und die Energie ähnlich wie bei der Gasspeicherung abgeben, wenn die Preise steigen.** Das ist ein Beispiel dafür, wie wir über eine solide und sichere Investition in den grünen Bereich nachdenken. Und unser erster Energiewendefonds sieht so aus, als würde er über einen Zeitraum von vier Jahren eine sehr hohe Rendite erzielen. Das heißt, gute Qualität der Geschäfte und der Managementteams. Unser zweiter Fonds wird einen ähnlichen Schwerpunkt haben, aber andere Möglichkeiten beinhalten.

Der Inflation Reduction Act hat in Bezug auf die Verringerung der Inflation keine große Bedeutung. Aber das wird die wirtschaftliche Landschaft verändern. Sie können die Tatsache nicht leugnen, dass die Subventionen die Investitionstätigkeit beeinflussen werden. Wenn das Volumen der Subventionen auf den Markt kommt, wird eine Menge Geld in viele Richtungen ausgegeben werden und einiges davon wird nicht sehr gut ausfallen. **Wir werden uns auf Bereiche mit bewährtem Management und**

Technologien stützen, wo die Anwendung mit einem zuverlässigen wirtschaftlichen Nutzen einhergeht.

KAPITEL 21

DAVID GOLUB

GRÜNDER VON GOLUB CAPITAL

Auszeichnungen: Auszeichnung als »Kreditgeber des Jahrzehnts« von der Zeitschrift *Private Debt Investor*
Gesamtes verwaltetes Vermögen (Stand August 2023): 60 Milliarden Dollar
Schwerpunktbereich: Private Credit Lending

Höhepunkte

- David Golub wurde von Private Debt Investor als einer der 30 Top-Veränderungstreiber für die Entwicklung und das Wachstum der Anlageklasse Private Credit ausgezeichnet.
- Golub Capital hat zahlreiche Auszeichnungen erhalten, darunter die prestigeträchtige Auszeichnung »PDI Lender of the Decade, Americas« im Jahr 2023, und wurde außerdem als »Lender of the Year in the Americas« in den Jahren 2015, 2016, 2018, 2021 und 2022 ausgezeichnet.

- David Golub investierte in über 1000 Unternehmen und veröffentlichte Beiträge im *Wall Street Journal*, der *New York Times* und der *Bloomberg Businessweek*.
- David Golub schuf den Golub Capital Altman Index, der zu einem wichtigen, allgemein erhofften Maßstab für die Performance von Private Companies mittlerer Größenordnung geworden ist.

CHRISTOPHER:
Wie haben Sie es dorthin geschafft, wo Sie heute stehen, an die Spitze eines der größten Private-Credit-Unternehmen der Welt?

DAVID:
Ich liebe es, die Entstehungsgeschichte von Golub Capital zu erzählen. Gehen Sie ein paar Jahrzehnte zurück und stellen Sie sich den Esstisch der Familie Golub vor. Mein Bruder Lawrence ist elf und ich bin neun. Mama und Papa sprechen über Psychotherapie. Schon wieder. Meine Eltern waren nebenbei bemerkt beide Psychotherapeuten. Man kann sich vorstellen, wie verzweifelt mein Bruder und ich das Thema wechseln wollten. Also taten wir das, was Kinder normalerweise tun – wir entwickelten einen Geschäftsplan, um ein mittelständisches Kreditunternehmen zu gründen.

Okay, das ist natürlich gelogen. Der einzig wahre Teil ist, dass meine Eltern beide Psychotherapeuten waren. Die Wahrheit darüber, wie Golub Capital entstanden ist, ist eigentlich eine Geschichte über Glücksfälle und Pfadabhängigkeit.

Ich begann meine Karriere als Private-Equity-Investor. Mein Bruder begann als Investmentbanker und wurde später Private-Equity-Investor. **In den späten 1990er-Jahren hatten wir beide die gleiche Erkenntnis, nämlich dass die Private-Equity-Branche weiter wachsen und gedeihen würde. Und mit diesem Wachstum sahen wir eine große Chance, ein Kreditvergabegeschäft für Private-Equity-Geldgeber zu schaffen.** Was dann geschah, war auch eine Menge Glück. Die Finanzkrise warf eine Reihe von Kreditgebern aus der Bahn, die bei Risikoeinschätzung und Finanzierung weniger vorsichtig waren als wir. Aber so hohe Hoffnungen wir in den 1990er-Jahren auch darüber hegten, wie sehr die Private-Equity-Branche wachsen würde, sie wurden sogar noch übertroffen. Die Entstehungsgeschichte von Golub Capital ähnelt vielen anderen Entstehungsgeschichten. Sie begann mit einer guten Idee – der Idee, einen partnerschaftlich orientierten Spezialkreditgeber für Private-Equity-finanzierte Unternehmen zu gründen. **Aber dass wir so groß geworden sind, wie wir es heute sind – das ist ebenso eine Geschichte über Überraschungen, Zufälle und Glück wie eine Geschichte über großartiges Design.**

TONY:
Wer ist die wichtigste Person in Ihrem Leben, die Ihren Erfolg geprägt hat? Und wie genau hat sie Sie beeinflusst?

DAVID:
Ich hatte viele Mentoren, die für mich sehr wichtig waren. Meine Mentoren waren entscheidend für meine Entwicklung als Führungskraft und für den Erfolg meiner Firma. Einer meiner Mentoren war Jay Fishman. Jay war mein erster Chef, als ich von der Wirtschaftsschule kam und meine Karriere bei der damaligen Shearson Lehman/American Express anfing. Später wurde Jay dann Vorsitzender und CEO von Travelers. Jay hat mir viele Dinge beigebracht, aber das Wichtigste war, wie man eine gute Führungskraft ist und gleichzeitig freundlich bleibt. **Merke dir von allen den Namen, sogar vom Hausmeister. Scheu keine Mühe, um für Mitarbeiter da zu sein, die Schwierigkeiten haben. Und sei vorsichtig, welche Aufgaben du deinen Leuten überträgst.** Jay hatte dazu einen Aphorismus. Er sagte: »Sei vorsichtig, was du von deinen Leuten verlangst, denn sie werden es tun.«

Einer der Tricks im Leben ist, nicht nur aus den eigenen Fehlern zu lernen, sondern auch aus denen anderer. Und einer der Gründe, warum ich Mentoren für so wertvoll halte, ist, dass sie oft die Weisheit mit dir teilen, die aus Entscheidungen resultiert, von denen sie wünschten, sie hätten anders entschieden.

CHRISTOPHER:
Und sie konnten auch oft beobachten, wie anderen Menschen Fehler unterliefen, nicht wahr? Es gibt eine Menge kollektiver Weisheit in ihrem Ökosystem und ihrem Netzwerk, das sie im Laufe der Zeit entwickelt haben. Wechseln wir kurz in die Welt der Investitionen und sprechen wir über Private Credit und über die Welt, in der Sie tagtäglich tätig sind. Wo liegen die größten Chancen für Investoren, die sich heute mit Private Credit befassen?

DAVID:
Um Ihre Frage zu beantworten, muss ich zunächst etwas zu der Philosophie sagen, wie ich an Investments herangehe und wie wir als Unternehmen an Investments herangehen. Manche Leute glauben, dass sich Investmentgeschäfte von anderen Geschäften unterscheiden. Sie glauben, gute Investoren sind Genies. Denken Sie an Warren Buffett oder Bill Ackman. Ich denke, dass diese Art von Individuen extrem selten ist. **Ich denke, gute Investmentgeschäfte verlassen sich nicht auf ein Genie hinter dem Vorhang. Stattdessen sind gute Investmentgeschäfte dahingehend wie andere gute Unternehmen, dass sie einige identifizierbare und wirklich überzeugende Quellen für Wettbewerbsvorteile haben.** In unserem Geschäft liegt der Schlüssel zum Erfolg also darin, eine Reihe von Wettbewerbsvorteilen zu haben, die uns in die Lage versetzen, im Laufe der Zeit konstante herausragende Leistungen zu erzielen.

Welche Vorteile ich damit meine? Ich nenne Ihnen mehrere. Erstens: Wir glauben fest an Beziehungen. Wir arbeiten mit der gleichen Kerngruppe von etwa 200 Private-Equity-Firmen zusammen, immer und immer wieder. Sie stellen eine sehr kleine Teilmenge des Private-Equity-Universums dar, aber sie machen jedes Jahr 90 Prozent unseres Geschäfts aus. Sie arbeiten gern mit uns zusammen – und das immer wieder –, weil sie unsere Fähigkeiten und unseren Ansatz schätzen. Wir können ihnen bei einer breiten Palette ihrer Finanzierungsbedürfnisse helfen. Bei kleinen Transaktionen ebenso wie bei großen. Wir verfügen über fundiertes Fachwissen in einer Vielzahl verschiedener Branchen.

Wir können das Wachstum ihrer Unternehmen unterstützen, indem wir mehr Finanzmittel für Übernahmen oder Investitionsprogramme bereitstellen. Wir können ihren Due-Diligence-Prozessen einen Mehrwert hinzufügen. Wir sind auf eine Win-win-Situation ausgerichtet – wenn es also ein Problem gibt, einen Stolperstein, werden wir lösungsorientiert mit ihnen zusammenarbeiten und nicht versuchen, sie aufzuhalten. Ein anderes Beispiel: Wir können ihnen Lösungen anbieten, die sie anderswo nicht so leicht finden. Wir waren ein Pionier bei der Entwicklung von sogenannten One-Stop- oder Unitranche-Darlehen. Dies ist eine Art der Unternehmensfinanzierung, die Akquisitionen viel einfacher macht als die traditionelle mehrschichtige Kapitalstruktur, die sehr schwer zu handhaben ist.

Dies sind einige Beispiele dafür, wie wir mit einem unverwechselbaren Ansatz aufwarten. Und dieser unverwechselbare Ansatz macht uns wiederum zu einem überzeugenden Partner für unsere Kunden.

CHRISTOPHER:
Sie wissen, dass sich die Branche im letzten Jahr wegen der veränderten Zinslage dramatisch verändert hat. Wenn die Leute an Kredite denken, haben sie negative Assoziationen. Würden Sie unseren Lesern bitte erläutern, warum steigende Zinssätze weniger ein Problem darstellen oder sogar ein Vorteil für ein Private-Credit-Unternehmen wie Golub sein können?

DAVID:
Sicher. **Wir haben stark von den steigenden Zinsen profitiert.** Wir vergeben Kredite mit variablem Zinssatz. Wir verdienen einen Aufschlag auf den Basiszinssatz, den SOFR (Secured-Overnight-Finanzierungssatz). Also, ein typisches Darlehen, das wir im heutigen Umfeld gewähren würden, wäre der SOFR plus 6 Prozent. Und der SOFR liegt heute bei etwa 5 Prozent. Vor etwas mehr als einem Jahr lag der SOFR bei etwa 1 Prozent. **Während also ein typisches Darlehen vor eineinhalb Jahren mit 7 Prozent verzinst wurde, würde derselbe Kredit an denselben Kreditnehmer heute mit 11 Prozent verzinst.** Das ist gut für unsere Investoren. Die Kehrseite ist, dass die Kreditnehmer einen höheren Betrag an Zinskosten zahlen müssen, und das setzt sie stärker unter Druck. Das zehrt an ihrer Sicherheitsmarge. Unter einem bestimmten Zinsniveau verschiebt sich das Gleichgewicht von gut für die Anleger zum Nachteil der Anleger, weil sich die Kreditnehmer die höheren Zinsen nicht leisten können – aber so weit sind wir heute noch nicht.

CHRISTOPHER:
Ich denke, Anleger aller Erfahrungsstufen haben es versäumt, die steigenden Zinsen vorauszusehen und wie sich dadurch die Perspektiven der verschiedenen Anlageklassen ändern würden. Das ist einer der Gründe dafür, dass wir sehr optimistisch sind, was Private Credit als Anlageklasse betrifft und insbesondere den Erwerb von Beteiligungen an Unternehmen, die in der Welt von Private Credit tätig sind, weil sie von den höheren Zinsen profitieren. Wie Sie sagten, ist die Kreditqualität nach wie vor sehr wichtig und

die Fähigkeit, Zahlungsausfälle zu vermeiden und dergleichen mehr. Im Hinblick auf die nächsten drei bis zehn Jahre, was würden Sie sagen, wie die Aussichten für Private Credit als Branche sind, und wie könnten sich insbesondere die Zinssätze in diesem Zeitraum auswirken?

DAVID:
Ich denke, es gibt einen wichtigen Unterschied zwischen den kurzfristigen Aussichten und den mittel- bis langfristigen Aussichten. Beginnen wir mit den kurzfristigen Aussichten. Wir befinden uns gerade in einer etwas seltsamen Zeit. Wir haben diesen sehr schnellen Anstieg der Zinssätze erlebt. Wir erleben einen sehr schnellen Rückgang der Inflation. Die Wirtschaft ist ein bisschen durcheinander. Die Aktienwerte sind erheblich gesunken. Und wegen dieses Bündels von Faktoren und der damit verbundenen Unsicherheit ist eine Verlangsamung der Geschäftsaktivitäten zu beobachten. Private-Equity-Firmen haben Schwierigkeiten, sich mit den Verkäufern über den Preis zu einigen. Einige Private-Equity-Firmen schieben Verkäufe hinaus, weil sie glauben, dass die Dinge in der Zukunft besser laufen werden. Im Moment sehen wir also ein günstiges Umfeld für die Art von Krediten, die wir vergeben, wenn auch weniger neue Transaktionen, als wir gern hätten – das Essen ist gut, aber die Portionen sind klein.

Lassen Sie uns nun eine längerfristige Perspektive einnehmen. Ich kann Ihnen zwar nicht genau sagen, wann die Geschäftsaktivität zunehmen wird, aber ich denke, es ist ganz klar eine Frage des »wann« – nicht des »ob«. Wenn man die nächsten drei bis sieben Jahre betrachtet, hat unser Geschäft drei fundamentale Rückenwinde. Der erste Rückenwind ist, dass das Private-Equity-Ökosystem deutlich wachsen wird. Wir wissen das, denn es gibt heute etwa 2 Billionen Dollar an zugesagtem, aber nicht investiertem Kapital im Private-Equity-Ökosystem. Und dieses »Dry Powder« hat einen Zeitzünder. Private-Equity-Firmen müssen es im Laufe der nächsten Jahre einsetzen, sonst verlieren sie Zugang zu diesem Kapital. Ich bin seit 30 Jahren in diesem Geschäft tätig. Und ich weiß: Wenn man diese Kombination von Faktoren hat, wird das Kapital auch genutzt werden.

Der erste Rückenwind ist, dass das Private-Equity-Ökosystem deutlich wachsen wird. Wir wissen das, denn es gibt heute etwa 2 Billionen Dollar an zugesagtem, aber nicht investiertem Kapital im

Private-Equity-Ökosystem. Und dieses »Dry Powder« hat einen Zeitzünder. Private-Equity-Firmen müssen es im Laufe der nächsten Jahre einsetzen, sonst verlieren sie Zugang zu diesem Kapital.

Der zweite Faktor ist, dass das Private-Equity-Ökosystem in der Vergangenheit nach Fremdkapital sowohl von Private-Credit-Playern wie Golub Capital als auch auf dem Markt für liquide Kredite Ausschau gehalten hat. **In den letzten paar Jahren hat Private Credit dem Markt für liquide Kredite Anteile abgenommen und ich denke, dass sich dieser Trend fortsetzen wird. Dafür gibt es eine Reihe verschiedener Gründe.** Einer der wichtigsten Gründe ist, dass die Private-Credit-Branche sehr groß geworden ist. Sie ist jetzt in der Lage, Lösungen für viel größere Unternehmen als früher anzubieten. Im Jahr 2019 war ein Private Credit über 500 Millionen Dollar höchst ungewöhnlich. Im Jahr 2023 hatten wir einen Private-Credit-Deal über 5 Milliarden Dollar. Der zweite Rückenwind ist also, dass wir an (Markt-)Anteil gewinnen.

Der dritte Rückenwind kommt aus dem Private-Credit-Bereich selbst. Wenn man sich ansieht, wer im Private-Credit-Bereich gewinnt und wer nicht, dann sind die Gewinner die größeren Marktteilnehmer – diejenigen, die über Größe verfügen und die Fähigkeit, eine breite Palette verschiedener Lösungen anzubieten, ein umfassendes Fachwissen in einer Reihe von Branchen sowie eine lange Erfolgsbilanz der Zuverlässigkeit aufweisen. Auch dies ist vorhersehbar. Stellen Sie sich vor, Sie wären CEO einer führenden Private-Equity-Firma, dann würden Sie auch mit den größten Private-Credit-Gebern zusammenarbeiten. Der dritte große Rückenwind bedeutet also, dass wir und ein paar andere große Akteure innerhalb unserer Branche mehr Anteile gewinnen konnten.

CHRISTOPHER:
Wenn man bedenkt, was mit dem Zinszyklus passiert ist und was in der Branche insgesamt passiert ist, womit haben Sie nicht gerechnet und womit eher schon?

DAVID:
Ich werde mit dem beginnen, das ich nicht erwartet habe, obwohl ich es vielleicht hätte erwarten sollen. **Eines der beständigsten Muster in der Geschichte des Finanzwesens ist, dass Banken große Fehler machen. Nicht**

jede Bank und nicht jedes Jahr. Im Nachhinein hätte es mich nicht überraschen dürfen, dass einige Banken nicht auf den steilen Zinsanstieg vorbereitet waren, den wir seit Anfang 2022 erlebt haben.

Was mich nicht überrascht, ist die anhaltende Outperformance von Private Equity. Ich habe eine andere Sichtweise auf dieses Phänomen, als ich von vielen anderen gehört habe. Ich bin der Meinung, dass sich Private Equity sehr gut gegenüber den beiden anderen Hauptformen des Unternehmensbesitzes behauptet. Die Erste dieser Formen ist die Börsennotierung. Jeder, der als Führungskraft, Vorstandsmitglied oder Berater eines börsennotierten Unternehmens tätig war, weiß, wie sehr dieses Modell unter Beschuss geraten ist. Es ist mit hohen Kosten und Vorschriften verbunden und wenn man nicht gerade ein sehr großes Unternehmen ist, bekommt man keine gute Berichterstattung von Analysten, hat keine Liquidität der Aktien und keine gute Bewertung. **Für alle – außer für Großunternehmen – ist die Börsennotierung ein sehr fehlerhaftes Modell.**

Die zweite Form des Eigentums ist der Familienbesitz. Das kann für den Unternehmensgründer gut sein, aber dann wird es meistens schon schwierig. Stellen Sie sich vor, ein Unternehmer gründet ein Unternehmen. Der Unternehmer trifft alle Entscheidungen – die Leitung ist einfach! Vielleicht funktioniert das sogar eine Generation später, weil der Unternehmer nur ein paar Kinder hat und die Kinder sich alle einig sind, wie sie das Unternehmen führen. Aber wenn die Gruppe größer wird, vielleicht die dritte Generation, wird es sehr schwierig, einen Konsens unter den Eigentümern aufrechtzuerhalten. **Sie müssen Entschädigungszahlungen für Familienmitglieder regeln, wenn einige Familienmitglieder im Unternehmen arbeiten wollen, andere aber nicht.** Einige wollen vielleicht Liquidität, andere nicht. Das ist sehr schwierig.

Meine Meinung zum Erfolg von Private Equity ist also, dass es für viele Unternehmen einfach ein besseres Eigentumsmodell ist im Vergleich zur Börsennotierung oder zum Familienbesitz. Ich denke, Private Equity wird weiter expandieren.

CHRISTOPHER:
Es gibt so viel Presse über einige der auffälligeren Transaktionen, die im Laufe der Zeit in der Private-Equity-Welt entweder funktioniert haben oder eben nicht.

Es gibt sehr wenig, und meiner Meinung nach sicherlich nicht genug Berichterstattung über Hunderte von Erfolgsgeschichten, in denen Unternehmen dramatisch verbessert werden konnten. Es ist also eine interessante Perspektive, wenn Sie das im Zusammenhang mit Private Equity sagen.

Wenn Investoren versuchen zu entscheiden, wo sie ihr Vermögen anlegen sollen, wo liegen dann die Missverständnisse in Bezug auf Private Credit?

DAVID:
Ich glaube, was manche Anleger bei Private Credit falsch verstehen, ist, dass sie die Anreize für Mittelmäßigkeit bei den bekannten Marken-Asset-Management-Firmen unterschätzen. Es ist schwer, in vielen verschiedenen Anlagestrategien gut zu sein. **Statt sich auf riesige Firmen mit hohem Bekanntheitsgrad zu konzentrieren, schlage ich vor, sich auf Manager mit klaren, identifizierbaren Vorteilen zu fokussieren.** Wer hat eine nachgewiesene Erfolgsbilanz in dieser Nische? Wer hat Wettbewerbsvorteile, die es ihm ermöglichen, diese Erfolgsbilanz auf Dauer aufrechtzuerhalten? In vielen Fällen ist es nicht sehr kompliziert, dies herauszufinden, aber meine Erfahrung ist, dass sich Investoren oft auf einen bekannten Namen stürzen, anstatt sich die Arbeit zu machen.

CHRISTOPHER:
Lassen Sie uns ein wenig abschweifen und Ihnen die Gelegenheit geben, mit der Welt zu sprechen. Wenn Sie die Aufmerksamkeit der Welt für ein paar Minuten hätten, was würden Sie sagen?

DAVID:
Ich glaube fest an die Wirkung von gemeinnützigen Organisationen. **Wir mögen ein politisch polarisiertes Land sein, aber ich denke, fast alle von uns können zustimmen, dass florierende, effektive Non-Profit-Organisationen einen enorm positiven Einfluss auf das amerikanische Leben haben.** Also, meine Botschaft, Christopher, ist ganz einfach: Engagieren Sie sich in einer lokalen gemeinnützigen Organisation. Suchen Sie sich etwas aus, das Ihnen am Herzen liegt. Das kann die Förderung von Musik und Kunst sein, die Unterstützung von Obdachlosen, die Bekämpfung von Drogenabhängigkeit – Sie können aus einer Vielzahl verschiedener Dinge wäh-

len. Ich würde jeden dazu ermutigen, eine gemeinnützige Organisation zu finden, für die er oder sie sich engagieren möchte. Ich denke, Sie werden feststellen, dass es Ihr Leben verändert.

TONY:
Sie haben viel darüber gesprochen, eine klar definierte Nische zu haben, und Sie haben das Wort »Wettbewerbsvorteil« verwendet. Von was würden Sie sonst noch sagen, dass es wichtig für den Erfolg von Golub Capital ist?

DAVID:
Erfolg in der Wirtschaft ist kompliziert, aber ich sage Ihnen, dass jedes erfolgreiche Unternehmen, das ich im Laufe der Zeit kennengelernt habe, einige Kernprinzipien hatte, die sich in allem widerspiegeln, was es tut. Wir haben zwei Grundprinzipien. Das Erste haben wir bereits besprochen: Investieren ist hart, aber es unterscheidet sich nicht von jedem anderen Geschäft. Man kann sich nicht auf ein Genie verlassen, das in der Ecke sitzt. Man kann sich nicht auf ein proprietäres Modell verlassen. **Man muss eine Reihe von Wettbewerbsvorteilen herausfinden und diese im Laufe der Zeit pflegen, damit man seine Konkurrenz ausstechen kann.** Das zweite Prinzip, das unserem Geschäft zugrunde liegt, ist, dass Beziehungen wichtig sind. Wir sind altmodisch. Wir glauben nicht an das moderne Wall-Street-Mantra, dass alle Kontrahenten sind. Wir glauben, dass gute Unternehmen immer wieder mit denselben Parteien zusammenarbeiten. Sie arbeiten mit denselben Lieferanten, mit denselben Kunden, mit denselben Investoren. Und sie tun das, weil sie in der Lage sind, für jede dieser Gruppen ein überzeugendes Wertangebot zu entwickeln, sodass jede dieser Gruppen immer und immer wieder mit diesem Unternehmen zusammenarbeiten will.

Diese beiden Prinzipien geben den Ton an. Sie haben uns dazu gebracht, eine klare Mission aufrechtzuerhalten: Wir wollen die Besten im Bereich Sponsored Finance sein. Wir versuchen nicht, die besten bei Immobilien zu sein. Wir versuchen nicht, bei der Ölförderung der Beste zu sein. Wir versuchen, die besten Kredite an Unternehmen zu vergeben, die von Private-Equity-Firmen kontrolliert werden. Und wir haben auch eine sehr klare Kultur, die wiederum den beiden Kernprinzipien entspricht. Unsere Kultur wird durch ein Wort definiert: »Goldstandard«. Damit meinen wir, dass wir unsere Partner so behandeln, wie wir selbst behandelt werden möchten, wenn wir auf der anderen Seite des Tisches sitzen.

CHRISTOPHER:
Sie haben eine fantastische, lange Karriere bei Golub Capital hinter sich. Aber es gibt immer Dinge, die wir auf unserem Weg lernen, die manchmal weniger angenehm sind. Was sind Dinge, von denen Sie sich gewünscht hätten, dass man sie Ihnen gesagt hätte, bevor Sie das Unternehmen gründeten, um Ihnen einige dieser weniger angenehmen Lernerfahrungen zu ersparen?

DAVID:
Das ist eine lange Liste. Wir haben im Laufe der Jahre eine Menge Fehler gemacht. **Eines, das ich gelernt habe, ist der Wert von Prozessen und der Infrastruktur von Investments. Die nicht glamourösen Teile eines Unternehmens bekommen oft nicht genug Aufmerksamkeit.** Bei der Kreditvergabe ist das ein Fehler. Wir haben früh erkannt, dass dies ein Bereich ist, auf den wir uns wirklich konzentrieren müssen, und er ist zu einer unserer Stärken geworden. Aber ich wünschte, jemand hätte mir das am Anfang gesagt.

CHRISTOPHER:
Es ist unweigerlich der Kampf hinter den Kulissen, der es dem Unternehmen ermöglicht zu florieren und erfolgreich zu sein. Wenn Sie irgendetwas in Ihrem Unternehmen ändern könnten, was würden Sie rückblickend anders machen?

DAVID:
Ich will der Frage nicht ausweichen, aber ich bin sehr glücklich. Es gibt nicht viel, was ich bedauere. Es gibt Dinge, die wir hätten besser machen können; ich könnte bestimmt zehn davon nennen. Sie sind aber nicht so wichtig. Ich fühle mich sehr glücklich, dass wir die wichtigen Dinge richtig gemacht haben – und viele davon drehen sich um Menschen. Wir haben ein phänomenales Team.

CHRISTOPHER:
Sie und Ihr Bruder und der Rest des Teams von Golub Capital sind Ihrer Nische und Ihren Fähigkeiten treu geblieben. Und das ist interessant,

denn es gibt eine Denkschule, dass man ein Unternehmen in der Investmentwelt nur dann skalieren kann, wenn man viele verschiedene Angebote sowie viele verschiedene vertikale Märkte und viele verschiedene Segmente hat. Und es gibt Firmen, die das sehr, sehr erfolgreich gemacht haben. Sie haben sich dafür entschieden, einen sehr engen Fokus zu setzen.

Nur sehr wenige Unternehmen mit diesem engen Fokus waren in der Lage zu skalieren. Was sind die Hauptgründe dafür, dass die meisten Wertpapierfirmen Ihrer Meinung nach nicht in der Lage sind, eine andere Größenordnung zu erreichen?

DAVID:
Ich denke, Sie sprechen einen wirklich wichtigen Punkt an. Wenn Sie an die meisten Investmentunternehmen denken, besteht die Herausforderung der Skalierung darin, dass man die nächstbeste Idee angeht. Stellen Sie sich zum Beispiel vor, Sie sind ein Long-only-Aktienmanager und jemand gibt Ihnen 100 Millionen Dollar. Sie leisten damit großartige Arbeit, und dann haben Sie im nächsten Jahr nicht mehr 100 Millionen zum Investieren, sondern mehr Investoren, und Sie haben 1 Milliarde Dollar zum Investieren. Sie müssen also von einem Portfolio mit den 20 besten Ideen zu einem Portfolio mit den 100 besten Ideen übergehen. Und Ihre 100. beste Idee ist wahrscheinlich nicht so gut wie Ihre 20. beste Idee. Dies verdeutlicht, dass die meisten Investmentunternehmen nicht skalierbar sind, weil die Anlagestrategie im Grunde genommen nicht skalierbar ist.

Vergleichen Sie das mit unserem Geschäft. Unser Wachstum hat uns tatsächlich in eine Position gebracht, ein wertvollerer Partner für unsere Private-Equity-Kunden zu sein. Das ist das Gegenteil von meinem Long-only-Aktienmanager. Wachstum schmälert nicht die Rendite. **Wachstum verbessert unsere Wettbewerbsvorteile, indem es uns ermöglicht, mehr für unsere Private-Equity-Kunden tun zu können.** Ich würde sagen, unser Wachstum hat unsere Fähigkeit verbessert, unsere Erfolgsbilanz von Spitzenrenditen über die Zeit aufrechtzuerhalten.

CHRISTOPHER:
Es ist wirklich interessant, wie Sie das beschreiben, denn die meisten Firmen müssen im Namen des Wachstums Abstriche bei der Qualität machen oder das Niveau der Arbeit und Sorgfalt opfern. Wenn man sich das

Universum der Talente in der Investmentbranche ansieht, was sind Ihrer Meinung nach die wichtigsten Eigenschaften, die die Besten von ihren Mitstreitern unterscheiden?

DAVID:
Ich denke, es gibt verschiedene Modelle, um über Talente im Investmentbereich nachzudenken. Es gibt durchaus eine Reihe von Investmentfirmen, bei denen Stars wichtig sind – wo man einen Michael Jordan braucht. Das ist nicht unsere Art zu arbeiten. **Für uns ist Erfolg ein Teamsport. Niemand ist in allem gut. In einer kollaborativen Umgebung ist jeder besser.** Deshalb konzentrieren wir uns auf der Mikro- und Makroebene bei der Führung der Firma immer darauf, dass wir die richtige Mischung von Leuten haben und dass wir allen unseren Mitarbeitern Entwicklungsmöglichkeiten bieten, damit sie im Laufe der Zeit wachsen können. Und wir können unseren Erfolg dabei auf verschiedene Weise messen. Wir können unseren Erfolg für unsere Investoren durch unsere Renditen messen. Unseren Erfolg bei den Private-Equity-Gebern können wir durch Wiederholungsgeschäfte messen. Unseren Erfolg bei unseren Finanzierungspartnern können wir durch ihren Wunsch messen, weiterhin mit uns zusammenzuarbeiten. Und wir können Erfolg mit unserem Team messen, indem wir Umfragedaten zum Engagement und Bindungsstatistiken erheben. Und in dieser Zeit, in der wir alle über die außerordentliche Zunahme der Kündigungen während Covid oder, in jüngerer Zeit, all die Artikel über stille Kündigungen gelesen haben, denke ich, dass man sehr viel über ein Unternehmen sagen kann, wenn man sich ansieht, ob das Unternehmen von diesen Phänomenen betroffen ist. Ich behaupte, wenn man ein Unternehmen findet, das ein hohes Engagement und geringe niedrige Fluktuationsraten aufweist, hat man wahrscheinlich einen Gewinner gefunden. Ich denke, dass am Ende des Tages alle strategischen Fragen, über die wir im Laufe unserer Diskussion gesprochen haben, sehr wichtig sind. Aber wenn Sie nicht das richtige Team haben, ist alles andere unwichtig.

CHRISTOPHER:
Wir haben viel über verschiedene Unternehmen und die Dynamik der Führung gesprochen. In Ihrem Fall haben Sie Ihren Bruder, mit dem Sie während der gesamten Zeit des Unternehmens zusammengearbeitet ha-

ben. Und ich kenne nicht viele Brüder, die ein Unternehmen so erfolgreich aufgebaut haben wie die Golub-Brüder.

TONY:
Und auch so viele Jahrzehnte lang zusammengeblieben sind. Das ist eine Kunst für sich.

DAVID:
Hey, wir haben leidenschaftliche Meinungsverschiedenheiten. Es ist nicht alles eine Sinfonie des Friedens und Glücks. Aber eines der großartigen Dinge an der Arbeit mit meinem Bruder ist, dass wir leidenschaftliche Meinungsverschiedenheiten haben können und wir beide wissen, dass wir am nächsten Morgen aufwachen und immer noch Brüder sein, immer noch beste Freunde sein und immer noch Geschäftspartner sein werden.

TONY:
David, der Titel des Buches ist *Der Heilige Gral des Investierens*, das klingt übertrieben. Aber der Grund ist, dass ich bei meinem ersten Buch 50 der besten Finanzinvestoren der Welt interviewt habe. Als ich mit Ray Dalio sprach, sagte er, dass der Heilige Gral des Investierens darin besteht, acht bis zwölf unkorrelierte Investitionen zu finden, von denen man überzeugt ist. Das ganze Buch dreht sich also um all diese alternativen Anlagemöglichkeiten. Aber was ist aus Ihrer Sicht der Heilige Gral des Investierens?

DAVID:
Meiner Meinung nach, Tony, unterscheiden sich Investments nicht wirklich von anderen Geschäften.

Wenn wir Ihre Frage umdrehen und fragen würden, was ein gutes Unternehmen ausmacht, dann gäbe es eine enorme Übereinstimmung bei dieser Antwort. Wir würden über Wettbewerbsvorteile und die Art und Weise sprechen, wie das Unternehmen einen Graben um sich herum hat, der es schwer macht, mit ihm zu konkurrieren. Für mich dreht sich in unserer Nische, der Kreditvergabe an Private-Equity-finanzierte Unternehmen, alles um unsere Vorteile. **Indem wir diese Wettbewerbsvorteile pflegen, sind wir in der Lage, weiterhin konsistente Spitzenrenditen zu erzielen.**

Ray Dalio ist ein Genie und er kann herausfinden, welche Ideen im Moment besonders attraktiv sind. Ich bin kein Genie. Mein Geschäft braucht kein Genie, um Jahr für Jahr wirklich gute, konstante Renditen zu erzielen. Was wir tun müssen, ist, diese zentralen Wettbewerbsvorteile weiterhin zu nutzen und zu pflegen. **Das ist es, was ich als den Heiligen Gral bezeichne: Sie wollen an der Seite von Managern investieren, die ein Geschäft haben und nicht nur einen Fonds – Manager, die von einer nachhaltigen Quelle von Wettbewerbsvorteilen profitieren.**

TONY:
Es ist sehr ähnlich wie bei Vista mit Robert [Smith]. Die gleiche Denkweise, mehr darüber zu wissen als jeder andere in der Branche. Diese ganze Spezialisierung zu haben, die Kunden zu haben, die immer wieder zu ihm zurückkommen. Sie haben beide in verschiedenen Branchen unglaublich viel erreicht. Noch eine kurze Frage an Sie. Ich war kürzlich bei Scheich Tahnoun und er wurde von all diesen Leuten in finanzieller Hinsicht beraten. Einer von ihnen war ein Herr von SoftBank und er sagte ihm, dass jetzt die Zeit für Private Credit gekommen sei. Er warb sogar für Private Credit gegenüber privatem Beteiligungskapital. Und er nannte alle seine Gründe dafür und so weiter. Ich bin neugierig: Warum jetzt Private Credit? Warum ist es aus Ihrer Sicht noch wichtiger als je zuvor? Warum sollten Investoren dies in Betracht ziehen?

DAVID:
Wenn man bedenkt, was sich im Juli 2022 geändert hat, dann sind die Zinssätze gestiegen. Das Wachstum hat sich verlangsamt. Beides sind also Faktoren, die für viele verschiedene Anlageklassen einen starken Gegenwind darstellen. Für Aktien zum Beispiel sinken gleichzeitig die Nettoerträge, weil die Kosten höher sind, und setzen die Multiplikatoren unter Druck. **Traditionelle festverzinsliche Wertpapiere schneiden in einem Umfeld steigender Zinsen sehr gut ab.** Im Gegensatz dazu hat unser Geschäft Rückenwind. **Wir haben ein wachsendes Private-Equity-Ökosystem. Steigende Zinsen führen zu höheren Gewinnen (solange wir die Kreditverluste kontrollieren). Die Banken sind aus unserem Markt verschwunden und kommen nicht zurück.** Größe ist eine wichtige Quelle für Wettbewerbsvorteil. Es gibt eine Menge Gründe für Optimismus.

Ich denke, das ist der Kern der Argumentation Ihres Kollegen. Und ich denke, er hat recht; mit den richtigen Managern bieten sich im Private-Credit-Geschäft gerade jetzt gute Chancen. Aber ich würde trotzdem zur Vorsicht raten. In jeder Anlageklasse kann man Fehler machen. Vielleicht klinge ich jetzt wie ein Kreditspezialist, aber ich denke, wenn jemand Ihnen jemals sagt: »Diese Anlageklasse ist ausfallsicher« – halten Sie Ihre Brieftasche fest!

KAPITEL 22

BARRY STERNLICHT

MITGRÜNDER, CHAIRMAN UND CEO VON STARWOOD CAPITAL

Auszeichnungen: Starwood war eine der größten börsennotierten Hotelgesellschaften der Welt (inzwischen hat es seine Hotelbeteiligungen mit Marriott zusammengelegt). Das Unternehmen ist außerdem einer der größten Eigentümer von Mehrfamilienhäusern, einer der größten öffentlichen REITs und einer der größten Eigentümer und Betreiber von vermieteten Einfamilienhäusern
Gesamtes verwaltetes Vermögen (Stand August 2023): 115 Milliarden Dollar
Schwerpunktbereich: Globale Immobilien – alle Immobilien-Assetklassen in 30 Ländern

Höhepunkte:

- Barry Sternlicht ist Mitbegründer, Vorsitzender und CEO der Starwood Capital Group, die im Jahr 1991 gegründet wurde.

- Starwood verwaltet derzeit ein Vermögen von 115 Milliarden Dollar und hat in den letzten 30 Jahren über 240 Milliarden Dollar in allen wichtigen Immobilien-Assetklassen investiert.
- Zu den Investments von Starwood gehören Marktführer in den Bereichen Wohnen, Hotels, Büros, Industrie und Einzelhandel.
- Das Unternehmen wurde in der Zeit der schweren Krise der Spar- und Darlehenskassen gegründet und hat heute 5000 Mitarbeiter in 16 Niederlassungen weltweit.
- Barry Sternlicht ist Mitglied des Verwaltungsrats der Estée Lauder Companies, von Baccarat, der Robin Hood Foundation, des Dreamland Community Theater, des National Leadership Advocacy Program der Juvenile Diabetes Research Foundation und des Business Committee for the Arts.

TONY:
Barry, erzählen Sie uns ein wenig über Ihren Weg, wie Sie von [geliehenen] 20 Millionen Dollar zu, wenn ich richtig verstanden habe, 115 Milliarden Dollar verwaltetem Vermögen (AUM) heute gelangten. Das ist eine weite Reise. Erzählen Sie uns doch ein wenig über Ihre Entstehungsgeschichte, um unseren Lesern einen Eindruck zu vermitteln.

BARRY:
Danke, Tony. Meine Mutter war Lehrerin und mein Vater war Ingenieur. Er kam nach dem Zweiten Weltkrieg in die USA. Während des Krieges kämpfte er bei den tschechischen Partisanen. Ich denke also, das Prägendste an meiner Karriere und meinem Leben ist, dass mein schlimmster Tag besser war als sein bester Tag, weil er im Krieg aufgewachsen ist. Das möchte ich immer im Auge behalten. Wir sind wirklich gesegnet. Und er liebte dieses Land und die Möglichkeiten, die es ihm bot. Er sagte, dass man alles erreichen kann, wenn man hart arbeitet und sich engagiert. Wir gehörten zur Mittelschicht, lebten in einem kleinen Haus in Long Island und zogen, als ich fünf war, nach Connecticut. Meine Mutter unterrichtete als Lehrerin, während ihre drei Jungs in der Schule waren. Ich ging auf eine öffentliche Highschool mit 2000 Kindern. Dann sagte man mir, ich könne aufs College gehen, aber ich müsse von zu Hause pendeln können. Also ging ich auf die Brown, denn ich war nicht wirklich ein Mathe-Typ. Ich entschied mich deshalb für das beste College, auf

dem ich keinen Mathekurs belegen musste. Die Leute kennen mich als Finanzgenie, aber das bin ich nicht. Ich kann nur sehr gut mit einem Taschenrechner umgehen, habe ein gutes Gedächtnis und da ich in der Highschool künstlerisch aktiv war, denke ich sowohl mit der linken als auch mit der rechten Gehirnhälfte. Mein Hauptfach war Law and Society [Rechts- und Sozialwissenschaften]. Ich nannte es »Lost in Society«, weil ich zwar viele Dinge weiß, aber nicht viel in einem bestimmten Gebiet. Nach meinem Abschluss hatte ich innerhalb von zwei Jahren drei Jobs. Mein letzter Job war der eines Arbitrage-Händlers an der Wall Street. Mein Vater sagte: »Willst du für den Rest deines Lebens auf einen kleinen grünen Bildschirm starren?« Obwohl ich gutes Geld verdiente, beschloss ich, mich weiterzubilden und auf eine Business School zu gehen. Ich bewarb mich nur bei zweien und wurde tatsächlich in Harvard angenommen, was ich bis heute nicht verstehe.

Ich dachte, ich würde dort keine fünf Minuten überleben, wenn sie herausfinden würden, dass ich weder addieren noch subtrahieren konnte. Aber ich habe überlebt und war sogar ziemlich gut. Ich konnte schon immer gut reden und die Hälfte deiner Note ist die Teilnahme am Unterricht! Ich nahm einen Job in Chicago bei einer Immobilienfirma namens JMB an, weil ich einen Anruf von einem Freund bekam, der ein Ehemaliger von JMB war. Ich hatte die Wahl zwischen diesem Job und einem Job an der Wall Street bei Goldman Sachs, was der einzige Job war, den ich bekommen konnte. Aber ich mochte Design. Ich mochte Kunst, ich mochte Architektur. Ich mochte Reisen und Menschen. Also schienen mir Immobilien ein guter Anfang zu sein. JMB stellte mich ein und ich stieg in der Firma schnell auf. Ich war ein ziemlich kreativer Typ.

Es gab einen Finanzprofessor an der HBS (Harvard Business School), der Entrepreneurial Finance lehrte. Ich belegte den Kurs nicht, aber man sagte mir, ich solle in seine letzte Vorlesung gehen, was ich auch tat. Und der Professor sagte ein paar wichtige Dinge. Unter anderem: »Sei vorsichtig, worum du bittest, denn du könntest es erreichen.« Das war ein interessantes Motto, über das ich während meiner gesamten Karriere nachgedacht habe. Und dann sagte er noch: »Finde die Güterzüge in deinem Leben und steige ein, statt dich vor sie zu stellen.« Ich denke eigentlich die ganze Zeit über beides nach. Wissen Sie, Glück ist, wenn Vorbereitung auf Gelegenheit trifft. Sie schaffen sich Ihr eigenes Glück. Du deckst den Tisch, um Glück zu haben. Und ich denke, man muss Chips auf dem Tisch haben, um erfolgreich zu sein und das Spiel zu spielen.

Es ist keine Kunst, zu allem Nein zu sagen. Man muss Risiken eingehen und man wird scheitern. Ich glaube, die wichtigsten Meilensteine meiner frühen Karriere waren die schlechtesten Geschäfte, die ich gemacht habe, weil ich daraus viel gelernt habe. Mein Sohn hat letzte Woche seinen Abschluss an der HBS gemacht und ich habe ihm gesagt: Das Aufregendste am Investieren und Lernen ist, dass ich an jede Investition herangehe, als ob ich dumm wäre. Ich denke darüber nach, was schiefgehen könnte – ich mache mir Sorgen über die Nachteile und die Vorteile werden sich von selbst ergeben. Beim Investieren versucht man also, die richtigen Risiken einzugehen und niemals eine ethische Grenze zu überschreiten. Ich denke, dass dies unter anderem der Grund dafür ist, dass die Starwood Capital Group so erfolgreich ist. Unsere Investoren standen immer an erster Stelle und wir haben immer das Richtige getan, auch wenn sie nicht wussten, dass wir das Richtige taten. Unsere Fonds haben heute die gleiche Gebührenstruktur wie 1991. Die Anleger erhalten ihr Geld zurück, eine Rendite auf ihr Geld, und dann erhalten wir unseren Anteil. Wie mein Vater sagte: »Wenn du das Richtige tust, kannst du dich immer gut fühlen, wenn du jeden Morgen in den Spiegel schaust.«

Der entscheidende Moment in meiner Karriere war vermutlich, als ich mit 31 Jahren entlassen wurde. Ich habe bei JMB gearbeitet. Ich war das Wunderkind. Ich war in Chicago.

Dann kam die Spar- und Darlehenskrise und ich wurde entlassen. Das war ein Schock. Ich nahm den Bus, um Arbeitslosengeld zu beantragen. Aber ich konnte gut mit dem Mann, der JMB leitete – er stand auf der Forbes-400-Liste und ich hatte etwa 8000 Dollar. Aber wir waren gute Freunde. Ich war in seinem Haus mit seiner Frau und seinen Kindern. Ich bin mit ihm Ski gefahren. Er gab mir 1 Million Dollar, um meine Firma zu gründen. Mit zwei anderen Familien hatten wir unseren ersten Fonds mit 21 Millionen Dollar. Damit haben wir angefangen. Wir konnten uns nichts leisten. Wir hatten keinen Kredit – wir konnten uns nicht einmal ein Faxgerät kaufen. Wir liehen uns Büros von der AMA in Chicago. Wir liehen uns sogar ihre Angestellten aus und ließen sie auf unserer Seite des Gebäudes sitzen, damit wir nach mehr aussahen. Das war eine wilde Fahrt.

Zuerst kauften wir eine Reihe von Wohnungen. Ich verkaufte sie an Sam Zell und wir verdreifachten das Geld unserer Investoren in 18 Monaten. Und dann trennten mein Partner, ein Freund von der Business School, und ich uns und ich ging nach Osten. Ich nutzte ein echt seltsam aussehendes börsennotiertes Unternehmen, über das ich stolperte, fusionierte eine Reihe von Vermögenswerten, die wir besaßen, mit diesem Unternehmen und änderte seinen Namen in »Starwood Lodging«. Das Unternehmen hatte damals eine Marktkapitalisierung von 8 Millionen Dollar [und] 200 Millionen Dollar Schulden. Wir kauften einen Teil der Schulden, fusionierten dann und übernahmen die Kontrolle über das Unternehmen. Von da an hat Starwood viele Geschäfte gemacht. Wir kauften Westin Hotels für 5 Milliarden Dollar. Und dann kauften wir ITT Sheraton für 14 Milliarden Dollar. Wir waren ein 7-Milliarden-Dollar-Unternehmen, das ein 14-Milliarden-Dollar-Unternehmen kaufte, und boten gegen Hilton Worldwide. **Plötzlich, innerhalb von drei Jahren, waren wir das größte Hotelunternehmen der Welt, gemessen am Cashflow.**

TONY:
Wow, wie haben Sie sie mit so wenig Kapital überlistet?

BARRY:
Wir haben unsere Aktionäre immer so behandelt, als ob sie unsere Partner wären. Fidelity besaß 10 Prozent der Firma. Ich kannte all diese Leute. Wir brauchten ihre Unterstützung. Wir haben ein Angebot für ITT gemacht. Unsere Aktie wurde damals mit einem relativ hohen Multiplikator gehandelt. Und Hilton hat ein Barangebot gemacht. Es wurde nicht mit demselben Multiplikator gehandelt wie wir, weil wir so viel schneller wuchsen.

Normalerweise fallen die Aktien des Erwerbers nach einem Übernahmeangebot, aber der Portfoliomanager der Immobiliengruppe von Fidelity sagte: »Starwood-Aktien sind mehr wert als Bargeld.« Als wir das Geschäft ankündigten, lag unser Aktienkurs bei 53 Dollar pro Aktie. Und nachdem wir es angekündigt hatten, stiegen unsere Aktien auf 60 Dollar. Dieses Angebot war also noch mehr wert als unser erstes Angebot, und dann haben wir noch etwas Bargeld dazugegeben. Hilton bot grundsätzlich 81 Dollar pro Aktie in bar. Wir lagen bei 84 Dollar, aber es waren Aktien und 30 Dollar in bar. Die Aktionäre stimmten für uns.

TONY:
Und Sie waren zu diesem Zeitpunkt 38 Jahre alt?

BARRY:
Ich war 38. Manchmal können Jugend und Unschuld auch Dummheit bedeuten, und man muss das vor den Augen der Öffentlichkeit herausfinden.

CHRISTOPHER:
Das führt zurück zu den Worten Ihres Professors, dass man vorsichtig sein soll, was man sich wünscht. Sie könnten es tatsächlich bekommen. Sie hatten auf einmal 120 000 Angestellte.

BARRY:
Und dann hatte ich von allem drei. Ich hatte drei Finanzchefs. Ich hatte drei Chef-Rechtsberater. Ich hatte drei IT-Leiter und [es war] wie ene, mene, muh.

Also ging ich los und holte mir Hilfe. Ich ließ das Team bewerten und es war eine rasante Fahrt. Mein Tagesjob wurde die Leitung von Starwood Hotels und ich leitete es zehn Jahre lang. Es waren die besten und die schlechtesten Zeiten. In den Augen der Medien war ich ein Genie und ein Idiot. Ich mochte die Publicity nicht. Ich bin ein sensibler Typ. Und die Presse, wissen Sie, die hat mich geliebt – und gehasst.

TONY:
Sie haben [in Miami] auf der JPMorgan-Konferenz einige wirklich interessante Kommentare darüber abgegeben, dass das Hotel- und Gastgewerbe verrücktspielen wird. Wir haben es alle erlebt. Die Preise sind durchgedreht. Alle waren während der Covid-Pandemie eingesperrt. Wie sehen Sie den Immobilienmarkt heute und wie aus Sicht Ihres Unternehmens?

BARRY:
Historisch gesehen verursacht die Immobilienbranche Abstürze. 2007, 2008, die Immobilienbranche, die Ninja-Darlehen, der Verkauf von Darlehen mit Derivaten, all diese Dinge waren Giftmüll. Ich war kein Häuslebauer, aber wir haben als Branche maßgeblich dazu beigetragen, dass fast das gesamte Bankensystem der Welt zusammengebrochen ist. Sie konnten 110 Prozent des Kaufpreises eines Vermögenswerts leihen und es wurde unvernünftig und aggressiv. Einer der anderen Schlüsselfaktoren bei Investitionen in Immobilien ist, dass es keine gute Idee ist, eine Immobilie zu kaufen, wenn die Schulden höher sind als die Rendite des

Objekts. Wir nennen das den »negativen Leverage-Effekt«. [Wenn] Sie einen Kredit mit 9 Prozent leihen und eine Rendite von 6 Prozent für eine Immobilie bekommen, haben Sie von Anfang an ein Loch. Das war der Markt in den Jahren 2007 bis 2008. Natürlich war das 2020 und 2021 nicht der Fall, keine Bank war nach 2007/2008 noch so aggressiv bei der Kreditvergabe. Sie haben ihre Lektion gelernt und eine Zeit lang gab es in jeder Anlageklasse eine positive Hebelwirkung.

Ende 2021 sagte die Fed, sie könne die Inflation kontrollieren und die Zinsen würden »länger niedrig« sein. Wie Sie wissen, druckte das Finanzministerium 6 Billionen Dollar während Covid und es gab keine Waren in den Regalen. Die Versorgungskette brach zusammen. Alle rannten los, um nicht nur ihre Lebensmittel zu kaufen, sondern auch ihre Golfwagen, ihre Ferienhäuser, ihre Sofas, ihre Schreibtische. Da es kein Angebot gab, stiegen die Preise ins Unermessliche, die Gebrauchtwagenpreise spielten verrückt und die Inflation nahm Fahrt auf. Als die Inflation die Immobilienwelt erreichte, stiegen in den Jahren 2021 bis 2022 die Mieten und Wohnungen in unseren Märkten um etwa 20 Prozent. In 40 Jahren habe ich so etwas nicht erlebt. Es war Wahnsinn.

Aber dann hatte die Regierung endlich ein Einsehen und erhöhte die Zinssätze in einer durchgehenden Linie, so schnell wie noch nie. Die Immobilienbranche wurde einfach überrumpelt. Die Fundamentaldaten sind jedoch nach wie vor in Ordnung. Wenn man sich die Immobilienanlageklassen ansieht, ist das Wohnungsgeschäft stark. Wohnungen im ganzen Land sind zu 95 Prozent belegt. Die Mieten steigen, zwar nicht um 20 Prozent, aber landesweit um 4 Prozent, und das ist ein sehr gesunder Markt. Normalerweise, vor der Pandemie, wären wir mit einem Mietanstieg von 4 Prozent zufrieden gewesen. Einfamilienhäuser werden nicht mehr so viele gebaut; die Leute können sich derzeit kein neues Haus leisten, weil die Hypothek zu teuer ist. Es gibt eine Welle von neuen Wohnungen, aber danach kommt nichts mehr. In der Gesamtheit von Ein- und Mehrfamilienhäusern wird Powells Politik zu einem noch größeren Defizit an Wohneinheiten führen. Das wird Auswirkungen auf die Hauspreise und auf die Wohnungspreise und -mieten haben, sobald wir aus der aktuellen Situation herauskommen.

Und wie Sie wissen, ist der Hotelmarkt, insbesondere der Markt für Ferienanlagen, sofort in Schwung gekommen, als die Pandemie abklang. Die Leute fuhren in den Urlaub und arbeiteten von überall, nur nicht vom

Büro aus. Und dieser Markt war wirklich stark. Sowohl bei der Belegung als auch bei den Preisen. Am Anfang dachte ich: »Nun, das Flugticket war sehr billig.« Jetzt ist das Flugticket teuer und die Leute reisen immer noch. Das ist eines der Rätsel. Ich kratze mich am Kopf. Ich verstehe nicht, wie die Zimmerpreise auf der ganzen Welt so hoch sein können.

TONY:
Liegt es daran, dass noch so viel Geld in der Wirtschaft ist von all dem Geld, das in die Taschen der Leute gesteckt wurde? Und das Geld ging langsam aus, wenn ich es richtig verstanden habe, im Oktober letzten Jahres. Ist das immer noch der Fall?

BARRY:
Ich denke, dass die Amerikaner – von denen wir gehört haben, dass sie keine 400 Dollar mehr auf ihrem Sparkonto hatten und dann mehrere 1000 Dollar von der Regierung bekommen haben – keine oder fast keine überschüssigen Ersparnisse mehr haben. Sie leben jetzt von ihren Kreditkarten. Und die Kreditkartenschulden steigen bis zum Mond und darüber hinaus. Ich beobachte die Zahlungsrückstände bei der Bank of America. Sie behaupten, die seien normal, aber ich glaube nicht, dass sie normal bleiben. Momentan ist das okay, weil die Leute immer noch Arbeit haben. Die Leute geben Geld aus, das sie vielleicht nicht haben, aber sie haben einen Job und sie fühlen sich in ihrem Job sicher.

Wenn die Fed also tatsächlich erreicht, was sie will, nämlich die Anhebung der Arbeitslosenquote und eine Verlangsamung des Lohnwachstums, dann könnte das eine Menge rückgängig machen.

Eine Sache, über die ich mit unseren Kunden spreche, ist das amerikanische »virtuelle« Büro.

TONY:
Das möchte ich auch wissen. Wir beschweren uns jetzt darüber, dass wir drei Tage in der Woche im Büro arbeiten sollen. [Die Leute sind] bereit, überall auf der Welt arbeiten zu gehen, nur nicht hier. Das ist verrückt.

BARRY:
Oh ja, es ist verrückt. **Wissen Sie, im Nahen Osten sitzt jeder in seinem Büro. Ich war gestern in einem Gebäude in Dubai, in dem unglaublich**

viel los war. Als wäre man in Manhattan vor der Pandemie. Und dann Europa und Asien, insbesondere Tokio, da sind nicht nur die Leute im Büro, sondern auch die Leerstandsrate ist echt niedrig. In den meisten deutschen Großstädten liegen die Leerstandsquoten für Büros unter 5 Prozent. Im Vergleich dazu sind es in San Francisco 25 Prozent und über 20 Prozent in New York City.

In den USA gibt es also ein paar Probleme. Eines davon ist: Wir arbeiten gern von Jackson Hole aus oder am Strand oder wo immer wir auch sind. Angeführt wird das von den Tech-Unternehmen, die unsere größten Unternehmen sind, der größte Bestandteil des S&P 500. Was sie tun, bekommt jeder mit. Aber jetzt hat Amazon in seinem neuen Hauptquartier in Virginia alle aufgefordert, wieder vier Tage die Woche im Büro zu arbeiten. Letzte Woche sagte Google: »Wir wollen Sie wieder im Büro sehen.« Jeder CEO wird zuerst die Leute feuern, die zu Hause bleiben. Dabei gehen sie nicht einmal besonders subtil vor. Alle CEOs sind im Büro, aber niemand ist mit ihnen im Büro. Als ich meine Karriere begann, wenn der Chef am Samstag ins Büro ging, raten Sie mal, wer dann auch da war?

Ich spielte vielleicht ein Spiel auf meinem Computer, aber ich wollte, dass er sah, dass ich da war. Es ist eine andere Generation und ich glaube, dass ihr Mut anders definiert ist.

TONY:
Wo sehen Sie die Entwicklung? Glauben Sie, dass es zehn Jahre dauern wird oder zwei, bevor die Leute anfangen, ihren Lebensstil zu ändern?

BARRY:
Wenn man sich ansieht, was seit der Pandemie im Bürobereich passiert ist, wurden etwa 9 Millionen Quadratmeter in Gebäuden vermietet, die seit 2015 gebaut wurden, und gleichzeitig sind 9 Millionen Quadratmeter in älteren Gebäuden frei. Es ist also eine Verschiebung der Nachfrage. Die Leute wollen schöne Gebäude, die ihre Angestellten dazu bringen zurückzukommen. Ich habe ein Gebäude in Miami gebaut, das wir während der Pandemie komplett vermietet haben. Es ist zu 100 Prozent vermietet. Es gab keinen Makler. Mein Team hat es selbst abgewickelt. Wir begannen mit 52 Dollar Miete und endeten bei 95 Dollar. Also, es gibt Teile des Landes, in denen es den Büros gut geht – Nashville, Tennessee und Austin, Texas, sogar in Atlanta und Raleigh läuft es gut. Und dann sind da noch

die Derivate des Büros. Die Biowissenschaften boomen, Rechenzentren boomen. Sie sind eigentlich keine Büros, aber die Leute wandeln Bürogebäude in Rechenzentren um. Es ist also eine andere Nutzung. Ähnlich wie im Einzelhandel, wo die guten Einkaufszentren weiterhin belegt sind und florieren, während die schlechten Einkaufszentren wie der Dodo-Vogel verschwunden sind. Sie werden sehen, dass die Büromärkte eine Art Zweiteilung erleben. Die guten Gebäude werden voll sein, mit guten Mietern. Aber es gibt einen neuen Angriff auf die Büromärkte. Und der kommt von der KI.

KI hat es auf Fachkräfte wie Anwälte und Buchhalter und auch auf Werbeagenturen abgesehen. Und es wird wirklich interessant sein, das zu beobachten, denn das sind große Nutzer von Büroflächen, oder? Wer wird diesen Platz füllen? Woher soll die Nachfrage kommen? Auf die Anlageklasse Büro wird für ein paar Jahre eine anstrengende Zeit zukommen. **Die US-Notenbank kann das übrigens ändern. Eine Senkung der Zinssätze würde den Menschen Zeit zur Refinanzierung und Deckung geben. Niemand weiß heute, was der richtige Preis für ein Bürogebäude ist. Sie können keine Finanzierung bekommen.** Und wenn man eine Finanzierung bekommt, dann verlangen sie etwa 10 Prozent dafür. Vielleicht haben Sie ein schönes Gebäude gekauft und eine Rendite von 6 Prozent. Technisch gesehen sind Sie also zahlungsunfähig.

CHRISTOPHER:
Barry, Sie haben ein paar Themen angesprochen, von denen viele Investoren wissen, dass sie kommen werden. Sie kennen aber nicht das Ausmaß. Sie wissen nicht, was die Lösung sein wird. Sie wissen nicht, wie lange es andauern wird. Was machen aus Ihrer Sicht die meisten Investoren derzeit falsch, wenn sie sich mit Immobilien beschäftigen?

BARRY:
Zunächst einmal denke ich selbst über die Langfristigkeit nach. Zum Beispiel, welche Branchen nicht von der KI betroffen sein werden. Und wenn ich sage: »nicht betroffen sein«, [meine ich] die Nachfrage wird bestehen bleiben. Die Art und Weise, wie Sie zu Ihrem Hotel kommen oder wie Sie ein Haus auswählen, mag sich ändern, aber die Nachfrage nach Wohnraum wird stabil bleiben. Ich denke, dass Investoren dazu neigen, das Kind mit dem Bade auszuschütten. Das ist es, wonach wir suchen. Wir

suchen nach den Kindern, die mit dem Bade ausgeschüttet werden. Wir suchen nach einem guten Bürogebäude mit einem guten Mieterstamm und wir können es zu einem Preis kaufen, der weit unter dem Wiederbeschaffungswert liegt. Wir kaufen es mit Eigenkapital oder größtenteils mit Eigenkapital, wir nehmen einen winzig kleinen Kredit auf, und dann werden die Zinsen sinken und wir refinanzieren es. Die Investoren wissen, dass in der Geschichte der Vereinigten Staaten die Zinskurve noch nie für immer invertiert geblieben ist. Das ist nie passiert. Es wird auch nie passieren. Die Kurzfristzinsen werden sinken.

TONY:
Die Investoren müssen die Immobilie voll übernehmen und mit dem Zinssatz spielen.

BARRY:
Ganz genau. Und was Sie suchen, sind großartige Vermögenswerte mit einer falschen Bilanz. Dann kann man die Bilanz in Ordnung bringen. Oder man findet einen wirklich notleidenden Verkäufer, und im Moment gibt es eine Menge notleidender Leute. Es gibt eine Menge Notlagen und man sieht es erst, wenn der Kredit fällig wird. Jeden Monat werden Kredite fällig, es wird für Jahre ein Minenfeld sein und alles wird sich bessern, wenn die Zinsen sinken. Im Moment gibt es auf dem Markt viel Angst und Unruhe. Aber es gibt [auch] eine Menge Dry Powder. Es wird also klappen.

Und einige von uns werden mutig sein und etwas kaufen und die Leute werden denken, wir seien verrückt. Und wir wissen, dass es in Zukunft die besten Käufe unseres Lebens sein können. **Ich denke, wenn man sich die richtigen Märkte aussucht und aufmerksam ist, sind Immobilien die praktischste Anwendung des gesunden Menschenverstands, die es gibt. Es ist nicht genial, aber man muss absolut objektiv sein. Verlieben Sie sich nicht in irgendetwas.** Die Leute machen das falsch. Sie werden emotional. Sie achten nicht auf die Details. Und es sind die physischen Immobilien, auf die es ankommt.

Eines möchte ich aber anmerken: Mit Immobilien ist es ein bisschen wie mit dem Aktienmarkt. Keine Ahnung, wer das gesagt hat, aber die Märkte können länger irrational sein, als Sie und ich zahlungsfähig sein können. Das gilt auch für Immobilien. Manchmal überwältigt also der Geldfluss die Fundamentaldaten. Wenn also zum Beispiel die Europäer beschließen, dass ihnen die Rendite eines Gebäudes in Greensboro, North Carolina, oder Charleston oder Murfreesboro oder Orlando egal ist. Sie wollen New York oder sie wollen DC. Sie werden nie gefeuert werden, weil sie ein schönes Bürogebäude in der Park Avenue in New York kaufen. Trotz der Fundamentaldaten finden Sie also keinen Käufer. Ich musste lernen, die Kapitalströme genauso zu beobachten wie die Fundamentaldaten. Und das gilt für alles, in das man investiert, nicht wahr?

TONY:
Einer der Gründe, warum wir dieses Buch geschrieben haben, ist, dass ich Ray Dalio, als ich ihn das erste Mal traf, folgende Frage stellte: Was ist das wichtigste Prinzip beim Investieren? Er ist natürlich ein Makro-Trader, aber ich wollte wissen, was das wichtigste Prinzip bei all seinen Entscheidungen ist. Er drehte sich zu mir um und sagte: »Sie meinen, den Heiligen Gral des Investierens?« Dann sagte er: »Der Heilige Gral des Investierens ist das Finden von acht bis zwölf unkorrelierten Ertragsströmen oder Investitionen, an die Sie wirklich glauben, weil sie Ihr Risiko um 80 Prozent reduzieren.« Einer der Gründe dafür, dass wir dieses Buch geschrieben haben, ist, den Leuten Alternativen aufzuzeigen, um auf diese acht bis zwölf Ertragsströme zu kommen. Ich bin neugierig: Was ist in Ihrem Geschäft der Heilige Gral des Investierens?

BARRY:
Gute Frage. Mir fallen da ein paar Dinge ein. Erstens: Ich habe einen Freund gefragt, der sehr erfolgreich in der Hedgefonds-Welt ist, was seine schlechteste Investition war.

Und er antwortete, seine Gewinner früh zu verkaufen. Wenn man etwas hat, das wirklich gut läuft, sollte man es halten. Aber seien Sie sich bewusst, dass Sie es an jedem Tag, den Sie es halten, quasi wieder gekauft haben. Es liegt in der menschlichen Natur zu denken, wenn man es nicht verkauft hat, hat man kein Geld verdient. Man verkauft seine Gewinne und hält an den Verlusten fest in der Hoffnung, dass sie besser werden. Das ist eine schreckliche Strategie für den Aktienmarkt und eine schreckliche Strategie bei Immobilien.

Es liegt in der menschlichen Natur, zu denken, wenn man es nicht verkauft hat, hat man kein Geld verdient. Man verkauft seine Gewinne und hält an den Verlusten fest in der Hoffnung, dass sie besser werden. Das ist eine schreckliche Strategie für den Aktienmarkt und eine schreckliche Strategie bei Immobilien.

Wir besaßen ein Unternehmen namens »InTown Suites«. Es ist ein günstiges Hotelunternehmen mit einem Zimmerpreis von 350 Dollar die Woche, nicht pro Tag. Wir machten ein paar Hundert Millionen Dollar pro Jahr an Cashflow. Und nach dem Schuldendienst waren es 100 Millionen Dollar an freiem Cashflow. Ich fragte mich also: Warum sollte ich das jemals verkaufen? Es gibt kein neues Angebot, keine Konkurrenz. Niemand kann etwas gewinnbringend bauen und 350 Dollar pro Woche verlangen. Also hielten wir es ein paar Jahre länger und machten eine halbe Milliarde Dollar zusätzlich. Wir haben es erst letztes Jahr verkauft.

Ein weiterer wichtiger Punkt bei Immobilien ist, darüber nachzudenken, was dort sein könnte, im Gegensatz zu dem, was heute dort ist. Und sich dann objektiv über Ihre Konkurrenzsituation zu informieren. Womit stehen Sie im Wettbewerb und wie können Sie diese Immobilie besser machen? Ich nehme Post Properties als Beispiel. Das war eine nette Wohnungsbaugesellschaft mit Sitz in Atlanta. Wir besaßen ein Apartmenthaus direkt neben einer Post-Immobilie, im selben Jahr gebaut. Sie waren physische Klone. Wenn man sich deren Gebäude ansah, war es wunderschön. Ihre Landschaftsgestaltung war fantastisch. Sie hatten 4 (Prozent-)Punkte höhere Auslastung und 150 Dollar höhere Mieten als wir, weil es einfach besser aussah.

Das nenne ich gesunden Menschenverstand. Das einzige Mal, dass ich in zehn Jahren bei Starwood Hotels einen Geschäftsführer angeschrien habe, war, als ich ein W Hotel in Chicago betrat und die Pflanzen an der Eingangstür waren vertrocknet. Der erste Eindruck zählt. Man kann keine toten Blumen in eine Kalkulationstabelle einfügen.

Es gibt eine Firma namens Arvida Davis, für die ich im Sommer während meines Studiums gearbeitet habe. Sie bauten einige der größten Ferienanlagen in Florida – Boca, West Boca, Longboat Key, Sawgrass, eine ganze Reihe von wirklich erfolgreichen Masterplan-Gemeinden. Sie gaben, ich glaube, 15 000 Dollar pro Haus für die Landschaftsgestaltung aus, während alle anderen 5000 Dollar ausgaben. Nicht sehr kompliziert. Sie verkauften ihre Häuser schneller und zu höheren Preisen und hatten eine unglaubliche Investitionsrendite. Aber das ist nur die Anwendung des gesunden Menschenverstandes. Der am meisten überstrapazierte Begriff in der Immobilienbranche ist »unter dem Wiederbeschaffungswert«. Nun ja, wenn es 20 oder 30 Jahre alt ist, ist es ein Produkt, das heute nicht mehr relevant ist, es spielt keine Rolle, was man dafür bezahlt! Die Leute verfangen sich in dieser Floskel.

Ich sage »relevante Wiederbeschaffungskosten«. Ich war vor ein paar Tagen in Saudi-Arabien und habe gesagt, dass unser Ziel, wenn wir weiterhin auf den Büromärkten spielen, darin besteht, »wie die Saudis zu handeln«. Wir werden dieses schöne Bürogebäude in der Park Avenue kaufen, das jemand für 12 840 Dollar pro Quadratmeter gekauft hat, und wir werden es für 2140 Dollar pro Quadratmeter kaufen und für 214 Dollar pro Quadratmeter vermieten, netto. Es wird voll belegt sein, denn ich mache das kostengünstigste Angebot. Wenn man es preiswert kaufen kann, kann man den Markt destabilisieren. Sie können zu diesem Wettbewerbsvorteil vermieten und Ihr Gebäude füllen und alle anderen können nicht mit Ihnen mithalten, weil sie das Gebäude nicht für 2140 Dollar pro Quadratmeter gekauft haben.

TONY:
Ich habe vor 25 Jahren angefangen, mit Paul Tudor Jones zu arbeiten, und eine der ersten Lektionen, die er mir gab, war, dass er sagte, er wolle mir eine Aktie zeigen. Und er zeigte mir, dass sie wächst und wächst und wächst. Er fragte: »Was machst du damit?« Und ich sagte: »Nun, ich bin kein professioneller Investor, aber ich würde sie halten.« Und er sagte: »Das ist genau das, was ich zu lehren versuche. Fast jeder verkauft.« Dann sagte er, dass einer der Gründe dafür, dass Warren Buffett so reich ist, darin besteht, dass er es hasst, Steuern zu zahlen. Also hält er an den Dingen fest. Woher weiß man, wann man Gewinn macht? Wann verkaufen Sie? Ich bin neugierig auf Ihr Prinzip. Sie haben einen Gewinner – wann verkaufen Sie?

BARRY:
Wir versuchen zu verkaufen, wenn eine Menge neuer Angebote in einen Markt oder eine Anlagekategorie strömen. Wenn wir glauben, dass es eine Verschiebung der Kapitalströme geben wird, die Leute ihr Interesse an ei-

ner Sache verlieren und in etwas anderes investieren werden. Ich denke, wenn man einen Fonds verwaltet, muss man den gesamten Fonds betrachten und sich fragen: Was sind die besten Dinge, auf die ich setzen kann, und was ist nur ein Handel? Außerdem: Es gibt immer einen Käufer für großartige Anlagen.

Ich bin in Dubai und wir haben hier eine Baccarat-Residenz eröffnet. Sie verkauften die Penthäuser zuerst. Und zwar alle sieben. Waren sofort weg. Mein Freund hatte eine Wohnung in der 59. Straße, dem neuen Gebäude in New York City, dem wunderschönen, unglaublichen Wohnturm. Er kaufte seine Wohnung für 95 Millionen Dollar. Wir waren überzeugt, dass er damit 50 Millionen Dollar verlieren würde. Das ist nicht passiert. Er brachte es auf den Markt. Ein Käufer aus China kam und zahlte ihm 200 Millionen Dollar dafür. Dabei hatte er nur gehofft, keinen Verlust zu machen. Es gibt immer einen Käufer für großartige Vermögenswerte.

DER WAHRE HEILIGE GRAL

Denn wo dein Schatz ist, da ist auch dein Herz.

Matthäus 6, 21

Wie ein Marathonläufer, der endlich die Ziellinie überquert, hoffe ich, dass Sie ein Gefühl der Zufriedenheit und Erfüllung verspüren, nachdem Sie den Inhalt dieses Buches verinnerlicht haben.

Wir haben ein weites Feld abgedeckt und es ist mein tiefster persönlicher Wunsch, dass die Weisheit, die Strategien und die Einsichten in diesem Buch eine Grundlage für Ihr Streben nach finanzieller Freiheit bilden (so wie sie es für mich und meine Familie waren). Vor allem aber möchte ich Sie an eine zentrale Wahrheit erinnern: **Wissen ist keine Macht, sondern potenzielle Macht. Die Umsetzung übertrumpft das Wissen an jedem Tag der Woche.** Mein ursprünglicher Mentor, Jim Rohn, pflegte zu sagen: »Lass nicht zu, dass dein Lernen zu Wissen führt. Du wirst ein Narr werden. Lass dein Lernen zum Handeln führen!«

Wie werden Sie also Ihr Gral-Portfolio aufbauen? Ray Dalio hat es uns verraten. Welche acht bis zwölf unkorrelierten Strategien könnten Sie in Erwägung ziehen, um die Gewinnchancen zu maximieren und das Risiko um bis zu 80 Prozent zu verringern? Welche Schritte können Sie auf Ihrem Weg zur finanziellen Freiheit sofort unternehmen? **Das wirft die Frage auf: Was bedeutet finanzielle Freiheit für Sie?**

Als ich den verstorbenen Sir John Templeton, einen der ersten großen internationalen Investoren, der zum Milliardär wurde, interviewte, fragte ich ihn: »Was ist das Geheimnis des Reichtums?« Er antwortete: »Tony, es ist das, was Sie lehren.« Ich lachte und sagte: »Ich lehre eine Menge Dinge. Was denn genau?«

Mit einem breiten Lächeln im Gesicht antwortete er: »Dankbarkeit! Wissen Sie, Tony, wir haben beide schon Leute getroffen, die eine Milliarde Dollar besitzen und in einem Zustand der Frustration und Wut leben. Sie sind unglücklich, also sind sie in Wahrheit arm. Und wir beide kennen Menschen, die scheinbar nichts haben, und doch sind sie dankbar für den Atem des Lebens, für alles. Sie sind also unvergleichlich reich.«

In unserem Herzen wissen wir alle, dass es nicht das Geld ist, das uns reich macht. Sie haben sicher festgestellt, dass die größten Schätze nie finanzieller Natur sind. Es sind diese Momente der Gnade, in denen wir die Vollkommenheit und Schönheit von allem zu schätzen wissen. Es sind diese Momente, in denen wir etwas Ewiges und Unbesiegbares in uns spüren, den Kern unseres Geistes. Es ist die liebevolle Wärme unserer Beziehungen zu Familie und Freunden. Es ist das Lachen. Es ist die Suche nach einer sinnvollen Arbeit. Es ist die Fähigkeit zu lernen und zu wachsen, zu teilen und zu dienen. **Das ist der wahre Heilige Gral.**

Für mich (Tony) ist es auch die Freude, Menschen zu helfen, die eigenen Grenzen zu überwinden und zu sehen, wie sie erstrahlen, wenn sie sich daran erinnern, wer sie wirklich sind und was sie zu erreichen imstande sind. Es ist die Freude, zu sehen, wie ihr Leben zu einem Fest statt zu einem Kampf wird. Es ist das magische Gefühl, dass ich eine Rolle beim Erwachen eines wunderbaren und einzigartigen Menschen gespielt habe. Es ist die Erkenntnis, dass alles, was ich durchgemacht habe, nicht nur mir, sondern auch anderen diente – dass selbst der tiefste Schmerz, den ich erlebt habe, zu etwas Schönem geführt hat. In der Tat kann es kein größeres Geschenk geben, als dass das eigene Leben über sich selbst hinaus einen Sinn hat. Das ist der ultimative Wendepunkt. Finden Sie etwas, eine Sache, für die Sie sich leidenschaftlich einsetzen können, die größer ist als Sie selbst, und dies wird Sie reich machen. Nichts bereichert uns so sehr, wie anderen zu helfen.

Der zweite Tipp, den ich von Sir John Templeton erhielt, war, wie wichtig es ist, den Zehnten zu geben, das heißt einen Teil von dem zu nehmen, das man hat – egal wie wenig – und ihn an Bedürftige zu geben. Templeton sagte, er habe noch nie jemanden getroffen, der mehr als ein Jahrzehnt lang treu 10 Prozent seines Einkommens gegeben hat, der nicht auch reich geworden ist. Und der Zehnte muss nicht an eine Kirche gehen. Es kann eine Wohltätigkeitsorganisation, Ihre Gemeinde oder etwas anderes sein, das einen positiven Einfluss auf die Welt hat.

Dieser psychologische Wechsel von Knappheit zu Fülle macht Sie wohlhabend und verschafft Ihnen ein herrliches Gefühl der Freiheit. Indem Sie diesen Wechsel vollziehen, trainieren Sie Ihr Gehirn, um zu erkennen, dass so viel mehr für Sie verfügbar ist, das Sie geben, schätzen und lieben können. Und denken Sie daran: Es ist nicht nur Geld, das Sie spenden können. Sie können auch Ihre Zeit, Ihr Talent, Ihre Liebe, Ihr Mitgefühl und Ihr Herz geben.

Ich höre oft, dass Menschen sagen, dass sie spenden werden, sobald sie wohlhabend sind. Das ist eine Farce. Ein Jugendfreund von mir war kürzlich auf einem Flug. Der Gentleman neben ihm las gerade *Life Force*, mein kürzlich erschienenes Buch über die Zukunft der regenerativen Medizin und Präzisionsmedizin. Die beiden Männer begannen ein Gespräch und der Herr hatte nur Positives über das Buch zu sagen und würdigte, dass der gesamte Erlös des Buches gespendet wurde, was er jedoch mit den Worten abtat: »Aber er ist reich, also kann er es sich leisten.« Mein Freund lächelte und beschloss, unsere mehr als 45-jährige Freundschaft zu offenbaren. Er erzählte dem Mann, dass ich gespendet habe, seit ich ein Teenager war, und mich an viele Momente erinnerte, in denen ich in meinen Taschen kramte, um einem Obdachlosen 5 oder 10 Dollar zu geben, obwohl ich weniger als 100 Dollar besaß.

Eins steht für mich fest: Zu warten, bis man wohlhabend ist, um zu spenden, ist ein großer Fehler, denn dann berauben Sie sich der Erfüllung, die Ihnen zusteht, und Sie werden wahrscheinlich nie großzügig werden. Und wenn jemand von 1 Dollar nicht 1 Cent spendet, wird er niemals 100 000 von 1 Million oder 10 Millionen von 100 Millionen geben.

Ganz nebenbei möchte ich Ihnen für den Kauf dieses Buches danken, denn 100 Prozent des Erlöses gehen an Feeding America[115]. Ich bekam Essen, als ich elf Jahre alt war, und meine Familie kämpfte oft darum, Essen auf den Tisch zu bringen. Das veränderte mein Leben und brachte mich auf die Idee, Bedürftige mit Mahlzeiten zu versorgen. Wir haben unser Ziel, 1 Milliarde Mahlzeiten zu verteilen, bereits erreicht und ich arbeite jetzt an einer globalen 100-Milliarden-Mahlzeiten-Herausforderung!

Nachdem ich all dies gesagt habe, möchte ich Sie wissen lassen, dass mein tägliches Gebet darin besteht, ein Segen im Leben all derer zu sein, denen ich begegne. Wenn Sie die Werkzeuge und Prinzipien in diesem

---

[115] Diese Angabe bezieht sich auf die amerikanische Originalausgabe. (Anm. d. Red.)

Buch zu einem Teil Ihres Wesens machen, werden Sie mehr empfangen – und geben –, als Sie sich jemals vorstellen können. Wenn dieser außergewöhnliche Reichtum zu und von Ihnen fließt, werden Sie sich wahrhaftig gesegnet fühlen – und zu einem noch größeren Segen im Leben anderer. So fühlt es sich an, wenn man echten Reichtum besitzt.

Ich bin dankbar, dass Sie uns das Privileg gewährt haben, diese Zeit mit Ihnen zu verbringen. Ich weiß, dass die Titanen, die wir interviewt haben, ebenfalls dankbar sind, Teil Ihrer Geschichte zu sein. Ich hoffe aufrichtig, dass der Inhalt dieses Buches Ihnen auf Ihrer Reise hilfreich ist. Vielleicht werden sich unsere Wege eines Tages kreuzen und ich werde das Privileg haben, die Geschichte zu hören, wie dieses Buch Ihnen geholfen hat, den Aufbau des Lebens zu beschleunigen, das Sie sich wünschen und das Sie verdienen.

Bitte kehren Sie zu diesen Seiten zurück, wann immer Sie eine Erinnerung daran brauchen, wer Sie wirklich sind und was Sie alles erschaffen können. Denken Sie daran, dass Sie mehr sind als der Moment. Sie sind mehr als Ihr Business. Sie sind mehr als die herausfordernden Zeiten, die Ihnen bevorstehen mögen.

Gott segne Sie und LEBEN SIE MIT LEIDENSCHAFT!

Setzen Sie die Reise mit uns fort! Ein Buch ist zwar eine Momentaufnahme, aber mit unserem Podcast, Newsletter und mehr halten wir Sie auf dem Laufenden ...
www.TheHolyGrailofInvesting.com

DANKSAGUNGEN

TONY ROBBINS

Wenn ich über die viereinhalb Jahrzehnte meiner Mission nachdenke, haben mich so viele unglaubliche Menschen auf meinem Weg begleitet. Ich möchte kurz meine tiefe Dankbarkeit gegenüber denjenigen zum Ausdruck bringen, die mit diesem besonderen Projekt in Berührung gekommen sind.

Zunächst natürlich meine Familie. Das beginnt und endet mit meiner Frau, Bonnie Pearl – meine weise Frau. Ich liebe Dich. Ich danke für die Gnade, die unsere Liebe atmet und unser Leben. Meiner geliebten Tochter Violet Pearl – dem unglaublichen Geschenk, das Gott auf unerwartete und wunderschöne Weise in unser Leben gebracht hat. Mary B., meiner rechten Hand, besten Freundin und Co-Mutter unserer kleinen Violet. Meinem Sohn, Josh, ohne den dieses Buch nicht möglich gewesen wäre. Du hast schwere Arbeit geleistet, um dieses Buch zum Erfolg zu führen, und ich bin Dir für immer dankbar dafür, wie viel Spaß es macht, mit meinem Sohn an einem so bedeutenden Projekt zu arbeiten.

Meinem lieben Freund und Partner Christopher Zook und dem gesamten Team von CAZ Investments. Ich bin für immer dankbar für unsere Partnerschaft und für die Weisheit und die Einsichten, die Ihr tagtäglich in die Arbeit einbringt. Dieses Buch wird ein Teil Eures Vermächtnisses sein. An Ajay Gupta, meinen Bruder von einer anderen Mutter und Partner in unserem gemeinsamen Familienunternehmen Robbins Gupta Holdings.

Danke für Deine unendliche Freundschaft und Loyalität und Deine nächtlichen Strategiesitzungen!

Mein tief empfundener Dank, Respekt und meine Bewunderung für diejenigen, die ihre kostbare Zeit und ihr Lebenswerk in unsere Interviews eingebracht haben. Insbesondere an die 13 brillanten Köpfe, die großzügig ihre Weisheit aus jahrzehntelanger Erfahrung zum Nutzen unserer Leser teilten. Robert F. Smith, Vinod Khosla, Michael Rees, Barry Sternlicht, Michael B. Kim, Bill Ford, Bob Zorich, Ian Charles, David Golub, Wil VanLoh, David Sacks, Tony Florence und Ramzi Musallam.

Ein besonderer Dank geht an meinen lieben Freund Ray Dalio, dessen Kernprinzip des Heiligen Grals des Investierens sowohl zu dem Titel als auch zu der Aufgabe dieses Buches inspirierte.

Nochmals vielen Dank an alle meine Partner bei Simon & Schuster, insbesondere an CEO Jonathan Karp. Und meiner unglaublichen Agentin und lieben Freundin seit 40 Jahren, Jan Miller.

Meinem Kernteam bei Robbins Research International – allen unseren äußerst loyalen und auftragsorientierten leitenden Angestellten – ich bin jeden Tag dankbar für Euch.

Den Leuten von Tiny Wins für ihre brillante visuelle Gestaltung und Ausführung.

Mein Leben wurde durch tiefe Freundschaften mit vier brillanten Männern stark geprägt: meine Vorbilder Peter Guber, Marc Benioff, Paul Tudor Jones und Steve Wynn.

Natürlich soll dieses Buch nicht nur denjenigen dienen, die es lesen werden. Und so gilt mein tiefster Dank allen Mitarbeitern der Anthony Robbins Foundation und unseren strategischen Partnern, insbesondere Claire Babineaux-Fontenot.

Und Dan Nisbet von Feeding America, der uns bei der Koordinierung unserer nächsten 1-Milliarde-Mahlzeiten-Herausforderung hilft!

An die Gnade, die diesen gesamten Prozess geleitet hat, und an all die Freunde und Lehrer auf meinem Lebensweg – zu viele, um sie alle aufzuzählen, einige Berühmtheiten und einige Unbekannte, deren Einsichten, Strategien, Beispiele, Liebe und Fürsorge und die Schultern, auf denen ich die Ehre hatte zu stehen. An diesem Tag danke ich Ihnen allen und ich setze mein unermüdliches Streben fort, jeden Tag ein Segen im Leben all derer zu sein, denen ich das Privileg habe zu begegnen, sie zu lieben und ihnen zu dienen.

CHRISTOPHER ZOOK

Das gesamte Projekt der Erstellung dieses Buches war von Anfang bis Ende surreal. Vor drei Jahrzehnten begann ich, den Coachings von Tony Robbins zuzuhören, als die einzige Art der Kommunikation noch über eine Kassette lief. Hätte mir damals jemand gesagt, dass Tony und ich mehr als 30 Jahre später gemeinsam ein Buch schreiben würden, bin ich mir nicht sicher, was ich gesagt hätte. Doch ich weiß auch, dass Gott eine wunderbare Art hat, Menschen genau zum richtigen Zeitpunkt zu vereinen. Tony, Worte können nicht ausdrücken, welchen Einfluss Du auf mein Leben hattest, von einem jungen Mann, der Deinen Lehren zuhörte, bis hin zu einem erfahrenen Investor, der jetzt ein Unternehmen mit weltweiter Präsenz hat. Ich werde Dir für immer dankbar sein für die Partnerschaft und Freundschaft, die sich in den letzten Jahren entwickelt hat, und ich freue mich auf das, was die Zukunft bringt.

Josh Robbins, dieses Buch wäre nicht möglich gewesen ohne die Schwerstarbeit, die Du von Anfang bis Ende geleistet hast. Du bist extrem talentiert und es ist eine Freude, mit Dir zu arbeiten. Ich fühle mich geehrt, Dich als Freund bezeichnen zu dürfen.

Ajay Gupta, ich bin dankbar für unsere Freundschaft und das Ausmaß, in dem Du unser Team und insbesondere mich unterstützt. Deine fröhliche Art zaubert ein Lächeln in meinen Tag.

An das Team von CAZ Investments: Ich danke Gott täglich für Euch, unsere Firma wäre ohne jeden von Euch nicht da, wo sie heute ist. Jeder in unserem Team hat etwas bewirkt und ich möchte mich besonders bedanken bei Matt, Clark, Mark, Steve, Lucia, Isaiah und Heather für alles, was Ihr getan habt, um uns zu Ansehen und Bekanntheit zu verhelfen. Ohne Eure herkulische Arbeit wären wir heute nicht da, wo wir sind. Und an Bailey und Kirk, die alles getan haben, um den Wirbelwind in Schach zu halten, damit ich die für dieses Projekt erforderliche Zeit aufbringen konnte.

Mein unendlicher Dank geht an die Aktionäre der CAZ. Sie sind es, die einem jungen Mann mit einem Traum eine Chance gegeben haben. Ich werde Euch für immer dankbar sein.

Meine Mutter Dee, meine Schwiegermutter Winona, meine Schwester Kimberly und meine erweiterte Familie, jeder von ihnen hat mir auf unterschiedliche Weise Leben eingehaucht. Ich bin der Mann, der ich heute bin, weil Ihr mir in meinem Leben so viel bedeutet habt.

Ich sende meine Liebe an meinen Sohn und meine Schwiegertochter, Christopher und Cecelia, die immer da sind, um mit uns mitzufiebern und uns zu ermutigen.

Und an Christopher III (Tripp), mein erstes Enkelkind, Du bringst Licht in jeden Tag. An Euch drei denke ich oft, wenn ich mich daran erinnere, warum ich mich durch den Alltag und den Stress kämpfe. Ihr seid meine Motivation.

Vor allem möchte ich meiner Frau danken, und zwar mit tiefer, anhaltender Liebe, Lisa. Du bist meine beste Freundin, meine Highschool-Liebe und meine Cheerleaderin.

Wenn es nötig ist, rückst Du mir den Kopf zurecht und wenn ich zu streng mit mir bin, bringst Du mich zum Lachen. Abgesehen von Gottes Hilfe konnte ich dank Dir so erfolgreich sein, weil Du immer an mich geglaubt hast. Ich kann mir nicht vorstellen, wie mein Leben ohne Dich gewesen wäre. Ihr seid mein größtes Geschenk.

ANMERKUNGEN

Kapitel 1: Die Suche nach dem Heiligen Gral

13 *Private Credit, eine Alternative zu Anleihen*: Costa, Moriah (2022): »Private or Public: Investing in Private Credit vs Bonds«, *MoneyMade*, 18. Oktober 2022.

15 *Der G.O.A.T. (Greatest of all Time). Für alle, die ihn nicht kennen: Ray ist der Gründer von Bridgewater:* Bridgewater Associates, LP, Berkshire Hathaway Inc., 30. Juni 2023.

15 *Der »Pure Alpha«-Fonds von Bridgewater hat seit seiner Auflegung im Jahr 1991 im Durchschnitt über 11 Prozent pro Jahr erzielt*: Mandl, Carolina (2022): »Bridgewater's flagship fund posts gains of 32% through June«, Reuters, 5. Juli 2022.

16-17 *Im August 2023 erschien auf meinem Bildschirm eine Bloomberg-Schlagzeile mit dem Titel: »Bonds are a useless hedge for stock losses as correlation jumps«*: Xie, Ye (2023): »Bonds Are Useless Hedge for Stock Losses as Correlation Jumps«, Bloomberg, 2. August 2023.

17 *Zwischen 2010 und 2020 zeigten REITs eine positive Korrelation von 80 Prozent mit dem S&P 500*: Wohlner, Roger (2021): »REITs: Still a Viable Investment?«, Investopedia, 22. September 2021.

17 *Eine Studie der Georgetown University fand heraus, dass »Krypto-Assets in Zeiten hoher Marktvolatilität wie der Covid-Pandemie und dem Einmarsch Russlands in der Ukraine dem Markt noch stärker folgten«*: Zhang, Hannah (2023): »Crypto Is Becoming More Correlated to Stocks – And It's Your Fault«, Institutional Investor, 9. Februar 2023.

18 *Dasselbe gilt für nahezu ein Viertel (25 Prozent) der 75- bis 84-Jährigen*: Tergesen, Anne (2023): »America's Retirees Are Investing More Like 30-Year-Olds«, *Wall Street Journal*, 4. Juli 2023.

22 *Ultra-High-Net-Worth-Familien (mit mehr als 30 Millionen Dollar)*: McVey, Henry H. (2017): *KKR Blog*, 10. Mai 2017.

23 *Auf globaler Ebene hat Private Equity in den vergangenen 35 Jahren (zwischen 1986 und 2020) jedes Jahr besser abgeschnitten als die öffentlichen Märkte*: Slotsky, Caryn (2022): »Global ex US PE/VC Benchmark Commentary: Calendar Year 2021«, Cambridge Associates LLC, August 2022.

23 *Die Abbildung auf Seite 24 zeigt, dass Private Equity als gesamte Anlageklasse über den 26-Jahres-Zeitraum bis 2022 eine durchschnittliche jährliche Rendite von 14,28 Prozent erzielte*: Slotsky, Caryn (2022): »US PE/VC Benchmark Commentary: First Half 2021«, Cambridge Associates, Januar 2022.

23 *In allen drei Fällen waren die Rückgänge des S&P 500 von der Spitze bis zum Tiefpunkt weitaus steiler als bei Private Equity*: Cambridge Associates (2023): »Current benchmark statistics«, Q1, 2023.

23 *So verzeichnete Private Equity im Jahr 2021, trotz Pandemie und globaler Lieferkettenkrise, eines seiner besten Jahre mit einer zusammengefassten Rendite von 27 Prozent*: McKinsey & Company (2023): »McKinsey Global Private Markets Review: Private markets turn down the volume«, 21. März 2023.

23-24 *Dies liegt nur geringfügig unter der herausragenden Performance von 33 Prozent im Jahr 2020*: McKinsey & Company (2021): »A year of disruption in the private markets: McKinsey Global Private Markets Review 2021«, 5. April 2021.

24 *Das Private-Equity-Schwergewicht Bain Capital schrieb*: MacArthur, Hugh et al. (2022): »The Private Equity Market in 2021: The Allure of Growth«, Global Private Equity Report, Bain & Company, 7. März 2022.

25 *Nach Angaben der* Financial Times: Wigglesworth, Robin (2019): »US has fewer listed public companies than China«, *Financial Times*, 6. Oktober 2019.

25 *Tatsächlich waren im Jahr 2009 ganze 81 Prozent der börsennotierten Unternehmen profitabel*: Statista (2022): »Share of companies that were profitable after their IPO in the United States from 2008 to 2021«, 30. Juni 2022.

25 *Wenn Sie sich den Gesamtwert aller börsennotierten Unternehmen weltweit ansehen*: Preqin Ltd. (2021): »2021 Preqin Global Private Equity & Venture Capital Report«, 4. Februar 2021.

26 *Zahlreiche Studien haben gezeigt, dass die Beimischung von Private Equity zu einem typischen Aktien- und Anleihenportfolio nicht nur die Volatilität verringert, sondern auch die Renditen erhöht*: Tutrone, Anthony (2019): »Private Equity and Your Portfolio«, Neuberger Berman Global Insights, Januar 2019.

26 *Zusätzlich zu den vielen Billionen, die bereits in Private Markets fließen*: Ramsey, Austin (2022): »Private Equity Firms Are Winning the Fight for Your 401(k)«, Bloomberg Law, 31. Januar 2022.

28-29 *Ein Artikel im* Wall Street Journal *brachte es mit einer Schlagzeile auf den Punkt*: Gottfried, Miriam (2018): »Buying Stakes in Private-Equity Firms, Not Just Their Funds, Pays Big«, *Wall Street Journal*, 18. November 2018.

31-32 *Das Unternehmen gehört inzwischen zu den 200 größten Private-Equity-Investoren weltweit*: PitchBook News & Analysis (2022): »April 2022 Global Markets Snapshot«, 3. Mai 2022.

Kapitel 2: GP Stakes: Ein Stück vom Kuchen

37 *Mehr als ein Viertel der reichsten Menschen in Amerika*: Sandler, Rachel (2021): »Nearly Half of America's Richest Billionaires Have Fortunes in These Two Industries«, *Forbes*, 26. Oktober 2021.

39 *Für Investment-Nerds wie uns:* Anmerkung des Autors: Bei typischen Private-Equity-Investitionen bedeutet die J-Kurve, dass die Anleger in einem Fonds zunächst »Verluste« verzeichnen, während ihr Kapital für den Kauf von Vermögenswerten des Fonds eingesetzt wird. Dem folgt eine Umkehrung, sobald die Gewinne zustande kommen, was grafisch einer J-Kurve ähnelt.

45 *Schließlich ist das Universum der Spitzen-Vermögensverwalter begrenzt*: Fogelstrom, Erik & Gustafsson, Jonatan (2020): »GP Stakes in Private Equity: An Empirical Analysis of Minority Stakes in Private Equity Firms«, MSc Thesis in Finance, Stockholm School of Economics, Frühling 2020.

45 *Ein* Forbes-*Artikel aus dem Jahr 2022 erklärt dies gut*: Summers, Benjamin (2022): »GP Stakes: What You Should Know About Designer Financial Structures«, *Forbes*, 18. November 2022.

Kapitel 3: Ownership im Profisport: Nach den Sternen greifen

50 *Die Sportökonomen und TV-Sprecher*: Perry, Dayn (2013): »Report: Dodgers, Time Warner agree to more than $7 billion TV deal«, *CBS Sports.com*, 22. Januar 2013.

52 *Spulen wir vor ins Jahr 2002*: Haupert, Michael (2007): »The Economic History of Major League Baseball«, EH.net (Economic History Association).

55 *Die nordamerikanische Major League Soccer*: Zucker, Joseph (2023): »LAFC Tops Forbes List of MLS Team Values; 1st Billion Dollar Franchise«, *Bleacher Report*, 2. Februar 2023.

56 *Im Jahr 2019 waren 92 der 100 meistgesehenen Sendungen im Fernsehen Sportereignisse*: Karp, Austin & Ourand, John (2021): »Politics aside, sports still dominated the list of the 100 most-viewed programs of 2020«, *Sports Business Journal*, 11. Januar 2021.

59 *Das kommt einem modernen Goldrausch gleich*: American Gaming Association (2022): »2021 Commercial Gaming Revenue Shatters Industry Record, Reaches $53B«, News release, 15. Februar 2022.

61 *Bloomberg berichtete, dass die Fenway Sports Group*: Wittenberg, Alex et al. (2022): »Private Equity Funds Are Pushing Deeper Into Pro Sports«, Bloomberg, 24. März 2022.

61 *Und nach Angaben von PitchBook werden mehr als ein Drittel der Big-5-Fußballligen in Europa*: Kemplay, Marie (2023): »US private capital scores big in European soccer«, PitchBook, 3. August 2023.

Kapitel 4: Private Credit: Führend in der Kreditvergabe

63 *Da in den letzten Jahren immer weniger Unternehmen an die Börse gegangen sind*: Francis, Stacy (2023): »Op-ed: Demystifying private credit amid a frozen IPO market«, CNBC, 21. Juni 2023.

64 *Auf den nächsten Seiten erfahren Sie, wie die Anlageklasse Private Credit*: Butler, Kelsey (2019): »How Private Credit Soared to Fuel Private Equity Boom«, Bloomberg, 22. September 2019.

65 *Alles zusammengenommen*: Otani, Akane (2022): »The 60/40 Portfolio Is Delivering Its Worst Returns in a Century«, *Wall Street Journal*, 14. Oktober 2022.

65 *Bloomberg berichtete, dass Anleihen eine nutzlose Absicherung für Aktienverluste*: Xie, Ye (2023): »Bonds Are Useless Hedge for Stock Losses as Correlation Jumps«, Bloomberg, 2. August 2023.

65 *Im Vergleich dazu zahlten die Private-Credit-Geber*: Bartel, Jeffrey (2023): »Private Credit Investing: Current Opportunities and Risks«, *Forbes*, 30. März 2023.

66 *Am 9. November 2021 schrieb Bloomberg*: Seligson, Paula (2021): »U.S. Junk Bonds Set $432 Billion Record in Rush to Beat Rates«, Bloomberg, 9. November 2021.

66 *Nicht einmal ein Jahr später, am 22. Oktober 2022*: Morpurgo, Giulia et al. (2022): »Global Junk-Bond Sales Drop Most Ever With No Signs of Recovery«, Bloomberg, 24. Oktober 2022.

66 *Deshalb sehen viele Unternehmen angesichts der Bankenzusammenbrüche einen »einmaligen Moment«*: Hamlin, Jessica (2023): »Blackstone sees a ›golden moment‹ in private credit after bank failures«, PitchBook, 20. April 2023.

Kapitel 5: Energie: Die Kraft unseres Lebens (Erster Teil)

77 *Das ist ein Rückgang gegenüber 77 Prozent im Jahr 2000*: U.S. Energy Information Administration (EIA) (2022): »China increased electricity generation annually from 2000 to 2020«, 22. September 2022.

77 *Und während die ganze Welt 187 Gigawatt an Kohlekraftwerken zwischen 2017 und 2022 stillgelegt hat*: *Wall Street Journal* (2023): »John Kerry Tilts at Chinese Coal Plants«, Editorial, 17. Juli 2023.

77 *des Pariser Klimaabkommens*: Centre for Research on Energy and Clean Air (CREA) (2023): »China permits two new coal power plants per week in 2022«, Februar 2023.

79 *Im gesamten Jahr 2023 werden wir voraussichtlich mehr Öl verbrauchen*: Lawler, Alex (2023): »OPEC sees 2 2% oil demand growth in 2024 despite headwinds«, Reuters, 13. Juli 2023.

79 *Es dauerte 50 Jahre, bis Erdgas 25 Prozent des globalen Energiemarkts ausmachte*: International Energy Agency (AEA) (2020): »2021–2025: Rebound and beyond«.

80 *Der Internationale Währungsfonds (IWF) geht davon aus*: Ruiz, Neil et al. (2020): »Coming of Age«, International Monetary Fund, März 2020.

80 *Das Unternehmen steht auf Platz 2 der Rankliste Fortune Global 500 der größten Unternehmen*: Walt, Vivienne (2023): »Saudi Arabia has the most profitable company in the history of the world, and $3 2 trillion to invest by 2030. Who will say no to that tidal wave of cash?«, *Fortune*, 1. August 2023.

85 *Der Bundesstaat berichtete, dass seit der Schließung*: Zambito, Thomas (2022): »NY's fossil fuel use soared after Indian Point plant closure; officials sound the alarm«, Journal News & lohud.com, 22. Juli 2022.

85 *In einer weiteren Verzweiflungstat:* Oltermann, Philip (2022): »Stop dismantling German windfarm to expand coalmine, say authorities«, *Guardian*, 26. Oktober 2022.

86 *Darüber hinaus investiert das Land eine halbe Billion Dollar*: Murtaugh, Dan & Chia, Krystal (2021): »China's Climate Goals Hinge on a $440 Billion Nuclear Buildout«, Bloomberg, 2. November 2021.

88 *Die Ironie daran*: International Trade Administration (2022): »Democratic Republic of the Congo-Country Commercial Guide«, 14. Dezember 2022.

91 *verfügte der Bundesstaat Kalifornien, dass bis 2035*: California Air Resources Board (2022): »California moves to accelerate to 100% new zero-emission vehicle sales by 2035«, CA.gov, 25. August 2022.

92 *Um das in die richtige Perspektive zu rücken*: California Energy Commission: »2021 Total System Electric Generation«, abgerufen am 27. August 2023.

94 *doppelte Menge Kupfer*: International Energy Agency (2023): »Critical minerals market sees unprecedented growth as clean energy demand drives strong increase in investment«, 11. Juli 2023.

Kapitel 6: Energie: Die Kraft unseres Lebens (Zweiter Teil)

102 *produzieren etwa 22 Prozent des weltweiten Angebots*: Osaka, Shannon (2022): »The U.S. is the world's largest oil producer. You'll still pay more for gas«, *Washington Post*, 8. Oktober 2022.

102 *US-Erdgas ist etwa 30 Prozent sauberer*: Mailloux, Matthew (2022): »Where American Gas Goes, Other Clean Energy Can Follow«, *ClearPath*, 16. Juni 2022.

103 *Aus diesem Grund haben sich die USA*: Weltbank (2022): »2022 Global Gas Flaring Tracker Report«.

105 *Mike Wirth, der CEO von Chevron*: Surran, Carl (2022): »No new refineries ever built again in the U.S., Chevron CEO warns«, *Seeking Alpha*, 3. Juni 2022.

107 *Nach Angaben von Reuters werden die USA im Jahr 2023 der weltgrößte LNG-Produzent sein*: Disavino, Scott (2023): »U.S. poised to regain crown as world's top LNG exporter«, Reuters, 4. Januar 2023.

109 *Die* Harvard Business Review *schätzt*: Atasu, Atalay et al. (2021): »The Dark Side of Solar Power«, *Harvard Business Review*, 18. Juni 2021.

110 *Als Materialwissenschaftler hält Simon Hodson sage und schreibe 140 erteilte Patente*: JUSTIA Patents: »Patents by Inventor Simon K. Hodson«, »Filed from 1990–1995«; »Patent dates from 1992–1997«, abgerufen am 27. August 2023.

111 *Ich betrat das unscheinbare Metallgebäude*: *Consol Energy* (2023): »Operating with Ethics and Integrity; a proud history of responsibility«, abgerufen am 27. August 2023.

112 *Ein Beispiel: Tesla und andere Elektroautohersteller*: Shehnaz, Mirza (2022): »Tesla supplier warns of graphite supply risk in ›opaque‹ market«, *Financial Times*, 20. November 2022.

112-113 *Wissenschaftler am MIT haben kürzlich mit Schichten aus Graphen experimentiert*: Chu, Jennifer (2022): »Physicists discover a ›family‹ of robust, superconducting grapheme structures«, Pressemitteilung, *MIT News*, 8. Juli 2022.

Kapitel 7: Venture Capital: Innovation und bahnbrechende Technologie

129 *Das* Time Magazine *erklärte*: Park, Alice (2023): »Scientists Have Reached a Key Milestone in Learning How to Reverse Aging«, *Time Magazine*, 12. Januar 2023.

Kapitel 8: Immobilien: Die größte Anlageklasse der Welt

133 *Mit 7,9 Milliarden Menschen auf der Erde*: Tostevin, Paul (2021): »The total value of global real estate«, Savills, September 2021.

138 *Zusammen mit weiteren 68,7 Millionen Quadratmetern*: Cushman & Wakefield (2023): »Obsolescence Equals Opportunity«, Report, abgerufen am 27. August 2023.

139 *So berichtete das Magazin* Fortune, *dass zum Beispiel in Boston der »Wohnungsmangel so akut und die Büroschwemme so groß ist«*: Botros, Alena (2023): »Housing market shortage is so acute and the office glut is so big that Boston will offer 75% tax breaks on office-to-residential conversions«, *Fortune*, 13. Juli 2023.

140 *Midjourney, das populärste KI-Bilderzeugungstool: Forbes* (2023): »Profile, Midjourney Company Stats«, abgerufen am 27. August 2023.

141 *New York City verlor 468 200 Einwohner*: Pritchett, Elizabeth (2023): »New York City has lost nearly half a million residents since start of COVID pandemic«, FoxBusiness, 19. Mai 2023.

141 *Kalifornien ist so besorgt über eine weitere Abwanderung*: Laffer, Arthur & Moore, Stephen (2023): »The ›Hotel California‹ Wealth Tax«, *Wall Street Journal Opinion*, 5. März 2023.

141 *Charles Schwab, CBRE und Oracle sind nur einige der vielen Giganten*: Concordia University Texas (2021): »19 Corporations & Businesses Fleeing California for Texas«, Blogeintrag, 16. Juni 2021.

142 *Im Jahr 2023 bezeichnete das* Wall Street Journal *Nashville, Tennessee*: Cambon, Sarah Chaney & Dougherty, Danny (2023): »Sunbelt Cities Nashville and Austin Are Nation's Hottest Job Markets«, *Wall Street Journal*, 1. April 2023.

142 *Die Vermieter von San Franciscos größtem Einkaufszentrum*: Wong, Natalie et al. (2023): »The World's Empty Office Buildings Have Become a Debt Time Bomb«, Bloomberg, 23. Juni 2023.

143 *Infolge der bevorstehenden Kreditklemme für Banken und Mieter*: Callanan, Neil (2023): »A $15 Trillion Wall of Debt Is Looming for US Commercial Properties«, Bloomberg, 8. April 2023.

147 *Heute stehen 980 000 Häuser zum Verkauf, der tiefste Stand seit 40 Jahren: FRED Economic Resource* (2023): »Housing Inventory: Active Listing Count in the United States«, bearbeitet 8. August 2023.

148 *Das sind kaum mehr als eine halbe Million zum Verkauf stehende Häuser*: Trading Economics (2023): »United States Total Housing Inventory«, Juli 2023.

148 *Laut Realtor.com, im September 2022*: Jones, Hannah (2022): »Data, Economic Coverage, Housing Supply«, Realtor.com, 21. November 2022.

150 *Einen indischen Einwanderer und ehemaligen IT-Mitarbeiter*: Parker, Will et al. (2023): »A Housing Bust Comes for Thousands of Small-Time Investors«, *Wall Street Journal*, 23. Mai 2023.

151 *Das* Wall Street Journal *berichtete*: Putzier, Konrad & Parker, Will (2023): »A Real-Estate Haven Turns Perilous With Roughly $1 Trillion Coming Due«, *Wall Street Journal*, 7. August 2023.

INDEX

ÜBER DIE AUTOREN

TONY

TONY ROBBINS ist ein Unternehmer, Nr.1-*New-York-Times*-Bestseller-Autor, Philanthrop und der führende Lebens- und Geschäftsstratege der USA. Er befähigte mehr als 50 Millionen Menschen aus 100 Ländern auf der ganzen Welt durch seine Audioprogramme, Lehrvideos und Live-Seminare. Seit mehr als viereinhalb Jahrzehnten haben Millionen von Menschen die Wärme, den Humor und die transformative Kraft von Tonys Veranstaltungen zur geschäftlichen und persönlichen Entwicklung erlebt.

Tony Robbins ist Autor von sechs internationalen Bestsellern, darunter dem 2014 erschienenen Nr.1-New-York-Times-Finanzbestseller *MONEY* und *UNSHAKEABLE* (2017). Sein jüngstes Buch, *LIFE FORCE*, wurde im Februar 2022 veröffentlicht.

Tony Robbins ist an mehr als 100 Unternehmen in Privatbesitz beteiligt mit einem Gesamtumsatz von über 6 Milliarden Dollar pro Jahr. Er wurde geehrt von Accenture als einer der »Top 50 Business Intellectuals in the World«, von der Harvard Business Press als einer der »Top 200 Business Gurus« und von American Express als einer der »Top Six Business Leaders in the World«. Der Titel der Zeitschrift *Fortune* nannte ihn den »CEO-Flüsterer«, und er wurde vom Magazin *Worth* drei Jahre in Folge als einer der Top 50 der 100 mächtigsten Personen im globalen Finanzwesen geführt.

Tony Robbins ist eine Führungspersönlichkeit, die von Führungskräften konsultiert wird. Er hat mit vier US-Präsidenten gearbeitet, mit Top-Entertainern – von Aerosmith bis Green Day, Usher und Pitbull, sowie mit Athleten und Sportteams, darunter die Tennisgröße Serena Williams, UFC-Champion Conor McGregor und die Golden State Warriors aus der NBA. Wirtschaftsführer und Finanzmogule von Salesforce.com-Gründer

Marc Benioff bis hin zu Ray Dalio von Bridgewater Associates haben ihn für persönliches Coaching in Anspruch genommen.

Tony Robbins ist ein führender Philanthrop. Durch seine Partnerschaft mit *Feeding America* hat Tony Robbins mehr als eine Milliarde Mahlzeiten zur Verfügung gestellt. Dies gelang ihm durch seine »1-Billion-Meals-Challenge«, die er vorzeitig abschließen konnte. Jetzt arbeitet er an einer globalen »100-Billion-Meal-Challenge«. Über die Tony Robbins Foundation hat er außerdem mehr als 2000 Zuschüsse und andere Ressourcen an Organisationen im Gesundheits- und Sozialwesen vergeben, einen lebensverändernden Lehrplan in über 1700 Justizvollzugsanstalten eingeführt und Tausende von jungen Führungskräften aus der ganzen Welt in seinen Jugendprogrammen zusammengeführt.

CHRISTOPHER

CHRISTOPHER ZOOK ist der Gründer, Vorsitzende und Chief Investment Officer von CAZ Investments (www.CAZInvestments.com). Er hat mehr als 30 Jahre Erfahrung mit Investitionen in traditionelle und alternative Anlageklassen. Zook wurde kürzlich von der Texas Alternative Investments Association (TAIA) mit dem Lifetime Achievement Award ausgezeichnet, in Anerkennung seiner Beiträge und seiner nachhaltigen Unterstützung der Branche in Texas. Er schreibt regelmäßig für die wichtigsten Medien, darunter CNBC, Fox Business und Bloomberg.

Im Jahr 2001 gründete Zook CAZ Investments mit einem Ziel: einzigartige und exklusive Investitionsmöglichkeiten für ein Netzwerk von Investoren zu schaffen – Investitionen, zu denen die meisten Privatpersonen sonst keinen Zugang hätten, da sie in der Regel nur für große institutionelle Anleger zugänglich sind. Spulen wir 23 Jahre vor und CAZ Investments hat mehr als 3000 vermögende Familien (und zahlreiche Anlageberater) auf der ganzen Welt zusammengebracht, die sich entschlossen haben, als gemeinsame Einheit zu investieren. Die Gemeinschaft, die CAZ Investments vertritt, entspricht einem großen institutionellen Anleger, mit einem besseren Zugang und einer größeren Kaufkraft.

Die Aufgabe von CAZ Investments ist es, mit Ausrichtung zu führen. Zook und die Aktionäre investieren zuerst ihr eigenes Kapital, damit die Kunden sicher sein können, dass die richtigen Anreize vorhanden sind.

Bevor er 2001 CAZ Investments gründete, war Zook in leitenden Positionen bei Oppenheimer, Prudential Securities, Lehman Brothers und Paine Webber tätig. Zook engagiert sich aktiv in der öffentlichen Politik und berät häufig lokale und überregionale Beamte. Im Jahr 2019 wurde Zook vom texanischen Gouverneur zum Mitglied des State of Texas Pension Review Board ernannt, wo er als Vorsitzender des Investitionsausschusses fungiert. Darüber hinaus war er kürzlich zwei Amtszeiten lang Mitglied des Greater Houston Partnership's Executive Committee und ist ehemaliger Präsident zahlreicher Wohltätigkeitsorganisationen.

Er ist Absolvent der Texas Tech University, wo er kürzlich als Distinguished Alumnus geehrt wurde.

Zook ist ein lebenslanger Einwohner von Houston, und seine größte Freude ist es, mit seiner Highschool-Liebe verheiratet zu sein und Zeit mit seinem Sohn, seiner Schwiegertochter und seinem Enkel zu verbringen.